KB130564

사회복지학개론

김혜경 · 김미숙 · 김수진 · 박승곤 · 박완경 · 박창남 · 석말숙 · 성준모 · 손인봉 공저

INTRODUCTION TO SOCIAL WELFARE

학지사

4판 서문

이 책은 2008년에 초판, 2011년에 2판, 2018년에 3판이 출간되었다. 그리고 6년 만에 새로운 개정판을 출간하게 되었다. 저자들은 이 책을 수업 교재로 사용했던 학생들의 소감이나 평가와 더불어 '사회복지 입문서로서 어떤 내용을 담아야 할까'에 대한 저자들의 고민의 결과를 반영하여 『사회복지학개론』 4판을 내놓게 되었다.

4판에서는 다음과 같은 변화가 있었다.

첫째, 집필진의 일부 교체가 이루어졌다. 3판의 저자 중 일부가 은퇴를 하게 되면서 새로운 집필진이 합류하였다.

둘째, 사회복지학 입문서임을 감안하여, 사회복지를 보다 이해하기 쉽도록 체계화하기 위해 3판에서 제외하였던 '사회복지의 구성요소'를 다시 포함시켰고, 전문직으로서의 사회복지사에 관한 내용은 제외하였다.

셋째, '전공어휘'를 다시 살려 각 장별로 기본개념을 한 번 더 정리할 수 있도록 하였다.

넷째, 급변하는 사회 흐름에 맞추어 통계 및 법령의 변화를 반영하였다.

각 장의 담당 저자는 다음과 같다. 제1부 '사회복지에 대한 이해'에서 1장은 박완경 교수, 2장과 3장은 손인봉 교수, 4장은 김혜경 교수가 담당하였다. 제2부 '사회복지실천의 접근방법'에서 5장은 박승곤 · 박완경 교수, 6장은 김미숙 · 김수진 · 박창남 교수가 집필을 맡았다. 제3부 '사회복지실천 분야'에서 7장은 박승곤 교수, 8장은 김혜경 교수, 9장과 10장은 석말숙 교수, 11장과 12장은 성준모 교수, 13장은 박창남 교수, 14장은 김수진 교수가 집필하였다.

저자들은 이 책이 사회복지에 대한 기본 이해를 도울 수 있는 교재로 사용될 수 있도록 지속적인 노력을 가하고자 한다. 아무쪼록 이 책이 사회복지에 관심을 가지는 초심자에게 좋은 지침서가 될 수 있기를 소망한다.

2024년 2월
저자 일동

1판 서문

　우리나라 사회복지 실천현장은 최근 눈부신 성장과 발전을 거듭해 오고 있으며, 사회복지 학문도 지속적인 발전을 하고 있다. 특히 예비 사회복지사를 양성하는 사회복지 교육은 다양한 이론의 발전과 많은 교육 교재가 출판되면서 큰 발전이 이루어지고 있다. 사회복지학 입문서인『사회복지개론』만 하더라도 많은 교재가 출간되어 사회복지 교육이 활발하게 이루어지고 있음을 보여 주고 있다.

　이렇듯 사회복지 실천현장과 학문의 발전은 사회복지를 공부하고 싶어 하는 학생들의 증가로 이어져, 2007년 현재 해마다 약 2만여 명의 사회복지 전공 졸업생이 배출되고 있다. 이러한 사회복지 전공자들이 반드시 학습해야 할 과목 중의 하나가 바로 사회복지개론이다.

　사회복지개론은 사회복지 학도들에게 사회복지 전반에 대하여 개괄적 이해를 할 수 있도록 도와주며, 더 나아가 학생들의 세부 관심 분야 및 미래의 직업에 대한 방향성을 결정짓는 중요한 과목이다. 그러나 사회복지개론은 학생들이 수학하기에 어려운 과목 중의 하나이다. 왜냐하면 사회복지에 대한 지식이 없는 입문 학도들이 최초로 접하는 전공과목이기 때문이며, 또한 사회복지 전반에 대한 방대한 내용을 16주라는 정해진 시간 내에 학습해야 하기 때문이다.

　필자들은 학생들에게 어떻게 하면 보다 효율적으로 사회복지를 이해시킬 수 있을까를 고민하면서 그 고민의 첫 결실로『사회복지개론』을 집필하게 되었다. '시중에 사회복지개론서가 많이 출판되어 있는데 군이 새로운 책을 출간해야 하는가?'에 대한 깊은 고민을 하기도 하였지만 필자들이 고민하는 내용을 중심으로, 기존 책들이 가지고 있는 장단점을 수용 및 보완하여 집필한다면 사회복지를 전공하는 학생들을 보다 효과적으로 가르칠 수 있겠다는 판단이 들어 집필을 결정하였다.

대부분의 사회복지개론서는 집필진의 사정으로 집필 협의와 개정에 많은 어려움을 갖고 있으나, 이 책의 집필진들은 모두 같은 학교에서 학생들을 교육하고 있는 환경에 있어 이러한 어려움을 덜 수 있었다. 이 책의 구성상 특징은 핵심 내용을 먼저 언급하여 학습할 내용의 방향성을 제시하였으며, 본문 내용은 2006년도 사회복지학 교과목 지침서를 충실하게 따라 구성하였다. 그리고 각 장마다 '연구문제'를 실어 학습을 확인할 수 있도록 하였고, 전공어휘를 제시하여 학생들의 학습을 도울 수 있도록 하였다.

이 책의 구성은 총 4부로 되어 있다. 제1부는 사회복지에 대한 이해, 제2부는 사회복지실천의 접근방법, 제3부는 사회복지실천 분야, 제4부는 사회복지의 미래와 전망으로 구성되어 있다. 집필은 각 장마다 나사렛대학교 사회복지학부 교수들이 집필하였다.

1장 사회복지의 개념과 관점은 노혁 교수, 2장 사회복지의 발달과정은 도종수 교수, 3장 사회복지의 가치와 윤리는 김정진 교수, 4장 사회복지 구성요소는 김혜경 교수가 집필하였다. 5장 사회복지의 미시적 실천방법은 윤철수 교수, 6장 사회복지의 거시적 실천방법은 박창남 교수, 7장 사회복지의 정책 분야는 김미숙 교수가 집필하였다. 8장 아동 · 청소년과 사회복지는 노혁 교수, 9장 노인과 사회복지는 김미숙 교수, 10장 장애인과 사회복지와 11장 가족과 사회복지는 석말숙 교수가 집필하였다. 12장 의료 · 정신보건과 사회복지는 장은숙 교수, 13장 학교교육과 사회복지는 윤철수 교수, 14장 교정과 사회복지는 도종수 교수, 15장 노동과 사회복지는 박창남 교수, 16장 여성과 사회복지는 김혜경 교수, 17장 군과 사회복지는 장은숙 교수가 집필하였다. 18장 사회복지사의 자격과 정체성과 19장 사회복지의 전망과 과제는 김정진 교수가 각각 집필하였다.

이 책은 집필진 이외의 많은 분과 함께 만들었다. 먼저, 사회복지에 대하여 함께 고민하고 함께 배워 가는 학생들이 있었기에 저자들이 좀 더 고민할 수 있었다. 또한 원고 교정 및 편집에 많은 도움을 주신 나사렛대학교 사회봉사센터 이정림 선생님 그리고 이 책의 출판을 기꺼이 맡아 주신 학지사 여러분들께 진심으로 감사드린다.

아무쪼록 이 책으로 사회복지를 공부하는 독자들에게 작지만 의미 있는 도움이 되기를 간절히 바란다.

2008년 1월
저자 일동

차례

◎ 4판 서문 _ 3
◎ 1판 서문 _ 5

제1부
사회복지에 대한 이해

제1장

사회복지의 개념과
특성 • 15

1. 인간의 삶과 사회복지 _ 15
2. 사회복지의 개념 _ 21

제2장

사회복지의 발달과정
• 37

1. 서구의 사회복지 발달과정 _ 38
2. 우리나라의 사회복지 발달과정 _ 51

제**3**장

사회복지의 가치와
윤리 • 63

1. 사회복지의 가치 _ 64
2. 사회복지의 윤리 _ 73

제**4**장

사회복지의 구성요소
• 91

1. 사회복지의 대상 _ 91
2. 사회복지의 주체 _ 94
3. 사회복지의 접근방법 _ 98
4. 사회복지의 전달체계 _ 99
5. 사회복지의 재원 _ 105

제**2**부
사회복지실천의 접근방법

제**5**장

사회복지실천의
미시적 접근방법 • 115

1. 사회복지실천의 개념과 특성 _ 115
2. 사회복지 실천과정 _ 120
3. 사회복지실천과 전문적 관계 _ 126
4. 실천모델 _ 133
5. 사례관리 _ 139

제**6**장

사회복지실천의
거시적 접근방법 • 151

1. 지역사회복지 _ 152

2. 사회복지행정 _ 157

3. 사회복지정책 _ 162

제**3**부
사회복지실천 분야

제**7**장

아동 및 청소년복지
• 193

1. 개요 _ 194

2. 정책과 서비스 현황 _ 198

3. 사회복지사의 역할 _ 209

4. 과제 _ 214

5. 현장 사례 _ 217

제**8**장

노인복지 • 223

1. 개요 _ 223

2. 정책과 서비스 현황 _ 227

3. 사회복지사의 역할 _ 231

4. 과제 _ 234

5. 현장 사례 _ 235

제**9**장

장애인과 사회복지
• 239

1. 개요 _ 239

2. 정책과 서비스 현황 _ 247

3. 사회복지사의 역할 _ 255

4. 과제 _ 255

5. 현장 사례 _ 256

제**10**장

여성과 가족복지 • 261

1. 개요 _ 262

2. 정책과 서비스 현황 _ 269

3. 사회복지사의 역할 _ 279

4. 과제 _ 279

5. 현장 사례 _ 280

제**11**장

의료사회복지와
정신건강사회복지
• 285

1. 개요 _ 285

2. 정책과 서비스 현황 _ 290

3. 사회복지사의 역할 _ 296

4. 과제 _ 301

5. 현장 사례 _ 302

제12장

교정복지와
군 사회복지 • 307

1. 교정복지 _ 307

2. 군 사회복지 _ 316

3. 현장 사례 _ 322

제13장

사회적 경제와
사회복지 • 327

1. 개요 _ 327

2. 정책과 서비스 현황 _ 332

3. 사회복지사의 역할 _ 338

4. 과제 _ 339

5. 현장 사례 _ 340

제14장

다문화복지 • 343

1. 개요 _ 343

2. 정책과 서비스 현황 _ 351

3. 사회복지사의 역할 _ 357

4. 과제 _ 360

5. 현장 사례 _ 361

◎ 찾아보기 _ 365

제1부

사회복지에 대한 이해

제1장   사회복지의 개념과 특성

제2장   사회복지의 발달과정

제3장   사회복지의 가치와 윤리

제4장   사회복지의 구성요소

사회복지의 개념과 특성

사회복지란 무엇일까? 우리 사회에서 흔히 사회복지라는 용어는 어려운 사람을 돕기 위한 행위나 수단으로 이해된다. '사회복지'는 쓰임에 따라 여러 수준의 의미로 사용되는 경우가 있으며 좁은 의미에서 본다면 이 정의는 맞다고 볼 수 있다. 그러나 사회복지라는 용어가 가지는 의미를 폭넓게 살펴보면 더욱 포괄적이며, 구체적이다. 또한 사회복지를 바라보는 관점에 따라 그 개념과 내용은 달라질 수 있다. 이 장에서는 사회복지의 개념과 관점을 중심으로 살펴봄으로써 사회복지에 대한 기본적인 이해를 돕고자 한다.

1. 인간의 삶과 사회복지

1) 욕구와 자원

복지(welfare)는 행복한, 즉 어떠한 문제없이 잘 살아가는 상태를 말한다. 사람은 누구나 행복하기를 원한다. 사람이 행복하기 위해서는 자신이 먹고 싶은 것, 하고 싶은 일, 만나고 싶은 사람을 만나는 것을 원하는 때와 장소에서 할 수 있어야 한다. 하지만 쉽지 않은 일이다. 왜냐하면 우리 욕심은 끝이 없지만 욕심을 채워 줄 수 있는 자원은 제한되어 있기 때문이다. 따라서 사회복지는 인간의 욕구와 자원의 불균형에 주목한다.

인간은 원하는 것을 갖거나 이루었을 때 만족해하고 행복하다. 배고플 때 밥을 먹고 여행을 가고 싶을 때 가며 친구하고 대화하고 싶을 때 할 수 있으면 행복하다.

그런데 인간의 욕구는 무한에 가깝다. 하지만 이런 욕구를 충분히 만족시켜 줄 수 있는 자원은 제한되어 있다. 배고파도 돈이 없으면 배고픔을 해결할 수 없고, 행복한 마음을 갖고 싶어도 불안한 마음이 계속 생기면 불행해진다. 때로는 자원의 양이 아니라 접근하는 방법을 몰라서 욕구를 채우지 못하는 경우도 있다. 정보가 부족해서, 방법을 몰라서 자원에 접근하지 못한다. 지역여행 프로그램에서 선착순 입장을 할 때 참가하고 싶은데 빨리 가는 방법을 몰라서 낭패를 보는 경우가 그 예이다. 이렇듯 인간에게 있어 욕구와 자원은 양이나 질적인 측면에서 모두 완벽한 균형 상태를 이루지 못한다.

사회복지는 인간의 욕구와 사회적 자원 간의 불균형 또는 불일치에 초점을 맞추는 학문이다. 물론 사회복지가 개개인의 모든 욕구를 충족하는 데 궁극적인 관심을 갖겠지만 그것은 매우 이상적인 생각이다. 따라서 사회복지는 사회에서 타인과 살아가는 한 인간으로서 존엄을 갖고 살아갈 수 있도록 개인이 행복할 수 있는 최적의 조건을 만들어 나가려 노력하는 실천 학문이다.

이러한 사회복지의 철학적 배경과 가치는 인간 존엄과 사회의 책임 그리고 자기결정권의 존중 등이다. 즉, 사회는 함께 살아가는 것이고 그 안에 살고 있는 인간이 각기 능력과 형편 그리고 처해 있는 환경은 다르지만 스스로 행복을 찾아갈 수 있도록 균등한 기회를 제공하는 일이다. 또한 욕구와 자원의 조정을 통해서 여건을 조성하는 한편, 주변에 어려운 인간이 없도록 긍정적인 사회적 환경을 만들고 조율하는 데도 목적을 둔다.

이러한 신념을 갖고 전문직업으로 실천하려 연구하는 학문이 사회복지이다.

다시 말해서, 사회복지는 함께 살아가는 시민으로서 권리를 증진시켜 사회정의를 실현하고, 끊임없이 변화하는 사회 속에서 사람들이 갖는 다양한 욕구를 적절히 대응하도록 자원을 개발하고 조정하고 연결하는 데 초점을 둔다.

(1) 욕구

욕구는 무엇인가를 얻고자 하는 바람이다. 사람은 누구나 욕구를 갖고 있다. 욕구가 지나치면 욕심이 되지만 합리적인 욕구는 삶을 지탱하는 힘이다.

사랑을 받고 싶은 욕구, 배고프면 음식을 먹고픈 욕구, 친한 친구와 함께하고 싶은 욕구 등 우리는 끊임없이 욕구가 생기고 욕구를 충족하며 생활해 나간다. 물론 욕구는 사회에서 허용하는 범위에서 충족되어야 한다.

한편, 개인의 성향에 따라서 욕구는 다양하게 나타나지만 인간으로서 기본적으로 갖는 공통의 필수적인 욕구가 있다. 사회복지는 이와 같은 기본적인 욕구에 대응하는 학문이다. 즉, 인간다운 생활을 하는 데 필요한 최소의, 나아가 최적의 욕구에 관심을 갖고 그 욕구를 합리적으로 충족시키려 노력하는 학문이다.

(2) 자원

욕구를 충족시키기 위한 자원은 한정되어 있다. 따라서 무한에 가까운 욕구를 충족시키기는 어렵다. 그러나 자원을 조정하거나 변형시켜서 욕구의 충족을 보완할 수는 있다. 사회복지는 자원의 개발에도 관심을 두지만, 직접적인 개발에 참여하는 일은 드물다. 오히려 기존의 자원을 변형하거나 확장하고 조정함으로써 도움이 필요한 사람의 다양한 욕구에 대응한다.

이러한 자원은 사회적 자원을 의미한다. 사회적 자원은 극히 개별적인 욕구나 이익의 추구에 대응하지 않고, 사회의 보편적 가치를 수용하는 공통의 개념을 지닌다. 따라서 사회적 자원이 욕구에 반응하는 기본 방향은 일정한 사회적 기준에 따라 성, 연령, 문화적 차이 등에 차별 없이 보편적으로 적용된다.

(3) 사회적 욕구와 사회복지

사회복지가 인간의 욕구에 대응한다고 해서 매우 개별적이고 독특한 한 개인의 욕구를 전부 다 충족시킬 수는 없다. 이 점에서 사회복지는 사회적으로 합의되고 상식적인 범위 내에서 인정할 수 있는 욕구에 반응하는 체계이다. 그런데 사회적 욕구(social need: 여러 사회적 위험 때문에 개인의 기본욕구를 충족시키지 못하는 사회 구성원들의 수가 상당히 많아질 때, 각자가 처해 있는 사회적 위험으로부터 탈피하려는 집단적 욕구를 말한다. Bradshaw는 욕구 인식의 기준에 따라 사회적 욕구를 규범적 요구, 감지된 욕구, 표현적 욕구, 비교적 욕구의 네 가지로 구분하고 있다)도 사회에 따라서 다양하고 동태적이기 때문에 충족과 관련된 자원의 배분방법은 사회마다, 또한 동일한 사회에서도 시간과 여건, 상황에 따라 다를 수밖에 없다. 이렇듯 사회적 욕구에 대한 충족은 자원의 재분배를 통해서 이루어지기 때문에 선택의 문제가 따르게 된다(Gilbert & Specht, 1974). 또한 이것은 가치평가의 문제인 동시에, 그 사회의 경제, 사회, 복지와 관련된 전문지식적인 여건과도 밀접한 관련이 있다. 따라서 우리 사회의 현실을 반영하는 사회적 욕구에 적합한 사회복지제도나 서비스를 발전시켜야 한다.

전통적으로 사회복지의 관심은 사회적 욕구를 다양한 사회자원으로 개인의 사회적 형편에 적합하게 재분배하는 데 있었다. 그중 대표적인 것이 빈곤이다. 빈곤계층에 대한 사회복지의 관심은 인간다운 생활에 필요한 수준으로 소득을 보장하는 데 있었다. 이를 위해서 제도를 만들고 사회복지서비스를 제공해 왔다. 그러나 신보수주의의 등장으로 제기된 복지병(福祉病) 논의 등 복지국가 재편의 역사와 최근 일어나는 국제화와 무한경쟁 사회에서 사회복지는 사회적 효용성에 대한 새로운 도전을 받고 있다. 이러한 도전을 근원적으로 극복하기 위해서는 빈곤의 욕구가 단순한 욕구로 그치는 것이 아닌 또 다른 에너지가 될 수 있도록 관심을 기울여야 한다. 즉, 욕구가 수동적으로 충족되기를 기다리고 자원의 확보를 통해서 목표를 달성하는 것만이 아닌, 욕구가 자원을 발견하고 창조하는 에너지가 되도록 해야 한다. 끊임없는 사회적 발전과 자원의 개발은 무한한 사회적 욕구에 의해 진전될 수도 있다.

이처럼 무한히 변화하는 시대에 사회복지는 욕구에 적합하도록 일방적으로 자원을 제공하는 데 그쳐서는 안 된다. 새로운 자원을 창조할 수 있도록 노력해야 한다. 즉, 사회적 욕구를 동기화할 수 있도록 자원을 재분배하고 부여하는 역할이 요구된다.

2) 생애주기와 사회적 위험

인간은 태어나서 성장하고 발달하고 죽는다. 삶이 일련의 연속적인 과정임에도 불구하고, 발달적 관점에 따라서 인간의 생애주기를 단계별로 구분한다. 다양한 발달단계의 구분이 있지만, 에릭슨(Erikson)이 제시한 심리사회 발달 8단계는 매우 유용하다. 그에 따르면, 각 단계에서 갖는 발달욕구와 과업 그리고 위험요소는 〈표 1-1〉과 같다(김상균 외, 2001; 이인정, 최혜경, 1995).

　이처럼 생애주기에 대해 사회복지가 관심을 가지는 이유는 다음과 같다. 첫째, 모든 인간은 전 생애에 걸쳐 삶을 영위하기 위해 연령별 또는 시기별로 다양한 욕구를 공통적으로 가지며, 이러한 연령별·시기별 욕구를 충족하지 못할 때 대다수의 인간은 문제에 맞닥뜨리거나 위험에 빠짐으로써 복지 증진을 이룰 수 없음을 미리 알고 사전 대책을 강구할 수 있기 때문이다. 둘째, 사회복지에서 문제해결을 위한 프로그램이나 서비스를 고안할 때 발달단계에 입각한 접근은 상당히 유용하기 때문이다. 예컨대, 혜택받을 집단이 노인이나 청소년, 아동과 같이 특정 발달단계에 속한 경우 그 단계의 발달적 특징을 이해함으로써 집단의 욕구와 이용 가능한 자원을 더 잘 파악할 수 있다(김상균 외, 2001).

표 1-1 생애 발달표

주기/발달 특징	발달욕구	발달과업	위험요소
영아기	• 어머니의 보살핌과 양육	• 인간과 사회에 대한 기본적인 신뢰감과 안정을 갖고 사회적 결속과 애착 형성	• 임신과 분만, 자녀 양육과 어머니에 대한 불신
유아기	• 부모의 보살핌과 언어 습득 및 개념화의 인지적 발달	• 개별화와 자율성	• 자녀 양육
아동 전기 (학령 전기)	• 학습, 사회화, 놀이 등의 충분한 경험	• 사회화와 성역할 학습 • 적절한 대인관계의 기회	• 자녀 양육과 불충분한 보육서비스 기회
아동 후기 (학령기)	• 교육을 통한 지적·사회적 자극의 충분한 제공	• 주로 또래집단과의 관계 경험을 통해 자존감과 자아 역량 발달 및 평가 • 집단 정체감의 형성	• 자녀 양육과 교육 기회의 박탈로 인한 사회성 발달 기회의 박탈
청소년기	• 자아정체성 확립 • 부모로부터 독립하고 싶은 욕구	• 자아정체성 확립 • 인격의 성숙과 통합의 기초 마련 • 남성과 여성으로서의 성역할을 알고 가족으로부터 독립을 준비	• 건강문제와 성적인 자극에 취약성 노출 • 또래집단과의 관계 부적응의 어려움

청년기	• 주변과 사회와의 친밀감 성취(이것은 결혼과 밀접한 관련이 있음) • 새로운 가족 형성과 생활계획 그리고 배우자와의 원만한 부부생활을 할 수 있는 관계의 기술에 대한 관심이 큼	• 일에 대한 융통성과 근면성, 자율적 능력	• 질병 • 실업, 산업재해 • 임신과 분만, 자녀 양육의 어려움 • 부부갈등 • 직업능력 상실
중 · 장년기	• 경제적 · 정서적으로 원만한 가정생활 운영 • 가족 보호 • 자아개발의 기회 확대	• 생활의 안정과 취미를 통한 정서적인 안정 및 삶의 보람과 기쁨	• 질병, 의료비용의 부담 • 실업 등 재정적인 어려움 • 임신과 자녀 교육 그리고 부모와 자녀의 갈등 • 중요한 사람들의 죽음
노년기	• 건강한 신체 유지 • 가족과 사회에서 기대하는 적절한 노인 역할 수행 • 지속적인 자기개발과 삶의 정리	• 삶에 대한 긍정적인 수용 및 자아통합, 아울러 죽음을 자연스럽게 받아들이는 태도	• 질병, 은퇴, 배우자의 죽음, 자신의 죽음 문제 • 정서적인 고독

3) 사회문제와 사회복지

인간이 살아가는 사회에서는 인간과 인간 사이에 또는 인간과 사회환경 간에 긴장과 갈등이 발생한다. 이와 같은 사회문제는 개인의 복지와 사회적 안녕을 도모하기 위해서 필요한 사회복지의 주요한 과제이다.

사회문제(social problem)를 한마디로 정의하기는 어렵다. 사회문제란 어떤 사회적 현상이 사회적 가치에서 벗어나고, 상당수의 사람들이 그 현상으로 인하여 부정적인 영향을 받으며, 그 원인이 사회적인 것이며, 다수의 사람들이나 영향력 있는 일부 사람들이 문제로 판단하고, 사회가 그것의 개선을 원하며, 이를 위하여 집단적 · 사회적 행동이 요청되는 것이라고 할 수 있다(최일섭, 최성재, 1995).

특히 가족 형태가 다양해지고, 경제가 급속도로 발전하며, 엄청난 속도의 기술혁명이 일어나는 등 사회구조와 환경의 급변에 따라 가치의 혼란, 가족의 정서 기능 약화, 저출산과 고령화 현상 등으로 인하여 여러 가지 유형의 사회문제가 발생한다. 이와 같은 사회문제의 내용으로는 고령화 문제, 청소년 비행, 인구 문제, 노동 문제, 실업, 주거, 환경 파괴 등 다양하다. 이러한 사회문제의 방치는 더 큰 문제를 불러일으킬 뿐만 아니라 개인과 집단 그리고 사회의 행복을 해치는 요소가 된다.

이처럼 복잡하고 다양해지는 사회문제는 사회복지 개입의 확대를 요청한다. 따라서 사회복지는 사회문제와 관련된 개인에 대한 치료적 도움을 중심으로, 사회 변동을 긍정적인 방향으로 이끌기 위한 사회환경 개선에 노력해야 한다. 이를 위해 사회복지사는 중재자, 조정자, 대변자, 상담자, 교육자, 치료자 등 다양한 역할을 수행할 수 있어야 한다.

2. 사회복지의 개념

1) 사회의 기능과 제도

사회는 개인의 행복과 발전을 위해서 다양한 기능을 제공하고, 그 기능이 하나의 행동 유형으로 조직되고 전수됨으로써 사회제도를 만든다. 가족은 대표적인 사회제도 중 하나이다. 가족제도는 다양한 가족 구성원의 욕구와 필요를 충족하는 절대적인 제도이다. 그러나 사회가 분화되고 복잡해짐에 따라 가족제도가 모든 욕구에 대응하기 어렵게 된다. 이에 따라 가족제도를 보완하고 대신하는 다양한 사회제도가 등장하게 된다. 이와 관련된 사회제도는 다음과 같다.

- 가족(family): 가족제도는 사회생활을 하는 데 필요한 가치와 규범, 지식을 전수하는 사회 기능을 수행한다.
- 정치(politics): 국가는 정부(중앙정부와 지방정부) 등의 조직을 통해 사회 구성원들로 하여금 일정한 가치와 규범에 순응하도록 강제하는 사회통제 기능을 담당한다.
- 경제(economy): 시장(market)의 기능을 통해 사회 구성원들이 생활하는 데 필요한 재화나 서비스를 생산 · 분배 · 소비하는 경제 기능을 맡는다.
- 종교(religion): 교회와 사찰 등의 종교 조직을 통해 사회규범을 자발적으로 따르

표 1-2 사회의 기능과 제도

사회제도	주요 조직	기본 기능
가족	가족	사회화 (출산, 보호, 정서적 지원)
경제	기업	재화의 생산과 분배 및 소비
정치	중앙정부와 지방정부	사회통제 (자원의 동원과 배분)
종교	종교 조직(교회, 사찰 등)	사회통합(영적 개발)
사회복지	사회복지기관	상부상조

출처: Gilbert & Terrell (2002).

고, 사회 구성원으로서 깊은 관여와 헌신을 강화하는 사회통합과 영적 계발 기능을 갖는다.

- 사회복지(social welfare): 다양한 사회복지기관과 공공부조 등 조직적이고 제도적인 장치를 통하여 오늘날 사회복지는 상부상조의 기능을 수행한다.

2) 사회복지의 정의

(1) 어원적 의미

사회복지라는 용어는 영어로 'social welfare'로 표기되며 사회와 복지의 합성어이다. 먼저, 'social'은 공동체를 이루는 일반적인 사회를 의미한다. 'welfare'는 개인이나 단체의 안녕 또는 행복을 의미한다. 즉, 사회복지는 공동체 안에서 살아가며 느끼는 행복, 만족스러운 상태라는 의미를 가진다. 그런데 우리는 누구나 가난하거나 불행한 삶을 살고 싶어 하지 않는다. 대부분의 사람은 성공하고 행복해지려고 노력하며 간혹 개인의 노력으로 이를 달성하기도 한다. 하지만 스스로 노력했음에도 불구하고 그러지 못하는 경우, 일부는 사회로부터 법과 제도를 통해 도움을 받기도 한다. 이 같은 관점에서 종합해 볼 때 사회복지는 인간의 만족스러운 삶과 행복을 위해 행해지는 모든 공적·사적 활동으로 볼 수 있다.

(2) 실천적 의미

　사회복지의 개념은 사회복지의 기능에 따라 잔여적 개념과 제도적 개념으로 구분할 수 있으며(Wilensky & Lebeaux, 1965) 개입대상의 범위를 어떻게 규정하는지에 따라 선별주의와 보편주의 개념으로 구분하여 설명할 수 있다.

① 기능에 의한 분류: 잔여적 관점과 제도적 관점

• 잔여적 관점

　일차적으로 가족과 시장경제 등의 사회제도를 활용했음에도 개인의 욕구가 충족되지 않았을 경우에 사회복지가 제공되어야 한다고 보는 개념이다. 즉, 사회복지는 응급처치(first-aid), 틈 채우기(gap-filling)의 역할을 해야 한다고 본다. 이에 따르면 사회복지서비스나 금전적인 원조활동은 개인과 가족의 자원을 포함한 모든 수단이나 노력으로도 어쩔 수 없을 때까지 제공되지 않아야 한다. 금전이나 서비스의 제공이 필요한 경우에도 위기상황에 한하여 최대한 단기간에 이루어져야 하며, 개인이나 가족 등이 제 기능을 수행할 수 있게 된다면 사회복지는 중단되어야 한다. 사회제도에 대한 보완 및 보충의 역할로서 사회복지가 기능해야 한다는 점에서 잔여적(residual)이며, 사회복지제도를 사회의 유지, 발전에 필수적인 사회제도로 간주하지 않는다는 특징이 있다(권중돈 외, 2016). 이러한 잔여적 관점은 개인의 불행 또는 사회문제와 같은 부정적인 결과에 대해 개인과 가족이 일차적 책임을 져야 한다고 본다. 받게 되는 금전이나 서비스는 권리가 아니기 때문에 이를 받기 위해서는 사회적으로 낙인(stigma)이 찍혀야 하고, 서비스를 받는 경우에는 도덕적 책임감을 가지고 빠르게 자립할 수 있도록 노력해야 한다고 본다. 미국 사회복지 역사의 초창기부터 1930년대 대공황 시기까지의 사회복지 프로그램 특성이 이러한 잔여적 성격을 지니고 있다.

• 제도적 관점

　제도적 관점은 현대 산업사회에서 가족과 시장은 제 기능을 수행하기에 분명한 한계가 있으며, 그로 인해 사회문제의 발생을 당연한 것으로 인식한다. 따라서 개인이 사회복지 프로그램을 받을 정당한 권리가 있다고 보는 관점이다. 이에 잔여적 관점과 달리, 원조과정에서 낙인이 수반되지 않으며, 현대사회에서 개인들이 자아실현을 할 수 있도록 도와주는 것으로 간주한다. 잔여적 관점에서 부적응이나 불행 등의 책임이 개인에게 있다고 보았다면, 제도적 관점에서는 그러한 결과가 인간이 통제할 수 있는 범위를 벗어난 문제이기 때문에 개인 차원이 아니라 사회나 환경에서 그 원인을 찾고자 한다. 사회복지를 제반 문제의 해결과 사회의 유지 및 발전에 필수적인 기능을 수행하는 중요한 사회제도로 보는 적극적 시각이다(권승, 2021). 이러한 제도적 관점은 1930년대 대공황 이후 사회복지 프로그램의 성격에 영향을 미쳤다.

이러한 두 관점은 사회복지활동의 실천적 성격 규정에 있어 적절한 준거틀로 의미가 있으며 다음과 같은 시사점을 갖는다(박용순, 2017). 첫째, 이 모형은 사회복지의 이론 형성 및 정교화에 기여하였으며, 후속 모형 연구에도 직간접적으로 영향을 미치고 있다. 둘째, 현대사회에서 사회복지활동의 변화 추세를 가늠할 수 있는 준거틀을 제시하고 있다. 한 사회나 국가의 사회복지 동향뿐 아니라 사회나 국가 간 동향까지도 비교·검토할 수 있다.

② 개입대상에 의한 분류: 선별주의와 보편주의

• 선별주의

앞에서 살펴본 잔여적 사회복지는 매우 소극적이고 한정적인 사회복지의 개념으로서, 개입대상의 범위를 고려하면 선별적 사회복지 관점과 직접적으로 연결되어 있다(권중돈 외, 2016). 선별주의(selectivism)는 보수주의(conservatism) 이념에 근거한다. 보수주의에서는 사회복지가 최소한만 제공되어야 하며 일시적이어야 한다고 본다. 즉, 국가의 개입은 최소한으로 이루어져야 하며, 가족과 시장의 역할을 강조한다. 따라서 선별주의적 관점에서는 빈곤, 노령, 장애 등 어려운 상황에 직면해 있는 요보호대상에게만 서비스나 프로그램 등이 일시적으로 제공되어야 함을 주장한다. 대표적인 사회복지정책으로는 취약계층을 위해 제공되는 공공부조를 들 수 있다. 선별주의는 한정된 대상에게 선별적 지원을 하기 때문에 경제적 효율성은 높으나 낙인 등으로 인해 사회통합 측면에서는 효과가 낮다고 볼 수 있다.

• 보편주의

제도적 관점은 자유주의(liberalism) 또는 보편주의(universalism) 이념과 맞닿아 있다. 현대사회는 매우 복잡하고 분화되어 있어서 기존의 제도들로는 새롭게 나타나는 문제나 욕구를 해결할 수 없다고 본다. 즉, 문제는 개인이 통제할 수 없는 부분에서 비롯된다고 보기 때문에 사회복지의 대상은 특정 집단이 아니라 모든 국민이 된다. 국가와 사회가 적극적으로 개입해야 된다고 보는 입장이다.

3) 사회복지의 목적과 목표

우리나라 「헌법」 제31조 제1항에 "모든 국민은 인간다운 생활을 할 권리를 갖는다."라고 규정하고 있다. 이처럼 사회복지의 일차적인 목적은 사회 구성원들의 인간다운 생활을 보장하는 것이다. 인간다운 생활의 보장은 그 사회 구성원으로서 자긍심을 지키면서 최소한의 생활을 보장받는 것을 뜻한다. 좀 더 적극적인 목적은 인간이 그 사회에서 자신의 잠재능력을 충분히 발휘할 수 있도록 성장·발달하도록 돕고, 다양한 기회를 제공함으로써 역량이 강화되고 스스로 만족스러운 삶을 살아가도록 하는 데 있다. 궁극적으로 타인에게도 긍정적인 영향을 미쳐 타인의 행복과 사회 발전에 기여하는 데까지 확장되고 있다.

한편, 사회복지가 가지는 목표는 시대와 상황에 따라서 변화할 수 있다. 그럼에도 불구하고 사회복지가 보편적으로 추구해야 하는 목표는 개인의 기초생활을 보장하는 것에 있다는 측면에서 다음과 같이 구체적으로 살펴볼 수 있다(최옥채, 2016).

(1) 기초생활을 위한 소득

개인이 기초적인 생활이 가능하도록 소득을 보장하는 역할을 한다. 의식주 중 하나라도 충족이 되지 않았을 경우, 인간다운 삶을 살아갈 수 없기 때문이다. 현재 「국민기초생활보장법」을 통해 생계, 의료, 주거, 교육 등 기초생활수급자들을 지원하고 있으며, 실업수당, 근로장려금 등의 다양한 제도가 운영되고 있으나 많이 부족한 상태이다.

(2) 가정과 사회 적응을 위한 심리사회적 안정

가정이나 사회에 부적응하는 개인의 적응을 돕는 데에는 이들의 심리사회적 안정을 위해 다양한 프로그램이 필요하다. 따라서 사회복지사는 심리상담가에 버금가는 기술을 익히고 적용할 수 있어야 한다.

(3) 일상을 영위하기 위한 자활

사회복지는 일상을 스스로 꾸리지 못한 개인이 자활할 수 있도록 해야 한다. 「국민기초생활보장법」 제1조에서는 생활이 어려운 사람에게 필요한 급여를 실시하여 이들의 최저생활을 보장하고 자활을 돕는 것을 목적으로 함을 명시하고 있다. 이를 통해 기초보장과 더불어 근로능력이 있는 사람들에게 근로유인을 통해 자립을 할 수 있도록 유도하고 있다(김영자 외, 2003).

4) 사회복지의 기능

과거에는 개인이 삶 속에서 어려움을 경험할 경우, 가족과 이웃, 마을에서 원조가 이루어졌다. 사회문제들은 단순하였으며, 개인적인 차원의 것이었다. 하지만 반세기 동안 사회가 빠르게 변화하면서 노령, 실업, 질병, 산업재해 등과 같은 구 사회적 위험(old social risks)과 더불어 최근에는 빈곤 심화 및 양극화, 사회적 불평등, 폭력 및 정신건강, 사회적 소수자와 인권과 관련된 사회적 배제, 저출산·고령화 문제 등의 복합적이면서 새로운 사회적 위험(new social risks)이 등장하게 되었다(박지영 외, 2016). 불안정고용, 장기실업, 근로빈곤, 한부모 가족, 일·가정 생활 양립 불능 등과 같은 새로운 형태의 사회문제가 출현함에 따라 사회복지의 기능도 변화가 요구되고 있다(김교성, 유희원, 2015; Bonoli, 2007; Esping-Andersen, 1999). Zastrow(2010)는 오늘날의 사회복지의 기능을 다음과 같이 구체적으로 제시하였다.

- 고아들에게 가정을 찾아 준다.
- 알코올이나 마약 중독자들을 재활시킨다.
- 정서적 문제를 가진 사람들을 치료한다.
- 노인들이 보다 의미 있게 살아갈 수 있도록 돕는다.

- 신체 및 정신 장애를 지닌 사람들에게 재활서비스를 제공한다.
- 빈곤한 사람의 재정적 욕구를 충족시킨다.
- 범법행위를 한 청소년 및 성인들을 재활시킨다.
- 모든 차별과 억압을 제거한다.
- 맞벌이 부부를 위해 아동보육서비스를 제공한다.
- 아동 및 배우자 학대 등의 가정폭력에 대처한다.
- 재정적 욕구를 가진 사람들에게 의료 및 법률적 지원을 제공한다.
- 개인적 또는 사회적 어려움을 경험하는 개인이나 집단을 상담한다.
- AIDS 환자와 가족 등에게 서비스를 제공한다.
- 모든 연령층의 집단을 대상으로 여가서비스를 제공한다.
- 인지 · 정서 장애를 경험하는 아동들을 교육 및 사회화시킨다.
- 화재 등 재난을 경험한 가족을 위해 서비스를 제공한다.
- 노숙자를 위한 주거지를 제공한다.
- 실업자 등에게 직업훈련 및 고용의 기회를 제공한다.
- 이주노동자 등 소수집단에 속한 사람들이 가지는 욕구를 충족시킨다.
- 개인, 가족, 집단, 조직 및 지역사회의 역량을 강화하여 그들의 환경을 개선시킨다.

사회복지가 사회 내에서 수행하는 기능은 사회의 가치관이나 문화와 정치 및 경제적 · 사회적 조건에 따라 의미가 다르다. 이 같은 관점에서 사회복지는 치료적 · 예방적 · 개발적 기능을 수행한다(어윤배, 1996).

- **치료적(remedial) 기능**: 사회복지에서 가장 오래된 전통적 기능이다. 가정이나 집단 또는 지역사회가 정상적 기능을 상실했거나 손상을 받아 영구적 또는 일시적으로 어려움에 직면했을 때 가정이나 집단 등이 제공하는 부족한 기능을 보충하거나 대체해 주는 기능을 의미한다. 재해나 긴급구호를 요하는 상황, 아동복지시설, 보육사업, 재활사업, 심리치료 등이 사회복지의 치료적 기능에 속한다.
- **예방적(preventive) 기능**: 일차적으로 가정과 집단 그리고 지역사회 기능을 강화하는 것을 목적으로 한다. 사회가 안정적일수록 예방적 기능에 대한 관심이 높아진다. 이는 그만큼 문제 발생 이후에 소요되는 인적 · 물적 소모보다 예방했을

시에 같은 자원이 더 적게 들고 쉽기 때문이다. 거시적으로는 사회보장을 비롯해서 각종 유해 환경의 예방과 범죄, 약물중독 등 개인 비행의 예방에 이르기까지 다양한 영역에서 사회복지가 기능한다.

- **개발적(developmental) 기능**: 저출산ㆍ고령화 사회가 도래하면서 사회복지의 기능 중 치료와 예방 기능에 더하여 개발적 기능에 대한 관심이 높아지고 있다. 사회복지가 사회 발전에 직접적으로 기여하도록 개념과 활동을 정립하는 것이다. 이런 경우 사회복지는 하나의 변화 촉진 체계로서 기능한다. 즉, 사회 변화를 수용할 수 있는 사회구조의 전환과 촉진을 지원하며, 변화과정에서 발생하는 사회적 불만이나 충격을 흡수하여 사회와 개인 생활의 안정을 도모하는 방파제의 기능을 담당한다. 나아가 사회복지는 저출산시대와 지식기반사회에 소요되는 인력양성의 온상 역할을 수행한다. 보다 나은 사회적 관계와 이에 필요한 경제적 여건을 조성하는 데 교육과 훈련이 필요하다면, 교육과 훈련의 기회와 시설이 편중되거나 독점되지 않도록 하는 것이 사회복지 개발의 목표가 될 수 있다. 이 기능은 넓은 의미의 사회복지활동을 포괄할 수 있는데 소득보장, 영양, 보건, 의료, 교육, 주택 등의 서비스를 들 수 있으며, 이와 관련하여 여성인력이나 청소년층에 대한 동기부여와 능력 고양에 복지가 관심을 두는 것이 개발적 기능 확산의 한 징표로 볼 수 있다.

5) 다른 학문과의 관계

사회복지는 사회학 또는 휴먼서비스(human service)와 혼동되어 사용되기도 한다. 그러나 사회복지가 가지는 고유 영역과 분야가 존재하기 때문에 이를 명확하게 살펴볼 필요가 있다. 사회복지는 크게 두 가지의 특징을 가진다(권승, 2021). 첫째, 가치지향적이라는 것이다. 이는 가치중립적(value-neutral) 또는 몰가치적(value-free) 이론을 지향하는 학문과는 구분되는 부분이다. 둘째, 다학문적 성격을 지니고 있다는 것이다. 사회복지학은 인간과 인간을 둘러싼 환경과의 상호작용 속에서 발생하는 문제나 욕구를 해결할 수 있도록 기능하는 실천학문의 성격을 가진다. 이를 통해 모든 사람의 삶의 질을 높이고 안녕을 추구할 수 있도록 한다. 따라서 사회복지학은 인간을 둘러싼 환경에 대해 설명하는 다른 학문들과도 관련성이 높다. Zastrow(2010)는 사

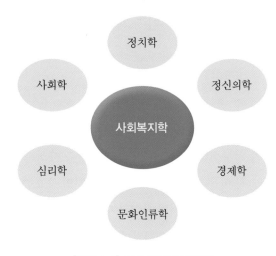

[그림 1-1] 다른 학문과의 관계

출처: Zastrow (2010).

회복지학과 관련 있는 학문으로 사회학, 심리학, 정신의학, 정치학, 경제학, 문화인류
학을 예로 들고 있다. 권중돈 등(2016)도 사회복지영역은 경제, 정치, 고용, 보건의료,
교육, 주택 등이 사회복지와 관련 있는 영역이며, 사회복지학에서 관심을 두어야 하
는 영역으로 제시하고 있다. 이러한 분야의 공통점은 인간의 욕구충족 및 문제해결,
자립과 성장, 사회문제의 해결과 사회통합 등의 목적을 달성하기 위해 필수적으로 고
려되어야 하는 부분이라는 것이다. 예를 들면, 청소년 비행문제의 경우 사회적으로
청소년과 비행에 대한 개념화가 이루어져야 하고, 청소년의 발달주기, 심리사회적 특
성 등을 파악하고 비행 원인에 대한 이론 탐색 등이 종합적으로 이루어졌을 때 이러
한 문제를 예방하고 개입하기 위한 전략들을 모색할 수 있다.

6) 사회복지의 동기

과거부터 인류는 발전해 왔지만 질병과 빈곤 등을 비롯하여 사회문제는 더욱 심화
되고 복잡해졌다. 이에 대처하기 위해 그동안 이타적 동기부터 이데올로기적 이해까
지 오늘날 전문 사회복지의 배경이 되고 있는 다양한 활동이 있어 왔다.

역사적으로 사회복지의 동기를 이해하는 일은 사회복지의 공적ㆍ사적 책임에 대
한 발전적 개념을 모색하는 한 방법이다. 직업으로서의 사회복지는 20세기의 산물이

라 볼 수 있지만, 철학적 기초는 자선사업 등 사회복지의 원초적 동기에 기초하여 끊임없이 발달하고 있다.

(1) 종교적 동기

자선은 종교적 사랑과 자비로부터 실천된다. 사랑과 자비는 종교적 이상을 실현하기 위한 핵심 교리이자 덕목이다. 이에 따라 종교는 많은 사회복지나 구제 기관을 세우고 자선행위를 해 왔다. 이들은 오늘날 사회복지 발전의 중요한 디딤돌이 되어 왔으며, 이러한 종교적 동기의 구현은 여전히 사회복지실천의 중요한 부분이 되고 있다.

그러나 종교적 동기에서의 자선은 수혜자에 대한 고려보다는 주는 자(giver)의 심적 태도나 종교적 의식에 더 강조를 두어 왔다. 즉, 고통받는 사회적 약자가 될 수밖에 없는 이유나 환경의 부조리에 관심을 두기보다는 인간의 본능적 동정심에 기초해 왔다. 이는 사람이 도움을 받게 되는 결과에만 초점을 두어 도움을 받을 만한 사람(eligibility, 수급자격)과 그렇지 못한 사람을 구분해 온 측면이 제도화되기도 했다.

(2) 경제적 동기

사회복지는 사회문제를 예방하는 데 관심이 있다. 사회복지를 통해서 사회문제를 예방한다면 상당한 사회적 비용을 줄일 수 있다. 예를 들어, 빈곤계층에 대해 적극적으로 개입함으로써 영양 결핍과 무기력 등의 문제를 줄여 양질의 노동인력을 확보할 수 있으며, 청소년복지 활동을 통해서 청소년의 비행을 예방함으로써 사회적 비용을 경감할 수 있다.

자본주의 사회에서 사회복지가 갖는 중요한 동기 중의 하나는 경제적인 부분이다. 빈곤계층이 많아질수록 사회는 궁핍해진다. 자본주의 사회는 생산 · 분배 · 소비 · 재생산의 과정을 거친다. 이러한 과정 속에서 사람들의 구매력이 줄어들수록 생산이 침체될 수밖에 없고 경제적 어려움을 겪게 된다. 따라서 구매력을 높이기 위해서는 빈곤계층에게 사회복지 프로그램을 제공하고 발전시킨다. 이는 복지의 경제적 측면에 입각한 정책으로 볼 수 있다. 또한 오늘날처럼 저출산 사회에서 사회복지는 출산율을 향상시켜 생산인력을 확충하는 데도 기여한다. 이것은 새롭게 제기되는 복지의 동기라고 볼 수 있다.

(3) 정치적 동기

1601년 영국의 「구빈법(The Poor Law)」에서부터 자선과 사회복지의 정치적 이해와 관계를 살펴볼 수 있다. 「구빈법」에서는 사회 속에서 정상과 비정상 계층의 사람들을 나누었는데, 비정상계층은 일에 대한 관심이 없는 '나쁜 사람들'로 규정지어 정상계층인 사람들을 보호하기 위한 방편으로 이들을 배제하였다. 이와 같은 흐름은 오늘날에도 이어져 사회의 안정을 추구하기 위하여 빈곤계층이나 반사회적 행동을 하는 사람들에게 최소한의 복지개입을 추구한다.

아울러 사회복지는 정치적 권력을 획득하고 유지하는 주요한 수단의 역할도 한다. 대표적인 예로, 미국의 사회보장제도를 들 수 있다. 1930년대 대공황으로 대규모 실업과 이로 인한 사회 · 경제적 문제가 발생하자, 정부는 정치적 권력을 유지하기 위한 방법으로 사회보장제도를 고안하였다. 또한 미국은 최근의 복지 개혁에서 빈곤층을 위한 소득보장 프로그램인 요부양 아동 가족부조(Aid to Families with Dependent Children: AFDC)를 폐지하는 반면, 객관적으로 볼 때 정부의 재정 적자에 훨씬 부담이 되어 개혁 대상이 되어야 하는 노령연금은 그대로 유지하였다. 이는 AFDC 수급자들의 정치적 힘이 약한 반면, 노령연금 수급자들의 정치적 힘은 강하기 때문인 것으로 이해할 수 있다(김태성, 2002). 때로는 민주 선거에서 빈곤계층 등의 표를 얻기 위한 방편으로, 때로는 정치적 포용력을 보여 주는 상징적인 형태로 사회복지를 활용하는 것이다.

(4) 상부상조 동기

상부상조(mutual aid) 동기는 서로가 서로를 돕는다는 뜻으로, 가장 오래되고 가장 보편적인 사회복지의 동기로서 오늘날에도 우리가 일상생활 속에서 접하게 되는 가족, 이웃, 노동조합, 지역사회, 더 나아가 다양한 사회복지제도 등을 통해 여전히 중요하게 작용하고 있다. 인간은 옛날이나 지금이나 상부상조를 통해 경제적 지원뿐 아니라 정서적 지지, 사회적 관계, 정보, 활동 등의 자원을 가족이나 이웃 등과 공유하고 있다. 서로가 서로를 돕고자 하는 이러한 동기는 점차 사회가 개인화됨에 따라 약화될 수 있지만, 사회복지제도를 통해 다시 회복될 수도 있다(Macarov, 1978).

(5) 전문직업적 동기

사회가 점차 복잡해짐에 따라 인간을 돕는 활동도 다양한 지식기반과 기술이 요구되고 있다. 사회복지가 전문직업으로 등장하면서 인간을 돕는 일에 매력을 느끼는 사람들이 증가하고 있다. 법률가와 의사 그리고 사회복지사도 전문적 서비스를 목표로 하지만, 인간 본질에 대한 서비스를 지향한다는 관점에서 사회복지전문직의 독특성이 나타난다. 따라서 사회복지서비스 활동은 하나의 예술적 기술(artful skill)이다. 도움을 필요로 하는 사람에게 바람직한 사회적 기능의 수행을 통해 행복할 수 있도록 의도적으로 변화시키는 과정에는 인간과 사회환경에 대한 지식과 윤리와 가치 그리고 실천적 기술이 요구된다. 이러한 측면에서 사회복지서비스 활동은 전문적 동기에 입각하여 서비스를 충실하게 수행하고자 하는 노력으로 이어지고 있다.

🔍 ⋯ 연구문제

1. 사회복지에서 욕구와 자원은 어떤 의미를 가지는지 생각해 보시오.
2. 사회복지의 개념 중 잔여적 관점과 제도적 관점의 차이점을 비교해 보고 어떤 관점을 더 선호하는지, 그 이유는 무엇인지 생각해 보시오.
3. 우리나라 주요 사회문제 중 1개를 택하고 이를 해결하기 위한 사회복지적 방안은 어떤 것들이 있는지 생각해 보시오.
4. 사회복지 영역이 다른 학문과 구별되는 특징에 대해서 생각해 보시오.
5. 사회복지가 수행하는 기능을 생각하고 사례를 제시하시오.

🔤 ⋯ 전공어휘

• AFDC(Aid to Families with Dependent Children) 미국에서 1935년 사회보장법으로 시작된 공공부조 프로그램으로 부모의 사망, 무능력, 부재 등으로 발생하는 요보호 아동이 있는 가족에 대한 지원제도이다. 대체로 자녀를 둔 여성 가장의 생계유지를 돕는 데 초점을 맞춘다.

- 구빈법(The Poor Law) 1601년 엘리자베스 여왕 집권기에 집대성된 빈민과 부랑자들의 구제 관련 법이다. 노동능력이 있는 빈민과 없는 빈민을 구분하여 노동능력이 있는 경우 일을 강제하였으며, 노동능력이 없는 경우 구제를 실시하였다.

- 보수주의(conservatism) 전통적으로 내려오는 사회적 가치와 규범, 사회구조의 변화에 반대하는 이념적 경향을 말한다. 개인보다는 사회에 더 비중을 두어 행복한 삶에 대한 책임은 기본적으로 개인에게 있다고 믿는다. 이에 따라 사회복지는 최소한의 개입을 통해 사회에서 낙오된 계층만을 도와야 한다는 시각을 갖는다.

- 복지병(The British disease) 근로하려 하지 않고 국가나 단체에서 제공하는 복지에 의존하려고 하는 것을 의미한다. 높은 복지제공으로 인해 근로의욕이 저하되고 무기력했던 1960~1970년대 영국의 사회 분위기에서 유래되어 영국병이라고도 한다.

- 사회문제(social problem) 사회제도의 기능 결함이나 구조적 모순 등으로 인해 발생하는 문제로서 사람들의 가치규범을 해치고 정서와 경제적 고통을 주는 문제를 말한다. 빈곤, 사회적 불평등, 실업, 주택, 가족 문제, 공해 문제 등이 있다.

- 사회보장(social security) 사회가 구성원들의 질병, 실업, 노령, 장애와 같은 사회 및 생활상의 위험에서 사회 구성원들을 보호하기 위한 안전망을 말한다.

- 사회복지(social welfare) 사람들의 생활과 삶의 질의 향상을 위해서 기본적인 욕구를 사회적인 수준으로 충족시키고 전체 사회를 복지 상태로 유지하기 위한 국가와 사회적인 프로그램, 급여, 사회적 서비스 등을 뜻한다.

- 사회적 욕구(social need) 여러 사회적 위험 때문에 개인의 기본욕구를 충족시키지 못하는 사회 구성원들의 수가 상당히 많아질 때, 각자가 처해 있는 사회적 위험으로부터 탈피하려는 집단적 욕구를 말한다. Bradshaw는 욕구 인식의 기준에 따라, 사회적 욕구를 규범적 욕구, 감지된 욕구, 표현적 욕구, 비교적 욕구의 네 가지로 구분하고 있다.

- 잔여적 관점(residual perspective) 사회복지는 가족 또는 시장과 같은 정상적인 공급구조가 제 기능을 발휘하지 못하는 경우에만 작동되어야 한다는 사회복지 이념의 개념 중 하나이다. 이는 자유주의 국가에서 나타나며, 빈민과 같은 요보호 대상자를 대상으로 사회적으로 최저한의 급부를 주는 역할만 수행해야 한다는 것이다. 대척되는 개념으로는 제도적 관점이 있다.

참고문헌

권승(2021). 사회복지개론. 서울: 박영스토리.

권중돈, 조학래, 윤경아, 이윤화, 이영미, 손의성, 오인근, 김동기(2016). 사회복지개론. 서울: 학지사.

김교성, 유희원(2015). 복지국가의 변화: 신·구 사회정책에 기초한 이념형 분석. 사회복지연구, 46(1), 433-467.

김상균, 최일섭, 최성재, 조흥식, 김혜란(2001). 사회복지개론. 서울: 나남출판사.

김영자, 황정임, 윤민화(2003). 빈곤여성의 자활을 위한 노동-복지연계 프로그램 방향 모색 연구: 국민기초생활보장제도를 중심으로. 이화사회복지연구, 3, 85-107.

김태성(2002). 사회복지정책의 이해. 서울: 나남.

박용순(2017). 사회복지개론. 서울: 학지사.

박지영, 배화숙, 엄태완, 이인숙, 최희경(2016). 함께하는 사회복지의 이해. 서울: 학지사.

어윤배(1996). 사회정책의 이론과 과제. 서울: 숭실대학교 출판부.

이인정, 최혜경(1995). 인간행동과 사회환경. 서울: 나남출판사.

최옥채(2016). 한국사회복지학통론. 경기: 양서원.

최일섭, 최성재(1995). 사회문제와 사회복지. 서울: 나남출판사.

Bonoli, G. (2007). Time matters: Postindustrialization, new social risks, and welfare state adaptation in advanced industrial democracies. *Comparative political studies, 40*(5), 495-520.

Esping-Andersen, G. (1996). *Welfare states in transition: National adaptations in global economies.* London: Sage.

Esping-Andersen, G. (1999). *Social Foundations of Postindustrial Economies.* Oxford University Press.

George, V., & Wilding, P. (1976). *Ideology and Social Welfare.* London: Routledge and Kegan paul.

Gilbert, N., & Specht, H. (1974). *Dimensions of Social Welfare Policy.* Englewood Cliffs, NJ: Prentice-Hall, Inc.

Gilbert, N., & Terrell, P. (2002). *Dimensions of Social Welfare Policy* (5th ed.). Boston: Allyn & Bacon.

Macarov, D. (1978). *The Design of Social Welfare.* New York: Holt, Rinehart and Winston.

Mishra, S. (1981). *Society & Social Policy: Theories and Practice of Welfare.* London:

Macmillan Press.

Wilensky, H. L., & Lebeaux, C. N. (1965). *Industrial society and social welfare*. New York: Russel Sage Foundation.

Zastrow, C. (2010). *Introduction to Social Work and Social Welfare*. Belmont, CA: Thomson Brooks.Cole.

제2장

사회복지의 발달과정

역사를 공부하는 이유는 과거를 통해 현재의 모습을 파악하고 미래의 방향성에 대한 교훈을 얻기 위함이다. 사회복지 역사와 발달과정을 고찰하는 것 또한 사회복지가 발전하게 된 배경, 즉 사회복지 발달에 영향을 준 요인, 사회복지서비스의 수행방법, 사회복지서비스 대상 등에 대하여 이해하는 데 도움이 될 것이다. 빈곤이나 질병과 같은 사회문제나 욕구의 결핍은 인류 역사에서 항상 존재해 왔으며, 이러한 사회문제를 해결하고 결핍된 욕구를 충족시키고자 하는 노력 또한 늘 있어 왔으나 사회복지를 실현하고자 하는 방법은 시대와 국가에 따라 상이하게 나타났다. 따라서 사회복지의 발달과정을 고찰함으로써 전통사회의 자선사업, 박애사업, 구제사업을 시작으로 현재의 과학적이고 전문적인 사회복지가 발전하게 된 역사적 배경과 사회복지 정책 및 서비스 변화를 이해하는 데 도움을 주고자 한다. 구체적으로는, 첫째, 서구의 사회복지 발달과정 중 빈민법과 사회보험의 시대에 대하여 살펴볼 것이다. 둘째, 서구의 사회복지 발달과정 중 복지국가와 복지국가 재편기에 대하여 살펴볼 것이다. 셋째, 우리나라의 사회복지 발달과정에 대하여 살펴볼 것이다.

1. 서구의 사회복지 발달과정

서구의 사회복지 발달과정을 보면 고대에서는 상부상조 활동, 중세사회에서는 자선사업으로 인식되어 왔다. 산업사회에 들어서는 인도주의적 사상의 성장에 따라 사회 공헌 활동으로 인식하는 단계, 빈곤의 책임을 개인보다 사회에 돌리는 사회연대의 인식 단계를 거쳐 다 같이 생존할 권리가 있다고 하는 생존권 사상이 받아들여지는 단계로 발전하여 왔다.

헝가리 과학아카데미의 퍼지(Ferge)는 사회복지 역사를 크게 빈민법, 사회보험, 복지국가의 시대로 구분하였다. 이러한 구분은 기본적으로 사회복지 역사를 이해하는 데 상당한 도움을 주지만 완전하지는 않다(원석조, 2020). 따라서 Ferge의 시대 구분을 좀 더 세분화하면 총 여섯 단계, 구체적으로 ① 공동체 생활 시대, ② 빈민법 시대, ③ 민간활동(자선조직협회와 인보관) 시대, ④ 사회보험 시대, ⑤ 복지국가 시대, ⑥ 복지국가 위기와 재편 시대로 구분할 수 있다.

표 2-1 서구 사회복지의 역사

단계	내용	결정 요인
1단계 공동체 생활 시대	민생구휼	군주 개입
2단계 빈민법 시대	빈민법	사회적 보호
3단계 민간활동 시대	민간 소셜워크	자조의 원리
4단계 사회보험 시대	사회보험	사회보험의 원리
5단계 복지국가 시대	사회정책의 정비 확대	국가 개입의 원리
6단계 복지국가 위기와 재편 시대	공공복지 축소 및 민영화	노동연계복지의 원리

출처: 김상균 외(2007), 원석조(2020)를 재구성.

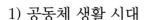

1) 공동체 생활 시대

고대사회나 중세사회는 산업화 이전의 단계로 씨족사회나 봉건사회의 생산방식에 기반한 사회였다. 이 시기의 사회복지는 왕에 의한 복지나 공동체 내의 자선과 사회 공헌 및 상부상조의 형태로 이루어졌다.

(1) 왕에 의한 복지

고대국가는 이집트, 중국, 인도 등 오늘날의 서양에 해당하지는 않으나, 서양을 포함한 인류 사회의 근원이 된다고 할 수 있다. 고대사회에서는 산업의 기본이 되었던 농업과 농민의 보호를 위해 왕이 복지를 제공하였다. 국가권력은 홍수 예방을 위한 대규모 관개수로 사업, 외적의 침입에 대비한 공동방위의 필요성에서 출현하였으며, 이 시대에는 환자와 가난한 자를 보호하고, 노숙자를 구제하는 것이 왕의 책무로 여겨졌다(Barker, 1999).

(2) 자선과 사회 공헌

자선은 궁핍하거나 도움을 필요로 하는 자에 대한 개인적인 도움을 의미하는 반면, 사회 공헌은 궁핍한 자를 돕거나 공동체 삶의 향상을 위하여 대규모로 이루어지는 비교적 공적인 지원이라고 할 수 있다.

서구에서 어려운 자를 돕는 자선의 중심에는 종교 기관이 있다. 즉, 교회와 중세사회의 수도원은 다목적 보호시설의 기능을 수행하였다. 수도원에서는 여행자와 과부, 고아, 노인, 빈민들에게 숙박, 보호, 의료 등을 지원하였으며, 교인들의 십일조는 교회의 유지 비용, 목사의 생활비, 보수비, 자선 등에 주로 사용되었다. 13세기에 들어서는 빈민을 돕는 것이 교회법으로 강조되었는데 이러한 영향으로 왕과 귀족, 상인들도 구빈원(almshouse)을 설립하여 빈민을 도왔다. 이렇듯 중세 교회가 자선을 강조한 이유는 자선이 '구원에 이르는 길'이라고 믿었기 때문이다. 사회 공헌은 그리스 도시국가에서 인간에게 자애로운 '신에 의한 인간의 사랑'을 나타내는 행동이었으나, 그 후 권력자가 부하에게 친절함을 보이는 것으로 변하게 되었다. 그리스 도시국가에는 숙박소와 의료센터가 있었으며, 장애인에 대한 수당, 전사자의 자녀에게 주는 유족연금, 고아원과 같은 수용시설도 있었다. 그러나 이 시기의 빈민구호는 이타적이기보다는 이기적이고 자기본위적이었다. 왜냐하면 빈민에 대한 처우는 가혹하였으며, 피임과 낙태, 영아 살해가 정당화되었기 때문이다(김상균 외, 2007).

(3) 상부상조

상부상조(mutual aid)는 '도움을 주는 자'와 '도움을 받는 자'의 입장이 서로 바뀔 수 있는 호혜성의 원리에 입각한 원조 방식이다. 서양 고대사회에서 상부상조의 형태는 고대 이집트의 장의단체나 상인들의 협회에서 찾아볼 수 있다. 또한 로마시대의 협회나 중세의 길드에서도 상부상조 방식을 찾아볼 수 있다.

로마시대의 중요한 협회로는 해운업자협회, 제빵업자협회, 정육업자협회 등 직업협회와 사교, 친목, 부조 등을 위한 비영리단체가 있었다. 중세시대에는 상인들이 여행 시 화물을 보호하기 위한 상인길드(merchant guilds)와 동일 직종에 종사하는 사람들이 영업의 보호와 상부상조를 위해 조직한 직인길드(craft guilds)도 있었다. 길드의 그 밖의 기능으로는 장례비와 유족의 생계 지원, 빈곤 회원의 자녀를 위한 결혼지참금 지원, 환자 보호, 지역사회를 위한 공익활동 수행 등이 있다(백종만 외, 2001).

2) 빈민법 시대

빈민법(Poor Law)은 현대사회의 공공부조에 해당하는 것으로서 이것은 농촌 노동자의 임금상승과 노동력의 이동을 억제하고, 노동능력이 있는 부랑자의 강제적 이용을 위한 중상주의적 사회정책의 하나라 할 수 있다. 즉, 빈민법은 14~16세기의 농촌 노동력에 대한 국가 통제에 초점을 둔 여러 빈민법에서 절대주의 국가의 성립과 함께 국가의 부랑인 통제를 보다 체계화한 「엘리자베스 빈민법」, 그리고 그것을 조금씩 수정한 「정주법」「작업장법」「토머스 길버트법」「스핀엄랜드법」, 마지막으로 자본주의의 발전으로 빈민법의 대수술이 불가피해지자 제정된 「신빈민법」으로 변화하였다(원석조, 2020).

(1) 엘리자베스 빈민법

16세기 부랑자 증가 요인은 농민을 농촌에서 내몬 인클로저 운동, 1594~1597년까지의 계속된 흉작, 신세계로부터 귀금속이 대량으로 유입되어 발생한 극도의 인플레이션 등이다. 1601년에 제정된 「엘리자베스 빈민법(The Elizabeth Poor Law)」은 튜더

왕조 시대의 빈민구제를 위해 시행된 제도들을 집대성함으로써 영국 빈민법의 토대가 되었다.

「엘리자베스 빈민법」의 제정에 이르는 과정을 보면 다음과 같다. 1348년 페스트로 2년간 영국 국민의 2/3가 사망하자, 노동력 부족 현상과 임금의 상승이 뒤따랐다. 이에 에드워드 3세는 토지를 소유한 귀족들의 요청에 따라 부랑과 구걸 행위를 예방하고 농촌 노동자들을 토지에 묶어 두려는 목적으로, 1349년 「노동자 칙령(Ordinance of Laborers)」을 발표하여 노동능력이 있는 걸인들은 도움을 받지 못하도록 하였다. 이후 여러 가지 입법을 통하여 모든 노동자들과 걸인의 이동을 금지하고, 노동능력이 없는 빈민의 구제를 각 지방의 책임으로 규정하며, 모든 교구에 구빈감독관을 두어 부자들로부터 구빈세를 징수하고 구직활동과 자활능력이 없는 빈민을 위한 보호시설을 운영하도록 규정하였다. 이러한 조치들을 바탕으로 제정된 「엘리자베스 빈민법」은 빈민구호에 대한 지방정부의 책임을 인정하였으며, 구빈세를 징수하고, 빈민구호에 대한 정부 행정제도를 공식화하였다. 이 법의 중요한 특징은 다음 일곱 가지로 요약된다(김상균 외, 2007).

- 첫째, 빈민구제를 지방정부의 책임으로 인식하였다.
- 둘째, 빈민구호를 담당하는 행정기관을 수립하였다.
- 셋째, 빈민구호의 재원은 조세를 통해 조달하였다.
- 넷째, 빈민을 노동능력에 따라 차등적으로 처우하였다.
- 다섯째, 요보호 아동을 보호함과 동시에 도제제도를 도입하였다.
- 여섯째, 강제노역장(workhouse)과 구빈원을 활용하였다.
- 일곱째, 친족 부양의 책임을 강조하였다. 이를 통해 부랑자 발생을 방지하고자 하였으며, 오늘날 공공부조의 시초가 되었다.

「엘리자베스 빈민법」은 빈민을 노동능력의 유무에 따라, ① 노동능력이 있는 빈민, ② 노동능력이 없는 빈민, ③ 요보호 아동의 세 유형으로 구분하였다(Zastrow, 2000).

① 노동능력이 있는 빈민(the able-bodied poor)

교정원 또는 작업장에서 강제 노역을 하였으며, 주어진 노역을 거절하는 자는 감옥에 투옥되었다. 시민은 이들에게 자선과 같은 재정적 도움을 제공하는 것을 금지당했다.

② 노동능력이 없는 빈민(the impotent poor)

노인, 장애인 등은 구빈원 또는 자선원에 집단적으로 수용되었다. 또한 시설보호보다 원외구호(outdoor relief)의 비용이 저렴하다고 판단되면 현 거주지에 살면서 의복, 음식, 연료 등의 현물급여를 제공받았다.

③ 요보호 아동(dependent children)

부모가 양육할 수 없는 빈곤아동은 장인에게 맡겨져 도제(apprentices)생활을 했다. 소년은 24세까지 주인에게 상거래 활동을 배우며 봉사해야 했고, 소녀는 21세 또는 결혼할 때까지 집안일을 돌보는 하녀의 삶을 살아야만 했다.

(2) 빈민법의 변화

「엘리자베스 빈민법」은 빈민의 구빈활동을 공식화하고 체계화한 것은 사실이지만, 빈민에 대한 통제 성격이 매우 강했고, 산업혁명을 비롯한 사회경제적 변화에 따라 수차례의 변천 과정을 거쳐 1834년 「신빈민법(New Poor Law)」이 출현하게 되었다.

「엘리자베스 빈민법」은 빈민을 사회불안의 요소로 인식하고, 빈민을 통제하려는 목적으로 활용되었으며, 인구 증가와 공업의 발달로 인한 인구의 도시 집중, 빈민구호가 활발한 교구로 빈민들이 집중하는 폐단이 나타났다. 따라서 이와 같은 빈민의 집중 문제를 해결하고자 인구 이동을 금지하고, 빈민들을 농촌에 정착시키기 위하여 1662년 「정주법(The Settlement Act)」이 제정되었다. 이 법에 따라 빈민구제를 담당하는 지방정부는 다른 지방에서 이주해 온 사람이 구제를 받고자 하면 본래의 거주지로 추방하였다. 이 법은 주거 이전의 자유를 제한한 것으로서 산업 발전에 따른 대규모 임금노동자의 확보도 어렵게 만들었다.

다음으로, 산업노동자 확보를 목적으로 작업장을 설치하고 빈민을 강제로 고용하는 「작업장법(The Workhouse Test Act)」이 1723년에 제정되었다. 이는 산업노동자 확보를 목적으로 공동작업장을 설치하고 빈민을 강제로 고용하고자 제정된 법이다. 작업장에서는 세금으로 원료를 공급해 주고 생산품을 팔아 노임을 지급하고자 하였다.

그러나 제품의 질이 저하되어 경쟁에서 뒤처지고, 교구민의 조세 부담은 늘어났으며, 빈민들의 노동력 착취와 혹사 등의 문제점이 나타났다.

1782년에는 작업장 빈민의 비참한 생활과 착취를 개선할 목적으로 하원의원인 길버트가 제안한 「토머스 길버트법(The Thomas Gilbert's Act)」이 제정되었다. 이 법은 교구연합 작업장을 권장하며, 작업장 대신 자기 가정이나 인근의 적당한 직장에서 일할 수 있도록 알선해 주고 작업장 외부에서의 노동을 인정하자는 내용이다. 즉, 원외구호를 허용하고 오늘날의 거택보호를 인정한 인도주의적인 법이다(조흥식 외, 2015).

1795년에는 최저생계비에 부족한 빈민의 임금을 보조해 주는 「스핀엄랜드법(The Speenhamland Act)」이 제정되었다. 이 법은 근로자의 가족 수, 물가수준을 고려하여 일정 수준 이하의 임금을 받는 근로자에게 생계비를 지원하여 최저생활을 보장해 주었다. 이 법은 빈곤을 도덕적 타락과 연관하였던 종래의 빈민법 시각과는 다르지만, 구빈세 부담을 늘리고 빈민의 독립심과 노동능률을 저하시키는 부작용을 초래하기도 하였다(남기민, 2015).

이러한 문제들을 해결하고자 1832년 발족된 왕립위원회의 조사를 토대로 1834년 「개정빈민법(The Poor Law Reformed)」이 제정되었는데, 이를 「신빈민법」이라고 한다. 「신빈민법」의 주목적은 구빈 비용의 감소에 있다. 즉, 임금보조제도를 철폐하고, 작업장 노동의 강조, 구빈 수급자의 생활 조건을 최하층 노동자의 생활 조건보다 높지 않게 하는 것을 주 내용으로 하는 3대 원칙을 제시하였다(원석조, 2020).

① 균일처우의 원칙(the principle of national uniformity)
빈민 처우를 전국적으로 통일시킨다는 원칙이다.

② 열등처우의 원칙(the principle of less eligibility)
구빈 수혜자의 보호 수준이 근로노동자의 최저생활 수준보다 열등해야 한다는 원칙이다.

③ 작업장 활용의 원칙(the principle of workhouse system)
원외구호를 중단하고 원내구호만 실시한다는 원칙이다. 이는 구빈민법의 잘못을 바로잡아 극빈층만 빈민법의 대상으로 하고, 빈민법의 원래 정신을 살려 구빈대상자

표 2-2 엘리자베스 빈민법과 이후의 빈민법 변화

구분	주요 내용
1601년 「엘리자베스 빈민법」	• 튜더왕조 시대의 빈민구제를 위해 시행된 제도들을 집대성 • 지방정부 차원의 빈민구제 행정 유지 • 빈민의 구분(노동능력이 있는 빈민은 교정원, 노동능력이 없는 빈민은 구빈원, 요보호 아동은 도제)
1662년 「정주법」	• 정주 요건을 요구 • 지방정부는 빈민의 정주자격 판단 권한을 보유
1723년 「작업장법」	• 구제를 원하는 빈민은 의무적으로 작업장에 입소하여 노동 • 작업장을 부랑 억제와 이윤 획득을 동시에 추구할 수 있는 시설로 만들려고 노력
1782년 「토머스 길버트법」	• 교구연합 작업장을 권장하고 원외구호를 허용 • 작업장 입소자 착취 억제가 목적(인도주의적 접근)
1795년 「스핀엄랜드법」	• 최저생활을 보장(빈곤선의 원조) • 일정 소득 이하의 빈민에게 부양자 수에 기초하여 생계수당(보조금) 지급
1834년 「신빈민법」	• 임금보조제도 철폐 • 작업장 노동을 강조 • 3대 운영 원칙(균일처우의 원칙, 열등처우의 원칙, 작업장 활용의 원칙)

출처: 원석조(2020).

가 구제에 대한 대가로 일을 하게 만들며, 작업장의 열등처우를 통해 빈민구제의 매력을 없애자는 것이다. 즉, 빈곤을 질병으로 간주하여 구제받는 것을 기피하게 만들고, 빈민에 대한 처우가 극도로 저하되는 등 반인권적 요소가 포함된 내용이었다(함세남 외, 2001).

3) 민간활동(자선조직협회와 인보관) 시대

산업혁명과 더불어 근대 자본주의가 발달하면서 자본가 계층과 노동자 계층이 생겨나고, 소득의 편중과 계층 간 소득 격차와 같은 사회문제가 심화되었다. 그러한 배경에서 빈곤의 원인이 사회적 요인에 있다는 인식이 확산되었으며 이러한 빈곤 해결활동을 '사회사업(social work)'이라고 부르게 되었다. 반면에 자유방임주의 사조의 영향으로 빈곤의 책임은 개인에게 있으며, 빈민구호는 최소한도의 대상에게만 시행해야 한다는 주장도 있었다. 이러한 흐름에서 국가의 구빈활동은 축소되고 민간의 사회사업 활동이 증대되었다. 즉, 빈민법 시대가 퇴조하고 사회보험 시대가 도래되기 전인 19세기 중후반 빅토리아 시대에는 박애(philanthropy)주의가 크게 권장되었으며, 이를 바탕으로 19세기 영국에서 자선조직협회와 인보관운동이 발생하였다(원석조, 2020).

(1) 자선조직협회

빈곤 문제를 해결하기 위한 자선조직운동은 19세기 말 영국의 자선조직협회(The Charity Organization Society: COS)로 대표된다. 영국의 자유주의자들인 운동 참여자들은 정부의 개입 없이 민간의 노력만으로도 빈곤 문제를 해결할 수 있다고 생각하였으며, 빈민에 대한 여론 형성을 주도하였다.

당시 영국에는 빈민구제를 위하여 민간단체, 종교단체와 사회단체 그리고 개인이 설립한 자선단체들이 빈민구제 활동을 주도하였으나, 단체들 간에 정보 교환이나 조정이 이루어지지 않아 서비스의 중복이나 낭비, 누락 등의 문제가 발생하였다. 이런 문제를 해결하기 위하여 1869년 자선조직협회가 설립되었다. 자선조직협회는 주로 중산층 부인으로 구성된 자원봉사자, 즉 우애 방문원(friendly visitor)을 통해 클라이언트의 가정방문 및 조사와 함께 지원활동을 실시하고, 구호 신청자들이 협회에 등록하여 구호의 중복을 방지하고자 노력하였다. 자원봉사자들은 이후 교육과 훈련을 거쳐 사회사업가(social worker)가 되었으며, 자선조직협회의 활동은 개별사회사업(social case work)과 지역사회복지의 발전에 영향을 주었다(류상열, 2005).

(2) 인보관운동

자선조직협회와 더불어 도시빈민을 위한 조직적인 자선사업을 위해 새롭게 나타난 것이 인보관운동(Settlement House Movement)이다. 이 운동은 옥스퍼드와 케임브리지 대학의 학생들이 주축이 된 활동으로 빈민지역에 함께 상주하면서 주민들의 생활 실태를 파악하고, 빈민의 생활 개선과 교육을 위해 노력하였다. 인보관운동의 대표적인 사례는 런던의 토인비 홀(Toynbee Hall, 1884)과 시카고의 헐 하우스(Hull House, 1889)이다. 이들의 주요 활동은 ① 사회조사 및 입법활동, ② 주민위생, 보건교육, 기술교육, 문맹 퇴치 및 성인교육 등 교육사업, ③ 체육활동 및 오락·예술 활동의 장려, ④ 복지관을 설립하여 주택이나 시민회관으로 활용하도록 하는 것이었다. 인보관운동은 현재의 집단사회복지와 지역사회복지 발전의 토대가 되었다(류상열, 2005).

4) 사회보험 시대

19세기 후반부터 20세기 초반까지의 시기에 서구 각국에서는 사회보험제도가 도입되기 시작하였다. 이는 빈곤을 비롯한 사회문제들이 산업화의 진전에 따른 자본주의의 구조적 특성에서 기인하였다는 인식에서 일어난 현상이다. 특히 노령, 질병, 재해, 실업과 같은 사회적 위험에 대처하기 위하여 국가가 강제적으로 사회보험제도를 도입하게 된 것이다. 즉, 사회보험 시대의 등장은 자본주의와 산업화에 따른 다양한 사회문제에 대처하기 위한 국가의 노력이자 복지국가로의 전환을 의미한다. 사회보험의 대표적 사례로 1883년 독일제국의 건강보험, 1884년 산재보험, 1889년 노령폐질보험, 1911년 영국의 국민보험, 1935년 미국의 「사회보장법」을 들 수 있다(권중돈 외, 2019).

사회보험의 원시적인 형태는 공제조합에서 출발한다. 공제조합은 조합원 상호 간의 부조와 복지를 목적으로 하는 상호부조 조직이며, 조합원에게서 갹출한 재원을 통해 노령, 재해, 실업, 질병, 사망 등의 사고가 발생할 경우 급여를 지급하였다. 즉, 공제조합은 노동자가 사회적 위험을 스스로 해결하고자 모인 자발적인 조직이었다. 그러나 산업화가 본격화되면서 공제조합은 모든 사회적 위험에 대처하는 데 역부족이었으며, 이때 등장한 것이 국가 주도의 사회보험이다(원석조, 2020).

(1) 독일제국의 비스마르크 사회입법

사회보험은 영국보다 후발 산업국인 독일제국에서 19세기 후반에 먼저 출현하였다. 독일제국의 비스마르크(Bismarck)는 경제 불안과 노동자의 빈곤으로 사회주의운동 확산이 우려되는 상황에서 이를 막기 위해 채찍과 당근의 양면 정책을 펼쳤다. 즉, 비스마르크는 위험한 사회주의자를 탄압하기 위한 정책을 펴는 한편, 선량한 노동자를 포섭하여 자신의 권력을 유지하기 위한 수단으로 사회입법을 실시하였다. 그는 사회보험을 통하여 국가가 노동자에게 직접 보조금을 지급한다면 노동자가 자본가가 아닌 국가에 고마움을 느끼고, 국가에 대한 충성심을 가지게 되어 국가가 통합된다고 확신하였다(원석조, 2020). 구체적으로 강경책으로는「사회주의자 진압법」을 제정하고, 회유책으로는 1883년 건강보험, 1884년 산재보험, 1889년 노령폐질보험을 만들었다.

(2) 영국의 국민보험

영국의 경우는 노동계층의 힘이 독일보다 강하고 민주주의가 보다 발달하였기 때문에 비스마르크의 사회입법보다 시민의 복지를 위한 국가정책에 가깝다고 할 수 있다(남기민, 2015). 영국에서도 산업화의 진전에 따라 사회보험제도가 도입되었는데, 실업과 빈곤 문제에 대한 실태 파악과 대책 수립을 위해 1905년 왕립위원회가 구성되었으며, 1905년 자유당 내각의 수립과 함께 사회보험을 포함한 일련의 사회입법이 제정되었다.

영국 최초의 사회보험은 로이드 조지(Lloyd George)와 윈스턴 처칠(Winston Churchill)의 합작품인 국민보험(1911)이다. 국민보험은 오늘날의 건강보험 및 실업보험에 해당하는 것으로서 처칠은 독일제국의 비스마르크 사회입법이 사회주의를 부드럽게 죽이기 위해 마련되었다고 역설하면서 사회보험 도입의 필요성을 강조하였다. 사회보험은 피보험자의 보험료로 운영되며 급여자격을 획득하기 위해서는 기여를 해야만 한다. 이는 자유주의자가 선호하는 자조의 미덕에도 합치되고 노동자의 자존심도 손상하지 않는 결과로 나타난다(권중돈 외, 2019). 여하튼 국민보험은 사회보험이고, 사회보험은 복지국가의 핵심이다. 복지국가는 사회보험 외에도 공공부조, 사회복지서비스, 보건의료서비스, 주택정책 등을 포함하지만, 가장 중요한 것은 사회보험이다. 왜냐하면 수급자의 범위나 재정의 규모 면에서 다른 사회정책을 압도하기 때문이다(원석조, 2020).

(3) 미국의 사회보장법

미국은 1929년 경제대공황으로 인해 결정적인 변화를 맞이하게 되는데 대공황으로 인한 실업과 빈곤의 원인을 개인이 아니라 사회구조의 결함에서 찾음으로써 사회복지에 대한 연방정부의 역할을 강조하게 되었다. 즉, 루스벨트(Franklin Roosevelt) 대통령은 1929년에 대공황이 일어나자 연방정부의 역할을 강조하면서 부흥, 구제 및 개혁을 위한 뉴딜(New Deal)정책을 선포하였다. 이는 자유방임주의를 탈피하고, 통제경제, 사회보장, 노동문제의 개혁을 추구하는 것이었다. 이후 경제보장위원회의 연구를 거쳐 1935년 「사회보장법(Social Security Act)」이 제정되었으며, 이 법을 통해 사회보험뿐만 아니라 공공부조, 보건 및 복지서비스에 관한 기틀이 마련되었다. 구체적인 내용은 연방정부가 관장하는 노령보험, 주정부가 관장하고 연방정부가 재정을 보조하는 실업보험, 공공부조, 사회복지서비스로 구성되어 있다.

5) 복지국가의 시대

산업화의 진전에 따라 서구 국가에서는 전 국민을 대상으로 하는 조직적이며 계획적인 사회복지서비스가 실시되는 복지국가가 출현하였다. 본격적인 복지국가의 출현은 제2차 세계대전이 끝난 이후부터라고 할 수 있다. 복지국가의 출현 배경은 나라마다 상이하지만, 자본주의 경제체제의 모순이 누적되어 발생한 대공황과 세계대전이 큰 영향을 미쳤다. 대재앙은 기존의 사회복지제도를 무력화시켰으며, 대다수의 국민이 빈곤에 노출되어 모든 국민이 사회복지서비스의 대상이 되는 현상을 초래하였다.

특히 영국은 제2차 세계대전 이후 사회 재건에 대응하기 위하여, 1941년 베버리지(William Henry Beveridge)경을 위원장으로 하는 '사회보험과 관련 서비스에 관한 정부부처 간 조사위원회'를 설치하였다. 이 조사위원회는 1942년 「사회보험 및 관련 서비스」라는 보고서를 제출하였는데 이것이 복지국가의 청사진이며, 복지국가의 골격이라 평가받고 있는 「베버리지 보고서」이다. 베버리지는 국민 생활의 불안 요인이 되는 다섯 가지(궁핍, 질병, 무지, 불결, 나태)를 사회악으로 규정하였으며, 빈곤 해결을 목적으로 하는 사회보장제도의 틀을 제시하였다. 즉, 사회보험제도의 원리를 확대 · 적용하여 빈곤 문제를 해결하고자 노력하였다. 구체적으로, 질병 · 재해 · 노령 · 사망 · 결혼 · 출산 · 실업 등 소득이 중단되거나 부가적인 비용 지출이 생기는 경우에 사회보험을 통하여 일정 소득을 보장한다는 것이다. 또한 베버리지는 사회보험이 성공하기 위한 세 가지 전제조건으로 완전고용, 포괄적 보건서비스, 가족수당을 제시하면서, 가족수당은 가족의 크기와 소득을 고려하여 결정되어야 하고, 보건서비스는 치료와 예방을 포괄적으로 제공하여야 하며, 실업수당으로 인한 재정 손실을 감안하여 완전고용이 이루어져야 한다고 강조하였다(원석조, 2020).

다음으로 「베버리지 보고서」에서 제시한 사회보험 운영 원칙은 다음과 같다. ① 통합적 행정, ② 적용 범위의 포괄화, ③ 기여의 균일화, ④ 급여의 균일화, ⑤ 수급자의 기본욕구를 충족할 수 있는 급여의 적절화, ⑥ 수혜 대상의 분류화이다(김상균 외, 2007). 결국 영국은 「베버리지 보고서」를 근거로 1944년 사회보장청이 설치되었으며, 1945년 「가족수당법」, 1946년 「산업재해보험법」 「국민보험법」과 「국민보건서비스법」, 1948년 「국민부조법」과 「아동법」 등이 제정되어 마침내 '요람에서 무덤까지'라는 사회보장체제가 확립되었다.

복지국가는 '모든 국민이 최소한의 인간다운 생활을 할 수 있도록 국가가 시민들의 생존권을 보장하는 국가'라고 할 수 있다. 또한 복지국가는 사회문제를 해결하고, 시민들의 행복을 증진시키기 위하여 경제적 보장과 물질적 충족, 필수적인 사회서비스를 제공받을 수 있도록 노력하는 국가이다. 또한 현대 산업사회에서 실업 · 이혼 · 노령 등의 상황이 발생할 때 소득보장을 통해 경제적 안정을 유지하고, 교육 · 건강 · 주거 · 영양 등 필수적인 재화와 서비스를 제공받을 수 있도록 보장하는 국가이다. 이렇듯 복지국가의 발전은 막대한 국가 재정을 필요로 하므로, 각국의 경제 발전, 정치 상황, 이념 등에 의해 다양한 모습으로 나타났다. 그럼에도 불구하고 복지국가는 공통점이 있는데 그것은 빈곤의 감소와 평등, 소득 재분배, 완전고용, 사회보장, 혼합경제, 기회균등, 높은 조세 부담과 같은 특징을 가지고 있다는 것이다(김상균 외, 2007).

복지국가는 일반적으로 평등, 자유, 민주주의, 사회적 연대, 생존권의 보장, 경제적 효율 등의 가치를 추구하며, 모든 국민의 최저생활을 보장하고, 완전고용과 기회균등을 목표로 정의롭고 안정된 사회를 이루고자 한다. 복지국가에서 채택하는 사회보장의 수단은 다양하지만, 보편적으로 사회보험, 공공부조, 사회서비스 등을 내용으로 한다. 사회보험은 실업, 질병, 노령, 사망, 재해 등 현대사회의 사회적 위험에 대비하여 보험 방식을 통해 상실된 소득을 대체하고, 기본적인 생활을 보장하는 것이다. 공공부조는 빈곤과 저소득으로 인해 기본적인 생활이 어려운 계층에게 현금 급여와 서비스 등을 통해 최저한의 생활을 보장하는 것이다. 그 밖에 교육, 건강, 의료, 영양, 주택 등의 재화와 서비스는 사회서비스를 통해 보장받을 수 있다(원석조, 2020).

6) 복지국가의 위기와 재편 시대

1960년대까지 자본주의의 호황과 정치적 안정하에 팽창하던 서구 복지국가들은 1970년대에 들어 위기를 맞게 된다. 1973년 중동전쟁으로 인하여 석유 생산량이 줄고 가격이 폭등하는 석유파동(oil shock)이 발생함에 따라 서구 경제는 침체와 불안정에 봉착하고, 복지국가는 위기에 처하게 된다(원석조, 2020). 1980년대에 들어서면서 영국과 미국을 비롯한 서구 주요 국가에서 복지국가를 강조하던 사회민주주의 정권이 퇴진하고, 신자유주의 이념을 지향하는 신우파 정권이 들어서게 되었다. 이들 정권은 복지국가의 해체를 공약으로 제시하였는데 그들은 과도한 사회복지 관련 지출이 경제성장을 둔화시키며, 정부의 재정 위기를 초래하였다고 인식하여 복지 비용의 삭감, 공공 부문의 민영화 및 기업에 대한 규제 완화, 지방정부의 역할 축소, 노조를 포함한 사회 세력의 약화 등을 정책의 기조로 삼았다. 신자유주의 이념을 추구하며 복지국가 재편의 시발점이 된 것은 영국의 대처(Margaret H. Thatcher) 정부와 미국의 레이건(Ronald W. Reagan) 행정부이다(류상열, 2005).

1980년대부터 복지국가는 양적 · 질적 측면에서 모두 축소되는 경향을 보였으며, 기존의 공공 급여에 의한 복지(welfare)보다 노동을 전제로 복지를 제공하는 노동연계복지(workfare)를 더욱 강조하게 되었다. 그러나 복지 관련 지출의 급격한 감소는 나타나지 않았고, 경우에 따라서는 완만한 증가세가 이어지고 있다. 왜냐하면 경제가 성장하고 실업률이 낮아져도 여전히 장기 실업 문제는 해결되지 않고 있으며, 임금수준의 하락으로 근로빈곤층(working poor)이 증가하는 등의 문제가 여전히 발생하고 있기 때문이다(남기민, 2015).

20세기 후반에 접어들어 자본주의의 세계화, 경제 위기의 지속 및 고실업의 증가, 노동시장의 유연화, 핵가족화, 이혼의 증가, 낮은 출산율, 인구의 고령화 추세 등 다양한 사회경제적 변화에 따라 국가 운영 방식의 변혁을 추구하게 되었으며, 복지국가 역시 재편을 필요로 하고 있다. 영국의 경우, 노동당의 블레어(Tony Blair) 정부는 대처와 메이저의 보수당 정부로부터 물려받은 복지축소 정책에서 복지정책에 대한 딜레마에 봉착하자 '제3의 길'을 선택하게 된다. '제3의 길'은 사회적 평등을 강조하는 사회민주주의 '제1의 길'과 시장의 효율성을 강조하는 신자유주의 '제2의 길'의 장점을 취합하여 사회적 평등과 시장의 효율성을 동시에 추구하는 정책을 지향한다. '제3의 길'

을 표명하는 블레어 정부의 복지 개혁은 교육과 노동을 통한 복지 및 개인의 저축을 강조하고 있다.

미국에서도 레이건 정부 이후 경제를 활성화하기 위하여 사회복지 프로그램을 축소하고, 사회복지 프로그램에서 연방정부의 역할을 축소하였다. 1988년에 통과된「가족지원법(Family Support Act)」은 요보호 아동 가족부조(Aid to Families with Dependent Children: AFDC)의 수요자를 줄이고, 직업훈련을 강화시키려는 의도로 제정되었다. 또 다른 강조점은 사회복지서비스 분야의 민영화(privatization)이다. 그러나 보수정권 하에서 자본의 재분배가 원활하게 이루어지지 못했기 때문에 빈부의 격차는 더욱 벌어졌고, 미국 사회에서 기회의 불평등과 인종차별 등의 결과를 낳게 되었다. 1996년에 제정된「개인의 책임과 근로기회 조정에 관한 법(Personal Responsibility and Work Opportunity Reconciliation Act: PRWORA)」과 '빈곤가구를 위한 한시부조(Temporary Assistance for Needy Families: TANF)'는 요보호 아동 가족부조와 공공부조의 자격요건을 강화하였고, 생산적 복지를 강조하게 되었다. 즉, 미국의 사회복지는 자유주의 시장경제 이념에 기초한 정책을 유지하고 있다고 볼 수 있다(함세남 외, 2001).

복지국가의 재편은 세계화의 영향과 함께 정치구조적 특성과 사회복지의 유산 등 국가 내부적 요인의 영향을 받기 때문에 다양한 방식으로 전개된다. 에스핑-앤더슨은 경제의 세계화에 따른 복지국가의 적응 양식에 관하여 다음의 세 가지 유형을 제시하였다(Esping-Andersen, 1996). 첫째, 이미 성공적으로 달성한 소득유지 프로그램을 바탕으로 적극적 노동시장정책, 사회서비스의 확대, 남녀평등을 중심으로 하는 '생산주의적' 복지정책 또는 '사회투자'를 통한 '스칸디나비아의 길'(스웨덴, 노르웨이 등 스칸디나비아 국가)이 있다. 둘째, 시장 원칙에 대한 강조와 긴축재정, 복지국가의 축소, 탈규제화를 통한 '신자유주의의 길'(미국, 영국, 뉴질랜드 등)이 있다. 셋째, 사회보장 수준을 유지하면서 노동 공급의 감축을 유도하는 '노동 감축의 길'(독일, 프랑스, 이탈리아 등 유럽 국가)이 있다.

2. 우리나라의 사회복지 발달과정

우리나라는 각종 천재지변이나 재난 등이 발생할 때마다 비축된 양곡으로 백성을 위한 구제 사업을 실시하는 등 오랜 구빈의 역사를 가지고 있다. 예를 들어, 고구려의 진대법, 고려의 의창, 상평창, 조선시대의 의창, 상평창뿐만 아니라 향약, 두레, 품앗이 등 민간에 의한 구빈활동도 활발하게 전개되었다(권중돈 외, 2019). 이렇듯 우리나라의 사회복지 역사를 보면, 빈곤이나 빈민에 대한 혐오감이나 죄악시하는 태도가 서양에 비해 약한 편이다. 청빈(淸貧)이나 안빈낙도(安貧樂道) 개념에서 볼 수 있듯이 빈곤을 부끄러워하지 않거나 합리화하는 한편, 이에 대해 운명론적으로 접근하는 경향도 있었다.

우리나라의 복지 역사를 구분하는 기준은 매우 다양하여 학자들마다 서로 다르게 구분하고 있다. 여기에서는 책기시대, 근대적 사회사업 시대(일본 식민지와 외국 원조 의존 시대), 현대적 사회복지 시대(박정희~문재인 정부)로 나누어 살펴볼 것이다.

1) 책기 시대

책기(責己)는 임금이 책임진다는 뜻으로, 임금이 인정(仁政)을 베풀면 빈민이 없어진다는 생각에 기초하였다. 그 시대에는 빈곤 문제가 주로 상부상조를 통해 해결되었으나 그것으로 해결이 어려울 경우에는 임금이 책임진다.

우리나라에서 사회복지 사상의 근원은 고대, 삼국시대, 고려시대, 조선시대에 걸쳐 왕가의 인정에 의한 민생구휼에서 찾아볼 수 있다. 그리고 민간에서 행해진 두레, 품앗이, 향약, 계 등의 상부상조 활동도 구제사업 일환으로 볼 수 있다. 우리나라 전통사회에서는 흉년, 천재지변, 전쟁, 질병에 의해 어려움을 겪는 사람이나 빈민과 불구자 등에게 식량을 제공하는 등의 구휼제도가 활발하게 실시되었다.

(1) 삼국시대

삼국시대에 실시한 구빈사업으로는 다음과 같은 것이 있다(남세진, 조흥식, 1999).

- **관곡의 지급**: 정부가 각종 재해로 빈곤해진 백성에게 관곡을 배급하는 것이다.
- **사궁구휼**: 환과고독(鰥寡孤獨: 홀아비, 과부, 고아, 무자녀 노인 등)의 무의무탁한 빈민에게 의류, 곡물 등을 지급하는 것이다.
- **조세의 감면**: 재해로 심한 피해를 입은 백성들에게 조세를 감면해 주는 것이다.

- 대곡자모구면(貸穀子母俱免): 흉년이 들었을 때 대여한 관곡에 대하여 원본 및 이자
  를 감면해 주는 것이다.
- 진대법(賑貸法): 춘궁기에 곡식을 백성에게 대여했다가 추수기에 납입하게 하는
  것이다.

(2) 고려시대

정인지의 『고려사』에 의하면 고려시대에는 다음과 같은 구제제도가 있었다(남세진,
조흥식, 1999).

- 은면지제(恩免之制): 개국, 즉위, 경사, 전쟁 직후에 왕이 백성에게 조세 탕감이나
  각종 은전을 베푸는 것이다.
- 재면지제(災免之制): 천재지변, 전쟁, 질병 등으로 인한 이재민에게 조세, 부역, 형
  벌 등을 감면해 주는 것이다.
- 환과고독진대(鰥寡孤獨賑貸): 홀아비, 과부, 고아, 무자녀 노인을 우선적 보호대상
  자로 지정하는 것이다.
- 수한질여진대(水旱疾厲振貸): 곡식과 의류 등 각종 물품과 의료 및 주택 등을 급여
  하는 사업이다.

고려시대의 구빈기관으로는 흑창, 의창, 상평창, 유비창 등이 있었다. 흑창은 흉년
이 들었을 때 국가가 비축한 양곡을 무상으로 백성에게 배급하는 것이고, 의창은 정
부에서 흉년, 전쟁, 질병 등 비상시에 대비하여 평상시에 곡물을 비축하는 것이며, 상
평창은 빈민에게 곡식을 대여하고 추수기에 갚도록 하는 제도이다. 또한 빈곤한 환
자를 구호하고 치료하는 동서대비원을 설치하기도 하였다.

(3) 조선시대

조선시대의 구제사업은 유교사상을 기초로 하여 왕이 백성의 불행을 책임지고 선
정을 베푸는 왕도정치의 이념이 지배적이어서 국가의 책임감도 강조되었다. 구빈제
도에는 곡물 저장을 통한 구제로서 비황제도와 직접적인 구빈 대책인 구황제도, 의료
를 위한 구료제도가 있었다(남세진, 조흥식, 1999).

- 비황제도: 의창, 상평창, 사창(백 가구 단위의 공동 저축제)을 두어 구제하였다.
- 구황제도: 사궁에 대한 보호, 노인보호사업, 음식 제공, 진휼 및 진대사업, 관곡의 염가매출과 방곡사업, 혼례나 장례를 치르지 못하는 자에게 비용을 조달해 주는 것, 향약 등을 포함하는 복지제도이다.
- 구료제도: 의료기관인 혜민서, 동서대비원, 제생원, 광제원 등을 설치하여 의료사업을 실시하였다.

2) 근대적 사회사업 시대

(1) 일제 강점기(1910~1945년)

조선총독부에 의한 구제사업은 일왕의 인정을 강조하고, 식민지 국민들의 불만을 희석시키는 것을 목적으로 하였다. 1916년 조선총독부는 폐질자, 무의탁 노인과 아동, 병약자를 식량으로 구제하는 궁민구조규정(일제 강점기 구제제도의 근간)을 발령하였으며, 1921년에는 조선총독부에 사회과를 설치하여 정부의 사회복지사업을 총괄하였다(원석조, 2020).

1922년에는 한국인이 최초로 설립하고 기독교인의 지원을 받아 운영된 경성보육원이 조선총독부의 인가를 받았다. 그러나 교화구제사업은 일본 자본주의의 목적을 달성하고, 조선 민중의 반일행위를 억압하려는 목적에서 시도된 것이다. 1944년에는 강제징병제에 따른 국민의 반발을 무마하기 위해 근대적인 구호제도라고 할 수 있는 '조선구호령'을 시행하였으며, 그것은 해방 후 「생활보호법」의 모태가 되었다.

(2) 외국 원조 의존 시대(1945~1960년)

해방 후 정치적 혼란기에 이승만 정부는 경제개발이나 사회개발에 나설 여력이 없어 새로운 사회복지제도를 도입할 엄두를 내지 못했으며, 일제 강점기 「조선구호령」의 틀이 그대로 유지되었다. 즉, 외국 원조 의존 시대는 미군정 시대, 정부 수립 이후 한국 전쟁(1950년 6월 25일)을 거쳐 5·16 군사쿠데타(1961년) 이전까지의 시기로서 정부 수립 및 한국 전쟁으로 인한 혼란과 절대적 빈곤 상태의 시기였다. 미군정 시대의 사회복지사업은 1945년 「미군정법령」 제18호에 의거하여 보건 후생국을 두고 이재민, 피난민, 실직자 등에 대해 식량, 주택, 의료구호를 실시하는 것이었으나, 임시

구호적인 성격을 벗어나지는 못하였다.

　정부 수립 이후에도 한국 전쟁이 발발하여 국가 전체의 혼란과 절대적 빈곤으로 매우 어려운 상황이었다. 전쟁고아와 피해자, 상이자 등 수많은 요보호 대상자에게 생활보호나 구호를 자선적이고 사후 대책적인 수준에서 시행하였다. 이 시기의 사회복지사업은 외국 원조단체의 시설보호와 물자구호 및 민간 차원에서의 자선활동에 의존할 수밖에 없었다. 1950년대 한국에 들어온 외원단체는 총 51개였으며, 주축은 미국의 기독교단체였다(원석조, 2020).

　외국 원조단체가 급증하면서 서비스의 중복과 누락을 방지하고, 원조단체 간 협력체계 구축을 위해 1952년에는 한국민간원조단체협의회(Korea Association of Voluntary Agencies: KAVA)가 결성되었다. 원조단체의 구호활동을 중심으로 발전한 민간 사회복지기관들은 단순히 구호물자의 효율적 관리에만 초점을 두었고, 자선사업이라는 차원에서 구호활동을 전개하였다(이봉주 외, 2022). 그러나 이 시기는 사회복지행정 측면에서 의미가 있다. 1947년 이화여자대학교에 기독교사회사업학과, 1953년 중앙신학교(강남대학교의 전신)에 사회사업학과, 1958년 서울대학교 대학원에 사회사업학과가 개설되어 사회사업교육이 도입된 시기이다. 사회사업 유관기관으로는 1949년에 대한적십자사가 창설되었고, 1952년에는 한국사회사업연합회가 창립되었다가 1961년에 한국사회복지사업연합회로 개칭되어, '사회복지'라는 용어가 공식적으로 우리나라에 등장하였다. 그리고 1956년에는 국립중앙사회사업 종사자 훈련소(국립사회복지연수원의 전신)가 창설되었다.

3) 현대적 사회복지 시대

(1) 박정희 정부(1961~1979년)

　우리나라의 현대적인 사회복지제도는 박정희 정부에 와서야 비로소 도입되었다. 박정희 정부 때 국가 주도의 산업화가 급속히 진행되었고 경제성장이 이루어지면서 절대빈곤은 감소하기 시작했다. 제3공화국 초반, 정권에 대한 지지 확보를 위해 사회보험과 공공부조, 사회복지 관련 법률을 제정하였는데, 주요 법률로는 「공무원연금법」(1960), 「생활보호법」(1961), 「아동복리법」(1961), 「고아입양특례법」(1961), 「재해구호법」(1961), 「사회보장에 관한 법률」(1963), 「군인연금법」(1963), 「산업재해보상보험법」(1963) 등이 있다. 그러나 국가 재정이 빈약하여 제대로 시행되지는 못하였고, 사회정책은 자활지도사업 위주로, 시설보호사업은 외국 민간 원조 기관의 후원으로 유지되었다.

1970년대 들어 경제개발계획의 시행과 국민 소득수준의 향상으로 인해 외국 원조 단체의 원조가 점차 줄어들고, 기관들이 철수하기 시작하여 원조에 의존하던 민간 사회복지시설은 시설운영에 필요한 자원의 결핍이라는 문제가 심화되었다.

1970년은 사회복지의 역사에서 중요한 시기이다. 사회복지사업의 목표와 범위를 규정하고, 민간 사회복지사업의 주체로 사회복지법인 제도를 도입한 것이 이때이며, 국가와 지방자치단체가 민간 사회복지시설에 대한 지원과 지도 · 감독의 권한을 법제화한 「사회복지사업법」(1970)이 제정된 것이 이때이다. 「사회복지사업법」에 따른 공공 사회복지 전달체계는 현재의 사회복지사업의 근간이 되었다(이봉주 외, 2022). 이 밖에도 「국민복지연금법」(1973), 「의료보험법」(1977), 「의료보호법」(1977) 등이 제정되었다. 여기서 보듯이 공공부조(생활보호, 의료보호), 사회보험(산재보험, 공적연금, 건강보험), 사회복지서비스(아동복지, 사회복지사업) 등 현대적인 사회복지시스템 대부분이 이 시기에 만들어졌다(원석조, 2020).

(2) 전두환 정부(1981~1988년)

1980년대 들어 이전의 절대빈곤 시기의 구호사업 위주의 사회사업은 큰 변화를 겪게 된다. 1970년대까지의 사회적 변화와 경제적 성장은 1980년대의 국가의 역할과 정치적 상황을 변화시키는 동력이 되어 복지와 분배의 요구가 분출되는 상황이 발생하였다. 따라서 전두환 정부는 '복지사회의 구현'을 국정지표로 제시하였으며, 사회복지 관련 입법을 다양하게 제정하였다.

1981년 「아동복지법」 「노인복지법」 「심신장애자복지법」 등이 제정되었고, 1983년 「사회복지사업법」을 대폭 개정하여 사회복지사 자격 규정, 사회복지협의회 법정단체화 내용을 포함하였다. 그리고 지역사회복지와 재가복지가 확충되면서 지역사회복지관 사업이 확대되었으며, 동사무소에 사회복지전문요원(별정직 공무원)이 최초로 배치되었다. 이렇듯 전두환 정부 시절 많은 법이 제정되어 사회복지의 제도적 기반은 마련되었으나, 경제개발 우선 정책에 밀려 선언적이고 형식적인 수준에 머물렀으며, 실질적인 사회복지의 증대는 이루어지지 않았다.

(3) 노태우 정부(1988~1993년)

1987년의 민주화 운동을 기점으로 하여 1988년 제6공화국이 출범한 이후, 기존 제도의 보완과 새로운 법률의 입법이 계속 진행되었다. 「노인복지법」(1989)과 「장애인 복지법」(1989) 등이 개정되었으며, 국민연금의 실시(1988), 최저임금제의 도입(1988), 전 국민 의료보험의 실시(1989), 「모자복지법」(1989) 제정, 탁아제도의 확립을 위한 「아동복지법 시행령」(1989) 개정, 「장애인 고용촉진 등에 관한 법률」(1990)과 「영유아 보육법」(1991) 제정, 「사회복지사업법」(1992) 개정 등을 통해 사회복지행정 영역이 확대되었다.

(4) 김영삼 문민정부(1993~1998년)

최초의 '문민정부'라 할 수 있는 김영삼 정부에서도 「고용보험법」(1993), 군단위 이하 주민 대상 국민연금 실시(1996), 「윤락행위 등 방지법」(1994) 개정, 「입양특례법」(1994) 개정, 「국민건강증진법」(1995), 「정신보건법」(1995), 「여성발전기본법」(1995), 「국민의료보험법」(1997), 「사회복지공동모금법」(1997) 제정, 국민복지기획단 구성(1995), 삶의 질의 세계화를 위한 국민복지 기본 구상 발표(1996), 노사관계개혁위원회 구성(1996) 등이 이루어졌다.

(5) 김대중 국민의 정부(1998~2003년)

1997년 말 우리나라 경제를 강타한 금융 위기(IMF 사태)는 실업자와 가족 해체의 급속한 증가를 초래하여 당시 출범한 '국민의 정부'는 사회안전망 구축에 주력하였다. 고용보험을 1인 사업장까지 확대하였고(1998), 실업자 복지 대책과 빈곤 대책을 확대하였으며, 국민연금 확대 실시, 「국민기초생활보장법」이 시행되었다. 주요 입법 및 정책을 보면, 노사정위원회 출범(1998), 4대 사회보험통합기획단 구성(1998), 「국민건강보험법」(1999) 제정, 「국민기초생활보장법」(1999) 제정 및 시행, 산재보험 1인 사업장으로의 확대(2000), 의료보험의 통합 운영(2000), 의료보험 급여의 365일 연중 실시(2000) 등이 있다. 2000년부터 시행된 '국민기초생활보장제도'는 시혜적 보호 차원의 생활보호제도를 저소득층에 대한 국가의 책임을 강화하는 현대적 복지 대책으로 전환시켰다는 점에서 의의가 있다.

국민의 정부에서 생활보호 대상자는 37만 명에서 150만 명으로, 국민연금 가입자는 784만 명에서 1,650만 명으로 늘어났고, 사회복지 전담 공무원도 7,200명으로 두 배 이상 증가하였다. 국민기초생활보장제도와 건강보험의 규모가 확대되면서 보건복지부 예산도 1997년 2조 8천여억 원에서 2002년 8조 639억 원으로 증가하였다(김상균 외, 2007). 이와 함께 지역사회 노인에게 일할 기회를 제공하는 시니어클럽, 여성의 사회 진출 확대를 위한 보육 지원, 장애인재활사업 등이 시행되었다.

(6) 노무현 참여정부(2003~2008년)

2003년에 출범한 노무현의 '참여정부'는 참여복지를 이념으로 제시하고, 복지에 대한 국가의 책임 강화, 복지정책의 수립·집행·평가 과정에서 국민의 참여를 강조하며, 전 국민에 대한 보편적 복지서비스의 제공, 상대적 빈곤의 완화를 통해 풍요로운 삶이 구현되는 참여복지공동체 구축을 목표로 하였다. 구체적으로, 기초생활 수급자와 의료급여 수급자, 장애수당 대상자를 확대하고, 노인 일자리와 빈곤아동에 대한 지원을 확충하고자 하였다. 이 밖에 기존 복지제도로 대처하기 어려운 위기 상황에 도움을 주기 위한 「긴급복지지원법」(2005)을 제정하고, 사회복지 재정의 지방 이양과 지역복지 인프라 확충을 위해 노력하였으며, 「저출산·고령사회 기본법」(2005)을 제정하였다. 또한 「사회복지사업법」(2003)을 개정하여 수요자 지원 방식의 사회서비스 제공에 이용권(바우처)제도를 도입하였다. 2007년에는 노인장기요양보험과 2008년 기초노령연금(2014년 기초연금으로 변경)을 제정하여 고령화를 대비하였으며, 국민연금에서 배제된 노인을 위한 소득보장을 위하여 노력하였다.

(7) 이명박 정부(2008~2013년)

2008년 출범한 이명박 정부에서는 능동적 복지를 제시하고, 예방적 복지와 효율성을 강조하였다. 구체적으로는 장애연금(2010) 등이 시행되었고, 「사회보장기본법」(2012)이 개정되어 사회보험과 공공부조, 사회서비스를 통한 국민의 삶의 보장을 명시하였다. 2010년에는 사회복지시설의 신고, 변동 관리, 온라인 보고, 보조금 및 각종 복지급여 지급에 대한 전자적 처리가 가능한 '사회복지통합관리망(행복e음)'이 출범하였으며, 2012년에는 시·군·구 단위에 '희망복지지원단'이 출범하여 공공 사회복지 전달체계 내 통합사례관리 업무를 수행하게 되었다.

(8) 박근혜 정부(2013~2017년)

2013년 출범한 박근혜 정부에서는 국민행복 시대를 약속하고 '생애주기별 맞춤형 복지'를 주창하였다. 생애주기별 맞춤형 복지는 국민 누구나 개인과 가정의 경제적 형편과 가족 상황에 맞는 복지혜택을 누리게 하는 것을 목표로 하였다. 2013년부터 0~5세 아이를 대상으로 양육수당 또는 보육료 지원이 이루어졌으며, 2014년부터 기초노령연금이 기초연금으로 변경되었고, 2015년부터 국민기초생활보장 급여대상자 선정이 최저생계비 대신 중위소득 기준으로 변경되었다(박경일, 2016). 2016년 읍·면·동 주민센터를 행정복지센터로 전환하여 '복지허브화' 사업을 추진하였는데 이것은 선제적인 복지 사각지대 발굴, 맞춤형 서비스 제공, 민·관 연계 및 협력 등을 강조한 것이다

(9) 문재인 정부(2017~2022년)

2017년 출범한 문재인 정부에서는 사회보험 내실화를 위하여 노력하였다. 구체적으로 건강보험의 보장성 강화를 위해 2018년 선택진료비 폐지, 비급여부담 완화, 급여 적용부담 확대, 본인부담상한액 조정, 희귀질환 본인부담 완화 등과 건강보험을 소득 중심 부과체계로 개편하였으며, 2019년 실업급여 지급 수준을 상향조정하고 지급 기간도 확대하였다. 2020년에는 「고용보험법」을 개정하여 예술인도 당연 적용 대상에 포함하였다.

공공부조 영역에서는 부양의무자 기준을 단계적으로 완화하였는데, 생계·의료급여의 경우 2017년에는 부양의무자가 노인 및 중증장애인인 경우, 2019년에는 부양의무자 가구에 노인·중증장애인이 있는 경우, 2020년에는 수급자 가구에 중증장애인이 있는 경우에는 적용 제외되었다. 주거급여의 경우에는 2018년에 부양의무자 기준 자체를 폐지하였다. 또한 저출산·고령화 문제에 대응하고자 아동수당제도를 전체 아동으로 확대하였으며, 육아휴직의 기간도 최장 2년으로 연장하였다. 노인분야에서는 치매국가책임제에 따라 '치매안심센터'를 설치·운영(2017)하였으며, 장애인분야에서는 '행동발달증진센터'를 운영(2020)하였다(심상용 외, 2022).

오늘날 우리나라는 사회보험(산재보험, 건강보험, 공적연금, 고용보험, 노인장기요양보험)은 물론, 공공부조(국민기초생활보장 등)와 사회서비스를 통해 복지국가의 기틀을 갖추고 있다. 그러나 고령화와 저출산, IMF 사태 이후 증가하고 있는 소득 격차, 경제

성장률 저하, 청년실업 증가와 비정규직 근로자 증가 등 서구 사회에서 보는 바와 같은 신자유주의적 복지 개편 압력 등에 효율적으로 대처해야 하는 과제는 여전히 우리의 숙제로 남아 있다.

📖 ··· **연구문제**

1. 사회복지 역사 연구는 왜 필요한 것인가?

2. 서구의 빈민법 시대와 사회보험 시대에 대하여 설명할 수 있는가?

3. 서구의 복지국가와 복지국가 위기의 시대에 대하여 설명할 수 있는가?

4. 복지국가의 특징은 무엇인가?

5. 우리나라의 사회복지는 어떻게 발전해 왔는가?

🔤 ··· **전공어휘**

• 구빈원(almshouse) 중세사회에서 왕과 귀족, 상인들이 자선사업으로 빈민들을 모아 구제하던 시설이다.

• 균일처우의 원칙(the principle of national uniformity) 1834년 「신빈민법」에서 제시된 3대 원칙의 하나로 빈민 처우를 전국적으로 통일시킨다는 원칙이다.

• 근로빈곤층(working poor) 경제가 성장하고 실업률이 낮아져도 임금수준이 하락하여 취업 중이나 빈곤 상태에 처한 계층이다.

• 노동연계복지(workfare) 복지 재정의 축소를 위해 종전의 공공 급여에 의한 복지보다 노동을 전제로 복지를 제공하는 것이다.

• 민영화(privatization) 복지국가 재편 방향의 하나로 이전에 공공에서 제공하던 사회복지서비스나 프로그램을 민간기관에서 담당하는 것이다.

- 빈민법(Poor Law) 빈민을 구제하기 위한 법이다. 여러 차례 빈민법이 제정되고 개정되었으나 대표적인 것은 1601년의 「엘리자베스 빈민법」으로 빈민구호에 대한 국가의 책임을 인정하였으며, 구빈세를 징수하고 빈민구호에 대한 국가행정 제도를 공식화하였다. 단, 빈민구제를 표방하였으나 빈민 통제의 성격이 강하다.
- 사회보장법(Social Security Act) 미국은 대공황이 일어나자 자유방임주의를 탈피하고 통제경제, 사회보장, 노동문제 개혁을 추구하였으며, 이 법으로 사회보험, 공공부조, 보건 및 복지 서비스에 관한 기틀이 마련되었다.
- 석유파동(oil shock) 1973년 중동전쟁으로 인하여 석유 생산량이 줄고 가격이 폭등한 것이다.
- 열등처우의 원칙(the principle of less eligibility) 1834년 「신빈민법」에서 제시된 3대 원칙의 하나로 구빈 수혜자의 보호 수준이 근로노동자의 최저생활 수준보다 열등해야 한다는 원칙이다.
- 인보관운동(settlement house movement) 빈민지역에 함께 상주하면서 생활 실태를 파악하고 빈민의 생활 개선과 교육을 위해 노력하였다.
- 자선조직협회(The Charity Organization Society: COS) 19세기 중반 영국에서 빈민구제 활동의 중복이나 낭비를 해결하기 위하여 1869년 설립된 협회이다. 우애방문원(friendly visitor)이 가정을 방문하여 지원하였다.
- 정주법(The Settlement Act) 빈민들의 도시 집중 및 이동을 금지한 법이다.

참고문헌

권중돈, 조학래, 윤경아, 이윤화, 이영미, 손의성, 오인근, 김동기(2019). **사회복지개론**. 서울: 학지사.

김상균, 최일섭, 최성재, 조흥식, 김혜란(2007). **사회복지개론**. 서울: 나남.

남기민(2015). **사회복지정책론**. 서울: 학지사.

남세진, 조흥식(1999). **한국사회복지론**. 서울: 나남.

류상열(2005). **사회복지역사**. 서울: 학지사.

박경일(2016). **사회복지정책론**. 경기: 공동체.

백종만, 최원규, 최옥채, 윤명숙, 홍경준, 이상록, 박현선(2001). **사회와 복지**. 서울: 나눔의 집.

심상용, 심석순, 임종호(2022). **사회복지역사**. 서울: 학지사.

원석조(2020). **사회복지 역사**. 경기: 공동체.

이봉주, 이선우, 신창환(2022). **사회복지행정론**. 서울: 학지사.

조흥식, 김상균, 최일섭, 최성재, 김혜란, 이봉주, 구인회, 홍백의, 강상경, 안상훈(2015). **사회복지개론**. 경기: 나남.

함세남, 이만식, 김근홍, 심창학, 서화자, 홍금자(2001). **사회복지 역사와 철학**. 서울: 학지사.

Barker, R. L. (1999). *The Social Work Dictionary* (4th ed.). Washington, DC: NASW.

Esping-Andersen, C. (1996). After the golden age? Welfare state dilemmas in a global economy. In G. Esping-Andersen (Ed.), *Welfare State in Transition*. London: Sage Publications.

Zastrow, C. (2000). *Introduction to social work and social welfare* (7th). Belmont, CA: Wadsworth.

제3장

사회복지의 가치와 윤리

문제를 겪고 있는 사람들을 사람답게 살 수 있도록 돕는 것이 사회복지의 존재 이유일 것이다. 그러나 단순한 자선이나 봉사와 구별하기 위해서는 사회복지사가 전문적인 지식과 기술을 갖추는 것만으로는 부족하고, 사회복지의 가치와 윤리를 올바르게 이해해야만 한다. 사회복지사 본인의 가치와 윤리관이 클라이언트의 가치관과 상충되면 클라이언트와의 관계뿐만 아니라 서비스의 효과성과 효율성에도 부정적인 영향을 미치게 될 것이다. 따라서 이 장에서는 사회복지 가치와 윤리 그리고 윤리적 갈등 상황에 대하여 살펴봄으로써 사회복지의 실천지침을 이해하고, 전문적인 실천을 할 수 있는 역량을 갖추는 데 도움을 주고자 한다. 구체적으로는, 첫째, 사회복지의 기본적인 가치에 대하여 살펴볼 것이다. 둘째, 사회복지실천의 가치와 사회복지전문직의 가치에 대하여 살펴볼 것이다. 셋째, 한국 사회복지사의 윤리강령에 대하여 알아보고, 윤리적 갈등 상황과 유형, 그리고 윤리적 결정의 준거틀에 대하여 살펴볼 것이다.

1. 사회복지의 가치

1) 가치의 개념

일반적으로 가치(value)란 특정 집단이나 개인 또는 문화가 본질적으로 바람직하다고 받아들이는 신념이며, 의사결정과 행동에 영향을 미치는 실천적 개념이다. 즉, 가치는 무엇이 좋고, 바람직하며, 소중한 것으로 여겨지는 것에 대한 믿음 또는 신념을 의미한다. 윌리엄스(Williams)는 "가치란 선호하는 것 혹은 선택하는 것에 대한 기준이며, 잠재적이거나 실제적인 행동을 정당화(justifications)시켜 줄 뿐 아니라 선택된 행위의 바람직한 상태를 일컫는 개념"이라고 정의하였다. 또한 듀이(Dewey)는 가치라는 용어에는 평가적이며 선호하는 요소가 포함되어 있다고 주장하면서 "가치란 선(good)하고 바람직한(desirable) 행동을 선택하는 지침 혹은 기준"을 의미한다고 주장하였다(김정진 외, 2007). 이처럼 가치란 특정 집단이나 개인 또는 문화가 본질적으로 바람직하다고 받아들이는 신념이며, 의사결정과 행동에 영향을 미치는 실천적 개념이다.

사람들은 각자 나름의 가치를 가지고 살아가며, 가치의 차이는 우리 생활에서 어떤 가치가 더 우선인가에 대한 논쟁을 종종 일으키기도 한다. 특히 사회복지 분야는 제도나 서비스의 결정과 실천과정을 통하여 사회 구성원과 개인의 삶의 질에 지대한 영향을 미친다는 점에서 어떤 분야보다도 가치의 문제가 크다고 할 수 있다. 예를 들어, 국가가 국민의 세금을 어느 분야에 집중적으로 투입할 것인지, 또는 어떤 사람들에게 가장 많은 지원을 할 것인지를 결정할 때 그 사회의 가치가 바로 기준이 된다. 만약 사람들이 어려운 사람을 돕는 것보다 그 사회의 부를 증대시키는 데 더 큰 가치를 둔다면, 어려운 사람들과 자원을 공유하는 것을 꺼리게 될 것이다. 이와 같이 개인이 가진 가치 또는 사회가 추구하는 가치는 의사결정을 하는 데 매우 중요한 기준이 될 수 있다(최혜지 외, 2014).

사회복지사의 서비스실천영역에서도 개인적 가치는 매우 중요하다. 사회복지사가 선호하는 품성과 태도를 가진 클라이언트(예: 예의 바르고, 순응적이며, 약속 이행을 잘하고, 깔끔함 등)에게는 더 관심을 갖고 가능한 한 최상의 서비스를 제공하려고 하지만, 부담이 되는 클라이언트(예: 무례하고, 비협조적이며, 약속을 지키지 않고, 지저분함 등)에 대해서는 회피하거나 최소한의 과업만 수행하게 된다면, 이는 이미 사회복지사의 가치가 반영된 결과라고 할 수 있다. 이처럼 사회복지사가 클라이언트를 위한 서비스를 결정하는 데에는 개인적 가치가 반영된다.

사회복지실천이 정책 결정과 같이 거시적 수준(macro level)에서 이루어지든, 기관의 사업계획이나 예산 수립, 직원의 채용과 업무 배치 및 기관 서비스 결정과 같이 중간적 수준(mezzo level)에서 이루어지든, 사회복지사 개인과 클라이언트 체계 사이의 미시적 수준(micro level)에서 이루어지든 간에 전문적 차원의 가치 기준이 정립되어 있어야만 한다. 그것은 시민사회 가치의 기초가 되는 자유, 평등, 박애의 이념을 기반으로 인도주의(humanitarianism)와 민주주의 그리고 사회적 합의를 이끌어 낼 수 있는 공공성(publicness)을 기반으로 사회정의를 구현하는 전문직업에 대한 신뢰를 정립하는 방향에서 이루어져야 한다. 이와 같은 기초 위에 사회복지의 가치와 실천가치가 명료할 때, 국가와 사회는 사회복지의 제도와 정책 결정을 통해서 사회복지사라는 전문직업인을 매개로 사회복지서비스가 실천되는 것을 인정할 수 있기 때문에 사회복지의 가치는 매우 중요하다고 하겠다.

2) 사회복지의 기본적인 가치

사회복지의 기본적인 가치는 인간의 존엄성, 자유, 평등, 사회적 연대, 사회정의로 요약할 수 있다.

(1) 인간의 존엄성

인간의 존엄성(human dignity)은 인간의 천부적 가치를 기반으로 한다. 사회복지가 지향하는 본질적인 목적은 인간의 존엄성 구현이다. 이는 '인간은 누구나 그 성취 여부나 능력에 관계없이 존중받아야 한다는 천부적 가치에 대한 신념'이다. 인간을 존중한다는 것은 인종, 성(性), 정치, 경제, 사회적 지위, 종교, 교육 수준, 지능, 신체적 조건과 같은 속성에 따라 판단하거나 차별받아서는 안 된다는 실천적 신념이다. 이러한 인간존중 사상은 인권사상으로 발전하여, 인간은 누구나 존엄한 가치가 있으므로 존중받을 권리가 있다는 신념으로 구체화되었다. 1948년 제3차 UN 총회에서는

「인권에 관한 세계선언」을 하였는데, 이 선언은 오늘날 세계 어디서나 인권의 존중 정도를 평가하는 기본적인 지표로 사용되고 있다.

〈「세계인권선언문」 제1조〉

모든 사람은 태어나면서부터 자유로우며, 동등하게 존엄성과 권리를 보장받아야 합니다. 여러분은 인간이라는 이유만으로 지구상의 모든 사람들과 똑같은 권리를 가지고 있습니다. 이 권리는 양도할 수 없는 것으로, 누구도 빼앗을 수 없는 권리입니다. 모든 개인은 자신이 누구든지, 어디에 살든지에 관계없이 존엄성을 보장받아야 합니다.

1948년 12월 10일

이러한 인간의 존엄성과 인권존중의 가치는 우리나라 모든 법의 기초가 되는 「헌법」 제2장 제10조에 구체적으로 명시되어 있다.

〈「헌법」 제2장 국민의 권리와 의무〉

제10조 모든 국민은 인간으로서의 존엄과 가치를 가지며, 행복을 추구할 권리를 갖는다. 국가는 개인이 가지는 불가침의 기본적 인권을 확인하고, 이를 보장할 의무를 가진다.

사회복지에서 인간의 존엄성은 목적이면서 동시에 실천가치로서 클라이언트와의 관계에서 이를 실현하기 위해 실천적인 노력을 강조하고 있다. 이는 구체적으로 클라이언트 중심적인 실천으로 가치가 구현되고 있으며, 클라이언트를 있는 그대로 수용하고, 클라이언트가 있는 그 자리에서 출발하는 것을 강조하는 수용과 무비판의 실천가치로 구체화될 수 있다.

(2) 자유

자유(liberty)라는 개념은 사회복지의 가치 중 그 개념과 본질에 대한 논란이 많은 가치로서, 벌린(Berlin, 1969)의 분류가 가장 보편적으로 사용된다. 벌린은 자유에 대한 사상적 측면을 고려하여 자유를 소극적 자유(negative liberty)와 적극적 자유(positive liberty)로 구분하였다. 소극적 자유는 강요와 강압의 부재를 의미하는 것으로 '강제가 없을 때 경험'하는 자유를 의미한다. 즉, 타인이나 사회로부터 간섭받지 않을 수 있는 자유를 의미한다. 이는 신자유주의자들이 강조하는 개념으로 국가의 역할과 개입을 최소한의 상태로 억제하고자 하는 것이다. 이와 다르게 적극적 자유는 '스스로 원하는 혹은 바람직하다고 생각하는 어떤 목적이나 행위를 추구할 수 있을 때 경험하는 자유'를 의미한다(송근원, 김태성, 1995). 예를 들어, 장애인들도 어디든지 자유롭게 이동할 수 있는 자유가 있다고 하더라도 대중교통 수단이나 자동차가 구비되지 않았다면 온전한 자유를 누리기는 힘들 것이다. 따라서 적극적 자유를 강조하는 사람들은 소극적 자유 개념과 같이 개인주의적 차원에서 자유를 바라보는 것을 비판하면서 국가의 적극적인 개입을 요구하고 있다.

이러한 자유는 우리나라 「헌법」 제2장 '국민의 권리와 의무'의 제12조에서 제22조에 걸쳐 신체, 거주 이전, 직업 선택, 주거, 사생활의 비밀, 통신의 비밀, 양심, 종교, 언론·출판·집회·결사, 학문과 예술의 자유에 대하여 구체적으로 보장하고 있다. 사회복지에서 자유의 가치는 클라이언트의 자기결정과 선택을 존중하고, 사생활을 보호하는 비밀보장의 실천가치로 구체화되었다.

표 3-1 자유의 구분

구분	내용
소극적 자유(무엇으로부터의 자유)	개인이 구속에서 벗어나 간섭받지 않는 것
적극적 자유(무엇을 할 수 있는 자유)	개인이 원하는 목적이나 행위를 구하는 것

(3) 평등

사회복지에서 추구하는 기본적이고 본질적인 가치 중의 하나는 평등(equality)이다. 이는 모든 인간이 인간답고 만족스러운 삶을 영위할 권리를 지니고 있다는 인간 존엄성과 인권에 대한 신념을 구체화하고자 하는 가치이기도 하다. 평등은 한정된 사회적 자원의 재분배를 통하여 사회 구성원의 삶의 질을 골고루 향상시키고자 하는 것이다. 일반적으로 평등은 평등의 수준에 따라 세 가지(결과의 평등, 비례적 평등, 기회의 평등)로 구분할 수 있다(송근원, 김태성, 1995; 이경남 외, 2007).

가장 적극적인 평등인 '결과의 평등(equality of result)'이 그 첫째이다. 이는 '수량적 평등'이라고도 하는데, 모든 사람에게 욕구나 능력의 차이에 관계없이 사회적 자원을 똑같이 분배하는 것을 의미한다. 즉, 투입된 노력과 관련된 여러 가지 요인인 능력이나 동기, 학력 등 개인차와 관계없이 생산된 결과물을 똑같이 분배해야 한다는 사회주의적 이념과 같다. 그러나 이러한 수량적 평등은 이념적으로는 가능하지만 현실에서는 불가능한 개념이다.

둘째는 '비례적 평등(proportional equality)'이다. 이는 결과적 평등과 달리 개인의 욕구, 노력, 능력, 기여에 따라 사회적 자원을 상이하게 분배하는 형평성을 중요시하는 것이다. 이는 수량적 평등에 비해 불평등이 분명히 존재하지만, 자본주의 사회에서 실질적인 평등의 개념으로 널리 받아들여지고 있다. 이 형평성의 개념을 적용하여 여성이나 장애인, 아동, 노인을 위한 지원을 하거나, 사회보험을 도입하여 어느 정도 결과의 평등에 근접하게 조건을 맞추는 제도적 개입을 하게 된다. 예를 들어, 바둑의 단수가 낮은 사람이 높은 사람과 대국할 때 몇 점을 미리 놓고 하는 것과 같은 이치이다.

셋째는 '기회의 평등(equal opportunity)'이다. 이는 매우 소극적인 평등의 개념으로 결과의 평등은 고려하지 않고, 과정상의 기회만 같으면 된다는 것이다. 개인의 능력과 관계없이 참여의 기회만 동등하게 부여하면 평등하다고 보는 개념이다. 그러나 참여의 기회에서 같은 출발선이라도 능력과 자원의 차이가 다르면 결과적으로 양극화가 될 수밖에 없다. 현재 우리 사회의 흙수저, 금수저론은 이를 잘 보여 주고 있다.

사회복지에서 평등의 가치는 매우 중요하며, 인간 존엄성의 가치가 구체적으로 실현되는가를 측정하는 평가 기준이 되기도 한다. 그러므로 기회의 평등이라는 소극적 평등만으로는 사회적 양극화의 문제와 사회적 취약계층의 삶의 질을 담보할 수 없다는 인식을 기반으로, 사회적 안전망 구축을 위한 사회보장 정책의 도입과 지속적인

표 3-2 평등의 구분

구분	내용
결과의 평등	모든 사람에게 사회적 자원을 똑같이 분배
비례적 평등	여건에 따라 사람마다 사회적 자원을 상이하게 분배
기회의 평등	모든 사람에게 동등한 출발선을 부여

제도 개선을 위한 거시적 실천이 요구된다(김구, 2023).

(4) 사회적 연대

사회적 연대(social solidarity)는 사회적 존재로서 인간의 속성과 관련된 가치이다. 사회적 연대는 '두 사람 이상이 무슨 일을 하거나 함께 책임지는 일'이라는 사전적 의미를 갖는 용어이다. 따라서 연대는 인간의 사회성에 대한 신념을 내포하고 있으며, 서로에 대한 책임을 강조한다(강용규 외, 2007). 이런 의미에서 사회적 연대는 공동의 책임성(collective responsibility)과 동의어로 사용되고 있으며, 공동체 정신을 강조하고 있어 사회문제의 해결을 위한 사회운동(social action)의 이념적 기반이 되고 있다.

사회문제에 대한 문제 제기나 해결 등의 다양한 활동에서 개인적인 활동보다는 그 문제에 관련이 있는 이해 당사자나 관심이 있는 사람들이 참여하여 문제를 제기하거나 해결하려는 전반적인 노력을 사회적 연대라고 할 수 있다. 그렇기 때문에 사회적 연대는 인권문제에 대한 문제 제기와 해결 과정에서 매우 중요하다. 왜냐하면 인권은 인간의 권리로서 모든 사람이 누려야 할 권리이며, 내가 인권을 누릴 때 나와 동일한 다른 사람의 인권도 고려되어야 하기 때문이다. 기본적으로 인간의 삶이 타인과 관계를 맺고 있기 때문에 인권적인 상황은 타인과의 관계 속에서 나타난다. 이런 점에서 개인의 인권은 사회제도적으로 보장되어야 한다. 한 개인이 인권을 가지고 있다는 것은 다른 사람의 인권을 존중해야 할 의무를 가진다는 것이기도 하다(남기민, 2015). 그러므로 한 개인이 인권과 관련하여 갖는 책임성은 자신의 인권을 알고 누려야 하는 책임과 타인의 권리를 존중하면서 지켜 주어야 하는 책임 두 가지 측면에서 나타난다. 이 두 요소는 결국 전 인류가 인권을 누리는 정의롭고 평화로운 사회를 만드는 것이 된다. 이런 점에서 인권은 상호 의존적이며, 사회적 연대를 필요로 하는 것이다(국가인권위원회 교육센터, http://edu.humanrights.go.kr).

(5) 사회정의

일반적으로 사회정의(social justice)는 절차상의 정의, 실질적인 정의, 능동적 과정으로서의 정의로 구분된다. 절차상의 정의란 법률에서 정한 합법적인 절차를 강조하고, 실질적인 정의는 결과로서의 분배적 정의를 강조한다. 또한 능동적 과정으로서의 정의는 불의한 현상을 예방하고 치료하는 사회적 과정을 강조한다. 사회복지에서는 실질적인 정의와 능동적 과정으로서의 정의를 강조하며, 사회적으로 보다 나은 처우와 권한 및 자원의 배분이 이루어지도록 노력한다(권중돈 외, 2019). 이를 위해 사회복지사는 구체적으로 사회적인 취약계층과 함께하고, 그들을 위한 사회적 환경과 제도의 변화를 위해 노력한다. 즉, 빈곤, 실업, 차별, 기타 사회적 불의의 문제에 초점을 두고, 가능한 한 자원과 기회의 접근을 확대하기 위해 노력한다(이경남 외, 2007). 이러한 자원과 기회의 확대를 위해 사회복지사는 대인적 상황, 기관 및 조직과의 상황, 제도적이고 정책적인 사회환경에 대하여 클라이언트를 옹호하고 대변하는 활동을 하게 된다.

3) 사회복지실천의 가치

가치는 단순한 관심이 아니라 행동 시에 선택의 기준으로 작용한다. 즉, 가치는 인간 행동의 방향과 동기를 제공한다. 가치는 지식(knowledge) 및 기술(skill)과 함께 사회복지실천의 3대 중심축의 하나이다. 가치는 감정 및 정서적 측면이고, 지식은 인지적 측면이며, 기술은 실천행동과 관련이 있다(Yanca & Johnson, 2009). 가치는 믿음과 같은 것으로 '좋고 바람직한 것에 대한 지침'이며 적합한 행동 선택에 영향을 준다.

펌프리(Pumphrey, 1959)는 상대적 중요성에 따라 가치체계를 세 가지(궁극적 가치, 수단적 가치, 차등적 가치)로 구분하였다. 첫째, 궁극적 가치(ultimate value)는 시간이 흘러도 변하지 않는 본질적인 가치이다. 즉, 가장 추상적이고 다수에 의해 가장 쉽게 동의를 얻을 수 있는 자유, 인간의 존엄성, 정의, 평등과 같은 내용들이다. 둘째, 수단적 가치(instrumental value)는 궁극적 가치를 달성하기 위한 수단으로의 가치이다. 예를 들어, 궁극적 가치인 인간의 존엄성을 달성하기 위한 수단으로 자기결정권, 비밀보장, 고지된 동의 등과 같은 구체적인 행위나 상황과 관련된 것들이다. 마지막으로,

표 3-3 상대적 중요성에 따른 가치체계

구분	내용
궁극적 가치	시간이 흘러도 변하지 않는 본질적인 가치
수단적 가치	궁극적 가치를 달성하기 위한 수단으로의 가치
차등적 가치	추상적인 가치를 좀 더 구체화하는 가치

차등적 가치(differential value)는 궁극적 가치와 수단적 가치의 중간에 위치하여 추상적인 가치를 좀 더 구체화하는 가치로서, 사회문화적 영향이나 개인의 경험에 따라 찬성과 반대가 가능한 가치이다. 예를 들어, 사형제도, 낙태, 동성애에 대한 가치관 등이 여기에 해당된다.

사회복지사의 존재 기반이 되는 사회복지의 기본 가치는 사회복지사가 조직에서 업무를 수행하는 과정을 통해 실현된다. 그러므로 기본 가치를 구체적으로 반영하는 실천가치에 대한 사회복지사의 신념과 내면화가 이루어져야 한다. 또한 사회복지사에게는 자신의 개인적 가치를 명료화하려는 노력이 필수적이다. 개인의 가치는 추상적인 원칙이 아니라 실제적인 수준에서 다른 사람과의 관계를 비롯한 자신의 다양한 자원과 행동들을 통합하고 조직하는 기능을 수행한다. 다시 말해, 개인의 문화적 경험과 배경은 사회복지실천을 위한 의사결정에 영향을 미치고, 윤리적 문제를 야기할 수도 있다. 이런 점에서 사회복지사의 전문성을 고양하는 데 가장 기초가 되는 것이 사회복지의 실천가치를 현장에서 실현하려는 사회복지사의 신념과 의지이다. 따라서 사회복지교육에서는 사회복지의 가치와 실천가치에 대한 교육과 행동강령으로서의 윤리교육을 강조하고 있다. 다음은 미국사회복지교육협의회(CSWE)에서 출간한 『개정 교과과정정책안』(1992)에 제시된 사회복지의 중심적 실천가치이다(김정진, 2015).

- 사회복지사의 전문적 관계는 개인의 가치와 존엄성에 기초하며, 상호 참여와 수용, 비밀보장, 정직 그리고 책임 있는 갈등관리를 통해 발전한다.
- 사회복지사는 자율적인 자기결정의 권리와 원조과정에 적극적으로 참여하는 권리를 존중한다.
- 사회복지사는 클라이언트 체계가 필요로 하는 자원을 충족할 수 있도록 도울 책임이 있다.
- 사회복지사는 사회제도가 보다 인간의 욕구에 부응하도록 변하는 데 기여할 책임이 있다.
- 사회복지사는 다양한 집단의 고유한 특성을 존중하고 차이를 수용해야 한다.
- 사회복지사는 실천윤리를 기반으로 적절하게 개입하고 실천하여야 할 책임이 있다. 따라서 사회복지사는 전문적인 지식과 기술을 지속적으로 발전시키려는 노력과 더불어 윤리적 실천을 위한 훈련을 해야 한다.

4) 사회복지전문직의 가치

사회복지전문직의 가치는 휴머니즘으로서의 행복, 개인의 자유와 자율성, 사회정의라는 핵심 가치를 어떻게 해석하고 구현할 것인가와 직접적으로 연관된 것이다. 즉, 다양한 사회적 가치들 가운데, 특히 사회복지가 중요하게 여기는 가치들의 집합과 더불어 이러한 가치를 실제로 구현하는 데 필요한 도구적 혹은 보완적 가치 그리고 사회적 실천의 주체로서 전문가 혹은 기관들이 갖추어야 할 품성, 미덕과 관련된 가치들이 전문직 가치를 구성한다. 무엇보다 전문직의 사회적 승인 및 내적 규정과 직접적으로 연관된 가치로는 전문성(professionalism)과 역량(competence)을 들 수 있다. 이들 가치는 전문직이 향유할 자율성과 정체성의 근거가 된다. 하지만 이들 가치의 부족이나 왜곡을 의미하는 전문가 이기주의는 지양되어야 하며, 전문가주의의 함정에 빠지지 않도록 윤리적 교육이 뒤따라야 할 것이다. 뿐만 아니라 이러한 전문성과 역량의 구체적인 해석과 수단의 역할을 하는 파생적이고 도구적인 가치들이면서 윤리적 실천의 주요 요소가 될 수 있는 가치들이 있다(김정진, 2015).

이러한 전문직 가치 외에도 사회복지실천의 현장에서는 개인적 가치와 사회적 가치가 함께 존재하며 각 형태의 가치 기준에 따라 사회복지사들은 가치 갈등을 경험하게 된다. 전문직 가치가 사회적 가치에 근원을 두고는 있으나 항상 동일하지 않고 개인적 가치도 전문직 가치에 늘 동의하는 것은 아니기 때문이다. 또한 사회적 가치도 매우 유동적이고 다양할 수 있으며, 개인적 가치 또한 그럴 수밖에 없으므로, 전문직 가치를 실천적 가치로 명료화할 필요가 있다(최혜지 외, 2014).

레비(Levy, 1973)는 사회복지 실천가치에 우선하는 사회복지전문직의 가치를 사회복지 가치들이 갖는 기능적 측면을 기준으로 다음과 같이 세 개의 범주로 구분하였다.

첫째, '사람 우선 가치'이다. 이는 전문직 수행의 대상인 사람 자체에 대해 전문직이 갖추고 있어야 할 기본적 가치관이다. 개인의 가치와 존엄성, 개인의 건설적인 변화에 대한 능력과 욕구, 상호책임성, 소속의 욕구, 공통적인 인간의 욕구 그리고 개개인의 독특성에 대한 가치 등이 거론된다. 클라이언트를 하나의 개별화된 인간으로 보고, 능력을 인정해 주며, 그에 따라 권한을 인정해 주는 가치관이다. 이는 사회복지실천의 기본철학과 같은 것이다.

둘째, '결과 우선 가치'이다. 사람에게 서비스를 제공할 때 초래되는 결과에 대한

표 3-4 사회복지전문직의 가치

구분	내용
사람 우선 가치	사회복지사가 갖추어야 할 기본적 가치
결과 우선 가치	바람직한 결과 성취를 위해 지녀야 하는 가치
수단 우선 가치	서비스를 수행하는 방법, 수단, 도구 등에 대한 가치

가치관이다. 이는 사회가 개인의 발전을 위해 사회참여에 대한 기회를 동등하게 제공해야 한다는 사회적 책임에 대한 믿음이다. 뿐만 아니라 빈곤, 질병, 차별대우, 부적절한 주거환경 및 불공평한 교육 기회 등에 대한 문제를 해결하거나 미연에 방지해야 할 사회적 책임에 대한 가치이며 이와 동시에 이러한 욕구를 충족시킬 수 있는 자원을 제공해야 하는 사회적 책임에 대한 믿음이다.

셋째, '수단 우선 가치'이다. 서비스를 수행하는 방법 및 수단과 도구에 대한 가치관이다. 사람은 존경과 존엄으로 다루어져야 하며, 자기결정의 권리를 가져야 하고, 사회 변화에 참여하도록 북돋워져야 하며, 하나의 독특한 개인으로 인정되어야 한다는 믿음과 같은 것이다. 인간의 자율성으로 요약될 수 있는 수단 우선 가치는 아마도 사회복지 실천과정에서 매우 중요하게 실천되어야 할 가치체계일 것이다. 사회복지사에게 아무리 바람직해 보이는 결정도 클라이언트의 자율적 결정이 아닌 강요된 것이라면 이는 기본 가치관에 어긋나는 것이다. 따라서 모든 결정 과정에서 클라이언트의 자율성이 보장되어야 한다. 이처럼 사회복지실천에서 전문직 가치는 실무현장에서 사회복지사라면 마땅히 지켜야 할 윤리적 원칙들을 정립하는 지침이 된다.

2. 사회복지의 윤리

1) 윤리의 개념

일반적으로 윤리(ethics)란 인간의 행위와 도덕적 의사결정에 관련되는 철학의 한 분야이다. 윤리는 사람들에게 무엇이 옳고 그른지를 결정함에 있어 어떤 지침이 되는 원칙을 발견해 내는 데 초점을 둔다. 이를 가치와 비교해 보면, 가치란 '좋고(good)

바람직한지(desirable)에 관심'을 두는 데 비해 윤리는 무엇이 '옳고(right) 바른지(correct)에 관심'을 둔다는 면에서 다르다. 일반인의 윤리는 인간관계에서 그 사회의 도덕률과 가치에 기초해서 이를 행하고 지켜야 할 의무를 명확히 밝힌다. 반면에 전문가의 윤리란 어떤 특수한 입장의 역할, 즉 전문가 역할을 수행하는 데 수반되는 특수한 의무를 성문화한 것이다. 사회복지전문직의 윤리란, 사회복지사의 서비스실천은 도덕적으로 바른 방법이어야 함을 인식하도록 돕기 위한 것이며, 사회복지 실천과정이 윤리적 결정의 과정임을 인식하고 사회복지사로서 올바르게 행동하는 방법을 배우는 데 기준이 된다. 이런 맥락에서 볼 때 사회복지서비스를 계획하고 제공하는 사회복지전문직의 윤리는 전문인으로서 행하거나 지켜야 할 도리이며, 이것들이 바로 전문적 행동의 기준과 원칙이 된다. 그러므로 사회복지 전문가의 윤리는 사회복지사가 자신의 전문직 가치를 실천적 행동으로 전환하도록 돕는 지침이라 할 수 있다(김정진 외, 2007).

2) 윤리강령

개인의 가치는 추상적인 원칙이 아니라 실제적인 수준에서 다른 사람과의 관계에 영향을 미친다. 즉, 개인의 문화적 경험과 배경은 의사결정에 영향을 미치므로, 사회복지실천에서도 사회복지사의 가치가 의식적 · 무의식적 차원에서 클라이언트를 돕는 과정에 윤리적 문제를 야기할 수 있다. 그러므로 사회복지실천에서 일어나는 사회복지사의 모든 의사결정은 윤리적 이슈가 동반될 수 있으며, 사회복지실천은 본질적으로 윤리적 실천이 될 수밖에 없다. 사회복지실천이 사회정의에 기초하여 클라이언트를 위한 최선의 결정이 되도록 하기 위해서는 사회복지가 추구하는 전문직 가치체계가 있어야 한다. 또한 개별 사회복지사의 판단과 업무수행이 윤리적 실천이 될 수 있도록 이끄는 윤리강령(code of ethics)이 있어야 한다(조학래, 2017).

전문적 지위를 추구하는 모든 전문직은 전문가 윤리강령을 통하여 전문직의 실천과 관련되는 윤리적 원칙과 전문가들이 지켜야 할 원칙을 명문화하고 있다. 레비(1973)는 사회복지 윤리강령이 세 가지 측면에서 전문직의 근본적인 목적 달성에 공헌한다고 주장하였다. 사회복지 윤리는, 첫째, 전문직의 행위를 이끌어 주고, 둘째, 사회복지사의 기능을 수행하는 데 원칙을 제시해 주며, 셋째, 사회복지실천의 평가

기준을 제시한다. 즉, 사회복지 윤리강령은 사회복지사가 사회복지사로서의 능력과 역할 및 지위에 맞게 행동하도록 이끌어 주고, 사회복지전문직의 구성원으로서 사회적 기대에 부응하는 실천을 하도록 안내하는 지침이 되는 것이다(김정진, 2015).

사회복지실천의 고유한 윤리적 실천을 추구하는 작업은 전문직 단체의 확립이 다른 나라보다 일찍 행해졌던 미국에서 가장 먼저 이루어졌다. 미국은 사회복지협회가 1921년에 설립된 후, 1951년에 윤리강령을 발표하였다. 1955년에는 미국사회복지사협회(NASW)가 결성되고, 사회복지사의 전문성과 함께 그 존재 의의 및 윤리적 실천을 분명하게 하기 위해 1986년에 새로운 윤리강령을 발표하였다. 일반적으로 전문직들이 채택하고 있는 윤리강령의 주요 기능은 다음과 같다(김정진 외, 2007).

- 윤리강령은 윤리적 지침뿐 아니라 윤리적 딜레마에 대한 지침을 제공한다.
- 정직하지 않고 무능력한 실천으로부터 클라이언트를 보호한다.
- 전문직의 자기규제 기능을 강화하여 정부의 통제를 받지 않는다.
- 전문직의 내부 갈등으로부터 초래되는 자기파멸을 예방하여 조화롭게 일하도록 돕는다.

표 3-5 미국사회복지사협회(NASW) 윤리강령의 핵심 가치와 윤리적 원칙

핵심 가치	윤리적 원칙
가치 1 서비스 욕구가 있는 사람에게 제공	사회복지사의 궁극적인 목표는 도움을 필요로 하는 사람들을 돕고, 사회적 문제에 대응하는 것이다.
가치 2 사회정의의 증진	사회복지사는 클라이언트의 인권 침해, 억압, 차별 및 사회경제적 부정의에 민감하게 대응해야 한다.
가치 3 인간에 대한 존엄성과 가치 존중	사회복지사는 인간의 존엄성과 가치를 존중해야 한다.
가치 4 인간관계의 중요성 인식	사회복지사는 인간관계의 중요성을 인식하고 클라이언트의 사회적 관계망을 강화해야 한다.
가치 5 신뢰성의 중요성 인식	사회복지사는 신뢰받을 수 있게 행동해야 한다.
가치 6 능력 증진	사회복지사는 자신의 능력 범위 내에서 실천활동을 하여야 하며, 그 능력 확장을 위해 전문적 기술을 개발하고 향상시켜야 한다.

• 윤리강령을 따름으로써 실천 오류를 예방하여 피소당하지 않는다.

윤리강령이 내포하고 있는 핵심 가치와 그에 따른 윤리적 원칙은 〈표 3-5〉에 제시된 것과 같다.

한편, 우리나라의 사회복지사 윤리강령은 만들어지는 과정에서 미국의 영향을 크게 받았다. 우리나라에서는 1982년에 제정되고, 1988년에 1차 개정 후에 공포되었으며, 1992년에 2차 개정, 2001년에 3차 개정으로 헌신성, 전문성, 진보성 등이 포함되었다(조학래, 2017).

2023년 4월에 5차 전면 개정된 윤리강령의 주요 내용은 사회복지사의 기본적 윤리기준(전문가로서의 자세, 전문성 개발을 위한 노력, 전문가로서의 실천), 클라이언트에 대한 윤리기준(클라이언트의 권익 옹호, 클라이언트의 자기결정권 존중, 클라이언트의 사생활 보호 및 비밀보장, 정보에 입각한 동의, 기록, 정보 관리, 직업적 경계 유지, 서비스의 종결), 사회복지사의 동료에 대한 윤리기준(동료, 슈퍼바이저), 기관에 대한 윤리기준, 사회에 대한 윤리기준 등을 규정하고 있으며, 그 내용은 〈표 3-6〉과 같다.

표 3-6 한국 사회복지사 윤리강령(2023)

전문
사회복지사는 인본주의 · 평등주의 사상에 기초하여, 모든 인간의 존엄성과 가치를 존중하고 천부의 자유권과 생존권의 보장 활동에 헌신한다. 특히 사회적 · 경제적 약자들의 편에 서서 사회정의와 평등 · 자유와 민주주의 가치를 실현하는 데 앞장선다. 또한 도움을 필요로 하는 사람들의 사회적 지위와 기능을 향상시키기 위해 저들과 함께 일하며, 사회제도 개선과 관련된 제반 활동에 주도적으로 참여한다. 사회복지사는 개인의 주체성과 자기결정권을 보장하는 데 최선을 다하고, 어떠한 여건에서도 개인이 부당하게 희생되는 일이 없도록 한다. 이러한 사명을 실천하기 위하여 전문적 지식과 기술을 개발하고, 사회적 가치를 실현하는 전문가로서의 능력과 품위를 유지하기 위해 노력한다. 이에 우리는 클라이언트 · 동료 · 기관 그리고, 지역사회 및 전체 사회와 관련된 사회복지사의 행위와 활동을 판단 · 평가하며 인도하는 윤리기준을 다음과 같이 선언하고 이를 준수할 것을 다짐한다.

윤리기준

Ⅰ. 기본적 윤리기준

1. 전문가로서의 자세

1) 인간 존엄성 존중

가. 사회복지사는 모든 인간의 존엄, 자유, 평등을 위해 헌신해야 하며, 사회적 약자를 옹호하고 대변하는 일을 주도해야 한다.

나. 사회복지사는 모든 인간의 고유한 존엄성과 가치를 인정하고 존중하며, 이를 기반으로 사회복지를 실천한다.

다. 사회복지사는 클라이언트의 성, 연령, 정신적 · 신체적 장애, 경제적 지위, 정치적 신념, 종교, 인종, 국적, 결혼 상태, 임신 또는 출산, 가족 형태 또는 가족 상황, 성적 지향, 젠더 정체성, 기타 개인적 선호 · 특징 · 조건 · 지위 등을 이유로 차별을 하지 않는다.

라. 사회복지사는 다양한 문화의 강점을 인식하고 존중하며, 문화적 역량을 바탕으로 사회복지를 실천한다.

마. 사회복지사는 문화적으로 민감한 실천을 제공하기 위해, 사회복지 실천과정에서 자신의 개인적 · 사회적 · 문화적 · 정치적 · 종교적 가치, 신념과 편견이 클라이언트와 동료 사회복지사에게 미칠 수 있는 영향을 고려하여 자기 인식을 증진하기 위해 힘쓴다.

2) 사회정의 실현

가. 사회복지사는 사회정의 실현과 클라이언트의 복지 증진에 헌신하며, 이를 위한 국가와 사회의 환경 변화를 위해 노력한다.

나. 사회복지사는 사회, 경제, 환경, 정치적 자원에 대한 평등한 접근과 공평한 분배가 이루어지도록 노력한다.

다. 사회복지사는 개인적 · 집단적 · 사회적 · 문화적 · 정치적 · 종교적 특성에 근거해 개인이나 집단을 차별 · 억압하는 것을 인식하고, 이를 해결 또는 예방하기 위해 노력해야 한다.

2. 전문성 개발을 위한 노력

1) 직무 능력 개발

가. 사회복지사는 클라이언트에게 최상의 서비스를 제공하기 위해, 지식과 기술을 개발하는 데 최선을 다하며 이를 활용하고 공유할 책임이 있다.

나. 사회복지사는 사회적 다양성의 특징(성, 연령, 정신적 · 신체적 장애, 경제적 지위, 정치적 신념, 종교, 인종, 국적, 결혼 상태, 임신 또는 출산, 가족 형태 또는 가족 상황, 성적 지향, 젠더 정체성, 기타 개인적 선호 · 특징 · 조건 · 지위 등), 차별, 억압 등에 대해 교육을 받고 이에 대한 이해를 증진하기 위해 노력한다.

다. 사회복지사는 변화하는 사회복지 관련 쟁점에 대응할 수 있도록 실천 기술을 향상하고, 새로운 실천 기술이나 접근법을 적용하기 위해 적절한 교육, 훈련, 연수, 자문, 슈퍼비전 등을 받도록 노력한다.

라. 사회복지사는 사회복지실천에 필요한 정보통신 관련 지식과 기술을 습득하기 위해 노력하며, 이를 사용하는 과정에서 발생할 수 있는 윤리적 문제를 인식하고 정보통신 관련 지식과 기술을 활용하도록 한다.

2) 지식기반의 실천 증진

가. 사회복지사는 사회복지 실천과정에서 평가와 연구 조사를 함으로써, 사회복지실천의 지식 기반 형성에 기여하고, 궁극적으로 사회복지실천의 질적 향상을 위해 노력한다.

나. 사회복지사는 평가나 연구 조사를 할 때, 연구 참여자의 권리를 보장하기 위해, 연구 관련 사항을 충분히 안내하고 자발적인 동의를 얻어야 한다.

다. 사회복지사는 연구 과정에서 얻은 정보를 비밀 보장의 원칙에서 다루며, 비밀보장의 한계, 비밀보장을 위한 조치, 조사 자료 폐기 등을 연구 참여자에게 알려야 한다.

라. 사회복지사는 평가나 연구 조사를 할 때, 연구 참여자의 보호와 이익, 존엄성, 자기결정권, 자발적 동의, 비밀보장 등을 고려하며, 「생명윤리 및 안전에 관한 법률」 등 관련 법령과 규정에 따라 연구윤리를 준수한다.

3. 전문가로서의 실천

1) 품위와 자질 유지

가. 사회복지사는 전문가로서의 품위와 자질을 유지하고, 자신이 맡고 있는 업무에 대해 책임을 진다.

나. 사회복지사는 자신의 이익을 위해 사회복지전문직의 가치와 권위를 훼손해서는 안 된다.

다. 사회복지사는 전문가로서 성실하고 공정하게 업무를 수행한다.

라. 사회복지사는 부정직한 행위, 범죄행위, 사기, 기만행위, 차별, 학대, 따돌림, 괴롭힘 등 불법적이고 부당한 일을 행하거나 묵인해서는 안 된다.

마. 사회복지사는 자신의 소속, 전문 자격이나 역량 등을 클라이언트에게 정직하고 정확하게 알려야 한다.

바. 사회복지사는 클라이언트, 학생, 훈련생, 실습생, 슈퍼바이지, 직장 내 위계적 권력 관계에 있는 동료와 성적 관계를 형성해서는 안 되며, 이들에게 성추행과 성희롱을 포함한 성폭력, 성적 · 인격적 수치심을 주는 행위를 해서는 안 된다.

사. 사회복지사는 한국사회복지사협회 등 전문가 단체의 활동에 적극적으로 참여하여, 사회정의 실현과 사회복지사의 권익 옹호를 위해 노력한다.

2) 자기 관리

가. 사회복지사는 정신적 · 신체적 건강 문제, 법적 문제 등이 사회복지 실천과정에서의 전문적 판단이나 실천에 부정적 영향을 주거나 클라이언트의 이익을 저해하지 않도록, 동료, 기관과 함께 적절한 조치를 하도록 노력한다.

나. 사회복지사는 클라이언트에게 최상의 사회복지서비스를 제공하기 위해 사회복지사 자신의 정신적 · 신체적 건강, 안전을 유지 · 보호 · 관리하도록 노력한다.

3) 이해 충돌에 대한 대처

가. 사회복지사는 클라이언트의 이익을 우선으로 고려하고, 이해 충돌이 있을 때는 아동, 소수자 등 취약한 자의 이해와 권리를 우선시한다.

나. 사회복지사의 개인적 신념과 사회복지사로서 직업적 의무 사이에 이해 충돌이 발생할 때 동료, 슈퍼바이저와 논의하고, 부득이한 경우 클라이언트가 적절한 지원을 받을 수 있도록 클라이언트를 다른 사회복지사에게 의뢰하거나 다른 사회복지서비스로 연결한다.

다. 사회복지사는 전문적 가치와 판단에 따라 업무를 수행하는 과정에서, 기관 내외로부터 부당한 간섭이나 압력을 받아서는 안 된다.

4) 경제적 이득에 대한 실천

가. 사회복지사는 클라이언트의 지불 능력에 상관없이 복지서비스를 제공해야 하며, 이를 이유로 차별해서는 안 된다.

나. 사회복지사는 필요한 경우에 제공된 서비스에 대해 공정하고 합리적으로 이용료를 책정할 수 있다.

다. 사회복지사는 업무와 관련해 정당하지 않은 방법으로 경제적 이득을 취해서는 안 된다.

II. 클라이언트에 대한 윤리기준

1. 클라이언트의 권익 옹호

사회복지사는 클라이언트의 이익을 최우선의 가치로 삼고 이를 실천하며, 클라이언트의 권리를 존중하고 옹호한다.

2. 클라이언트의 자기결정권 존중

1) 사회복지사는 사회복지 실천과정에서 클라이언트의 자기결정을 존중하고, 클라이언트를 사회복지실천의 주체로 인식하여 클라이언트가 자기결정권을 최대한 행사할 수 있도록 돕는다.

2) 사회복지사는 의사결정이 어려운 클라이언트에 대해서는 클라이언트의 이익과 권리를 보장하기 위한 적절한 조치를 취해야 한다.

3. 클라이언트의 사생활 보호 및 비밀보장

사회복지사는 클라이언트의 사생활을 존중하고 보호하며, 전문적 관계에서 얻은 클라이언트 관련 정보에 대해 비밀을 유지한다. 그러나 클라이언트 자신과 타인에게 해를 입히거나 범죄행위와 관련된 경우에는 예외로 할 수 있다.

4. 정보에 입각한 동의

사회복지사는 클라이언트의 알 권리를 인정하고 동의를 얻어야 하며, 클라이언트가 받는 서비스의 목적과 내용, 범위, 합리적 대안, 위험, 서비스의 제한, 동의를 거절 또는 철회할 수 있는 클라이언트의 권리 등에 대해 정확하고 충분한 정보를 제공한다.

5. 기록, 정보 관리

1) 클라이언트에 대한 사회복지 실천 기록은 사회복지사의 윤리적 실천의 근거이자 평가·점검의 도구이기 때문에 중립적이고 객관적으로 작성해야 한다.
2) 사회복지사는 클라이언트가 자신과 관련된 기록의 공개를 요구하면 정당한 비공개 사유가 없는 한 정보에 접근할 수 있도록 해야 한다.
3) 사회복지사는 클라이언트에 대한 문서 정보, 전자 정보, 기타 민감한 개인 정보를 보호해야 한다.
4) 사회복지사가 획득한 클라이언트 관련 정보나 기록을 법적 사유 또는 기타 사유로 제3자에게 공개할 때는 클라이언트에게 안내하고 동의를 얻어야 한다.

6. 직업적 경계 유지

1) 사회복지사는 클라이언트와의 전문적 관계를 자신의 개인적 이익을 위해 이용해서는 안 된다.
2) 사회복지사는 업무 외의 목적으로 정보통신기술을 사용해 클라이언트와 의사소통을 해서는 안 된다.
3) 사회복지사는 어떠한 상황에서도 클라이언트와 사적 금전 거래, 성적 관계 등 부적절한 행동을 해서는 안 된다.
4) 동료의 클라이언트를 의뢰받을 때는 기관 및 슈퍼바이저와 논의하는 과정을 거쳐야 하며, 클라이언트에게 설명하고 동의를 얻은 후 서비스를 제공한다.
5) 사회복지사는 정보처리기술을 이용하는 것이 클라이언트의 권리를 침해할 위험성이 있다는 사실을 인식하고 직업적 범위 안에서 활용한다.

7. 서비스의 종결

1) 사회복지사는 클라이언트에게 제공되는 서비스가 더 이상 클라이언트의 이해나 욕구에 부합하지 않으면 업무상 관계와 서비스를 종결한다.

2) 사회복지사는 개인적 또는 직업적 이유로 클라이언트와의 전문적 관계를 중단하거나 종결할 때 사전에 클라이언트에게 충분히 설명하고, 다른 기관 또는 다른 전문가에게 의뢰하는 등 필요한 조치를 취한다.

3) 사회복지사는 클라이언트의 고의적·악의적·상습적 민원 제기에 대해 소속 기관, 슈퍼바이저, 전문가 자문 등의 논의 과정을 거쳐 서비스를 중단하거나 거부권을 행사할 수 있다.

Ⅲ. 사회복지사의 동료에 대한 윤리기준

1. 동료

1) 사회복지사는 존중과 신뢰를 기반으로 동료를 대하며, 전문가로서의 지위와 인격을 훼손하는 언행을 하지 않는다.

2) 사회복지사는 사회복지전문직의 권익 증진을 위해 동료와 다른 전문직 동료와도 협력하고 협업한다.

3) 사회복지사는 동료의 윤리적이고 전문적인 행위를 촉진해야 하며, 동료가 전문적인 판단과 실천이 미흡하여 문제를 발생시켰을 때 윤리강령과 제반 법령에 따라 대처한다.

4) 사회복지사는 다른 전문직의 동료가 행한 비윤리적 행위에 대한 윤리강령과 제반 법령에 따라 대처한다.

5) 사회복지사는 동료의 직무 가치와 내용을 인정하고 이해하며, 상호 간에 민주적인 직무관계를 이루도록 노력해야 한다.

6) 사회복지사는 동료들에게 정보통신기술을 사용한 비윤리적 행위를 하지 않는다.

7) 사회복지사는 동료가 적법하게 업무를 수행하는 과정에서 부당한 조치를 당하면 동료를 변호하고 원조해 주어야 한다.

8) 사회복지사는 동료에게 행해지는 어떤 형태의 차별, 학대, 따돌림 또는 괴롭힘과 자신의 전문적 권위를 행사하는 다른 동료와의 부적절한 성적 행동에 가담하거나 이를 용인해서는 안 된다.

9) 사회복지사는 슈퍼바이지, 학생, 훈련생, 실습생, 자신의 전문적 권위를 행사하는 다른 동료와의 성적 행위나 성적 접촉과 성적 관계에 관여해서는 안 된다.

2. 슈퍼바이저

1) 슈퍼바이저는 슈퍼바이지가 전문적 업무수행을 할 수 있도록 지원하고 슈퍼바이지는 슈퍼바이저의 전문적 지도와 조언을 존중해야 한다.

2) 슈퍼바이저는 전문적 기준에 따라 슈퍼비전을 수행하며, 공정하게 평가하고 평가 결과를 슈퍼바이지와 공유한다.

3) 슈퍼바이저는 개인적인 이익 추구를 위해 자신의 지위를 이용해서는 안 된다.

4) 슈퍼바이저는 사회복지사 수련생과 실습생에게 인격적 · 성적으로 수치심을 주는 행위를 해서는 안 된다.

Ⅳ. 기관에 대한 윤리기준

1) 사회복지사는 기관의 사명과 비전을 확인하고, 정책과 사업 목표를 달성하기 위해 노력해야 한다.
2) 사회복지사는 소속 기관의 활동에 적극적으로 참여함으로써 기관의 성장과 발전을 위해 노력해야 한다.
3) 사회복지사는 기관의 부당한 정책이나 요구에 대해 전문직의 가치와 지식을 근거로 대응하고, 제반 법령과 규정에 따라 해결하도록 노력해야 한다.

Ⅴ. 사회에 대한 윤리기준

1) 사회복지사는 자신이 일하는 지역사회를 이해하고, 클라이언트가 지역사회에서 서로 도우며 함께 살아가도록 지원해야 한다.
2) 사회복지사는 정치적 영역이 클라이언트의 권익과 사회복지실천에 미치는 영향을 인식하여 사회정의 실현을 위한 사회정책의 수립과 법령 제 · 개정을 지원 · 옹호해야 한다.
3) 사회복지사는 사회재난과 국가 위급 상황에서 문제를 해결하기 위해 적극적으로 활동해야 한다.
4) 사회복지사는 지역사회, 국가, 나아가 전 세계와 그 구성원의 복지 증진, 삶의 질 향상을 위해 적극적으로 노력해야 한다.
5) 사회복지사는 인간과 자연이 서로 떨어져 살 수 없음을 깨닫고, 인간과 자연환경, 생명 등 생태에 미칠 영향을 생각하며 실천해야 한다.

사회복지사 선서문

나는 모든 사람들이 인간다운 삶을 누릴 수 있도록, 인간 존엄성과 사회정의의 신념을 바탕으로, 개인 · 가족 · 집단 · 조직 · 지역사회 · 전체사회와 함께한다. 나는 언제나 소외되고 고통받는 사람들의 편에 서서, 저들의 인권과 권익을 지키며, 사회의 불의와 부정을 거부하고, 개인이익보다 공공이익을 앞세운다. 나는 사회복지사 윤리강령을 준수함으로써, 도덕성과 책임성을 갖춘 사회복지사로 헌신한다. 나는 나의 자유의지에 따라 명예를 걸고 이를 엄숙하게 선서합니다.

3) 윤리적 갈등

윤리적 갈등(ethical conflict)은 윤리적 딜레마(ethical dilemma)라고도 하는데, 사회복지사가 전문가로서 지켜야 하는 윤리적 의무와 가치가 서로 충돌할 때 어떠한 실천행동을 선택하는 것이 윤리적으로 올바른 것인지 판단하기 힘든 딜레마 상태를 말한다. 사회복지실천에서 만날 수 있는 전형적인 윤리적 갈등은 다음의 세 가지 범주로 요약할 수 있다(김정진, 2015).

- 직접적인 개입활동과 관련된 윤리적 갈등: 개인, 가족, 집단을 대상으로 실천할 때 비밀보장, 자기결정권, 온정주의, 진실의 의무 등 상호 가치 간의 충돌로 어떤 가치를 우선적인 가치로 하여야 할지 갈등 상황이 발생할 수 있다.
- 사회복지 정책 및 프로그램 차원의 갈등: 간접적인 사회복지실천의 영역으로 정책 및 프로그램 개발, 서비스 분배에 있어 우선적인 가치를 어떻게 설정하는가에 따라 갈등이 생길 수 있다.
- 사회복지 조직체 및 동료 사회복지사와의 윤리적 갈등: 조직의 일원으로서 겪는 갈등으로, 동료 구성원과 조직의 비윤리적인 행위를 알게 되었을 때 직원으로서 조직에 대한 헌신과 전문가 윤리 사이에서 갈등이 발생할 수 있다.

이 중 직접적인 개입활동에서 자주 직면하게 되는 윤리적 딜레마를 사례와 함께 유형별로 요약해 보면 다음과 같다(조학래, 2017).

① 가치의 상충(competing value)
- 두 개 또는 그 이상의 경쟁적인 가치와 직면했을 때 윤리적 딜레마에 빠짐
- 클라이언트의 자기결정 가치와 인간의 보호 가치 사이에서 갈등
  - 예: 자살을 심각하게 고려하는 클라이언트가 비밀보장을 요구할 때
② 의무의 상충(competing loyalties)
- 기관과 클라이언트에 대한 의무 사이에서 갈등
  - 예: 정신적 어려움을 가지고 있는 노숙자가 병원에 가지 않고 쉼터에 있으려할 때

③ 클라이언트 체계의 다중성(multiple client system)
  • 클라이언트 체계가 복잡하고 다양할 때, 누구의 이익을 고려하여 어떤 문제에
    개입할 것인가에 따른 갈등
    -예: 복잡한 문제를 가진 이혼 부부의 자녀 문제를 다룰 때

④ 결과의 모호성(ambiguity)
  • 사회복지사가 판단해야 할 윤리적 결정이 모호할 때
    -예: 입양 담당 사회복지사가 해외 입양의 성공에 대한 확신이 없을 때

⑤ 권력의 불균형(power imbalance)
  • 사회복지사와 클라이언트의 관계가 권력적으로 불평등할 때
    -예: 미성년자나 지적장애 클라이언트의 자기결정권 존중을 제한할 때

4) 윤리적 결정의 준거틀

사회복지사는 두 가지 이상의 정당한 가치나 윤리 사이에 갈등이 존재할 때 하나의 가치나 윤리를 우선적으로 선택해야 한다. 이러한 딜레마를 해결하기 위해서 사회복지사 윤리강령도 도움이 되지만, 이것만으로는 명료하지 않은 경우가 많다. 이러한 딜레마의 해결을 위해 리머(Reamer), 로웬버그와 돌거프(Lowenberg & Dolgoff) 등이 윤리적 결정 지침을 제시하였으며, 이러한 지침을 기초로 하여 판단한 결정은 사회복지의 실천가치를 실현하는 방향으로 사회복지사를 이끌어 줄 수 있다. 리머, 로웬버그와 돌거프의 지침은 다음과 같다.

(1) 리머의 윤리적 결정 지침(Reamer, 2018)

① 윤리적 결정 지침 1

삶, 건강, 복지, 생활필수품에 대한 권리는 부, 교육, 여가와 같은 추가적인 재화에 대한 기회와 비밀에 대한 권리에 우선한다.

> – 적용: 복지 자원은 항상 제한적일 수밖에 없다. 다양한 클라이언트의 자원 요구에 직면할 때 클라이언트의 삶과 관련 있고 생존에 필수적인 자원 분배가 우선이다. 예를 들어, 컴퓨터를 보급하고자 할 때 자녀 교육을 위해 컴퓨터를 원하는 경우와 컴퓨터로 생업을 계획하고 있는 경우 생업이 우선적인 고려 대상이다.

② 윤리적 결정 지침 2

개인의 복지권은 다른 사람의 사생활, 자유, 자기결정에 대한 권리에 우선한다.

> – 적용: 다른 사람의 사생활 보호, 자유, 자기결정도 존중되어야 할 권리지만, 클라이언트의 복지권이 우선 고려되어야 한다. 예를 들어, 정신장애인의 이상행동으로 사생활을 침해받았으니 그 장애인이 이사를 가야 한다고 주장하는 지역주민이 있다고 할 때, 사회복지사가 갈등 중재를 하게 되는 경우가 있을 수 있다. 이때 사회복지사는 정신장애인의 거주권을 우선 보호하여야 한다.

③ 윤리적 결정 지침 3

자기결정권에 대한 사람들의 권리는 그들의 기본적인 복지권에 우선한다.

> – 적용: 사회복지서비스는 클라이언트의 요청에서부터 시작한다. 사회복지사가 보기에 사회복지서비스를 필요로 한다고 판단하여도 클라이언트가 서비스 수혜에 대한 허락을 하지 않으면 제공할 수 없다. 물론 클라이언트가 도움을 받아들이도록 하기 위한 라포 형성과 정보 제공 등의 노력을 포기하라는 것은 아니며, 클라이언트의 생명보호와 같은 위급한 상황에 대한 개입의 경우는 예외이다.

④ 윤리적 결정 지침 4

복지에 대한 사람들의 권리는 법, 정책, 조직의 질서를 번복할 수도 있다.

> –적용: 사회복지의 욕구는 다변하고 있으며, 따라서 법, 정책, 제도, 조직 등이 이를
> 앞서가기가 어렵다. 새로운 복지 욕구의 출현은 법, 정책, 조직을 변화하게 한다.
> 그러므로 사회복지사는 법과 정책의 한도 내에서만 일하는 것이 아니라 필요시 이
> 에 대한 변화와 개혁을 요구하여야 한다.

(2) 로웬버그와 돌거프의 윤리 원칙(Lowenberg & Dolgoff, 1996)

로웬버그와 돌거프는 윤리 원칙의 내용과 우선순위를 다음과 같이 제시하였다. 여러 원칙이 충돌하는 경우 상위 원칙을 우선 적용하여야 함을 예를 들어 설명하였다.

① 윤리 원칙 1: 생명보호의 원칙

인간의 생명보호(protection of life)는 클라이언트를 비롯한 모든 사람들에게 적용된다. 이 원칙은 다른 여러 의무나 원칙들에 우선하여 적용되어야 한다. 생명은 가장 기본적인 것이며, 만약 생명이 침해되면 다른 어떤 권리도 의미가 없기 때문이다.

> –예: 심각한 고혈압을 앓고 있는 중년 남자의 경우 생명을 위협하는 고혈압의 치료
> 를 위해 처방되었던 약물이 그를 성불능자로 만들었다. 상담을 요청한 클라이언트
> 가 약물을 끊고자 할 때 사회복지사가 클라이언트의 결정에 동의하면, 그의 성기
> 능이 정상으로 회복할 수 있도록 도와줄 수는 있어도(원칙 5: 삶의 질) 생명의 보호
> (원칙 1: 생명보호)에 대한 위험성은 높아진다. 이러한 상황에서 사회복지사의 최
> 선의 선택은 원칙 1을 준수하는 것이다.

② 윤리 원칙 2: 평등과 불평등의 원칙

평등(equality)과 불평등(inequality)의 원칙에서는 평등이 우선이지만, 때로는 불평등한 처우가 필요하다는 것이다. 즉, 노약자, 장애인 등에게 동등한 기회가 주어진다고 결과적 평등을 기대할 수 없으므로 차별적인 지원을 제공하여야 한다.

이 원칙은 인간의 기본권인 사회권에 기초하고 있다. 사회권은 1966년 12월 제3회

국제연합(UN) 총회에서 채택되었고, 1976년 1월 3일 발효된 권리이다. 자유권이 국가의 불법적이고 부당한 행위에 대해 개인의 생명·재산·자유 등을 요구하는 소극적 권리라면, 사회권은 실질적 평등과 분배 정의를 핵심 내용으로, 국가에 대해 그 이행을 적극적으로 요구하는 권리이다. 요컨대, 일할 수 있는 권리, 실업으로부터 보호받을 권리, 일정 기간의 유급휴가 등 휴식과 여유를 가질 권리, 건강 및 행복에 필요한 생활수준을 누릴 권리, 교육받을 권리, 자신의 지적 창조물에 대해 보호받을 권리 등을 말한다.

> – 예: 이 원칙의 대표적인 상황은 아동학대의 사례이다. 학대받는 아동은 성인과 '동등한' 위치에 있지 않다. 학대 상황이 혹시 치명적으로 심각한 경우가 아니어서 '원칙 1'인 생명보호에 준하는 상황이 아니더라도 학대하는 성인에 대한 비밀보장의 원칙보다는 약자를 보호하는 '원칙 2'에 의해 아동을 보호하는 것이 우선이다.

③ 윤리 원칙 3: 자율과 자유의 원칙

사회복지사는 개인의 자율성(autonomy)과 독립성(independence) 및 자유(freedom)를 신장시키는 실천적 결정을 해야 한다. 이 원칙은 인간의 기본권인 자유권에 기초하고 있다.

> – 예 1: 어떠한 결정을 하든 그것은 자신의 자율적인 권리이므로 자신 혹은 다른 사람을 해치더라도 막을 수 없다는 주장은 설득력이 없다. 어떤 사람이 이러한 결정을 내리려 할 때 사회복지사는 이에 개입해야 할 의무가 있는데, 그 이유는 '원칙 3(자율과 자유)'보다 '원칙 1(생명보호)'이 우선이기 때문이다.
> – 예 2: 만약 클라이언트가 직면해 있는 상황이 생명을 위협하고 있으며, 개입으로 인한 위험성이 최소 수준이라면, 이때 클라이언트가 도움받기를 거절하더라도 개입을 위한 노력을 하여야 한다. 반면, 개입을 하더라도 잠재적인 이득이 적은 경우에 클라이언트의 거절은 합리적인 것으로 간주되며, 따라서 그의 거절은 존중되어야한다.

④ 윤리 원칙 4: 최소 손실의 원칙

사회복지사는 항상 최소한의 손실, 즉 가장 쉽게 회복 혹은 해결될 수 있는 방향으로 조기에 개입하여 영구적인 손상을 최소화할 수 있는 선택을 하여야 한다.

> ─예: '소 잃고 외양간 고친다.'는 속담을 음미해 보자.

⑤ 윤리 원칙 5: 삶의 질의 원칙

사회복지사는 지역사회를 포함하여 모든 사람들의 삶의 질을 보다 향상시키는 기회를 선택하여야 한다.

⑥ 윤리 원칙 6: 사생활 보호와 비밀보장의 원칙

사회복지사는 모든 사람들의 사생활 보호의 권리를 신장시키는 실천적 결정을 해야 한다. 클라이언트가 정보를 제공하는 것에 동의하지 않은 정보는 공개하지 않는 것이 원칙이다.

⑦ 윤리 원칙 7: 성실의 원칙

사회복지사는 클라이언트와 다른 사람들에게 진실을 말하고, 실천적 결정에 관한 모든 정보를 충분히 개방할 수 있을 만큼 실천 타당성을 확보하기 위해 윤리강령을 성실히 준수하여야 한다.

🔍 ⋯ 연구문제

1. 사회복지의 기본적인 가치에는 무엇이 있는가?

2. 사회복지의 기본적인 가치 중 자유와 평등의 하위 차원을 구분할 수 있는가?

3. 윤리적 딜레마 사례를 유형별로 설명할 수 있는가?

4. 로웬버그와 돌거프의 윤리 원칙과 우선순위를 설명할 수 있는가?

ABC ··· **전공어휘**

- **가치(values)** 특정 집단이나 개인 또는 문화가 본질적으로 바람직하다고 받아들이는 신념으로서, 의사결정과 행동에 영향을 미치는 실천적 개념이다.
- **결과의 평등(equality of result)** 모든 사람에게 욕구나 능력의 차이에 관계없이 사회적 자원을 똑같이 분배하는 것이다.
- **궁극적 가치(ultimate value)** 시간이 흘러도 변하지 않는 본질적인 가치이다.
- **기회의 평등(equal opportunity)** 결과의 평등은 고려하지 않고, 과정상의 기회만 같도록 하는 것이다.
- **비례적 평등(proportional equality)** 개인의 욕구, 노력, 능력, 기여에 따라 사회적 자원을 상이하게 분배하는 것이다.
- **사회적 연대(social solidarity)** 사회적 존재로서 인간의 속성과 관련된 가치로, 두 사람 이상이 무슨 일을 하거나 함께 책임지는 것을 의미한다.
- **사회정의(social justice)** 정의는 절차상의 정의, 실질적인 정의, 능동적 과정으로서의 정의로 구분된다. 절차상의 정의란 법률에서 정한 합법적인 절차를 강조하고, 실질적인 정의는 결과로서의 분배적 정의를 강조하며 능동적 과정으로서의 정의는 불의한 현상을 예방하고 치료하는 사회적 과정을 강조한다.
- **소극적 자유(negative liberty)** 소극적 자유는 강요와 강압의 부재를 의미하는 것으로 '강제가 없을 때 경험'하는 자유이다. 즉, 타인이나 사회로부터 간섭 받지 않을 자유를 의미한다.
- **수단적 가치(instrumental value)** 궁극적 가치를 달성하기 위한 수단이 되는 가치이다.
- **인간의 존엄성(human dignity)** 인간은 누구나 그 성취 여부나 능력에 관계없이 존중받아야 한다는 천부적 가치에 대한 신념을 의미한다.
- **적극적 자유(positive liberty)** 스스로 원하는 혹은 바람직하다고 생각하는 어떤 목적이나 행위를 추구할 수 있을 때 경험하는 자유이다.
- **차등적 가치(differential value)** 궁극적 가치와 수단적 가치의 중간에 위치하여 추상적인 가치를 좀 더 구체화하는 가치로서, 사회문화적 영향이나 개인의 경험에 따라 찬성과 반대가 가능한 가치이다.

참고문헌

강용규, 김희성, 배은영(2007). **사회복지개론**. 경기: 공동체.

권중돈, 조학래, 윤경아, 이윤화, 이영미, 손의성, 오인근, 김동기(2019). **사회복지개론**. 서울: 학지사.

김구(2023). **사회복지정책론**. 경기: 어가.

김정진(2015). **사회복지실천기술론**. 서울: 학지사.

김정진, 임은희, 권진숙(2007). **사회복지실천기술론**. 경기: 서현사.

남기민(2015). **사회복지정책론**. 서울: 학지사.

송근원, 김태성(1995). **사회복지정책론**. 경기: 나남출판.

이경남, 김경미, 김남숙, 김인숙, 김현주, 박미정, 서화정, 원기연, 이순영, 허영숙, 황인옥(2007). **사회복지개론**. 경기: 공동체.

조학래(2017). **사회복지실천론**. 서울: 신정.

최혜지, 김경미, 정순둘, 박선영, 장수미, 박형원, 배진형, 박화옥, 안준희(2014). **사회복지실천론**. 서울: 학지사.

Berlin, I. (1969). *Four essays on liberty*. London: Oxford University Press.

Levy, C. S. (1973). The value base of social work. *Journal of education for social work, 9*(1), 34-42.

Loewenberg, F., & Dolgoff, R. (1996). *Ethical decisions for social work practice* (5th ed.). New York: F. E. Peacock.

Pumphrey, M. W. (1959). *The teaching of values and ethics in social work education*. New York: Council on Social Work Education.

Reamer, F. (2018). *Social work values and ethics*. New York: Columbia University Press.

Yanca, S., & Johnson, L. (2009). *Generalist social work practice with groups*. Boston: Pearson/Allyn and Bacon.

국가인권위원회 교육센터 http://edu.humanrights.go.kr

제**4**장

사회복지의 구성요소

이 장에서는 사회복지가 실제 현장에서 실행되기 위한 구성요소를 살펴본다. 첫째, 사회복지가 추구하는 목적이 무엇인지 사회복지의 대상을 거시적 측면의 사회적 욕구 및 미시적 측면의 대상으로 나누어 살펴본다. 둘째, 누가 사회복지를 실천하는지에 대한 사회복지의 주체에 대해 알아본다. 사회복지의 주체는 공공부문과 민간부문별로 알아보고 사회복지의 실천적 입장에서 정책주체, 운영주체, 실천주체별로도 살펴본다. 셋째, 사회복지를 공급하는 주체와 서비스 대상자 간의 조직체계에 해당하는 사회복지 전달체계에 대해 살펴본다. 마지막으로, 복지실천에 필요한 사회복지 재원을 공공재원과 민간재원별로 나누어 알아본다.

1. 사회복지의 대상

사회복지의 대상이라고 하면 흔히 사회복지의 혜택을 받는 대상자(수급자)를 생각하게 되는데, 거시적으로 볼 때 대상자 이외에도 사회적 욕구를 포함한다. 이에 사회복지의 필요대상을 사회적 욕구와 사회복지 대상자로 나누어 살펴보면 다음과 같다.

1) 사회적 욕구

사회복지의 궁극적인 목적은 무엇일까? 그 해답은 사회 구성원 개개인이 인간다운 생활을 영위할 수 있도록 함으로써 '인간 존엄성을 보장하는 것'에 있다. 즉, 삶을 영위하는 과정에서 인간 존엄성에 위험을 느끼고 있는 개인 혹은 집단을 대상으로 그들이 필요로 하는 도움을 제공하여 문제를 해결하거나 혹은 문제 해결을 도와주는 것이다. 그런데 사회복지에서 관심을 가지는 것은 개인적 욕구보다 사회적 욕구이다. 그 이유는 현대사회에서 흔히 발생하는 실업, 환경오염, 가족 해체, 노인빈곤 등의 사회문제가 개개인의 잘못에 의해 발생하는 것이 아니라 사회 구조적 특성, 즉 사회문제에 의해 발생하는 빈도가 높기 때문이다. 사회적 대책이 필요한 사회적 욕구를 해결하게 되면 결과적으로 개인의 욕구도 해결해 줄 수 있게 된다. 한편, 사회복지 대상으로서의 사회적 욕구는 한 사회가 해결해야 할 사회적 문제 혹은 위기가 무엇이냐에 따라 다양할 수 있다(오세영, 2023: 221-223).

그렇다면 사회적 욕구는 어떠한 특성을 가질까? 김상균 등(2005)은 사회적 욕구의 특성을 다음과 같이 요약하고 있다. 첫째, 해결방법에 있어서 사회적·공동적 대처가 필요하다. 예를 들어, 1997년 외환위기에 발생한 대규모 실업과 대규모 실업으로 인해 발생한 가정파탄과 같은 사회문제는 개인의 책임으로 돌리기도 어렵고, 정부에 전적으로 책임을 추궁하기도 힘들어, 우리 사회의 총체적인 구조 결함으로 인해 발생한 사회적 욕구로 간주할 수 있다. 따라서 개인과 사회 전체가 해결방법을 모색해야 문제해결에 접근할 수 있는 사회적 욕구인 것이다. 둘째, 사회적 욕구 해결을 통해 이윤창출을 꾀하여서는 안 된다는 것이다. 사회적 욕구를 충족시킨다는 것은 인간성 상실과 같은 치명적인 위기에 처한 사람을 위한 것이기 때문에 경제적 가치를 배제하여 순수하게 인간의 기본적 욕구를 충족시키는 것을 일차적 목표로 삼아야 한다.

하비(Harvey, 1978: 102)는 음식, 주택, 의료보호, 교육, 사회적·환경적 서비스, 소비자 보호, 오락적 기회, 유쾌한 이웃관계, 교통시설 등을 사회적 욕구의 대표적 영역으로 설명하고 있다. 이처럼 사회적 욕구는 대다수의 사회 구성원의 생활에 관련된 내용으로 구성되는 것을 알 수 있다.

한편, 브래드쇼(J. Bradshaw)는 사회적 욕구를 다음과 같은 네 가지 측면으로 나누어 설명하고 있다. 첫째, 규범적 욕구(normative need)인데, 이 욕구는 전문가가 주어진 상황에서 욕구라고 정의한 것이다. 즉, 욕구의 바람직한 수준이 정해지고, 실질적으로 존재하는 욕구 수준과 비교하여 개인이나 집단이 바람직한 수준에 미치지 못하면 그들은 욕구 상태에 있다고 본다. 둘째, 느낀 욕구(felt need)이다. 이 욕구는 개인이나 집단의 욕망과 동일시되는 욕구로, 일반적으로 대상자에게 특정 서비스가 필요하다고 느끼는지 여부를 통해 알아본다. 셋째, 표현된 욕구(expressed need)는 사람들이 일정 서비스가 필요하다고 인지하면서 욕구가 충족되길 원한다고 요청하는 행동을 취한 욕구이다. 넷째, 비교적 욕구(comparative need)는 서비스 대상자를 연구하는 과정에서 얻어지는 욕구이다. 비슷한 상황에서 어떤 사람은 서비스가 필요한 사람이고 또 다른 사람은 서비스를 필요로 하지 않는 사람으로 판정했을 경우 전자가 욕구를 가진 사람에 속한다.

2) 사회복지 대상자

사회복지에서 서비스를 받는 개인, 즉 대상자를 영어로 클라이언트(client)라 한다. 클라이언트의 사전적 의미는 '다른 사람에게 의지하는 사람'이다. 사회복지가 발전하는 초기 단계에서는 사회 내의 소수의 약자(예: 경제적 빈곤자, 신체적으로 건강하지 못한 사람 등)를 중심으로 사회복지서비스가 제공되었으나, 사회복지의 발전과 더불어 대상자의 폭이 넓어져 현대사회에서는 전체 사회 구성원으로 확대되고 있다. 즉, 사회복지의 서비스 대상자의 선정 기준이 선별주의(selectivism)에서 보편주의(universalism)로 변화되고 있다. 선별주의와 보편주의를 비교해서 살펴보면 다음의

표 4-1 선별주의와 보편주의의 비교

구분	선별주의	보편주의
범위	특수 문제 집단에 한정	전 국민에 확대
자격	제한 강화	제한 완화
급여수준	최저수준으로 인하	적절한 보상률로 인상
급여기간	단축	연장
자기 부담	강화	경감
장점	유효성, 효율성 높음. 경비절감	공평성, 접근성, 편익성이 높음
단점	낙인(스티그마, stigma)	경비가 많이 듦. 낭비가 많음

출처: 박경일 외(2006).

〈표 4-1〉과 같이 정리할 수 있다. 선별주의와 보편주의의 가장 큰 특징은 대상자의 범위인데, 선별주의는 특정 대상자만을 사회복지의 대상자로 간주하지만 보편주의에 서는 문제를 가진 특정 대상자뿐 아니라 전 국민으로 대상의 범위를 확대하고 있다.

2. 사회복지의 주체

사회복지를 실천하는 주체가 다양해지고 있다. 가족, 친지, 이웃과 같은 비공식부 문(informal sector)에 의존했던 단계에서 국가의 개입을 전제로 하는 단계로 발전했 으며, 최근에는 비정부단체(non-governmental organization)와 비영리단체(non-profit organization) 및 영리단체(profit organization)에 이르기까지 다양한 주체가 사회복지 에 참여하고 있다. 사회복지의 주체를 민간부문과 공공부문으로 나누어 살펴보면 다 음과 같다.

1) 민간부문과 공공부문

사회복지의 주체는 일반적으로 크게 나누면 민간부문과 공공부문으로 나눌 수 있 다. 민간부문은 사회복지법인, 종교단체, 기업체, 자원봉사단체와 같은 비영리기관 등이 해당하며, 공공부문은 국가(중앙정부)와 지방자치단체가 이에 속한다. 하지만 글레너스터(H. Glennerster)가 제시한 다음의 〈표 4-2〉와 같이 급여와 재원에 있어서 공공부문과 민간부문이 혼합된 형태가 늘어나고 있다. 급여(서비스)는 동일한 공적

표 4-2 재원 및 급여에 따른 사회복지 구분

구분		급여(서비스)			
		공적		민간	
재원	공적	공적급여 완전공적재원	공적급여 부분민간, 부분공적재원	민간급여, 부분민간 부분공적재원	민간급여 완전공적재원
	사적	공적급여 완전민간재원			민간급여 완전민간재원

출처: Glennerster (1985).

급여라 하더라도 재원에 따라서 공적재원과 사적재원이 있을 수 있다.

　민간부문을 보다 상세히 살펴보면, 비공식부문, 민간비영리부문, 민간영리부문으로 나눌 수 있다. 첫째, 비공식부문은 가족, 친구, 친지, 이웃, 지역사회 등과 같은 1차적 집단이라고 할 수 있다. 비공식부문의 특징은 친밀감을 기반에 둔 주체라는 점이다. 둘째, 민간비영리부문은 민간비영리단체에서 운영한다는 점에서 공적단체와 다르고 이윤을 추구하지 않는다는 점에서 영리단체(민간기업)와도 다르다. 대표적인 민간비영리단체로 시민단체를 들 수 있다. 셋째, 민간영리부문은 공적부문에 의한 사회복지 공급에 한계를 느끼면서 민간에 의한 보완이 필요해지면서 새롭게 역할이 인식되고 있다. 민간영리부문이 사회복지의 주체가 되면서 긍정적인 효과와 부정적인 효과가 나타난다. 긍정적인 효과로는 우리나라에서 사회복지 대상자가 선별주의에서 보편주의로 확대되는 과정에 있으며, 특히 급격한 인구고령화로 인해 사회복지서비스에 대한 수요가 급증하고 있고 이에 따라 사회복지의 주체로 공적부문에만 의존할 수 없는 서비스 공급대상자의 확대가 가능하다는 점이다. 또한 영리를 추구하는 기업과 같은 단체가 사회복지의 주체로 참여하면 서비스의 질을 높일 수 있다. 하지만 너무 이윤 획득에 치중할 우려가 있다는 점 등은 신중하게 받아들여야 할 것이다.

　공공부문에 대해 살펴보면, 자본주의가 도입되기 이전에는 가족을 중심으로 한 비공식부문과 시장원리에 입각한 사적영리부문이 사회복지의 주체였다. 이후 도시화, 산업화 등에 따른 사회 변화는 국가로 대표되는 공적부문의 기능 확대가 요구되었다. 특히 중앙정부뿐 아니라 「사회복지사업법」에 근거하여 지방정부에서 각 지역의 특성에 맞는 사회복지사업을 계획하고 실천하도록 지역사회보장계획을 수립하도록 하고 있다. 따라서 앞으로 지방정부의 역할이 더욱 주목받을 것으로 예측된다.

2) 정책주체, 운영주체, 실천주체

　한편, 사회복지의 실천적 입장에서 사회복지의 주체를 정책주체, 운영주체, 실천주체로 나눌 수 있다(박경일 외, 2006). 즉, 누가 사회복지정책을 만들고, 다음으로 정책에 입각하여 누가 사회복지 기관이나 단체를 운영하며, 나아가 누가 사회복지서비스 제공을 담당하는가 하는 시각에서 사회복지의 주체를 분류하고 있다.

　정책주체는 사회복지정책을 만들고 실행하는 주체이며, 일반적으로 국가(중앙정부) 및 지방자치단체가 이에 속한다.

운영주체는 정책주체가 만든 정책에 근거하여 실제로 사회복지시설 등을 운영하고 관리하여 구체적인 서비스를 제공하는 주체이며, 사회복지법인, 재단법인, 종교단체, 의료단체, 사회적 기업 등이 있다. 우리나라의 특징적인 현상은 국가 혹은 지방자치단체의 위탁을 받아 민간단체가 운영하는 경우가 많다는 점이다.

실천주체는 서비스가 필요한 대상자에게 직접 서비스를 전달하는 사람으로 사회복지사 및 사회복지시설 종사자이다. 보편적 사회복지의 실천을 위해 실천주체가 확대되는 과정에 있으며, 넓은 의미에서 자원봉사자와 같은 인력도 사회복지의 실천주체로서의 역할이 부여되고 있다.

3) 사회복지사의 역할

사회복지를 실천하는 주된 인력인 사회복지사는 일반 행정업무, 대상자의 문제 해결을 위한 업무뿐 아니라 빠른 사회변화와 사회복지 수요변화에 필요한 다양하고 전문적인 직무를 수행하게 된다. 이와 같이 사회복지사는 사회복지를 실천하는 중추적인 역할을 담당하는 만큼 〈표 4-3〉에 제시한 바와 같은 다양한 역할과 기능을 담당하게 된다. 대학 교육에서 이루어지는 다양한 교과과정의 교육과 함께 현장에서 이루어지는 사회복지현장실습, 자원봉사 등의 기회를 통하여 이러한 역할에 대해 이해

표 4-3 사회복지사의 역할과 기능

역할	업무 내용	기능
중개자	클라이언트를 적절한 휴먼서비스와 자원을 연결	클라이언트 상황 사정 자원사정 의뢰 서비스 체계 연결
옹호자	클라이언트가 자원과 서비스를 받을 권리를 유지하도록 돕거나 클라이언트 집단에게 부정적 영향을 미치는 프로그램과 정책을 변화시키는 운동을 적극적으로 지지	클라이언트나 사례 옹호

교육자	클라이언트가 문제를 예방하거나 사회적 기능을 향상시키는 데 필요한 지식과 기술을 갖추도록 준비	사회생활과 일상생활 기술교육 행동변화 촉진 1차 예방
상담가(치료자)	클라이언트가 자신의 감정을 이해하고 수정하며, 문제 상황에 대처하기 위해 학습하도록 도움으로써 그들의 사회적 기능수행 능력을 향상시키도록 도움	심리사회적 사정과 진단 지속적이고 안정적인 보호 사회치료 실천연구
사례관리자	클라이언트를 적합한 서비스에 연결하고 그런 서비스를 활용하도록 조정하는 과정에서 개인과 가족에서 서비스를 지속적으로 제공	클라이언트 확인과 방향 클라이언트 사정 서비스/치료계획 연결과 서비스 조정 사후조치와 서비스 전달 점검 클라이언트 지지
업무량 관리자	클라이언트에게 가장 효율적으로 서비스를 제공하고, 고용된 조직에 책임을 지기 위해 업무량 관리	업무계획 시간관리 서비스의 질 점검 정보 처리 과정
슈퍼바이저	훈련, 슈퍼비전, 인사관리를 통한 기관 직원의 전문적 개발 촉진	직원 오리엔테이션과 훈련 인사관리 슈퍼비전 자문
행정가	휴먼서비스 조직에서 정책·서비스·프로그램을 계획, 개발, 수행	관리 내부·외부적 조정 정책과 프로그램 개발 프로그램 평가
사회변화 대행자	지역사회 프로그램과 삶의 질을 향상시키는 영역을 확인하고, 변화나 새로운 자원 획득을 옹호하기 위해 이익집단을 동원하는 데 참여	사회 프로그램이나 정책 분석 지역사회의 관심 고취 사회적 자원 개발
전문가	유능하고 윤리적인 사회복지실천에 참여하고 사회복지전문직의 발전에 기여	자기사정 개인적/전문적 개발 사회복지전문직의 향상

출처: 박경일 외(2006).

하고 현장에 필요한 전문적 능력을 갖추어야 한다.

3. 사회복지의 접근방법

사회복지학은 사회문제 해결이라는 사회적 욕구에 대응하기 위해 존재하는 응용 실천학문이다. 사회복지학의 접근방법은 관심대상인 사회문제의 발생 원인을 어떻게 보느냐에 따라 세 가지로 생각할 수 있다. 첫째, 사회문제가 사회제도의 결함으로 인해 발생했다는 갈등주의 관점이다. 둘째, 인간의 기능적 장애로 인해 사회부적응이 일어나고 이러한 사회부적응이 사회문제로 발전했다는 기능주의 관점이다. 셋째, 현대사회에서 사회제도의 결함과 인간의 사회부적응의 복합적인 원인으로 인해 사회문제가 발생한다는 통합주의 관점이다. 갈등주의 시각에서 사회문제를 해결하려는 방법은 정책적 접근, 기능론적 관점에서는 전문적 접근, 통합주의 시각에서 사회문제를 해결하려는 방법은 통합적 접근으로 시도되고 있고, 각 접근방법을 구체적으로 살펴보면 다음과 같다.

1) 정책적 접근

정책적 접근은 사회문제가 개인의 책임이기보다 사회적 혹은 국가적 책임에 의해 발생한다고 간주하여 거시적 맥락에서 사회문제를 이해하려고 한다. 즉, 사회제도가 완전하지 못하여 사회문제가 발생하고, 따라서 사회정책을 통해 사회문제를 해결하려는 접근방법이다. 도시화, 산업화로 인해 발생하는 대량실업이나 빈곤의 문제를 사회보장정책을 통해 해결하려는 시도가 정책적 접근의 대표적인 예이다.

2) 전문적 접근

개인의 사회부적응으로 발생하는 사회문제를 인간관계 조정기술이라는 전문기술을 통해 해결하려는 방법이다. 인간의 욕구를 위기 또는 문제 상황으로 보고, 문제의 소재를 부적응(maladaptation)이나 욕구의 미충족에서 찾고자 한다. 이 접근은 환경

조건의 개선과 성격(personality) 개선에 관심을 두고, 나쁜 환경조건이나 잘못 형성된 성격을 자살, 이혼, 중독, 비행 등과 같은 일탈행위의 원인으로 보고 있다. 심리요법이나 환경조정과 같은 사회요법으로 개인의 성격문제를 해결 혹은 치료하려고 한다. 따라서 전문적 접근을 통해 제공되는 원조는 사회심리적 특징을 가진다. 사회복지실천은 고도의 전문적인 지식과 기술을 갖춘 사회복지사에 의해 이루어지고 있으며, 전문적 지식과 기술은 특히 개별사회사업, 집단사회사업, 지역사회사업 등의 방법을 통해 이루어지고 있다.

3) 통합적 접근

통합적 접근은 사회문제를 정책적 접근방법이나 전문적 접근방법 중 한 가지에 의해 해결되는 것으로 보지 않고, 두 가지 방법이 동시에 적용되어야 문제해결이 가능하다고 본다. 정책적 접근은 전 국민에 초점을 맞추고 전문적 접근은 개인을 강조하는 데 비해, 통합적 접근에서는 개인과 집단을 어우르는 사회에 관심을 가진다. 따라서 사회의 기본단위인 가족뿐 아니라, 지역사회, 직장 등의 복지를 위한 방법이나 제도에도 관심이 많다. 현대사회는 문제의 원인이 복잡하여 통합적 접근이 필요한 경우가 증가하고 있다.

4. 사회복지의 전달체계

사회복지 전달체계란 사회복지 관련 급여 및 서비스의 공급자(주체)와 대상자(객체)를 연결해 주는 조직적 체계(organizational arrangement)라 할 수 있다(조성안, 2016: 60). 사회복지가 효과적으로 행해지려면 전달체계를 구축하여 체계적인 전달과정이 중요하기 때문에 전달체계가 필요하다. 즉, 중앙정부, 지방정부와 일선 사회복지 기관 및 단체가 서비스의 중복이나 누락이 없도록 서비스 전달체계를 조직적으로 정비할 필요가 있다.

1) 사회복지 전달체계의 이슈

우리나라의 사회복지 전달체계는 2005년부터 정책은 중앙정부에서 입안하고 예산은 지방자치단체에서 부담하는 형태로 일반화되었다. 또한 서비스 전달은 대부분이 지방자치단체의 예산을 지원받은 민간비영리 사회복지법인이 운영하는 사회복지기관에 위탁된다. 현대사회에서 사회복지 주체가 다양화되면서 사회복지 전달체계의 민영화 및 영리화의 문제가 큰 이슈로 대두되고 있다(조흥식 외, 2008: 72-75). 구체적으로 살펴보면 다음과 같다.

(1) 민영화

민영화란 전통적으로 공공부문에서 담당하던 서비스 제공을 민간기관으로 이양하는 것과 일정한 계약 아래 민간기관과 비영리단체에 운영을 위탁하는 것을 말한다(원석조, 2010: 60). 민영화가 추구하는 목표는 공공부문의 서비스가 가지는 관료적 획일성과 폐쇄성을 탈피하여 자유시장의 경쟁논리를 도입함으로써 서비스의 질을 향상시키고 재정을 효율적으로 운영하는 것이다(박정호, 2001). 이때 민영화의 전제조건은 민간기관에서 질 높은 서비스를 제공할 수 있다는 점이다. 하지만 현재 우리나라의 일선 민간기관이나 비영리단체에 의한 사회복지 전달체계는 소수의 기관에 의해 독점되는 경우가 허다하여 서비스의 질과 관련된 경쟁이 어려운 현실이라 하겠다.

(2) 영리화

전통적으로 사회복지서비스는 공공기관이나 비영리단체의 영역이었다. 하지만 우리 사회의 급격한 인구고령화로 인해 노인장기요양보험이 도입되면서 노인요양 관련 서비스를 중심으로 영리기관이 사회복지현장에 참여하게 되었다. 이러한 사회복지 전달에 영리단체의 참여는 시장경제의 도입으로 질 높은 서비스로의 전환이 가능한 반면, 영리화가 과도하게 진행되면 영리만으로는 운영할 수 없는 사회복지서비스를 제공하기 어려워지고, 서비스 지불능력이 없는 취약계층의 서비스 수혜가 어려워지는 단점이 있다. 따라서 영리화를 추구하면서도 공적인 사회복지서비스를 제공할 수 있는 영리단체의 관리감독이 요구된다.

2) 전달체계의 조건

효과적인 전달체계가 되려면 사회복지기관의 행정 구조적 측면과 서비스 제공자의 측면별로 갖추어야 할 조건이 있다(서상목 외, 1988: 23-31). 행정 구조적 측면이란 최선의 행정적 지원이 갖추어진 상황에서 서비스를 받는 대상자의 욕구가 해결되도록 한다는 것이다. 반면, 서비스 제공자의 측면은 대상자에게 서비스를 제공하는 전문가들이 지켜야 할 원칙을 최대로 실천할 수 있는 여건을 만들도록 하는 것이다. 구체적으로 다음과 같다.

(1) 행정 구조적 측면

일선 사회복지기관에서 다음과 같은 원칙의 행정 구조가 갖추어졌을 때 효율적인 사회복지실천이 가능하다고 볼 수 있다(김상균 외, 2005: 186-190).

① 기능분담이 체계적이어야 한다

사회복지를 실천하는 중앙정부에서부터 지방정부, 나아가 일선 사회복지기관에 이르기까지 모두 사회복지서비스 전달체계를 형성하고 있다. 하지만 각 주체별로 기능을 나누어 담당할 필요가 있다. 예컨대, 보건복지부와 같은 상위 체계에서는 정책을 결정하고 계획하고 통제하는 기능을 담당하고, 중간 체계에 해당하는 시군구 및 읍면동의 지방자치단체에서는 기획, 감독 및 지도의 기능을 맡고, 마지막 하위 체계인 일선 복지기관에서는 구체적인 서비스를 제공하는 부분에 초점을 맞추어 기능분담이 이루어져 효율적인 서비스 제공이 가능하다.

② 전문성에 따른 업무분담이 필요하다

사회복지서비스를 제공하는 과정에서 필요한 업무는 보다 전문성이 요구되는 업무와 상대적으로 전문성이 덜 요구되는 업무가 있다. 예를 들면, 대상자의 욕구를 파악하는 업무, 진단, 서비스 판정 및 평가에 관련된 업무가 상대적으로 전문성이 높은 업무라고 한다면, 보고서의 정리나 보관, 대상자 소재지의 파악 등과 같은 전문가의 감독하에 이루어질 수 있는 업무도 있다. 또한 전문가의 전문성 발휘에 필요한 행정 구조를 만드는 것도 필요하다. 전문가로서 능력을 발휘하기에 필요한 권위와 자유재

량권과 같은 것을 부여하는 것이다.

③ 책임성(accountability)이 요구된다

사회복지서비스를 제공하는 사람은 정확한 절차에 따라 서비스를 전달할 책임이 요구된다. 구체적으로 사회에 대한 책임, 대상자에 대한 책임, 전문가로서의 책임의 세 가지로 나누어 볼 수 있다. 사회에 대한 책임은 실적평가, 감사결과, 업무태만 등과 같은 사실이 발견되면 해당기관에 신속하게 책임을 물을 수 있는 행정체계가 되어야 한다는 뜻이다. 대상자에 대한 책임은 대상자의 욕구를 최대한 해결해야 하는 책임을 의미하며, 클라이언트의 불만이나 비판도 표현할 수 있도록 하는 행정체계를 갖추어야 할 것이다. 또한 전문가로서 지켜야할 사회복지 윤리강령을 준수하고 만약 부적절한 행위가 있을 때에는 조치를 취하게 하는 행정체계가 필요하다.

④ 접근성(accessibility)이 용이해야 한다

서비스를 필요로 하는 대상자가 적절한 시기에 적절한 장소에서 서비스를 받을 수 있도록 하는 전달체계가 필요하다. 적절한 시기에 서비스를 받지 못하여 문제가 악화되는 경우에는 동일한 서비스를 제공하더라도 서비스의 효과가 떨어진다. 또한 적절한 장소에서 서비스를 받을 수 있는가 여부에 따라 서비스 이용을 하게 되기도 하고, 그렇지 못하기도 한다. 예를 들면, 가정폭력 문제로 상담이 필요한 여성 대상자가 몇 시간이나 걸리는 장소에 가야지만 상담을 받을 수 있다면 번거로움에 상담을 포기할 수 있을 것이다. 이렇게 되면 문제는 더욱 심각하게 되고 돌이킬 수 없는 상황에 이를 수도 있다.

나아가 서비스 제공기관에 대해 정보를 가지고 있지 못하여 서비스가 필요한 대상자가 도움을 받지 못하는 경우, 설령 기관에 대해 잘 알고 있지만 해당 복지기관에 대해 심리적으로 거부하여 서비스를 이용하지 않는 경우 등도 접근성의 차원에서 문제가 있다. 따라서 이런 경우에는 기관에서 잠재적 복지대상자를 찾아내고, 대상자가 찾아오기만을 기다리지 말고 대상자를 위해 찾아가는 방법을 통해 서비스에 대한 접근성을 높일 필요가 있다.

⑤ 통합조정(coordination)이 필요하다

현대사회의 구조적 특징으로 인해 도움이 필요한 대상자의 문제가 복잡한 경우가 많다. 예를 들면, 경제적 문제를 안고 있는 대상자가 건강, 가족 관계의 문제를 동시에 가질 수 있다. 따라서 다양한 서비스가 동시에 제공되어야 문제가 해결되는 대상자가 많은데 각각의 서비스가 분산되어 있는 것이 현 실정이다. 서비스를 효율적으로 전달하여 자원 낭비를 막기 위해서 다양한 서비스를 통합하고 조정하는 책임기관이나 책임 전문가가 필요하다.

⑥ 지역사회의 참여(community participation)가 필요하다

최근 사회복지의 대상자가 늘어나고 있고, 대상자가 안고 있는 문제가 복잡해지면서 사회복지사와 같은 전문가에 의한 공적인 서비스만으로는 부족하다. 서비스를 제공하는 주체는 공적부문과 사적부문으로 나눌 수 있는데 공적부문만으로는 충당하기 힘들게 되었다. 따라서 가족을 포함한 지역사회의 다양한 자원을 활용할 필요성이 높아지고 있다. 자원봉사활동의 촉진, 민간복지의 확대 등과 같은 지역적 차원의 노력은 앞으로 더욱 요구될 것으로 보인다.

⑦ 조사와 연구가 필요하다

서비스를 효율적으로 전달하기 위해서는 과학적 방법에 근거한 욕구 조사와 이를 토대로 한 전달이 필요하다. 또한 전달한 서비스가 어떤 효과를 내었는지 평가함으로써 보다 효율적인 서비스 제공이 가능하다. 그뿐만 아니라, 어떤 서비스나 프로그램이 필요한지 새롭게 발굴하고 관리하는 연구의 방법을 통해 사회복지의 전문성을 고취할 수 있다.

(2) 서비스 제공자 측면

서비스 제공자는 다음과 같은 원칙을 가지고 대상자에게 서비스를 제공할 때에 보다 효율적인 전달이 가능하다(김상균 외, 2005: 186-190). 구체적으로 다음과 같은 원칙이 필요하다.

① 평등성(equality)의 원칙

이 원칙은 사회의 구성원 모두가 사회복지서비스의 대상자이며, 따라서 모든 구성원이 서비스를 이용할 권리가 있다는 것에 근거한다. 다시 말하면, 대상자의 성, 연령, 지역, 종교 등에 의해 차별받지 않고 서비스를 필요로 하는 경우에 이용할 수 있도록 하는 것이다. 하지만 현실적으로 서비스 양은 한정적이기 때문에 서비스 대상자의 적격여부를 판단할 때에는 우선순위(예: 소득, 건강상태)의 기준에 입각하여 제공하는 실정이다.

② 자립지원(self-support)의 원칙

사회복지에서 목표하는 바는 아무리 좋은 사회복지서비스라도 끊임없이 서비스를 제공하는 것이 아니라, 하루라도 빨리 대상자가 서비스 혹은 지원을 받지 않아도 되도록 지원하는 것임을 기억하여야 한다. 대상자 스스로가 자립하고 정상적으로 사회복귀를 하도록 서비스 제공자는 노력하여야 한다.

③ 적절성(appropriateness)의 원칙

대상자의 욕구와 전문가가 판단한 욕구(규범적 욕구) 사이에는 갭이 생길 수 있다. 즉, 대상자는 많은 도움이 필요하다고 호소하지만, 전문가로서 적절한 서비스의 양와 기간을 판단하여 문제해결을 꾀하여야 한다.

④ 포괄성(comprehensiveness)의 원칙

통합조정의 원칙에서 살펴본 바와 같이, 다양한 문제가 얽혀 있는 대상자는 복지욕구뿐 아니라 교육, 의료, 소득 등의 욕구를 동시에 가질 수 있다. 이상적인 전달체계에서는 대상자의 다양한 욕구를 충족시킬 수 있도록 체계가 조직화되어야 한다.

⑤ 지속성(continuity)의 원칙

서비스가 필요한 대상자에게 문제가 해결될 때까지 대상자의 상황에 맞게 서비스 내용을 적절히 바꾸어 가면서 지속적으로 제공될 때에 비로소 서비스의 효과를 얻을 수 있다. 도중에 서비스 제공 담당자가 바뀌는 경우에도 지속적으로 필요한 서비스가 전달될 수 있도록 체계를 갖추어야 하며, 서비스에 대한 지속적인 평가도 필요하다. 포괄성의 원칙, 적절성의 원칙과 밀접한 관련이 있는 원칙이다.

⑥ 가족중심(family-centered)의 원칙

개인에게 나타나는 상당수의 문제가 가족, 집단, 지역사회의 구조적 문제로 야기
되고 있다. 문제해결이 필요한 대상자는 개인이지만 근본적인 문제를 극복하기 위해
서는 가족중심의 단위로 개입하여야 하는 사례가 많다.

5. 사회복지의 재원

도움이 필요한 대상자를 지원해 주고 사회적 욕구를 해결하기 위해 사회복지의 재
원은 반드시 필요한 요소이다. 이러한 이유로 한 사회의 사회복지 재정의 규모는 그
사회의 복지수준을 측정할 수 있는 주요한 잣대가 될 수 있다. 국가 간의 사회복지의
발달 정도 또한 사회복지 재정규모로 가늠할 수 있다. 최근의 사회복지 재정의 비중
을 살펴보면 중앙정부의 역할이 줄어들고 대신 지방정부 및 민간주체의 비중이 커지
고 있다.

〈표 4-4〉에 우리나라의 복지예산의 추이를 제시하였다. 전반적으로 정부예산 대
비 사회복지예산 비율과 총 복지예산이 증가하는 추이를 보인다. 2008년 기준으로
복지예산은 67.6조 원으로 정부 총예산의 25.7%를 차지하였으나, 2023년에는 복지
예산이 226.6조 원으로 총예산 중 35.5%로 나타났다. 앞으로 우리나라의 저출생 및
인구고령화의 심화와 더불어 보편적 복지로의 전환으로 인해 사회복지의 예산은 더
욱 증가할 것으로 예측된다.

표 4-4 복지예산의 추이   (단위: 조 원, %)

구분	2008년	2018년	2019년	2020년	2021년	2022년	2023년
정부 총예산(A)	262.8	428.8	469.6	512.3	555.8	607.7	639.0
복지예산(B)	67.6	144.6	161	180.5	199.9	217.7	226.6
복지예산 비율 (B/A%)	25.7	33.7	34.3	35.4	36.0	35.9	35.5

출처: 참여연대 이슈리포트(2022).

한편, 사회복지 재원은 공공재원과 민간재원으로 나눌 수 있으며, 보다 구체적으로 살펴보면 다음과 같다(김태성, 홍선미, 2006).

1) 공공재원

공공재원은 조세로 이루어지는 정부의 일반예산, 사회보험 보험료, 그리고 조세지출(tax expenditure)이 이에 속한다.

(1) 정부의 일반예산

복지선진국에서는 전반적으로 일반예산보다 사회보험의 보험료 비중이 높다. 정부의 일반예산의 기능은 사회복지에서 추구하는 소득재분배(income redistribution)를 구현하기 위해 필요하다. 대부분의 국가에서 일반예산을 구성하는 조세들이 사회보험에 의한 조세나 조세지출에 비해 누진적 요소가 강하여 소득재분배의 효과를 얻고 있다. 사회보험의 경우 기본적으로 보험의 원칙(일정한 기여에 대한 일정한 급여)에 의해 배분되고 있어 재분배의 기능이 일반조세에 비해 약하다.

(2) 사회보험 보험료

대부분의 서구선진국에서 그러하듯이 우리나라도 정부의 일반예산에 비해 보험료에 의한 사회보험 예산이 더 크다. 한편, 사회보험을 일반조세의 재원으로 운영하지 않고 보험료로 운영하는 것은 사회보험이 일종의 보험 제도이기 때문이다. 더 구체적으로 설명하면 보험은 높은 보험료를 지불하여 많은 기여를 한 사람에게 높은 보험급여로 보답하고, 상대적으로 낮은 보험료를 납부하여 적은 기여를 한 사람에게는 낮은 보험급여를 주는 것을 원칙으로 하는데, 이러한 방식은 정부의 일반예산인 조세로는 감당하기 힘들다. 왜냐하면 일반예산은 일반국민이 낸 세금이기 때문에 이 재원으로 고소득층에게 많은 급여를 주는 것은 국민의 저항으로 인해 정치적으로 거의 불가능하다. 그렇지만 사회보험도 일반조세와 마찬가지로 강제가입을 원칙으로 하기 때문에 세금의 성격을 갖고 있지만 본인에게 미래의 권리를 부여하는 것으로 생각하여 보험료 부담에 대한 저항이 일반조세에 비해 상대적으로 낮은 점도 사회보험의 보험료 비율이 높은 이유로 볼 수 있다.

(3) 조세지출

조세지출(tax expenditure)은 앞서 살펴본 정부의 일반예산이나 사회보험 보험료처럼 정부가 조세로 거둔 후 목적에 맞게 사용하는 방법과는 달리, 처음부터 특정한 목적을 위해 각종 조세감면 정책을 통해 원래의 목적을 달성하는 방법을 취하는 공공재원이다. 예를 들면, 아동이 있는 가구에게 조세감면을 해 주는 것은 가족수당을 제공하는 것과 동일한 효과를 거둘 수 있는 것이다.

조세지출의 필요성은 소위 '과대정부' 혹은 '정부실패'의 비판으로부터 자유로워질 수 있고 민간부문의 효율성을 높일 수 있기 때문으로 볼 수 있다. 즉, 과대정부에서 나타나기 쉬운 관료성, 경직성 등의 문제를 줄일 수 있다. 뿐만 아니라 조세지출은 세금을 부과하고 관리하는 데 사용되는 거래비용을 줄일 수 있는 이점도 가진다(오세영, 2023: 281).

2) 민간재원

최근 서구의 공공재원의 한계에 도달하면서 민간재원의 중요성이 부각되고 있다. 민간재원을 기업복지의 재원, 자발적 기여, 사용자 부담, 가족 간 소득이전의 네 가지로 나누어 살펴보면 다음과 같다.

(1) 기업복지의 재원

대기업을 중심으로 기업에서는 피고용인을 위하여 다양한 복지급여를 마련하고 있다. 예를 들면, 기업연금, 건강보험, 학비보조 프로그램 등이다. 이러한 기업복지의 재원의 필요성에 대해 살펴보면, 기업이 피고용인에게 급여의 형태로 주는 것보다 앞서 언급한 다양한 형태의 복지급여를 주는 것이 기업의 조세부담이 낮고 피고용인 입장에서도 조세부담이 낮다는 장점이 있다. 또한 피고용인에게 계속고용이 가능하도록 동기를 부여할 수 있다. 단순히 급여가 높다는 이유보다 기업이 피고용자에 대해 복지혜택과 같은 부과급여를 통해 생산성이 높은 근로자를 고용하고 유지할 수 있다고 한다. 하지만 기업이 피고용인을 위해 마련한 복지 재원은 대기업을 중심으로 한정되어 있고 대기업 내에서도 기업복지의 혜택을 누릴 수 있는 사람은 중간급 이상으로 치우쳐 있어, 기업복지의 재원만으로는 소득불평등이 해소되기보다 오히려 조장

될 수 있다는 한계가 있다(송근원, 김태성, 1995: 346-349).

(2) 자발적 기여

자발적 기여(voluntary contribution)란 개인이나 기업, 재단 등이 사회복지를 위해 강제적으로가 아닌 자발적으로 기여한 재원을 말한다. 미국은 특히 자발적 기여를 재원으로 하여 사회복지가 발전한 대표적인 국가인데, 자발적 기여는 다음과 같은 장점과 한계점을 가진다. 우선, 장점으로 일반 세금을 재원으로 하지 않기 때문에 상대적으로 새롭고 창의적인 서비스 프로그램 개발이 가능하다는 점을 들 수 있다. 반면, 소득재분배의 기능에서는 공공재원에 비해 그 효과를 기대하기 어렵다. 이는 자발적 기여에 의해 마련된 재원이 소득만을 기준으로 하여 사용되지 않기 때문이다.

(3) 사용자 부담

사용자 부담은 사회복지서비스를 받는 사람이 서비스 비용의 일부를 본인이 부담하는 것을 말한다. 예로, 건강보험의 경우 의료서비스의 일부를 본인이 부담하는 것이나 지역의 복지관에서 서비스를 이용할 때 일부 부담하는 것이 있다. 사용자 부담을 서비스 비용의 일부를 부담하게 하는 일차적 효과 이외에도 도덕적 해이(moral hazard)의 문제를 예방하거나, 서비스의 질을 서비스 이용자가 이용료 부담을 통해 통제할 수 있다는 점, 나아가 서비스 이용자가 무료로 이용하였을 때 느끼게 될 손상되기 쉬운 자아존중감(self-esteem)을 유지할 수 있는 효과가 있다. 반면에 소득재분배의 기능은 가지기 힘들어 소득수준이 낮은 사람이나 높은 사람이 같은 비율의 부담을 하게 되었을 때 소득수준이 낮은 사람은 사용자 부담을 지불할 능력이 없어 서비스를 이용하지 못하는 문제가 발생할 수 있다.

(4) 가족 간 소득이전

앞서 살펴본 재원은 모두 공식적 사회복지서비스 제공을 위해 사용된 재원이나 가족 간 소득이전은 비공식적 지원체계(informal support system)에서 제공되는 재원이다. 가족, 친구, 이웃 등과 같은 비공식적 지원체계는 어느 사회에서나 중요한 역할을 담당해 왔으며 아무리 공식적 지원체계가 발전한 사회에서도 중요하게 그 역할을 담당하고 있다 하겠다. 경우에 따라서는 가족 등과 같은 가까운 사람이 제공하는 지원이 공적인 기관이나 전문가로부터 제공되는 지원보다 바람직한 경우가 허다하다. 대표적인 예가 노인돌봄이다. 아무리 좋은 서비스라 하더라도 가족이 돌보는 것에 비할 수 없을 것이다. 하지만 가족 간 소득이전으로 대표되는 비공식적 지원체계에 의한 사회복지는 소득계층별로 사회복지 수급에 불평등이 크다는 점이 문제로 지적된다. 따라서 가족 간 소득이전과 같은 비공식적 지원체계와 더불어 앞서 살펴본 공적 지원체계가 상호 보완적인 역할을 감당할 필요가 있다.

📖 ··· 연구문제

1. 사회복지를 실천하는 주체는 어떻게 분류할 수 있는가?
2. 사회복지실천에서 사회복지사는 어떤 역할을 담당하는가?
4. 사회복지 재원을 공공재원과 민간재원으로 나누어 그 종류를 설명해 보시오.

🔤 ··· 전공어휘

- 규범적 욕구(normative need) 사회복지사, 전문 상담가와 같은 전문가가 주어진 상황에서 욕구라고 정의한 것을 말한다.
- 느낀 욕구(felt need) 개인이나 집단의 욕망과 동일시되는 욕구로, 일반적으로 대상자에게 특정 서비스가 필요하다고 느끼는지 여부를 통해 파악한다.
- 도덕적 해이(moral hazard) '도덕적으로 위험을 불러일으킬 수 있다'는 뜻이다. 사회복지 분야의 대표적인 사례는 사회보험 등 공공의 서비스를 사용할 때에 본인부담액이 적다고 하여 남용하는 경우를 들 수 있다.
- 비교적 욕구(comparative need) 서비스 대상자를 연구하는 과정에서 얻어지는 욕구로, 비슷한 상황에서 어떤 사람은 서비스가 필요한 사람이고 어떤 사람은 서비스를 필요로 하지 않는 사람으로 판정했을 경우 전자가 욕구를 가진 사람에 속한다.

- 비영리단체((non–profit organization) 지방공공단체 또는 영리단체와는 다르게 주민참가를 주체로 해서 공사, 사회복지의회, 생활협동결합, 자원봉사단체 등 비영리를 취지로 하는 단체를 총칭한다.
- 비정부단체, 비정부기구(non–governmental organization) 정부단체(governmental organization) 혹은 국제연합(UN)과는 달리, 시민을 비롯한 정부 이외의 집단을 총칭한다.
- 소득재분배(income redistribution) 자본주의 경제체제하에서 소득의 분배 면에서 항상 불평등이 생길 수도 있기 때문에 국가는 정책으로 소득분배의 불평등을 시정하기 위하여 각종 정책적 조치를 취한다. 예를 들면, 사회보장제도나 누진과세세제, 기타 공공적 공동소득 소비수단의 도입 등으로 가능한 한 개인이나 소득계층 간의 격차를 시정하고 축소화하는 조치를 취하는데, 이러한 것을 소득재분배라고 한다.
- 영리단체(profit organization) 비영리단체와는 달리, 기업 등과 같이 이윤창출을 단체의 최대 목표로 삼는 기관을 말한다.
- 조세지출(tax expenditure) 각종 조세감면 정책을 통해 간접적으로 필요한 대상자를 지원하는 방식을 취하는 일종의 공공재원을 말한다.
- 표현된 욕구(expressed need) 사람들이 일정 서비스가 필요하다고 인지하면서 욕구가 충족되길 원한다고 요청하는 행동을 취한 욕구이다. 따라서 느낀 욕구라 하더라도 표현된 욕구가 되기도 하고 표현되지 않은 욕구로 남아 있기도 하다.

참고문헌

고경환 외(2002). 한국의 사회복지지출 추계: 1990–1999. 한국보건사회연구원.

김상균, 최일섭, 최성재, 조흥식, 김혜란(2005). **사회복지개론**. 서울: 나남출판.

김태성, 홍성미(2006). **사회복지개론**. 서울: 청목출판사.

박경일, 김경호, 김희년, 서미경, 양정하, 이경희, 이명현, 장중탁, 전광현(2006). **사회복지학강의**. 경기: 양서원.

박정호(2001). **사회복지정책론**. 서울: 학지사.

서상목, 최일섭, 김상균(1988). 사회복지 전달체계의 개선과 전문인력 활용방안. 한국개발원.

송근원, 김태성(1995). **사회복지정책론**. 서울: 나남출판.

원석조(2010). **사회복지개론**. 경기: 양서원.

오세영(2023). 사회복지학개론. 서울: 신정.

조성안(2016). 흐름을 관통하는 사회복지정책론. 서울: (주)생각마을.

조흥식, 권기창, 이태수, 박경수, 이용표, 엄규숙, 박기훈(2008). 사회복지학개론. 서울: 창지사.

참여연대 이슈리포트(2022). 건전재정에 사로잡혀 복지확대 요구 외면: 2023년 보건복지분
　　야 예산안 분석.

Harvey, D. (1978). *Social justice and the city*. Georgia: University of Georgia Press.

Glennerster, H. (1985). *Paying for welfare*. Oxford: Basil Blackwell Ltd.

제2부

사회복지실천의 접근방법

제5장 사회복지실천의 미시적 실천방법

제6장 사회복지실천의 거시적 접근방법

제5장

사회복지실천의 미시적 접근방법

이 책은 한국사회복지교육협의회에서 발행하는 사회복지 교과목 지침을 준수하여 사회복지실천의 접근방법을 미시적 · 거시적 접근방법, 사회복지의 정책분야로 나누었다. 미시적 수준의 실천은 개인, 가족, 집단 등을 중심으로 개입하며, 대상 규모가 적고 클라이언트와의 대면 접촉을 통해 서비스가 제공되기 때문에 직접적 실천 또는 임상적 실천이라고 한다. 이 장에서는 사회복지실천의 개념과 특성, 사회복지 실천과정, 사회복지 실천모델 및 사례관리 등에 대하여 학습하고자 한다.

1. 사회복지실천의 개념과 특성

1) 사회복지실천의 개념

사회복지실천에 대한 정의는 1950년대 이후 다양한 학자와 단체에 의해 꾸준하게 진행되어 왔다. 대표적으로 보엠(Boehm, 1959)에 의하면 사회복지실천은 개인, 집단의 사회적 기능을 증진시키는 것이며, 구체적으로는 손상된 능력을 회복시키고 개인

및 사회 차원의 자원제공, 사회문제의 예방을 수행한다고 하였다. 미국사회복지사
협회(National Association of Social Workers: NASW)에서는 개인, 집단, 및 지역사회가
개인 및 사회기능(social functioning)을 증진시키고 그러한 목적의 달성을 위해 사회
적 조건들을 만들어 갈 수 있도록 돕는 전문적 활동으로 정의하였다(NASW, 1973: 4).
이러한 정의는 국내에서도 시도되었는데 사람의 삶의 질 향상을 위해 개인, 소집단,
가족 또는 지역사회의 문제 및 욕구에 권한부여적(empowering) 문제해결 접근방법
(problem-solving method)으로 개입하는 종합적인 전문활동으로 개념화하였으며(양
옥경 외, 2005), 전통적인 사회복지방법 중 개별사회사업, 집단사회사업, 지역사회조
직 등을 중심으로 한 실제적인 서비스 체계의 전문적 영역으로 정의되기도 한다(박용
순, 2017). 이상의 정의를 종합해 보면, 사회복지실천은 환경과의 상호작용을 통해 개
인, 집단 및 지역사회의 문제를 예방하고, 문제해결을 위해 전문적으로 개입하는 활
동이라고 정의할 수 있다.

사회복지실천은 클라이언트 체계의 수준에 따라 다음과 같이 두 체계로 구분할 수
있다(권승, 2021). 첫 번째는 미시적 실천(micro practice)으로 사회복지사가 개인, 가
족, 집단을 대상으로 직접적인 대면활동을 하며, 개입대상의 변화를 유도하는 전문적
활동이다. 미시적 실천에서는 의사소통, 면접 등의 실천기술 및 방법이 강조된다. 두
번째는 거시적 실천(macro practice)으로 사회복지조직 및 지역사회 등을 대상으로 계
획된 변화를 이끄는 것을 의미한다. 거시적 실천에서는 프로그램 관리, 자원 개발 및
정책분석 등의 기술이 요구된다.

2) 사회복지실천의 목적

사회복지실천의 목적은 궁극적으로 모든 인간의 삶의 질을 향상시키는 것에 있다.
이를 위해서 사회복지실천이 가져야 하는 세부 목적은 사회의 가치, 요구 및 기대를
반영하는 것으로 시대나 사회에 따라서 변화되기도 한다(양옥경 외, 2005).

핀커스와 미나한(Pincus & Minahan, 1973)은 사회복지실천이 가지는 목적을 네 가
지로 정리하여 제시하였다.

• 개인, 집단, 가족의 문제를 돕고 대처능력을 향상시킨다.

- 개인을 사회자원, 서비스, 기회 등을 환경체계와 원활하게 연결할 수 있도록 돕는다.
- 사회복지 기관이나 조직이 클라이언트에게 더 나은 서비스를 제공할 수 있도록 효율적·효과적으로 운영될 것을 장려하고 촉진한다.
- 새로운 사회정책의 개발과 발전에 기여한다.

한편, 미국의 사회복지교육협의회에서도 사회복지실천 목적에 대해 네 가지로 정리하고 있다.

- 개인, 가족, 집단, 조직 및 지역사회의 목적달성, 고통 경감 및 자원 활용을 도움으로써 사회기능을 촉진, 회복, 유지 및 향상시킨다.
- 인간의 기본적인 욕구충족과 그들의 잠재력을 높이기 위한 사회정책, 서비스, 자원, 프로그램을 계획, 공식화, 시행한다.
- 어려움에 처한 집단에게 힘을 주고 사회정의 실현을 위해 옹호 및 사회정치적 운동을 통해 정책, 서비스, 자원 및 프로그램을 제공한다.
- 이를 위해 모든 전문적인 지식과 기술을 개발하고 시험한다.

이상의 내용에서 주목할 만한 점을 살펴보면, 첫째, 문제해결의 주체가 사회복지 전문가가 아니라 대처능력 향상을 통해 성장한 개인이라는 것이다. 이는 인간의 발전가능성을 반영한 내용이라 볼 수 있다. 둘째, 문제의 개선을 위해 개인의 변화뿐 아니라 개인을 둘러싼 환경체계와의 상호작용을 강조한다는 것이다. 즉, 개인과 자원, 서비스 등과 관련한 체계 간 관계에 초점을 두고 있음을 알 수 있다. 셋째, 환경 개선, 서비스 및 자원 확보를 위해 사회·환경의 정책에 영향력을 끼쳐야 함을 언급한 것이다. 즉, 기존의 법 또는 정책뿐 아니라 새로운 법 규정이나 제도를 개발하고 비효율적인 부분을 개선하는 것을 의미한다.

이처럼 사회복지실천의 목적은 국가 및 사회가 개인에게 무조건적인 원조를 제공하는 것에서 벗어나 개인이 사회 안에서 본인의 역량을 최대한 활용할 수 있도록 환경을 조성하고 촉진하는 것이다(엄명용 외, 2020).

3) 사회복지실천의 구성요소

앞에서 살펴본 것처럼 사회복지실천의 개념이 비교적 광범위하기 때문에 어떤 조건을 가져야 사회복지실천이라고 할 수 있는지에 대해 의문을 가질 수 있다. 이를 설명하기 위한 다양한 개념들이 존재하지만 이 장에서는 가장 대표적인 개념으로 평가되는 펄먼(perlman)의 4P, 핀커스와 미나한의 4체계 모델을 통해 살펴보고자 한다.

펄먼은 대표적인 사회복지 실천모델 중 하나인 문제해결모델을 개발한 학자로 현재의 문제에 대해 대처하는 개인의 능력 향상에 관심을 가졌다. 즉, 클라이언트가 극복방법의 습득을 통해 현재의 위기를 극복한다면 미래의 위기 상황에서도 더욱 효과적인 대처가 가능하다는 것이다.

펄먼의 4P는 문제(problem)를 가진 사람(person)이 어떤 장소(place)에 오게 되며 사회복지사와 함께 자원을 보완하고 문제를 해결해 나가는 과정(process)을 가진다는 것으로 요약할 수 있다.

- 문제(problem): 개인이 삶을 살아가면서 경험하게 되는 어려움과 고통, 부적응 등을 의미한다. 이는 구체적으로 해결되거나 변화가 이루어져야 하는 것으로 대인관계 갈등, 빈곤, 자원의 부족 등이 대표적인 예가 될 수 있다.
- 사람(person): 일련의 도움을 필요로 하는 보편적 의미의 인간을 의미하며 흔히 클라이언트(client)를 지칭한다. 자신의 삶의 영역에서 직면한 문제에 대해 스스로 해결하기 어려운 상태에 있기 때문에 상담, 정보제공, 치료 교육 등이 제공된다.
- 장소(place): 문제를 경험하는 사람들이 찾아오는 곳으로서 사회복지서비스가 제공되는 물리적 공간을 의미한다. 보통 사회복지 실천현장에서의 사회복지기관을 의미하며, 공공 및 민간 기관을 포함한다.
- 과정(process): 클라이언트가 당면한 문제를 사회복지사와 함께 해결해 나가는 사회복지 실천과정을 의미한다. 처음에 문제를 경험하는 클라이언트가 이러한 과정을 거쳐 궁극적으로 문제를 해결하고 강화된다는 의미에서 '문제해결과정'이라고도 한다.

핀커스와 미나한(1973)은 체계론적 사고를 사회복지실천에 적용하면서 4체계이론을 제시하였고, 컴프턴과 갤러웨이(Compton & Galaway, 1994)는 이에 전문체계와 의 뢰-응답 체계를 포함하여 여섯 가지 체계로 구분하였다. 이를 살펴보면 다음과 같다.

- **변화매개 체계(change agent system):** 사회복지사와 사회복지사를 고용하고 있는 기관 및 조직을 의미하며, 변화매개인이란 계획적 변화를 목적으로 특수하게 고용된 '돕는 사람', 즉 사회복지사를 말한다.
- **클라이언트 체계(client system):** 서비스나 도움이 필요한 사람들을 말하며, 사회복지사와 계약이 이루어졌을 때 비로소 클라이언트가 된다. 사회복지사는 클라이언트 체계와 목표에 합의를 이룰 때 개입할 수 있으며, 이때 그 목표가 구체화되므로 클라이언트 체계에 있어서 계약은 중요하다.
- **표적체계(target system):** 목표 달성을 위해 직접적 또는 간접적으로 영향을 줄 수 있는 사람으로서 클라이언트 체계와 동일할 수도 있고 다를 수도 있다. 변화매개인이 클라이언트를 발굴·접수하여 그의 개인 문제를 돕는 경우에는 표적체계와 클라이언트 체계가 동일하다. 경우에 따라서는 클라이언트 체계가 표적체계로 고려될 수 있으나, 클라이언트와 다를 수 있다. 또 클라이언트 체계와 표적체계는 흔히 부분적으로 중복된다. 사회복지사에게 중요한 진단 과업은 클라이언트 체계와 협조하여 목표를 설정하고, 목표를 달성하기 위해서 표적체계를 결정하는 것이다.
- **행동체계(action system):** 사회복지사가 과업을 완수하고 목표를 달성하기 위하여 상대하는 사람들을 말한다. 예를 들어, 학교 담임교사로부터 학교생활에 부적응적인 학생을 변화시켜 달라고 요청받는다면, 교사는 클라이언트이며 학생은 행동체계이다. 그러나 학교사회복지사가 학생들에게 맞는 프로그램을 기획하여 학생이 프로그램에 참여할 수 있도록 한다면, 학생은 클라이언트 체계이며 담임교사는 행동체계가 된다.
- **전문체계(professional system):** 전문가 단체나 전문가를 육성하는 교육체계 및 전문적 실천의 가치와 허가 등을 말한다. 전문체계의 가치와 지식, 문화는 변화매개 체계인 사회복지사의 행동에 영향을 미치게 되며, 사회복지사는 기관 변화, 사회 변화의 대변가로서 활동할 때 전문체계를 이용하기도 한다. 주로 사회복지사의 권익과 이익을 대변하며, 전문성 신장을 위하여 노력하는 협회 및 학회를 들

> **4체계 모델 사례**
>
> 사회복지사 K는 아들과의 갈등으로 무기력감을 호소하는 아버지 A와 만났다. 상담을 진행하며 10대인 아들 B가 게임에 중독되어 아버지와 지속적인 갈등 상태에 놓여 있음을 알게 되었다. B는 본인이 게임을 조절하지 못하고 있음을 인지하고 있지만 학교에서 친구들과 어울리기 위해 어쩔 수 없이 아이템 등을 구입하여 장시간 게임에 몰입하고 있었다. 이에 K는 학교사회복지사와 협력하여 B의 친구들과 함께 치료 프로그램을 실시하는 것에 대해 계획하고자 하였다.

수 있다. 전문체계는 보다 발전적이고 객관적인 활동의 기반이 된다.

- 의뢰-응답 체계(referral-respondent system): 클라이언트가 다른 사람의 요청이나 법원, 경찰 등에 의해 강제로 오게 되는 경우, 일반 클라이언트 체계와 구별하기 위해 사용된다. 즉, 서비스를 요청한 사람을 의뢰체계라고 하고, 강요에 의해 오게 된 사람을 응답자라고 한다. 예를 들면, 학교 교칙을 위반하여 학교로부터 혹은 교사로부터 학교 사회복지실로 학생이 의뢰되는 경우, 의뢰체계는 학교 및 담임교사이며 응답자는 그 의뢰 명령을 받은 학생이다. 응답체계는 그렇게 의뢰되어 온 학생 전체를 말한다.

앞의 사례를 살펴보면 변화를 돕는 사람인 사회복지사 K가 변화매개 체계에 해당된다. B의 아버지 A가 사회복지사 K에게 도움을 요청하였기 때문에 아버지는 클라이언트 체계에 해당된다. 목표는 아들 B의 게임중독 문제의 개선이기 때문에 아들 B가 표적체계에 해당된다. 마지막으로, 아들 B의 변화를 위해 학교사회복지사와 협력하고 친구들을 참여시키고자 하였기 때문에 학교사회복지사 및 친구들이 행동체계에 해당된다.

2. 사회복지 실천과정

사회복지 실천과정은 사회복지사가 클라이언트와 클라이언트를 둘러싼 다양한 환경 내의 체계들을 변화시키기 위해 그의 전문직 가치와 지식에 기초하여 개입하는

표 5-1	학자별 사회복지 실천과정 단계	
학자	단계	내용
핀커스와 미나한(1973)	6	문제사정 – 자료수집 – 초기접촉 – 계약 – 개입 – 종결
헵워스와 라슨(1993)	3	탐색과 사정 및 계획 – 변화지향 – 종결
엄명용 외(2020)	4	초기 – 사정 및 계획 – 실행 – 종결
양옥경 외(2005)	5	접수 – 자료수집 및 사정 – 목표설정 및 계약 – 개입 – 평가 및 종결

과정이다(양옥경 외, 2005). 이러한 사회복지 실천과정은 학자마다 다양한 분류와 과정을 기술하고 있다. 대표적으로 핀커스와 미나한(1973)은 실천과정을 문제사정, 자료수집, 초기접촉, 계약, 개입, 종결의 6단계로 구분하여 설명하였다. 헵워스와 라슨(Hepworth & Larsen, 1993)은 탐색과 사정 및 계획, 변화지향, 종결의 3단계 실천과정을 제시하였다. 국내에서 엄명용 등(2020)는 접수와 자료수집이 이루어지는 초기 단계, 사정 및 계획 단계, 실행 단계, 평가 등이 이루어지는 종결 단계의 4단계로 구분하여 제시하였으며, 양옥경 등(2005)은 접수, 자료수집 및 사정, 목표설정 및 계약, 개입, 평가 및 종결로 이루어지는 5단계로 구분하여 소개하였다. 이상의 내용에서 알 수 있듯이 사회복지실천의 각 과정은 학자에 따라 중복되기도 하고 세분화되기도 한다.

이 책에서는 이상의 내용을 종합하여 사회복지 실천과정을 준비 단계, 사례 접근 단계, 인테이크 단계, 사정 단계, 계획 단계, 개입 단계, 평가와 종결 단계의 7단계로 나누어 살펴보기로 한다.

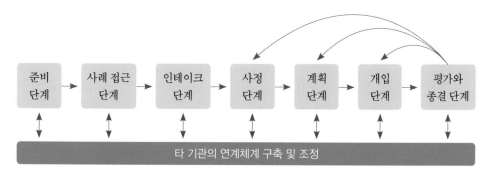

[그림 5-1] 사회복지 실천과정의 개괄

1) 사회복지 실천과정의 개괄

(1) 준비 단계

준비 단계란 기관과 사회복지사가 클라이언트를 만나기 전에 필요한 사항을 준비하는 것을 말한다. 기관은 클라이언트에게 서비스를 제공하기 위해 지역사회 내 타기관과 연계체계를 확립하고, 기관의 접근을 용이하게 하기 위해 공간적·물리적 시설 점검이 이루어져야 한다. 또한 직원들에게 방문자를 친절히 응대하는 교육과 훈련을 실시해야 한다. 사회복지사는 물리적 환경을 통해서도 면접 분위기를 조성해야한다. 면접실은 독립된 공간으로 갖추어져 있어야 하며, 너무 산만하거나 기타 다른사람이나 소음으로부터 방해받지 않아야 한다. 또한 비밀이나 사생활을 보장받을 수있는 곳이어야 하며, 조명은 어둡지 않고 온화한 느낌이어야 한다. 녹음이나 녹화가필요하다면, 장비를 갖추어 놓고 사전에 클라이언트의 동의를 구해야 한다. 면접 초기에는 상담 신청서, 접수 기록지, 메모지 및 필기도구 등 기본적인 문구류가 갖추어져야 하며, 면접 중일 때는 외부에서 알아볼 수 있도록 표시해 두는 것이 좋다.

사회복지사의 옷차림은 면접 대상을 고려해야 한다. 빈민지역에서 화려한 복장을하거나, 노인들을 상대하면서 가벼운 복장을 하거나, 청소년을 대하면서 정장 차림을하는 것은 면접 분위기를 저해할 수 있기 때문이다.

- 지역사회 내 타 기관과의 협력 네트워크 구축
- 클라이언트에 대한 접근성 확보
- 클라이언트를 친절히 맞이하기 위한 매뉴얼 준비 및 훈련
- 면접 분위기 조성
- 면접 관련 서류 및 기자재 완비
- 사회복지사의 적절한 옷차림
- 기초 기록 검토 및 면접 방향성 설정
- 자신의 감정 확인 및 자기점검 실시

(2) 사례 접근 단계

사례 접근 단계는 클라이언트가 기관에 접근하는 것부터 시작된다. 클라이언트가

직접 기관을 찾는 것은 자발적으로 기관을 방문하는 유형이다. 이들은 자신의 문제에 대한 인식과 해결 의지가 있고 동기화가 되어 있는 사람들이 대부분이다. 따라서 기관은 서비스 홍보를 충분히 하여 자발적인 클라이언트의 기관 방문을 도와야 한다.

다음은 사회복지사에 의한 발굴로, 주로 아웃리치를 통해 클라이언트를 발굴하게 되는 경우이다. 이 유형은 사회복지서비스가 매우 필요함에도 불구하고 여러 가지 이유로 클라이언트가 직접 사회복지기관을 찾지 않는 경우이다. 따라서 사회복지사들은 기관을 떠나 적극적으로 클라이언트를 발굴해야 한다.

그다음은 주변 사람들에 의한 의뢰 유형으로, 주로 가족, 이웃, 학교, 경찰서, 법원 등 공식 체계를 통해 사회복지기관에 접촉하게 되는 것을 말한다. 주로 주변 사람들은 이들에게 서비스가 필요하다고 생각하지만, 정작 본인들은 서비스를 원하지 않는 것처럼 행동하는 경우가 많다. 따라서 사회복지기관은 의뢰된 클라이언트에게 신뢰감을 줄 수 있도록 전문적인 의뢰 시스템과 신뢰 구축 시스템을 갖추도록 해야 한다.

- 자발적 신청 유형
- 사회복지사에 의한 발굴 유형
- 주변인들에 의한 의뢰 유형

(3) 인테이크 단계

인테이크 단계에서는 클라이언트가 존중받고 있다고 느낄 수 있도록 분위기를 조성해야 하며, 긍정적인 관계를 형성할 수 있도록 노력해야 한다. 클라이언트와 긍정적인 관계를 갖는다면, 문제에 대한 기초 정보를 얻고, 클라이언트의 사고나 감정, 주요 관심사나 상황 등을 공유할 수 있으며, 클라이언트의 기대를 확인할 수 있다. 또한 앞으로 실행하게 될 개입활동의 내용과 이유, 진행 일정 및 과정, 즉 개입의 방향성을 설명한다. 이러한 설명은 클라이언트에게 앞으로의 과정을 준비할 수 있도록 한다.

또한 클라이언트에게 기관의 정책이나 규정, 윤리적 원칙에 대하여 설명해야 한다. 왜냐하면 클라이언트에게 규정과 원칙 및 윤리적 원칙을 충분히 알려 주어야 원칙을 몰라서 발생하는 난처한 상황을 예방할 수 있기 때문이다. 또한 클라이언트가 자신의 문제가 해결될 수 있다는 자신감을 갖도록 도와주어야 하며, 사회복지사와의 만남이 문제해결에 도움이 된다는 확신을 갖도록 노력해야 한다. 인테이크 단계에서 이러한 확신을 주지 못한다면 다음 단계로 진행되지 못할 수 있다.

- 클라이언트와의 긍정적인 관계 형성
- 만남의 목적과 방향성에 대한 설명
- 기관의 정책, 규정, 윤리적 원칙에 대한 설명
- 개입활동이 문제해결에 도움이 된다는 확신 제공

(4) 사정 단계

사정이란 클라이언트의 문제를 바라보는 과학적이며 객관적인 지식에 근거한 전문가의 소견을 말한다. 이 단계에서는 클라이언트의 성격과 특질 및 성장과정 등을 충분히 알아야 하며, 문제 상황을 정확하게 이해해야 한다. 문제 상황이란 문제가 발생하게 된 원인, 관련된 사람 및 배경 등을 말한다. 또한 이때 파악된 내용과 정보에 대한 기록을 잘해야 한다. 이러한 기록(recording)과 가계도(genogram), 생태도(ecomap), 기타 문제에 대한 욕구체계 등을 분석하여 문제를 정의하고, 개입체계를 결정하며, 개입과정과 방법, 활용 자원을 구성하도록 한다.

- 클라이언트와 상황에 대한 이해를 높임
- 클라이언트의 문제와 연관된 정보와 기록 정리
- 사정에 필요한 도구를 통한 객관적인 정보 수집 및 분석(가계도나 생태도 활용)
- 사정을 통한 문제 정의, 개입체계 결정, 개입 과정과 방법, 활용 자원 구성
- 예상되는 문제나 위험요소 등을 고려

(5) 계획 단계

계획 단계에서는 사정 자료를 기초로 개입 계획과 이에 따른 평가 계획도 함께 고려해야 한다. 개입 계획과 평가 계획은 클라이언트와 함께 세우며, 클라이언트의 동의가 있어야 실시할 수 있다. 개입과 평가에 대한 계획은 구체적으로 문서화하여 계약을 체결해야 한다.

- 사정 자료를 기초로 한 실행 및 평가 계획 수립

- 평가 계획과 내용에 대하여 클라이언트와 합의
- 클라이언트와 함께 목표 수립, 단계적 행동방법 및 평가 계획 등을 구체적으로 계약

(6) 개입 단계

개입 단계에서는 개입의 4체계를 중심으로 전략이 수립되어야 하며, 클라이언트의 문제해결이나 적응능력의 향상, 사회적 기능 향상 및 자원 연결 기술, 권익 보호 기술 등을 향상시키기 위한 내용이 포함되어야 한다. 특히 이 단계에서는 전문가로서의 지식과 신념, 경험 등이 발휘되어야 하며, 명확한 근거와 각 분야 전문가의 판단과 조언을 중심으로 개입이 이루어져야 한다.

- 클라이언트 · 변화매개 · 행동 · 표적 체계 등 4체계 중심의 개입
- 클라이언트의 문제해결, 적응능력 향상, 사회적 기능 향상, 자원 연결 기술, 권익 보호 기술 등을 포함
- 전문가로서의 지식과 신념, 경험, 개입방법 선택 시 명확한 근거와 판단이 중요

(7) 평가와 종결 단계

평가(evaluation)는 클라이언트와 함께 개입의 효과성과 문제해결의 정도를 확인하는 과정이다. 이때는 사회복지사의 개입과정에 대한 평가와 검토 및 종결 이후의 방향성에 대한 논의가 이루어져야 하며, 종결에 관한 모든 과정을 기록으로 남겨야 한다. 별다른 변화가 없거나 부정적인 결과를 보이는 경우 사정이나 개입 계획, 사회복지사의 자질 등을 종합적으로 점검해야 하며, 클라이언트가 원하여 재개입이 이루어질 경우 사회복지사를 변경할 수 있다. 종결 단계(termination phase)에서는 갑작스러운 종결은 피해야 하며, 점차적으로 클라이언트가 종결을 준비할 수 있도록 하는 과정이 마련되어야 한다. 종결은 클라이언트의 목표가 달성되었거나, 클라이언트의 변화를 기대할 수 없거나, 다른 기관에 의뢰할 때, 클라이언트가 개입을 거부할 때 이루어진다.

- 클라이언트와 함께 서비스 전달체계, 서비스의 효과성 및 성취도 확인
- 사회복지사의 개입과정에 대한 검토와 평가

- 앞으로의 방향에 대한 논의
- 클라이언트와의 종결 준비
- 만일 별다른 변화가 없거나 부정적인 결과를 보이는 경우, 이전의 사정이나 계획, 개입 단계에 대한 점검 필요
- 종결의 사유로는 목표를 성취했거나, 클라이언트의 변화를 기대할 수 없거나, 다른 기관에 의뢰한 경우, 클라이언트가 개입을 거부하는 경우 등이 있음
- 종결에 대한 감정을 공유하는 것과 개입과정에 대한 요약, 사후활동의 계획, 종결과정 기록

3. 사회복지실천과 전문적 관계

미시적 사회복지실천에 있어서 관계 형성이 어떻게 이루어졌는가에 따라 개입의 성패가 좌우되기 때문에 관계 형성은 특히 중요하다. 이러한 사회복지실천의 관계 형성은 주로 면접을 매개로 하여 이루어지며, 일반적인 면접과는 차이가 있다. 따라서 이 절에서는 사회복지의 미시적 접근방법으로의 면접과 관계 형성에 대하여 다루어 보고자 한다.

1) 사회복지 면접의 특징

면접(interview)은 사회복지실천의 개입에 있어서 중요한 도구이다. 면접은 사회복지사와 클라이언트의 전문적이고 특별한 관계에서 일어나는 상호작용이며, 이를 통해 사회복지서비스가 계획되고 결정된다.

사회복지 면접의 목적은 전문적 지식과 가치를 바탕으로 클라이언트와 그 상황을 충분히 이해함으로써 문제를 효과적으로 해결할 수 있도록 하며, 삶의 질 향상과 성장을 위해 문제를 해결하고 이에 필요한 전략이나 행동을 모색하기 위한 정보를 교류한다(Hepworth & Larsen, 1990).

사회복지실천에서 면접의 목적은 클라이언트와 관계를 형성하고, 자료수집 및 정보제공을 통해 클라이언트의 문제를 해결하고, 더 나아가 클라이언트의 성장과 삶의

질을 향상시키는 데 있다.

　컴프턴과 갤러웨이는 사회복지 면접의 특징으로 다음의 네 가지를 들고 있다 (Compton & Galaway, 1994: 274).

- 사회복지기관을 중심으로 진행된다.
- 사회복지의 목적과 방향을 가지고 있다. 사회복지사와 클라이언트는 단순히 만나서 정보를 교환하는 것이 아니라 문제해결과정이라는 분명한 목적하에 추구하는 방향성이 존재한다.
- 계약에 의해 진행된다. 사회복지 면접은 사회복지사의 개입에 대한 동의가 있어야 하며, 이는 사회복지사와 클라이언트와의 계약에 의해 정해진다. 이때 계약은 면접의 시기, 기간, 장소, 내용 등을 포함하는데, 이러한 계약을 하는 이유는 불필요한 요소를 제거하기 위해서이다.
- 사회복지사와 클라이언트 간의 특정한 역할 관계가 규정된다. 사회복지사의 역할은 전문적 지식과 방법을 활용하여 관계를 형성하고 정보를 교환하여 클라이언트에게 서비스를 제공하는 것이며, 클라이언트는 진솔하게 이야기함으로써 자신의 말에 책임지는 역할이 기대된다.

사회복지 면접 진행 시 공통적으로 지켜야 할 사항은 다음과 같다.

- 사회복지사는 자신의 호기심 해소를 위해 클라이언트의 정보 수집에 초점을 두지 않는다.
- 클라이언트의 상황에 따라 단계적으로 진행되어야 한다.
- 클라이언트의 심리적 상황을 고려하여야 한다.

2) 전문적 관계의 개념과 특성

　관계는 독립된 두 개체 간의 의미적 상호작용을 말한다. 이러한 관계는 상황에 따라 달라질 수 있으므로 특정한 상황적 맥락을 확인하여야 그 상호작용의 의미를 이해할 수 있다. 펄먼에 의하면 관계란 하나의 촉매제로서 문제해결과 도움을 향한 인간의 에너지와 동기를 지지하고 양성하며 자유롭게 하는 원동력이라고 하였다(Perlman, 1978: 2). 또한 비에스텍(Biestek, 1957: 32)에 의하면 개별사회사업 (casework)에서의 관계란 사회복지사와 클라이언트 간의 감정과 태도의 역동적인 상호작용으로서, 클라이언트가 자신과 환경 간의 좀 더 나은 적응에 목적을 갖는다고 정의하였다.

따라서 사회복지실천에서의 관계란 '사회복지사와 클라이언트와의 관계를 말하는 것'이며, 그 관계는 사회복지서비스 결과에 결정적인 영향을 미치기 때문에 '전문적 관계'라고 할 수 있다. 전문적 관계는 분명한 목적을 가지고 제한된 시간과 정해진 장소에서 이루어지는 특수한 관계이다. 전문적 관계는 일반적 관계와 마찬가지로 상호작용에 의해 형성되며, 상호 간의 신뢰를 바탕으로 이루어진다는 면에서 공통적 특성을 지니고 있다. 전문적 관계는 다음과 같은 독특한 특성을 지니고 있다(Compton & Galaway, 1994: 272-288).

(1) 타인에 대한 관심

타인에 대한 관심이란 사회복지사가 클라이언트와 관련된 모든 일에 대하여 관심을 가지며, 이들의 감정과 교류할 수 있는 것을 의미한다. 그러나 이러한 관심은 사회복지사의 개인적 관심이 아닌 전문적 기술과 지식 그리고 관계가 가지고 있는 일정한 목표에 의한 관심을 말한다. 그러므로 전문적 관계에서 말하는 타인에 대한 관심은 클라이언트를 주체자로 생각하며, 그들의 이익을 위해 노력하고, 전문적 기술과 지식을 활용할 수 있는 관계에서 나온다.

(2) 헌신과 의무

헌신과 의무는 사회복지사와 클라이언트가 동시에 노력해야 하는 상호책임성을 말한다. 즉, 사회복지사의 헌신은 클라이언트의 문제해결에 최선의 노력을 다하는 것이며, 이러한 헌신은 법적인 영역 내에서 이루어져야 한다. 사회복지사의 의무는 관계를 맺을 때 기본적인 절차, 예를 들면 면접 약속이나 장소, 클라이언트의 문제에 초점을 두면서 관계를 형성하고, 성실한 태도로 클라이언트의 성장과 변화에 초점을 두는 것을 말한다.

클라이언트의 헌신은 자기 자신의 문제해결을 위해 적극적이고 최선의 노력을 다하는 것을 말한다. 또한 클라이언트의 의무는 사회복지사에게 진실을 말하며, 사회복지사와의 협력을 충실히 하고, 개방적인 태도를 지니는 것이다.

(3) 권위

전문적 관계에서 사회복지사의 권위는 사회복지기관으로부터 나오는 제도적이고 사회적인 허가(sanction: 사회복지 실천활동을 수행하는 데 필요한 권위와 승인)와 클라이언트로부터 자발적으로 나오는 위임된 힘을 말한다. 이러한 권위를 사용하는 사회복지사는 클라이언트에게 자신의 권한의 종류와 범위를 밝히고, 어떻게 사용될지에 대해서도 설명해야 한다.

(4) 진실성

진실성은 사회복지사가 클라이언트와 관계를 맺을 때 일관성 있고, 정직하며, 개방성을 유지하는 것을 말한다. 사회복지사가 진실성을 갖기 위해서는 자신에 대한 정직한 인식을 가져야 하고, 클라이언트에게는 기관의 정책과 역할을 인식시켜야 하며, 타인에 대한 관심, 수용, 헌신 등 전문적 관계의 기본적 요소들이 자연스럽게 내면화되어야 한다.

3) 전문적 관계의 기본 원리

(1) 개별화

개별화(individualization)란 클라이언트가 자신만의 고유한 역사와 능력, 성격을 가진 인간이며, 세상에 단 하나밖에 없는 존재임을 인식하는 것이다. 따라서 클라이언트에게는 동일한 상황에서 발생된 사건일지라도 각자의 상황에 따라 독특한 의미를 갖기 때문에 개별화가 중요하다. 예를 들어, 사회복지사는 많은 가출 학생을 만나는데, 저마다 가출의 동기와 의미가 다르므로 각자의 고유한 상황과 이유를 인식하고, 역사와 환경에 따른 의미를 개별적으로 이해해야 한다.

(2) 의도적 감정 표현

의도적 감정 표현(purposive expression of feeling)이란 사회복지사가 클라이언트로

하여금 자신의 의견과 감정을 자연스럽게 표현할 수 있도록 관계를 형성하는 것을 말한다. 사회복지사는 클라이언트가 말하는 동안 의도적으로 감정을 표현함으로써 클라이언트가 감정을 표현할 수 있도록 정서적인 지지를 해 줄 수 있다. 클라이언트는 분위기와 사회복지사의 태도 및 감정에 따라 솔직한 감정을 표현할 수도 있고 그렇지 않을 수도 있다. 따라서 사회복지사는 의도적으로 적극적인 태도와 감정을 표현함으로써 클라이언트가 자신의 솔직한 감정을 표현할 수 있도록 해야 한다.

(3) 통제된 정서적 관여

사회복지사와 클라이언트와의 공감은 매우 중요하다. 사회복지사는 클라이언트의 감정에 호응하기 위해 정서적 관여를 하게 된다. '당신이 맞닥뜨린 상황에 대해서 화를 내거나 낙담하거나 좌절하는 것을 충분히 이해한다.'라는 공감을 드러내야 하는 것이다. 그러나 이러한 정서적 관여는 사회복지사에 의해 그 정도와 방향이 통제될 수 있어야 한다. 즉, 통제된 정서적 관여(controlled emotional response)가 필요하다. 사회복지사가 통제할 수 없는 정서적 관여는 상담의 합리성과 객관성을 확보하기보다는 상담자나 내담자 모두에게 서로의 입장만을 내세워 자신의 처지와 상황을 더욱 비참하게 할 뿐이다.

(4) 수용

수용(acceptance)이란 클라이언트의 약점과 강점, 바람직한 성격과 그렇지 못한 성격, 긍정적인 감정과 부정적인 감정 등 있는 그대로를 이해하는 관계의 원칙이다. 이것은 클라이언트의 존엄성과 인격에 대한 가치를 존중한다는 뜻이며, 이때 존중하고 받아들여야 하는 것은 선한 것(the good)이 아니라 있는 그대로의 참된 것(the real)이다. 즉, 사회복지사는 내담자의 착하거나 좋은 부분만을 찾아서 선택적으로 받아들이는 것이 아니라 현재의 모습—나쁜 것, 실수, 한계까지를 포함해서—을 총체적으로 받아들여야 한다.

'있는 그대로를 받아들이라.'는 것이 내담자가 가진 비정상적이거나 부정적인 측면까지도 묵인하라는 것은 아니다. 어떤 점을 고쳐야 한다는 사실은 분명히 하되, 그것 때문에 존재 자체에 대한 편견을 가져서는 안 된다.

(5) 비심판적 태도

비심판적 태도(nonjudgemental attitude)란 사회복지사가 전문적·개인적 가치를 통해 클라이언트를 심판하지 않는 태도를 말한다. 사회복지사는 클라이언트의 정보를 얻게 되면 주관적 가치관에 따라 심판적 태도를 보일 수 있다. 그러나 관계 형성 단계에서 클라이언트에 대한 섣부른 판단과 잘잘못을 심판하는 태도는 사회복지사와 클라이언트에게 별다른 도움이 되지 않는다. 오히려 관계 형성 단계에서 클라이언트에게 필요한 것은 자신에 대한 심판이 아니라, 상황을 고려한 이해이다. 따라서 사회복지사는 클라이언트의 상황과 과정을 충분히 경청하며, 비심판적 태도를 유지해야 한다. 클라이언트가 자신의 결점과 단점을 이야기하여도 사회복지사는 이를 심판하지 않고 이해하려는 태도를 지니면 관계는 좀 더 자연스럽게 형성된다.

사회복지사의 판단은 관계 형성 과정에서 경솔한 선입견으로 표현하지 말고, 클라이언트에 대한 충분한 정보를 모은 후에, 개입과정에서 함께 해결할 객관적인 목표로 제시될 수 있도록 활용해야 한다.

(6) 클라이언트의 자기결정권

클라이언트의 자기결정권(self-determination)이라는 원칙은 클라이언트는 자신의 인생에 대해 스스로 결정할 수 있는 권리와 능력이 있다는 원리에 바탕을 둔 것이다. 이는 사회복지사가 클라이언트에게 뭔가를 해 주는 것이 아니라 클라이언트와 함께 해결하는 것을 말한다.

클라이언트의 자기결정권이 실천되기 위하여 고려되어야 할 것이 있다(Zastrow, 1989: 36-38).

첫째, 클라이언트는 자신의 문제해결을 위한 다양한 대안을 알고 있어야 한다.

둘째, 문제해결자는 사회복지사가 아닌 클라이언트여야 한다.

셋째, 사회복지사는 어떠한 의견이나 제안도 할 수 없다는 것을 의미하지 않는다.

넷째, 어떠한 경우에도 클라이언트는 법이 보장하는 한도 내에서 자기결정권을 보장받아야 한다. 문제의 원인이나 책임 소재에 대해 섣불리 사회복지사가 판단하지 말라는 것도 결국 문제해결은 클라이언트의 몫이기 때문이다. 물론 사회복지사는 클라이언트가 현명한 결정을 내릴 수 있도록 도와주기 위해 많은 정보를 가지고 있어야 하고, 나름대로의 판단도 하고 있어야 하지만, 사회복지사의 결정 사항이나 해결방법을 클라이언트에게 요구하거나 강요해서는 안 된다.

클라이언트가 스스로 결정을 내리게 하는 것 역시 시간과 노력이 많이 필요한 과정이다. 이때 사회복지사는 클라이언트가 선택할 수 있는 여러 가지 결정의 가능성과 한계에 대해 고민할 수 있도록 도와주고, 그 결정에 따르는 시간과 노력, 희생에 대해서도 충분히 고려할 수 있도록 조언해 주어야 한다.

클라이언트가 스스로 결정을 내리게 하는 이유는 결정과정에서 스스로의 상황과 능력, 가능성에 대해 충분히 고려하고, 자신감을 갖도록 하기 위해서이다.

(7) 비밀보장

비밀보장(confidentiality)이란 사회복지사가 전문적 관계를 통해 알게 된 클라이언트의 비밀스러운 정보를 치료적 목적 이외에 타인에게 알려서는 안 된다는 원리이다.

학교현장을 예를 들어 설명하면, 민감한 사춘기에 있는 학생들을 대상으로 하는 학교상담에서 특히 절실한 것이 바로 비밀보장의 원칙이다. 학교에서 학생들이 가장 민감하게 생각하는 것은 학교사회복지사에게 한 이야기를 다른 교사나 학생들이 알게 되지 않을까 하는 점이다. 예를 들어, 어떤 학생이 '선생님께만 들려주는 이야기'라며 자신의 성장과정과 가정 문제 등을 솔직하게 고백하면서 도움을 청했는데, 얼마 후 다른 선생님으로부터 "얘! 너 요즘 많이 힘들겠구나! 부모님이 언제 이혼하셨니? 어렵더라도 잘 참고 극복해야 한다."라는 이야기를 듣는다면, 그 학생은 실망을 넘어서 자신을 상담하였던 학교사회복지사에게 분노를 느끼게 될 것이다.

그러나 비밀보장의 원칙에도 예외는 있다. 자살이나 방화 등 극단적인 상황에서 사회와 클라이언트의 보호가 시급하다고 판단될 때, 비밀보장은 지켜질 수 없음을 클라이언트에게 알리고 해당 문제가 발생하지 않도록 신속하게 조치해야 한다.

4. 실천모델

1) 생태체계적 관점

(1) 생태체계적 관점의 이해

전통적인 사회복지방법론은 특정 이론으로 클라이언트의 문제를 해석하려고 하였기 때문에 클라이언트의 문제해결에 큰 도움을 주지 못하였다. 따라서 실천가들은 클라이언트의 문제를 객관적이고 총체적으로 이해할 수 있는 관점이 필요하였다. 이때 생태체계적 관점이 등장하였는데, 사회복지실천가들에게 클라이언트와 그 주변 환경체계와의 관계를 조명하여 문제 현상을 정확히 파악하고, 개입 시 어떤 모델이 적합할 것인가를 판단·선택하게 함으로써 개입의 효과성을 높이는 계기가 되었다.

생태체계적 관점(eco-system perspective)은 일반체계이론과 생태학의 개념을 토대로 정리되었다. 일반체계이론은 생물학자인 베르탈란피(Ludwing von Bertalanffy)에 의해 1940년대에 제시된 이후 1960년대 후반부터 주목받게 되었으며, 브론펜브레너(Bronfenbrenner, 1979)가 인간의 발달을 설명하면서 본격적으로 활용되었다.

생태체계적 개념을 사회복지 분야에 소개한 저메인(Germain, 1976)은 적응적인 사람과 환경과의 교류에 중점을 두었다. 생태체계이론은 일반체계이론이 간과했던 체계 간의 공유 영역과 적응 및 상호 교류라는 개념을 도입하고, 체계의 변화 속성 기능과 유지 기능도 중요하다는 점을 강조한 인간 중심의 통합적 관점이다. 생태체계적 관점은 문제 현상에 대한 전체적 성격과 다양한 변수를 객관적으로 사정·평가하기에 유용한 관점으로서 클라이언트와 관련된 정보, 자료 및 상황 변수를 고려할 수 있는 틀을 제시해 준다.

(2) 주요 개념

생태체계이론에서는 생태학의 개념과 일반체계이론의 개념을 사용한다. 따라서 이러한 이론에서 비롯된 개념들인 적합성, 적응, 스트레스와 대처, 관계, 역할, 유능성 등을 기초적으로 이해할 필요가 있다.

- 체계(system): 일정한 경계선을 가지며, 물리적ㆍ정신적 에너지가 그 경계선 안에서 더 많이 교환되고 상호작용 및 상호 의존하는 전체
- 개방(open)체계: 삼투압 방식처럼 내용물은 그대로 있으면서 에너지가 경계선을 넘나들며 외부와의 상호작용이 활발하게 이루어지는 체계
- 폐쇄(closed)체계: 경계선을 넘나드는 에너지 교환이 일어나지 않는 체계
- 시너지(synergy): 부분 개체들이 서로 합을 이루어 개체의 합 이상을 만들어 내는 것
- 경계(boundary): 체계를 외부 환경으로부터 구분하는 일종의 테두리
- 투입(input): 경계선을 넘어서 체계 안으로 들어가는 에너지
- 전환(conversion): 체계 내에서 에너지가 활용되는 방식
- 산출(output): 한 체계의 경계선 밖으로 나간 에너지가 환경에 미치는 영향
- 환류(feedback): 체계가 정보와 에너지를 산출해 내고 그 정보와 에너지가 환경에 영향을 미치며 다시 체계로 들어와 산출의 결과에 영향을 주는 것
- 엔트로피(entropy): 체계가 자체의 존속을 위해 자신의 에너지를 사용하는 것으로, 엔트로피를 사용하게 되면 그 체계는 소멸됨
- 적합성(goodness of fit): 개인의 적응적 욕구와 환경의 질이 어느 정도 잘 부합되는 정도
- 적응(adaptation): 개인 대 환경의 적절한 결합으로 인간이 주변 환경 조건에 맞추어서 조절하는 능력
- 스트레스(stress): 개인과 환경 간의 상호 교류에서 불균형을 야기하는 현상으로 상황에 대한 개인의 부적응
- 스트레서(stressor): 스트레스 요인
- 대처방법(coping method): 생활 스트레스 요인에 의해 발생되는 요구를 다루기 위해 고안된 특별한 행동
- 안정 상태(steady state): 투입을 받아들이고 활용하여 자신을 유지해 나가는 상태
- 관계(relatedness): 인간관계를 형성하거나 타인과 연결될 수 있는 능력
- 역할(role): 지위를 가진 개인이 실행해야 하는 행동 유형 및 타인에 의해 기대되는 사회적 요구와 의미
- 유능성 또는 역량(competence): 자신의 환경 속에서 효과적으로 기능할 수 있는 능력. 환경과의 성공적인 상호작용을 통해 형성

- **항상성(homeostasis):** 투입과 산출이 균형을 이루어 체계의 본질이 유지되는 상태
- **분화(differentiation):** 시간이 흐름에 따라 세분화된 구성인자들을 가진 복잡한 형태로 발전하는 것
- **비총합성(non-summativity):** 전체는 부분의 합 이상
- **호혜성(reciprocity):** 동일 체계에서 그 일부가 변화하면, 그 변화가 다른 모든 부분과 상호작용하여 나머지 부분도 변화하는 성질
- **동등종결성(equifinality):** 다양한 방법을 통해 수행되나 최종적 결과는 동일하게 나타나는 것

(3) 생태체계의 구성

브론펜브레너(1979)는 '환경 속 인간'이라는 관점에서 미시체계, 중간체계, 외체계, 거시체계, 시체계 등으로 개인에게 영향을 미치는 환경을 구분하였다. 개인과 환경(체계) 혹은 환경들 간의 상호작용이 인간에게 유의미한 영향을 미친다고 주장하였다. 구체적으로 미시체계는 개인 혹은 인간에게 직접 영향을 미치는 환경으로 아동의 입장에서는 부모, 친구, 학교 등이 이에 속한다. 중간체계는 두 가지 이상의 미시체계 간의 관계 혹은 상호작용을 의미한다. 아동의 입장에서는 부모와 학교 교사 간의 관계가 그 예라 할 수 있다. 외체계는 개인과 직접 상호작용하지는 않으나 미시체계에 영향을 미치는 사회적 환경을 의미한다. 예를 들어, 아버지의 직장 환경은 아동

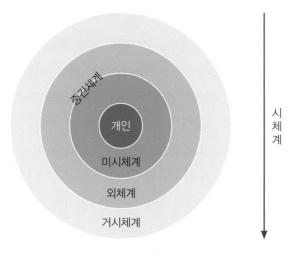

[그림 5-2] 생태체계의 구조

에게 직접 영향을 미치지는 않으나 이에 따라 아동의 삶도 달라질 수 있다. 거시체계는 개인이 속한 사회의 이념이나 제도 등을 의미한다. 정치나 경제, 사회, 법, 관습 등이 여기에 속한다. 마지막으로 시체계는 브론펜브레너가 처음 발표한 모델에서는 포함되지 않았으나 이후 추가된 것으로 개인의 전 생애에 걸쳐 일어나는 변화와 역사적인 환경으로 설명할 수 있다.

2) 임파워먼트 모델

(1) 임파워먼트의 이해

임파워먼트(empowerment) 모델은 1970년대 이후에 사회복지 실천현장에서 대두되었다. 생태체계이론이 해결중심접근법과 함께 실천현장에서 중요해짐에 따라, 체스탕(Chestang), 솔로몬(Solomon), 핀더허그(Pinderhughes) 등의 학자들은 1970년대 중반 임파워먼트 모델을 새롭게 실천모델로 언급하였다(정원철 외, 2022). 사회복지실천의 중요한 목적 중 하나는 클라이언트의 사회적 기능 수행능력의 향상으로 볼 수 있는데, 결과적으로 이는 클라이언트의 능력 혹은 역량 강화로 집약될 수 있다(양정빈 외, 2022). 이 때문에 임파워먼트 모델은 새롭게 등장한 이론에 근거하고 있다기보다 사회복지실천의 전통적 맥락 안에 이미 존재하고 있었고 이를 실천적으로 적용하는 것이 1970년대 이후라는 것으로 이해할 수 있다. 더불어 1990년대부터 실천현장에서 이 모델이 더욱 강조되고 있다.

임파워먼트의 의미는 권한이나 힘(power)을 부여하다 혹은 주다(empower)라는 의미를 지닌다. 이에 따라 우리나라에서는 역량강화, 권한부여라는 용어로 활용되기도 한다. 힘이나 권한을 부여하는 것, 가능하게 하는 것이라는 의미 외에도 능력을 향상시키는 것, 허용하는 것 등으로 풀이된다. 자신이 처한 상황을 스스로 개선하기 위한 행동을 취할 수 있도록 돕는 것이라 할 수 있다(양정빈 외, 2022). 임파워먼트 모델은 다음과 같은 특성이 있다(정원철 외, 2022). 첫째, 클라이언트의 강점이 강조된다. 둘째, 클라이언트와 사회복지사의 협력적인 관계와 활동이 강조된다. 셋째, 클라이언트가 가진 자원과 탄력성을 탐색하여 해결책을 찾는 것이 중요하다. 넷째, 이를 위해 클라이언트의 참여와 자기결정권을 존중한다.

(2) 임파워먼트의 구성요인 및 차원

김혜란 등(2006)은 스프레처(Spreitzer)의 이론에 따라 임파워먼트를 네 가지 구성요인으로 구분하였다.

첫째, 의미성으로, 이는 자신의 과업이 목표와 기준에 비추어 중요한 가치를 부여하는 정도이다. 클라이언트가 의미성을 가지기 위해서 주어진 과업이 수립된 목표를 달성하는 데에 일정한 가치를 지녀야 한다는 것이다.

둘째, 개인의 과업을 수행하는 데 있어 전략적이며 행정적·운영적 결과에 미치는 정도인 영향력이다.

셋째, 과업에 대한 자기효과성을 뜻하는 역량이다. 이는 업무에 대한 기술을 가지고 과업을 수행해 나갈 수 있다고 믿는 신념을 의미한다. 마지막으로, 자기결정은 주어진 과업을 스스로 선택하는 것이다(길귀숙 외, 2022).

역량은 개인적·대인적·환경적 수준으로 구분할 수 있다(Andrus & Ruhlin, 1998). 이에 따라 임파워먼트 역시 개인적 차원, 관계적 차원, 사회구조적 차원으로 구분할 수 있다(고명수 외, 2019; 김혜란 외, 2023).

① 개인적 차원
- 자신이 가지는 능력, 자제력, 강점, 변화에 영향을 주는 능력
- 자신의 삶에 스스로 영향을 미치는 통제력

② 관계적 차원
- 타인과 효율적으로 상호작용하도록 돕는 차원
- 다른 사람들과의 상호작용에서 정서적으로 경험
- 주장성(assertiveness), 문제해결, 자원 접근성, 비판적 사고와 관련

③ 사회구조적 차원
- 개인과 사회 및 정치구조와의 관계에서 나타남
- 자조 노력을 촉진하거나 방해하는 사회제도, 사회적 차별 등에서 강조
- 선택할 기회가 적을수록 임파워먼트는 약해짐

(3) 임파워먼트 모델의 실천과정

임파워먼트 모델의 실천과정은 대화 단계, 발견 단계, 발달 단계의 3단계로 구성된다(고명수 외, 2019; 양정빈 외, 2022). 각 단계는 독특한 기술과 기법을 강조하는데, 이는 다음과 같다.

① 대화 단계

사회복지사와 클라이언트 간에 상호신뢰라는 협력적 관계를 확립하고 이를 유지하는 단계이다. 이를 위해 둘 간의 동반자 관계를 형성해야 한다. 클라이언트의 권리와 독특성을 존중한다. 이후 클라이언트의 경험, 상호작용 특성, 목적달성을 위한 반응 등을 확인하여 도전을 명료화하여야 한다. 적절한 자원을 탐색하고 클라이언트에게 동기를 부여하기 위한 일차적 목표를 정하는 것이 필요하다.

② 발견 단계

사회복지사와 클라이언트는 체계적으로 해결에 필요한 자원의 발굴방법을 모색해야 한다. 이를 위해 사정하고 분석하며 계획하는 것이 강조된다. 클라이언트의 강점을 확인하며 가족 및 사회집단, 지역사회 등 클라이언트와 환경 간의 상호작용이 가능한 자원을 사정한다. 클라이언트가 기대하는 목적을 달성하기 위한 활동 계획을 수립하는 것도 이 단계에서 이루어진다.

③ 발달 단계

사회복지사와 클라이언트는 자원을 활성화하고 목적을 달성하기 위한 새로운 대안을 개발한다. 자원을 동원하여 활용 계획을 구체화하며, 여러 전달체계와의 협력을 창출한다. 프로그램 개발, 지역사회조직, 사회행동을 통해 새로운 기회나 자원을 개발할 수도 있다. 클라이언트의 성취감을 인식하고 지속하기 위한 변화의 노력을 평가하며, 긍정적인 변화를 안정시키는 방향으로 변화과정을 종결한다.

5. 사례관리

1) 사례관리의 이해

(1) 사례관리의 개념

목슬리(Moxley, 1989)는 사례관리란 복합적인 욕구를 가진 사람들의 기능화와 복지를 위해 공식적·비공식적 지원과 활동의 네트워크를 조직, 조정, 유지하는 것이라고 보았다. 미국사회복지사협회(NASW, 1984)는 사례관리에 대해 서비스를 분배하는 측의 요소를 조정하여 연결함으로써 개인의 케어 욕구에 맞게 포괄적 프로그램을 보증하려는 방법이라고 설명하였다. 한국사례관리학회(2016)는 복합적이고 장기적인 욕구가 있는 클라이언트와 가족의 사회적 기능 회복을 위한 서비스 운영체계를 확립, 이를 기반으로 체계적인 사정과 지역사회의 자원을 활용한 통합적 사회복지서비스 제공의 실천방법이라고 하였다.

이상의 정의를 통해 사례관리의 개념을 다시 정리해 보면, 복합적인 욕구와 문제를 지닌 클라이언트, 사례관리의 과정, 운영체계, 그리고 클라이언트의 기능과 복지를 향상하려는 목적 등의 요소가 포함되어야 함을 알 수 있다. 따라서 다양하고 복합적인 욕구를 지닌 클라이언트와 그 가족의 사회적 기능과 삶의 질 향상을 위해 적절한 운영체계를 기반으로 적합한 과정을 통해 지속적이고 통합적으로 서비스를 제공하는 실천방법으로 정의할 수 있을 것이다(김성경, 2023).

사례관리의 목적은 클라이언트의 기능과 복지 향상이며 이를 구체적으로 구분하면 다음과 같다(Moxley, 1989). 첫째, 서비스와 지원들을 이용하고 접근하는 데 있어서 가능한 한 클라이언트 자신의 생활기술을 증진시키도록 하는 것이다. 둘째, 클라이언트의 복지와 기능화를 증진시키기 위해 사회적 관계망과 관련 대인복지서비스 제공자들의 능력을 발전시키도록 하는 것이다. 셋째, 가능한 가장 효율적인 방법으로 전달되는 서비스 및 지원이 되도록 하고, 동시에 서비스의 효과성을 증진시키도록 하는 것이다.

한편, 사례관리는 만성적 의존과 장애를 가진 클라이언트에게 장기적으로 보호와 서비스의 연속성을 보장해 주고, 다양하고 복합적인 욕구를 가진 클라이언트에게 단편적 접근보다는 포괄적 접근을 통하여 효과적으로 서비스를 제공할 필요가 있다. 이러한 특성으로 인하여 사례관리를 담당하는 사례관리자에게는 사정자, 계획자, 중개자, 조정자, 평가자 등과 같은 고도의 복합적인 기능을 수행하는 다양한 역할과 기술이 요청된다.

사례관리의 서비스 제공범위는 사례관리자가 소속한 기관의 서비스뿐만이 아니라 다른 기관의 서비스 그리고 지역사회의 각종 자원을 동원하여 제공하기 때문에 상당히 포괄적인 서비스를 제공한다. 또한 일관성 있는 효과적인 서비스의 연속성을 보장하고 서비스 제공과정을 중간에 점검하고 평가함으로써 효과성을 확보하고 전통적인 개별사회사업보다는 비용절감적인 요소를 내포하고 있다. 그러므로 사례관리는 개인, 가족, 집단에 대한 임상적인 접근뿐만 아니라 지역사회의 정책에 대한 거시적 개입활동을 포함하는 통합적인 실천방법으로 여겨지기도 한다.

(2) 사례관리의 역사적 변화과정

사례관리가 사회복지의 실천방법 중 하나로 등장한 것은 1970년대 미국 정신장애인 커뮤니티케어를 추진하게 됨에 따른 변화로 본다(박정란, 2021). 이는 정신장애인의 탈시설화와 노인 탈시설화로 인해 더욱 촉진되었는데, 1990년 이후 영국에서도 국민보건서비스 및 커뮤니티케어법의 통과로 제도화되었다.

우리나라는 재가복지사업에서 사례관리가 발전하였는데, 1993년 「노인복지법」이 개정됨에 따라 실천방법으로 도입된 것으로 볼 수 있다(김성경, 2023). 사회복지 실천현장에서 민간 영역의 종합사회복지관, 노인 및 장애인복지관, 그리고 정신장애인의 사회복귀를 돕는 실천현장 등에서 만성적이고 복합적인 문제를 지닌 클라이언트에게 접목되면서 전문성이 강화되어 왔다. 그러나 최근 공공 영역에서 빈곤의 사각지대 문제를 해결하고 지역주민의 욕구에 보다 부응하는 개별화된 복지서비스를 전달하는 방법론으로 적극적으로 활용되고 있는 추세이다. 그뿐만 아니라 사례관리는 지역아동센터나 아동보호시설 및 장애인 생활시설 등에 이르기까지 사회복지의 여러 실천영역에서도 적용되고 있어 이러한 각각의 다양한 영역에서 이루어지는 사례관리의 수행방법과 과정, 사례관리자의 전문적 개입 수준 등에 대한 실천적 관심이 높아지고 있다.

우리나라 사례관리는 복합적 욕구를 지닌 클라이언트를 대상으로 지역사회 내의 다양한 자원체계를 개발하고 연계하며, 상담과 지지를 제공하여 클라이언트의 욕구를 해소하고 역량을 강화하는 사회복지실천의 한 방법론으로써 사회복지의 다양한 실천영역에서 적용되고 있다. 2017년 현재 사례관리는 민간과 공공 영역 모두에서 아동 · 청소년 및 장애인, 노인 등의 여러 영역에서 신체적 · 심리사회적 · 경제적 문제 등 다양하고 복합적인 문제를 지닌 클라이언트와 그 가족을 지원하는 실천방법으로 사용되고 있다.

2) 사례관리의 주요 단계

사례관리의 과정은 초기면접 단계 → 사정 단계 → 목표 수립 및 계획 단계 → 실행 및 점검 단계 → 평가 및 종결 단계 등으로 나눌 수 있다(한국사례관리학회, 2016).

[그림 5-3] 사례관리의 과정

(1) 1단계: 초기면접 단계

초기면접 단계에는 사례관리의 의미와 주요 단계를 설명하는 과정, 사례관리자와의 관계 형성, 좀 더 세부적인 삶의 상황을 이해하는 데 필요한 정보 수집을 위한 과정 등이 모두 포함된다. 이 단계에서는 클라이언트의 삶의 모습에 대한 새로운 정보를 유연하게 받아들이며 클라이언트에 대한 이해를 높이기 위해 노력해야 한다. 이때 사례관리 서비스 이용 여부는 클라이언트가 결정해야 하며 이용한다면 사례관리 서비스에 대한 동의 및 계약 절차를 설명해야 한다.

(2) 2단계: 사정 단계

사정(assessment)이란 사례관리자와 클라이언트가 함께 클라이언트의 욕구에 관한 정보를 수립하고 분석하고 우선순위를 정하고 종합화하는 과정이다. 따라서 사정 단계에서는 클라이언트의 욕구를 확인하고 그 욕구를 충족시키기 위한 방법이나 전략을 개발하고 구체적으로 제공할 서비스를 결정하기 위한 노력을 해야 한다.

구체적으로 살펴보면 이 단계는 ① 클라이언트의 욕구들, ② 클라이언트가 문제를 해결하는 데 있어서 유용한 자원들, ③ 클라이언트가 자원을 활용하는 데 있어서의 장애물 등을 구체적으로 알아보고 자원사정을 하는 단계이다.

(3) 3단계: 목표 수립 및 계획 단계

목표 수립은 사정결과에 근거하여 개별화된 목표를 수립하는 것이다. 개별화된 목표는 장기목표, 단기목표 등으로 나눌 수 있다. 계획 수립은 사정을 통해 밝혀진 내용에 기초하여 달성하고자 하는 변화목표를 분명히 하고 그 목표를 달성하는 데 필요한 전략, 방법으로서의 서비스를 구성하는 논리적 과정이다. 계획 수립은 클라이언트와의 협력을 통하여 변화의 목적을 분명히 하고, 그것을 달성하도록 이끄는 적절한 활동의 선정, 주요 활동의 우선순위 결정, 서비스 제공자, 제공시기, 제공기간 등의 구체적 내용이 포함되도록 작성되어야 한다.

(4) 4단계: 실행 및 점검 단계

실행 및 점검 단계에서는 클라이언트의 변화를 위해 계획 내 포함되어 있는 다양한 서비스 제공자와의 협력관계를 유지해야 한다. 이때 클라이언트와 사례관리자, 그리고 서비스 제공기관이 초반에 상호 합의한 목적을 여전히 공유하고 있는지, 초기의 약속대로 잘 협조하고 있는지, 협력관계 속에 갈등 혹은 위기가 있는지 등을 확인하고 조정해야 한다. 여기서 조정의 역할이 중요한데 조정이란 수립된 계획이 수립되는 과정에서 각각의 서비스가 클라이언트의 삶에 변화를 가져오기 위한 방향이 잘 형성되도록 전체를 잘 지휘하는 활용이라고 할 수 있다.

(5) 5단계: 평가 및 종결 단계

평가 및 종결 단계에서는 서비스 제공을 통해 클라이언트에게 어떠한 변화가 생겼는지에 대한 평가를 실시한다. 이때 사례관리자는 계획은 효과적이었는지, 계획대로 수행한 결과가 클라이언트의 기능 향상과 복지를 개선하였는지 등을 평가해야 한다. 또한 사례관리자는 클라이언트가 서비스를 통해 어떤 이득을 경험했는지, 또 어떤 변화가 생겼는지를 평가해야 하며 이때의 주요 질문은 계획이 효과적이었는지, 계획대로 수행한 결과가 클라이언트의 기능 향상과 복지를 개선했는지 등이어야 한다. 사례관리의 평가에는 주로 클라이언트의 동기화, 분명한 성과목표의 수립, 클라이언트의 협력, 지역사회의 협력 정도, 클라이언트의 협력 정도 등이 주요한 요인이 된다. 또한 종결은 합의한 목표를 달성하였을 경우, 도움이 필요하지 않을 경우, 갑작스러운 상황의 발생으로 사례관리가 지속되지 못할 경우 등에 한하여 이루어진다. 종결할 때에는 종결의 사유와 다른 기관으로의 의뢰 및 클라이언트의 감정을 잘 다루어 주는 것이 필요하다.

3) 사례관리실천의 표준지침

NASW(2013)는 사례관리 표준원칙(NASW Standards for Social Work Case Management)을 마련하여 보급하였다. 사례관리의 윤리와 가치, 사례관리자의 자격, 지식, 문화역량 및 언어역량, 사정, 서비스 계획 및 실행과 모니터링, 옹호와 리더십, 다학제 간 협력 및 조직 간 협력, 평가와 개선, 기록 유지, 합리적인 사례 수 유지, 전문성의 개발 및 역량 등 12가지가 그것이다. 한국사례관리학회(2016) 역시 사회복지 사례관리표준 실천지침을 마련하여 보급하였다. 사례관리의 개념부터 기관의 책임과 사례관리자의 전문적 발전까지 총 13개의 지침은 다음과 같다.

지침 1. 개념

사례관리란 복합적이고 다양한 욕구가 있는 클라이언트와 그 가족을 대상으로 사회적 기능 회복을 돕는 통합적 실천방법이다. 이를 위해 사례관리기관은 운영체계를 확립하고, 사례관리자는 클라이언트와 함께 강점관점의 체계적인 사정과 욕구사정을 해야 하며, 클라이언트의 내적 자원 및 지역사회 자원을 개발하고 활용하여 클라이언트의 삶의 질 향상을 위해 노력해야 한다.

지침 2. 가치와 윤리

사례관리자는 사회복지 전문가로서의 사회복지 가치를 준수하고 사회복지사의 윤리강령을 따라야 한다. 특히 사례관리자는 클라이언트의 생명과 인권에 대한 존중, 자기결정권, 비밀보장 등의 가치를 반영해야 한다.

지침 3. 이론과 지식

사례관리자는 강점관점, 생태체계적 관점 등 사례관리실천과 관련된 이론, 과학적 증거기반 지식, 정책, 조사 결과 그리고 평가에 관한 지식을 획득하고 사용하여 사례관리실천의 질을 보장하여야 한다. 또한 사례관리자는 가족기능 및 지역사회 네트워크와 관련된 이론과 지식을 겸비하고 이를 활용해야 한다.

지침 4. 운영체계

사례관리를 실천하는 기관은 사례관리를 효과적으로 실천하기 위하여 ① 사례관리 전담인력과 전담조직, ② 사례 발굴 및 의뢰 체계, ③ 사례회의 체계, ④ 슈퍼비전 체계, ⑤ 자원체계 ⑥ 내부 및 외부 협력체계 등의 운영체계를 갖추어야 한다.

지침 5. 사례관리자의 자격

사례관리자는 사회복지사 1급 자격증 취득 후 사회복지실천 경력 2년 이상인 자이거나 사회복지사 2급 자격증 취득 후 사회복지실천 경력 4년 이상 되어야 하며, 사례관리와 관련된 교육과 훈련을 받은 자이어야 한다.

지침 6. 초기면접 단계

초기면접 단계에서는 ① 관계 형성, ② 정보 수집, ③ 클라이언트 결정, ④ 사례관리 과정에 대한 안내, ⑤ 사례관리에 대한 동의 및 계약 절차가 이행되어야 한다.

지침 7. 사정 단계

사정 단계에서는 클라이언트의 욕구사정과 자원사정을 수행해야 한다. 욕구사정에서는 클라이언트가 진정으로 원하는 것이 무엇인지와 관련된 욕구를 파악해야 하며, 자원사정에서는 클라이언트의 강점 및 자원을 알고 이를 활용하는 것을 방해하는 장애물을 파악해야 한다. 또한 이 과정에 클라이언트 및 관련 체계를 참여시켜야 한다.

지침 8. 목표 수립 및 계획 단계

목표 수립 단계에서는 사정결과에 근거하여 개별화된 목표를 수립하여야 하고, 서비스 계획 단계에는 서비스 제공자, 기관, 달성 방법 및 시간 계획이 제시되어야 한다. 사례관리자는 이러한 계획을 클라이언트와 합의하여야 한다.

지침 9. 실행 및 점검 단계

실행 및 점검 단계에서는 클라이언트와 함께 서비스 계획을 실행하며 클라이언트의 목표 달성 여부, 변화 상황, 계획 실행과 관련된 어려움을 점검한다. 이때 사례관리자는 클라이언트가 목표 달성을 할 수 있도록 교육, 상담, 정보제공, 지지 및 옹호, 자원 발굴·연계, 조정 활동을 수행한다.

지침 10. 평가 및 종결 단계

평가 단계에서는 클라이언트와 함께 목표 달성 여부와 변화 정도, 서비스 실행 계획 이행 여부, 사회적 지지체계의 활성화 정도를 평가해야 한다. 종결 단계에서는 클라이언트와 함께 종결 시기를 결정하고, 종결에 대한 감정을 다루며, 사후관리 계획을 수립해야 한다.

지침 11. 기록

사례관리자는 사례관리의 과정을 문서화해야 한다. 초기면접지, 사정기록지, 서비스 계획 및 점검표, 서비스 과정기록지, 종결보고서를 기록해야 하며, 모든 기록은 비밀이 보장될 수 있도록 관리되어야 한다.

지침 12. 적정 사례 수

사례관리의 질적 수준을 유지하기 위하여 집중사례관리 사례 수가 1인당 20사례를 넘지 않도록 해야 한다.

지침 13. 기관의 책임과 사례관리자의 전문적 발전

기관에서는 사례관리자의 교육 참여를 적극 지원하고, 사례관리에 대한 전문적 지식과 풍부한 경험이 있는 슈퍼바이저를 위촉하여 정기적인 슈퍼비전을 시행해야 한다. 또한 사례관리자의 안전보장 및 소진예방을 위한 적절한 대책을 마련해야 한다. 사례관리자는 자격 유지와 전문성 향상을 위하여 지속적인 사례관리 교육에 참여해야 하며, 적절한 슈퍼비전을 받아야 한다.

📖 ⋯ 연구문제

1. 사회복지실천의 개념에 대해서 설명하시오.

2. 사회복지실천의 목적과 구성요소에 대해서 생각해 보시오.

3. 사회복지 실천과정 단계별 특징을 생각해 보시오.

4. 생태체계적 관점에 대하여 설명하시오.

5. 임파워먼트 모델의 강조점에 대하여 설명하시오.

6. 사례관리의 개념과 과정을 설명하시오.

🔤 ⋯ 전공어휘

• 개별화(individualization) 동일한 상황에서 발생된 사건일지라도 개개인에 따라 다른 의미로 인식될 수 있으므로 각자의 상황에 따라 독특하며 유일한 의미를 가진다.

• 거시체계(macrosystem) 개인이 속한 사회의 이념이나 제도 등을 의미한다. 정치나 경제, 사회, 법, 관습 등이 여기에 속한다.

• 경계(boundary) 체계를 외부 환경으로부터 구분하는 일종의 테두리이다.

• 대처방법(coping method) 생활 스트레스 요인에 의해 발생되는 요구를 다루기 위해 고안된 특별한 행동으로, 부정적인 감정을 조절하려는 노력과 효과적인 문제해결방법을 획득하고자 하는 노력을 포함한다.

• 동등종결성(equifinality) 다양한 방법을 통해 이루어지지만 최종적 결과는 동일하게 나타나는 것을 말한다.

• 미시체계(microsystem) 개인 혹은 인간에게 직접 영향을 미치는 환경을 말한다.

• 비밀보장(confidentiality) 사회복지사가 전문적 관계를 통해 알게 된 클라이언트의 비밀스러운 정보를 치료적 목적 이외에 타인에게 알려서는 안 된다는 원칙이다.

• 비심판적 태도(nonjudgemental attitude) 문제의 원인이 클라이언트의 잘못과 어떠한 관련이 있는지를 판단하지 않으며, 클라이언트의 특성과 가치관을 비난하지 않는다는 원칙이다.

- 사례관리(case management) 적절한 운영체계를 기반으로 적합한 과정을 통해 지속적이고 통합적으로 서비스를 제공하는 실천방법이다.
- 상황 속의 인간(Person In Environment: PIE) 인간과 환경은 지속적인 상호작용을 통하여 서로에게 영향을 준다는 호혜적 관계의 개념이다.
- 수용(acceptance) 클라이언트의 약점과 강점, 바람직한 성격과 그렇지 못한 성격, 긍정적인 감정과 부정적인 감정 등을 있는 그대로 이해하는 관계의 원칙을 말한다.
- 시너지(synergy) 부분 개체들이 서로 합을 이루어 개체의 합 이상을 만들어 내는 것이다.
- 시체계(timesystem) 개인의 전 생애에 걸쳐 일어나는 변화와 역사적인 환경이다.
- 엔트로피(entropy) 체계가 자체의 존속을 위해 자신의 에너지를 사용하는 것으로, 엔트로피를 사용하게 되면 그 체계는 소멸하게 된다. 엔트로피는 체계의 무질서를 의미하며, 체계가 기능 수행에 필요한 능력을 상실하게 되고, 그 결과 정체되어 사멸하게 되는 것을 의미한다.
- 외체계(exosystem) 개인과 직접 상호작용하지는 않으나 미시체계에 영향을 미치는 사회적 환경이다.
- 의도적 감정 표현(purposive expression of feeling) 클라이언트가 의견과 감정을 자연스럽게 표현할 수 있도록 사회복지사가 관계를 형성하는 것을 의미하며, 클라이언트가 말하는 동안 정서적인 지지를 의도적인 감정으로 표현함으로써 클라이언트가 감정을 표현할 수 있도록 기회를 마련해 주는 것을 말한다.
- 인테이크(intake) 문제를 가진 사람이 사회복지기관에 찾아왔을 때 사회복지사가 그의 문제와 욕구를 확인하여 기관의 정책과 서비스에 부합되는지를 판단하는 과정이다.
- 임파워먼트(empowerment) 클라이언트가 자신이 처한 상황을 스스로 개선하기 위한 행동을 취할 수 있도록 힘을 키워 나가도록 돕는 것이다.
- 적응(adaptation) 개인 대 환경의 적절한 결합으로 인간이 주변의 환경조건에 맞추어 조절하는 능력으로의 변화를 의미한다. 인간은 적응과정에서 환경에 의해 영향을 받고, 환경도 인간에 의해 영향을 받게 된다.
- 중간체계(mesosystem) 두 가지 이상의 미시체계 간의 관계 혹은 미시체계 간의 상호작용이다.
- 체계(system) 체계란 일정한 경계선을 가지고 있으며, 물리적 · 정신적 에너지가 그 경계선 밖에서보다는 안에서 더 많이 교환되고 상호작용하는 상호 의존적인 부분들로 구성된 전체를 말한다.

- 클라이언트의 자기결정권(self-determination) 클라이언트는 자신의 인생에 대해 스스로 결정할 수 있는 욕구와 능력이 있다는 원리에 바탕을 둔 것이다. 이는 사회복지사가 클라이언트에게 뭔가를 해 주는 것이 아니라 클라이언트와 함께 문제를 해결하는 것을 말한다.
- 통제된 정서적 관여(controlled emotional response) 클라이언트의 감정에 대한 의도적이고 적절한 반응을 말한다.
- 통합적 접근(generalist approach) 사회복지사가 개인이나 사회문제 해결과정에 개입할 수 있는 방법의 통합적 사용을 말한다.
- 항상성(homeostasis) 투입과 산출이 균형을 이루어 체계의 본질이 유지되는 상태이다.
- 허가(sanction) 사회복지 실천활동을 수행하는 데 필요한 권위와 승인이다.
- 호혜성(reciprocity) 동일 체계에서 그 일부가 변화하면 그것이 다른 모든 부분과 상호작용하여 나머지 부분도 변화하는 성질이다.
- 환류(feedback) 체계가 정보와 에너지를 산출해 내고 그 정보와 에너지가 환경에 영향을 미치며 다시 체계로 들어와 산출의 결과에 영향을 주는 것이다.

참고문헌

고명수, 박연희, 신경희, 서민호(2019). **사회복지실천론**. 경기: 정민사.

권승(2021). **사회복지개론**. 서울: 박영스토리.

길귀숙, 강희숙, 오영훈, 오하나, 유진희, 제미자, 현영렬(2022). **사회복지실천론**. 경기: 양서원.

김성경(2023). **사회복지 사례관리론**. 경기: 공동체.

김혜란, 공계순, 박현선, 홍선미(2023). **사회복지실천론**. 서울: 학지사.

김혜란, 좌현숙, 차유림, 문영주, 김보미(2006). **사회복지실천과 역량강화**. 서울: 나눔의집.

박용순(2017). **사회복지개론**. 서울: 학지사.

박정란(2021). **사례관리**. 경기: 양서원.

양옥경, 김정진, 서미경, 김미옥, 김소희(2005). **사회복지실천론**. 서울: 나남출판.

양정빈, 김효순, 이무영, 정여주, 홍성례(2022). **새롭게 배우는 사회복지실천론**. 서울: 학지사.

엄명용, 김성천, 윤혜미(2020). **사회복지실천론**. 서울: 학지사.

정원철, 김동욱, 김용준, 김진영, 박소현, 이화명(2022). **사회복지실천론**. 경기: 양서원.

한국사례관리학회(2016). 사회복지 사례관리표준 실천지침. **2016년도 한국사례관리학회 추계 학술대회 자료집**.

Andrus, G., & Ruhlin, S. (1998). Empowerment practice with homeless people/families. In L. M. Gutierrez, R. J. Parsons, & E. O. Cox (Eds.), *Empowerment in social work practice: A sourcebook* (pp. 110-129). Pacific Grove, CA: Brooks/Cole.

Biestek, F. P. (1957). *The Casework Relationship.* Illinois: Loyola University Press.

Boehm, W. W. (1959). *Objectives of the Social Work Curriculum of the Future.* NY: CSWE.

Bronfenbrenner, U. (1979). *The Ecology of Human Development.* Cambridge, MA: Harvard University Press.

Compton, R., & Galaway, B. (1994). *Social Work Processes* (5th ed.). Belmont, CA: Wadsworth Publishing Company.

Germain, C. B. (1976). *An Ecological Variable in Social Work Practice: Theory and Skills.* Belmont, CA: Wadsworth Publishing Company.

Hepworth, D. H., & Larsen, J. A. (1990). *Direct Social Work Practice: Theory and Skills.* Belmont, CA: Wadsworth Publishing Company.

Hepworth, D. H., & Larsen, J. A. (1993). *Direct social work practice: Theory and skills.* Pacific Grove, CA: Brooks/Cole.

Moxley, D. P. (1989). *The Practice of Case Management in the Human Services.* Newbury Park, CA: Sage.

National Association of Social Workers (1984). *NAWS standards and guidelines for social work case management for the functionally impaired.* Silver Spring, MD: Author.

National Association of Social Workers (2013). *NASW Standards for Social Work Case Management.*

Perlman, H. H. (1972). The problem-solving model in social casework. In R. W. Roberts & R. H. Nee (Eds.), *Theories of Social Casework.* Chicago and London: The University of Chicago Press.

Perlman, H. H. (1978). *Relationship: The Heart or Helping PeoPle.* Chicago: The University of Chicago Press.

Pincus, A., & Minahan, A. (1973). *Social Work Practice: Model and Method* (3rd ed.). Itasca, IL: F.E. Peacock Publishers, Inc.

Spreitzer, G. M. (1995). Psychological Empowerment in the Workplace: Dimensions, Measurement, and Validation. *Academy of Management Journal, 38*(5), 1442-1465.

Zastrow, C. (1989). *The Practice of Social Work.* Chicago: The Dorsey Press.

제**6**장

사회복지실천의 거시적 접근방법

사회복지의 거시적 실천은 세 가지로 분류할 수 있다. 첫째, 지역사회 수준에 개입하여 지역사회에 존재하는 각종 제도에 영향을 주고, 지역사회의 문제를 예방하고 해결하고자 하는 사회복지사의 활동이다. 여기에는 지역사회 자원의 발굴과 연계활동이 포함된다. 둘째, 사회복지 기관이나 조직의 행정체계를 대상으로 한 사회복지사의 활동이다. 여기에는 기관 및 조직의 운영, 사회복지 전달체계에서 사회복지서비스 제공 등의 활동이 포함된다. 셋째, 클라이언트의 삶에 영향을 미치는 국가와 사회의 복지체계를 대상으로 한 사회복지사의 활동이다. 이 수준에서 사회복지사는 국가와 사회의 복지정책 개발, 정책 분석, 정책 대안의 발굴 및 제시 등의 활동을 주로 한다.

거시적 수준에서는 클라이언트를 직접 만나기보다는 특정 대상의 클라이언트를 염두에 두고 클라이언트와 멀리 떨어진 상태에서 간접적인 사회복지서비스를 지원하므로 '간접적 실천'이라고 불리기도 한다. 이 장에서는 사회복지실천의 거시적 접근방법으로 지역사회복지, 사회복지행정, 사회복지정책을 다루고자 한다.

1. 지역사회복지

1) 지역사회와 지역사회복지의 개념

우리말로 지역사회 또는 공동체로 번역되는 community는 대체로 지리적인 근접성과 동질적인 정체성(공동의 관심과 이해관계 등)을 포괄하는 개념으로 이해된다. 지리적 의미에서의 지역사회는 주로 행정적·자연적 의미의 지역사회로 특별시, 광역시, 도·시, 시·군·구, 읍·면·동 등이 해당된다. 사회적으로 동질성을 띤 지역사회는 주민들 간의 합의성, 일체감, 공동생활양식, 공통의 관심과 가치, 공동 노력이 강조된다. 학자들에 따라서는 지리적 특성과 사회적 동질성을 강조하는 자연지역으로서의 지역사회를 강조하기도 하고, 기능적 지역사회로서 직업, 취미, 활동 영역 등 기능적 기준에 기초하여 지역사회를 규정하기도 한다(조추용 외, 2023).

이를 정리하면 일정한 지리적 공간인 생활권 안에서 기능적이고 사회적인 상호작용을 통하여 공통된 이해관계, 문화, 규범 등을 형성하는 동질성의 특성을 가지고 있는 집단이며, 구성원들이 합의성과 자조성에 기초한 공통의 경험과 공동의 생활양식을 어느 정도 향유하는 일정지역의 공간적·심리적 범위로서 전체 사회의 일부분에 속하는 구조라고 정의할 수 있다(고수현, 2020).

좋은 지역사회는 각기 주관적으로 판단할 수 있지만, 주민이 지역사회에 대한 깊은 애정이 있고, 치안과 안전이 보장되며, 기능적인 생활환경과 이웃 관계를 유지하고, 심각한 사회문제가 없으며, 교육과 고용의 기회가 충분하고, 쾌적한 공간적·문화적 환경이 유지되는 지역사회의 이미지로 표현될 수 있다(오정수, 류진석, 2016).

좋은 지역사회의 특성은 다음과 같다(Warren, 1978: 김홍주, 2022에서 재인용).

- 인간적 기초 위에서 서로를 존중하는 지역사회
- 권력과 자원이 골고루 배분되는 지역사회
- 다양한 집단을 포용할 수 있는 공동체적 특성이 살아 있는 지역사회
- 합리적 문제해결과 사회적 합의에 의해 갈등을 해결하는 지역적 통제가 있는 지역사회

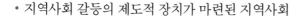

• 지역사회 갈등의 제도적 장치가 마련된 지역사회

이러한 좋은 지역사회를 만들기 위해서는 다양한 공동체의 노력이 필요하다. 정부와 민간기관, 전문인력과 주민 당사자를 포함한 비전문인력이 함께 지역사회의 문제를 해결하고 주민의 복지 욕구를 충족하기 위해 노력한다. 지역사회복지는 지역사회의 복지 향상을 위한 포괄적인 제도적 개념으로서 좋은 지역사회를 만들기 위해 지역사회의 문제를 예방하고 해결하려는 일체의 사회적 노력이라고 볼 수 있다.

2) 지역사회복지 실천

지역사회복지실천은 다른 사회복지실천과 구별될 수 있는 특징이 있다(고수현, 2020).

• 지역성과 기능성을 포함하는 일정한 지역 내에서 실천된다.
• 지역사회 주민이라는 다수의 삶의 질 향상에 목표가 있다.
• 지역사회문제를 해결하고 주민의 복지 욕구를 충족시키는 기능을 한다.
• 정부와 민간 부문의 협력이 강화되는 추세에 있다.
• 전문적인 서비스와 방법을 사용한다.
• 지역사회 내의 자원뿐 아니라 타 지역과의 연계활동도 한다.
• 지역사회조직과 지역사회개발이론이 주된 이론이다.
• 자원봉사, 사회행동, 사회계획이론도 포괄한다.

지역사회복지의 실천과정은 지역사회가 당면하고 있는 문제와 충족되지 않은 욕구를 발견하여 효과적인 대응책을 수립하고, 이를 실천에 옮기는 일련의 과정을 의미한다. 지역사회복지의 실천과정은 여러 학자들에 의해 설명되는데, 던햄(Dunham, 1970)은 지역사회복지 실천과정을 문제해결과정으로 보았다. 그는 ① 문제 인식 단계, ② 문제 분석 단계, ③ 계획 단계, ④ 조치 단계, ⑤ 평가 단계, ⑥ 차후 단계로 보았다. 칸(Kahn, 1994)은 지역사회복지 실천과정을 계획과정으로 보았으며, ① 계획 선동, ② 탐색, ③ 계획과정 결정, ④ 정책 형성, ⑤ 프로그램화, ⑥ 평가 및 환류 과정으로 보았다. 길버트와 스펙트(Gilbert & Specht, 1986)는 지역사회복지 실천과정을 정책

표 6-1 | 지역사회복지 실천의 관점과 과정

구분	던햄	칸	길버트와 스펙트	최일섭과 류진석
지역사회복지 실천의 관점	문제해결과정	계획과정	정책 형성과정	지역사회 문제해결 과정
과정(단계)	① 문제 인식	① 계획 선동	① 문제 발견	① 문제 발견 및 분석
	② 문제 분석	② 탐색	② 문제 분석	② 정책 및 프로그램 개발
	③ 계획	③ 계획과정 결정	③ 대중 홍보	③ 프로그램 실천
	④ 조치	④ 정책 형성	④ 정책 목표 설정	④ 평가
	⑤ 평가	⑤ 프로그램화	⑤ 일반의 지지와 합법성 구축	
	⑥ 차후	⑥ 평가 및 환류	⑥ 프로그램 설계	
			⑦ 실천	
			⑧ 평가 및 사정	

형성의 8단계, 즉 ① 문제 발견, ② 문제 분석, ③ 대중 홍보, ④ 정책 목표 설정, ⑤ 일반의 지지와 합법성 구축, ⑥ 프로그램 설계, ⑦ 실천, ⑧ 평가 및 사정으로 보았다. 최일섭과 류진석(1996)은 지역사회복지 실천과정을 지역사회 문제해결과정으로 보았으며, ① 문제 발견 및 분석, ② 정책 및 프로그램 개발, ③ 프로그램 실천, ④ 평가로 보았다. 이를 정리하면 〈표 6-1〉과 같다.

3) 지역사회의 역량강화

지역사회복지를 실현하기 위한 방법으로 점차 강조되는 방법은 지역사회의 역량을 강화하는 것이다. 과거 우리 사회는 지역사회의 공동체성을 바탕으로 지역의 다양한 어려움 등을 해결해 나갔으나, 도시화와 산업화로 인해 점차 지역사회의 기능이 약화되고 있다는 것에 기인한다. 이에 지역사회의 역량을 강화하여 이를 통해 지역주민의 삶의 질 향상을 도모하면서 지역의 공동체성을 회복하고자 한다. 지역사회의 공동 목표를 달성하기 위해서 문제해결과정에 참여하는 지역사회의 역량을 키우는 것이 점차 중요해지고 있다.

펠린(Fellin, 2001)은 역량 있는 지역사회란 다양한 지역사회 구성원들이 필요로 하는 것에 적절히 대응하고 지역사회문제와 일상생활에서의 도전을 해결할 수 있는 능력을 가져야 한다고 보았다. 또한 지역사회 구성원들은 다음과 같은 요소를 가져야 한다고 보았다. ① 지역사회에 대해 헌신적임, ② 공유가치와 이익에 대한 자기 인식, ③ 의사소통에 대한 개방적 태도, ④ 지역사회 의사결정 과정에 대한 광범위한 참여, ⑤ 지역사회의 효능감과 임파워먼트에 대한 감각 등이다(엄태영, 2020에서 재인용).

4) 지역사회복지의 실천모델

지역사회복지의 전통적인 모델은 〈표 6-2〉에서와 같이 지역 개발 또는 지역사회 개발, 사회 계획, 사회행동으로 나뉜다(Rothman & Tropman, 2001).

- **지역 개발 또는 지역사회 개발**: 전 지역사회에 참여함으로써 경제적·사회적 진보의 조건을 형성하거나 향상시키기 위한 과정이다. 지역사회 개발에서는 주민들의 참여와 공동체의식 개발에 초점을 둔다.
- **사회 계획**: 사회문제를 해결하고자 하는 지역사회의 장기적인 계획으로, 지역사회 계획자와 사회복지사들이 사회 계획의 목표를 달성하기 위해 상호 원칙적으로 둘 이상의 다양한 학문적 팀 안에서 기능하는 기술적인 과정을 포함한다. 사회 계획에서 지역복지실천가는 전문가로서의 역할을 수행하며, 정책 선택, 서비스 배분 전달 등의 과업을 중요하게 다룬다.
- **사회행동**: 지역사회의 맥락을 바탕으로 사회 변화를 촉진하고자 한다. 이에 사회행동가는 종종 기존의 권력과 구조에 도전하게 된다.

표 6-2 　전통적인 지역사회복지 실천모델

	지역사회 개발	사회 계획	사회행동
개념	• 지역사회 주민의 적극적인 참여와 주민들이 가능한 한 최대의 주도권을 갖고 전 지역사회의 경제적·사회적 조건을 향상시키기 위한 과정	• 비행, 주택, 정신건강과 같은 사회문제를 해결하고자 하는 기술적인 과정	• 지역사회에서 불우계층에 처한 주민들이 사회정의와 민주주의에 입각해서 보다 많은 자원과 향상된 처우를 지역사회에 요구하는 행동
목표	• 과정 중심 목표	• 과업 중심 목표(문제해결)	• 과업 또는 과정 중심 목표
지역사회 구조와 문제 상황에 관한 전제	• 주민들의 문제를 해결할 수 있는 능력과 기술의 결여 • 상호 고립으로 인한 아노미, 소외, 정신병적 증상 • 전통을 고수하고, 소수의 전통적인 지도자에 의한 비민주적인 피지배 형태	• 지역사회는 수많은 사회문제를 안고 있음	• 혜택과 권한의 분배에 따른 계층으로 유지되는 지역사회 때문에 무력한 주민들은 억압받고, 박탈당하며, 무시당하고, 정부나 대기업, 사회의 기존 체제 등의 부조리와 착취에 의해 고통받고 있음
변화를 위한 기본 전략	• 모두 모여 문제해결 방안을 논의함	• 객관적인 사실을 취합하여 논리적인 다음 단계를 모색함	• 자신들을 억압하는 것들을 없애기 위한 조직을 구성함
변화를 위한 전술과 기법	• 합의(개인, 집단, 파당 간의 의사 교환)	• 사실의 발견과 분석	• 갈등이나 대결(성토, 시위, 협력 거부, 피케팅)
사회복지사의 역할	• 조력자(enabler) • 격려자(encourager)	• 보다 기술적이고 전문가적인 역할	• 옹호자(advocator) • 행동가(activist)
변화의 매개체	• 과제 지향적 소집단	• 공식집단과 자료	• 대중 조직과 정치적 과정
권력구조에 대한 견해	• 권력집단도 지역을 향상시키려는 목적을 위해 노력하는 대상 집단	• 전문가의 후원자 및 고용기관	• 클라이언트 집단 외부의 반대 세력이나 강압 세력

클라이언트 집단/수혜자 규정	• 전 지역사회	• 지역사회 내의 특수 지역 및 일부 계층	• 지역사회의 일부로서 고통당하는 집단
클라이언트 집단에 대한 개념	• 개발되지 않은 잠재력을 지닌 정상인	• 서비스 혜택을 받는 소비자	• 체제의 희생자

출처: 최일섭, 류진석(1996).

2. 사회복지행정

1) 사회복지행정의 개념

사회복지행정의 개념은 협의의 개념과 광의의 개념으로 나누어 살펴볼 수 있다. 협의의 사회복지행정은 사회복지조직(기관)을 운영하는 관리자의 활동과 관련되어 있으며, 목표 달성, 프로그램 기획, 자원의 동원과 유지, 성과의 평가 등에 사회사업적인 지식과 기술을 적용하는 과정이라고 볼 수 있다. 협의의 사회복지행정은 '사회사업행정(social work administration)'으로 불린다. 광의의 사회복지행정은 사회복지전달체계와 관련된 개념으로서, 사회복지정책을 사회복지서비스로 전환시키는 데 필요한 사회복지조직의 총체적인 활동을 의미한다.

2) 사회복지행정의 이념

사회복지행정의 이념은 사회복지서비스의 제공기준과 목표로서 클라이언트의 욕구를 명확히 파악하고, 그에 적합한 서비스를 전달하는 과정에서 사회복지행정이 지향하고자 하는 바이다. 사회복지행정의 이념을 몇 가지 제시하면 다음과 같다.

(1) 효과성
효과성(effectiveness)이란 사회복지조직에서 클라이언트의 욕구충족을 위해 제공된 서비스나 프로그램이 클라이언트의 욕구충족과 문제해결을 어느 정도 달성했는가에 관한 개념이다.

(2) 효율성

효율성(efficiency)이란 최소 자원의 투입(input)으로 최대의 산출(output) 효과를 거두었는가에 관한 개념이다. 이 개념은 자원이 제한된 사회복지서비스의 공급에 있어 중요한 개념이다.

(3) 형평성

형평성(equity)은 동일한 욕구를 가진 클라이언트는 동일한 서비스를 받아야 한다는 개념이다. 즉, 사회복지서비스는 개개인의 욕구에 따라 형평성 있게 제공되어야 함을 의미한다.

(4) 접근성

접근성(accessibility)이란 클라이언트가 사회복지서비스를 쉽게 이용할 수 있어야 한다는 개념이다. 접근성에는 건물 출입구나 시설물을 사용하기 쉽도록 하는 물리적 접근성, 사회복지서비스 이용에 필요한 비용을 지원하는 경제적 접근성, 사회복지서비스 이용방법 및 비용 등에 관한 정보를 제공하는 정보적 접근성이 있다.

3) 사회복지행정의 특성

사회복지조직은 휴먼서비스 조직으로서의 특성을 갖고 있다. 일반적으로 휴먼서비스 조직은 조직의 원료가 인간이며, 도덕적 가치판단이 필요하고, 클라이언트와 조직 구성원 간의 관계가 효과성과 효율성에 중요한 영향을 미치는 등 다른 조직들과는 다른 특성을 갖고 있다.

- 사회복지행정은 국가의 이념, 개발 방향, 정책 등의 내용에 따라 결정되는 성격이 강하다.
- 사회복지행정은 사회적으로 인지된 욕구충족을 위해 사용 가능한 자원을 동원하는 등 욕구충족을 위한 방법으로 사용된다.
- 사회복지행정은 이윤 추구 및 가격관리를 목적으로 하지 않고 클라이언트와 지역사회에 대한 윤리, 공적 책임, 전문인력 관리 등에 중점을 둔다.

- 사회복지행정은 복지정책의 목표를 달성하는 수단, 방법과 선택, 서비스 제공 조직과 기구 등에 관심을 갖는다.

4) 사회복지행정의 과정

사회복지행정의 과정은 일반적으로 기획, 조직화, 인사, 지시, 조정, 보고, 재정, 평가로 전개되며, 영어 알파벳의 첫자를 따서 'POSDCoRBE'로 표현된다.

(1) 기획

기획(planning)은 사회복지행정가에 의해 수행되는 첫 번째 과정으로서 목표 설정과 목표 달성을 위한 과업 및 활동, 과업 수행을 위한 방법의 결정이 이루어지는 과정이다. 사회복지기관의 목적은 기관이 설립될 때 일반적으로 기술되는데, 공공기관의 경우에는 해당 법령에, 민간기관의 경우에는 정관에 나타나 있다. 과업 수행을 위해 사용되는 방법은 변화하는 목표에 따라 달라질 수 있으므로, 사회복지행정가는 변화하는 목표에 따라 필요한 과업을 계획하고, 목표 달성을 위해 요구되는 방법을 선정해야 한다.

(2) 조직화

조직화(organizing)는 업무가 할당되고 조정되는 등 공식적인 조직구조가 설정되는 과정이다. 조직 구성에 있어서 구성원 간에 갈등이 초래되지 않도록 구성원들의 역할과 책임을 분명히 해야 하며, 사회복지행정가는 구성원들에게 조직구조에 대해 명확히 이해시켜야 한다.

(3) 인사

인사(staffing)는 직원의 채용과 해고, 직원의 교육과 훈련, 우호적인 활동 조건의 유지 등이 이루어지는 과정이다. 사회복지기관의 행정 책임자의 경우 공공기관의 경우에는 입법 또는 행정기관의 장이 채용하고, 민간기관의 경우에는 이사장(회장)이 채용한다. 사회복지기관의 행정 책임자는 직원의 임면과 교육 및 훈련에 대한 책임을 지며, 협동적인 분위기 조성을 위해 구성원 간에 의사소통이 자유롭고 민주적인 관계를 유지하도록 한다.

(4) 지시

지시(directing)는 행정 책임자가 기관을 효과적으로 운영하기 위해 구성원에게 업무를 부과하는 과정이다. 행정 책임자에게는 합리적인 의사결정을 내리는 능력, 기관의 목적에 대한 적극적 관심과 그것을 달성하려는 헌신적인 태도, 구성원의 공헌을 칭찬하는 능력, 구성원에게 책임과 권한을 효과적으로 위임하는 능력, 개인과 집단의 창의성을 고취하는 능력 등이 요구된다.

(5) 조정

조정(coordinating)은 기관활동의 다양한 부분을 상호 연계시키는 과정이다. 조정을 위해 행정가는 기관의 여러 부서와 구성원들 간의 효과적인 의사소통 통로를 만들어야 한다. 이를 위해서 가장 일반적인 방법은 위원회를 만들어 활용하는 것이다. 위원회에는 프로그램, 인사, 재정 등과 같은 활동에 관한 문제를 다루는 상설위원회와 긴급한 문제나 단기간에 수행할 수 있는 임시적 활동을 다루는 특별위원회가 있다.

(6) 보고

보고(reporting)는 행정가가 기관의 직원, 이사회, 지역사회 등에 기관에서 일어나는 상황을 알리는 과정이다. 기관의 보고를 위해 필요한 세 가지 주요 활동에는 인사기록, 클라이언트 사례 기록, 전반적인 기관활동의 기록을 포함하는 기록 유지활동, 기관이 어떻게 기능하고 있는가를 보여 주는 정기적 감사활동, 기관의 서비스 수행 여부, 현재 서비스의 필요 여부 및 새롭게 요구되는 서비스 내용 등에 관한 조사 · 연구 활동이 있다.

(7) 재정

재정(budgeting)은 조직이 목표 달성을 위해 필요한 재정 자원을 합리적이고 계획적으로 동원하고, 배분하며, 효율적으로 사용 · 관리하는 과정이다. 이 과정은 크게 세 가지로 구분할 수 있는데, 예산편성 과정, 예산집행 과정, 예산집행에 대한 감사 과정이다.

(8) 평가

평가(evaluating)는 기관의 목표에 비추어 전반적인 활동의 결과를 사정(assessment)하는 과정이다. 평가에는 두 가지 척도를 적용할 수 있는데, 서비스에 대한 욕구와 관련하여 기관의 서비스가 수행된 정도를 사정하는 효과성 척도와 기관의 가용한 자원과 관련하여 기관의 서비스가 수행된 정도를 사정하는 효율성 척도가 있다.

5) 사회복지서비스 전달체계

지역사회적 맥락에서 사회복지 급여를 공급하는 자들 간의 조직적인 연계 및 공급자와 소비자 간의 조직적 연결을 사회복지서비스 전달체계라고 한다(김영종, 2006). 사회복지서비스 전달체계를 공급 주체에 따라 분류하면, 국가와 지방자치단체가 주체가 되는 공공 전달체계와 민간 부문이 주체가 되는 민간 전달체계로 나눌 수 있다.

(1) 공공 전달체계

공공 전달체계는 국가 또는 지방자치단체가 운영의 주체가 되는 전달체계로서, 세계 여러 나라에서 사회보험, 공공부조, 사회복지서비스의 대부분을 정부에서 공공 전달체계를 통하여 제공하고 있다. 우리나라의 경우 각종 사회보험은 중앙정부에서 전담하고 있고, 공공부조와 사회복지서비스는 중앙 및 지방자치단체에서 분담하고 있다.

공공 부문, 특히 중앙정부가 서비스 전달을 담당하는 것은 사회복지 급여나 서비스가 공공재적인 성격을 가지고 있거나 대상 집단이 많을 경우에 적합하며, 소득재분배 효과를 극대화하여 불평등을 해소하고, 다양한 프로그램을 통합하여 지속적으로 공급할 수 있다는 장점을 가진다. 그러나 관료주의적 경직성, 접근의 어려움, 가격과 질의 저하 등이 단점으로 지적된다.

지방정부가 전달 주체가 되면 지역주민의 욕구 변화에 융통성 있게 효율적으로 대응하고, 지방정부 간 경쟁을 통해 서비스의 질적 향상을 도모하며, 창의적이고 실험적인 서비스 제공이 가능하고, 수급자의 참여 기회를 확대할 수 있다는 장점이 있다.

(2) 민간 전달체계

민간 전달체계는 사회복지법인, 비영리 사회단체, 기업, 개인과 같은 민간 부문이

주체가 되어 행하는 비정부 전달체계로서, 박애사업, 자선사업, 민간 사회복지 기관과 시설, 기업복지가 이에 속한다.

민간 부문은 선택의 자유, 접근의 용이성, 융통성이라는 장점이 있는 반면, 서비스의 통합성과 지속성, 안정성이 취약하다는 단점이 있다.

복지국가의 위기론이 등장한 이후 중앙정부는 지방정부에, 지방정부는 민간 부문에 서비스 공급의 부담을 이양하는 경향이 나타나고 있다. 특히 공공기관이 제공하던 서비스를 민간기관에 이양 또는 위탁하는 민영화 추세가 강화되고 있다. 이는 신자유주의 이데올로기의 확산과 시민 참여의 확대라는 요인의 영향을 받은 것이다. 민영화와 함께 영리기관의 참여도 확대되어 상업화 흐름이 나타나고 있다. 오늘날에는 재원과 운영 모두 독자적으로 책임을 지는 순수한 민간 부문의 주체는 드물고, 정부와 민간의 혼합체계가 많이 활용되고 있다.

3. 사회복지정책

1) 사회복지정책의 개념과 목표

(1) 사회복지정책의 개념

사회복지정책이란 사회복지에 관한 정책이라고 볼 수 있다. 사회복지정책의 개념을 이해하기 위해서는 '정책(policy)'의 개념을 잘 이해할 필요가 있는데, 일반적으로 정책이란 "특정 목적을 달성하기 위한 행동의 원칙, 지침, 일정한 계획, 조직화된 노력"(원석조, 2006)으로 보고 있다. 따라서 사회복지정책이란 사회복지에 관한 계획되고 조직화된 행동 방침이라고 정의 내릴 수 있다.

(2) 사회복지정책의 목표

사회복지정책은 일반적으로 사회통합과 정치적 안정을 달성하고, 사회질서를 유지하며, 사회문제를 해결하고, 사회적 욕구를 충족시키며, 개인의 자립과 성장, 재생산을 보장하고, 소득을 재분배하고자 하는 목표를 가지고 있다.

2) 사회복지정책의 과정 분석

일반적으로 사회복지정책은 정책 문제 형성, 정책 의제 설정, 정책 대안 마련, 정책 결정, 정책 집행, 정책 평가의 단계를 거치는 것으로 볼 수 있는데(송근원, 김태성, 2005), 각 단계별 내용은 다음과 같다.

(1) 정책 문제 형성

정책 문제란 사회문제 중에서 정부가 개입하여 해결하려고 관심을 갖고 있는 문제를 말한다. 일반적으로 사회에 존재하는 모든 사회문제가 정책 문제가 되는 것은 아니다. 사회문제가 정책 문제가 되기 위해서는 사회문제의 이슈화, 즉 어떤 사회문제에 대하여 해결방법을 찾지 못하고, 갈등과 논쟁이 일어나는 과정이 필요하다. 결국 이 단계는 사회문제의 사회적 이슈화를 통하여 정부의 관심을 유발함으로써 사회문제가 정책 문제로 전환되는 단계이다. 사회문제가 사회적 이슈로 전환되기 위해서는 촉발 장치(관심을 유발하는 사건)와 주도자(여론을 환기시키는 클라이언트, 사회복지사, 언론인, 정치가 등)가 있어야 한다.

사회문제의 사회적 이슈화를 위해서 사회복지사의 역할은 중요하다. 사회복지사는 클라이언트를 대신하여 사회문제를 이슈화하고, 그들의 대변자 역할을 하거나, 언론 홍보, 자원 동원 등의 역할을 하는 한편, 정부에 대해서는 사회문제에 개입하도록 압력을 행사할 수도 있다.

(2) 정책 의제 설정

정책 문제가 구체적인 사회복지정책으로 만들어지기 전에 정책 결정권자들 사이에서 공식적으로 논의되기 위하여 하나의 안건으로 제안되는 단계이다. 이 과정에서는 정책 문제의 해결을 위한 여러 사회복지정책의 대안이 구상되고 제안된다. 정책 의제(agenda) 설정과정에는 공무원, 이익단체, 시민사회단체, 클라이언트, 사회복지사 등이 참여하며, 경우에 따라서는 일반 국민이 직접 참여하기도 한다.

정책 의제 설정과정은 정책 의제의 설정을 좌우하는 주도 집단이 누구인가에 따라 세 가지 모형으로 나뉘는데, 정부 내부에서 제기되어 공중의 참여를 배제하고 진행되는 내부접근 모형(inside access model), 정부에서 주도하여 대중의 지지를 얻어 진행되는 동원 모형(mobilization model), 정부 외부에서 주도하여 정부가 관여하게 되는 외부주도 모형(outside initiative model)이 있다.

정책 의제는 공중 의제[public agenda, 또는 체제 의제(system agenda)]와 정부 의제(governmental agenda)로 구분할 수 있다. 공중 의제는 많은 사람이 관심을 가지고 정부가 그 문제를 해결해야 한다고 인정하는 문제이고, 정부 의제는 정부가 공식적으로 해결하기로 밝힌 문제이다.

(3) 정책 대안 마련

정책 문제가 무엇인지를 파악하고, 그 문제를 둘러싼 상황을 파악하여 정책 목표를 세우고, 그 목표를 달성할 수 있는 정책 수단으로서의 정책 대안을 개발하며, 여러 정책 대안 중에서 어떤 정책 대안이 가장 바람직한 것인가를 비교·분석하는 단계이다. 정책 대안 마련 과정에는 문제와 상황의 파악, 정책 목표의 설정, 정책 대안의 탐색과 개발, 정책 대안의 비교·분석, 최선의 정책 대안 선택 과정이 포함되어야 한다. 정책 대안을 마련하는 방법은 다음과 같다.

- 점진적 방법(progressive method): 기존 정책에 약간의 수정을 가하여 한정된 수의 대안만을 탐색하는 방법
- 브레인스토밍(brainstorming): 다양한 아이디어를 자유분방한 상태에서 제안하게 하여 새로운 아이디어나 목표, 전략을 창출하는 방법
- 델파이(delphi): 전문가들의 의견을 모으고 교환하며 발전시킴으로써 미래를 예측하고 대안을 찾는 방법

정책 대안을 비교·분석하는 방법은 다음과 같다.

- 욕구 평가(needs assessment): 문제의 배경이 되는 충족되지 않은 욕구를 파악하여, 문제의 성격, 범위 등을 규명한다. 기존 정보와 기록, 별도의 조사, 전문가 면접 등을 활용하여 현재의 욕구를 파악하고 미래의 욕구를 예측한다.
- 비용 편익 분석(cost-benefit analysis): 정책의 비용과 편익을 화폐가치로 환산하여 비교한다. 그러나 사회복지서비스는 화폐가치로 환산하는 것이 어려운 경우가

많다.

- 비용 효과 분석(cost-effectiveness analysis): 각각의 정책 대안에 대한 총비용과 총효 과를 비교하여 선택한다. 편익을 화폐가치로 환산하는 문제를 피할 수 있으며, 동일한 결과를 얻기 위해 더 적은 비용이 소요되는 대안을 선택한다.

(4) 정책 결정

권위를 가진 정책 결정권자가 문제해결을 위한 여러 대안 가운데 하나를 선택하거 나 우선순위를 결정하는 과정이다. 기본적인 주요 정책은 국회 의결과 대통령령이 공포하는 입법화 과정을 거쳐 확정되고, 시행 기반을 확보하게 된다. 그러나 세부 정 책은 법의 위임에 따라 국회 의결을 거치지 않고 대통령령이나 부령 등으로 정부의 결정에 따라 시행되기도 하며, 더욱 세부적인 경우에는 행정 지침의 형태로 공표되기 도 한다.

(5) 정책 집행

결정된 정책을 실행하는 과정으로서, 정책 집행자와 클라이언트의 상호작용을 통 하여 정책 목표를 구체화해 나가는 과정이다. 이 단계에서의 주요 과업은 프로그램 을 조직하고, 정책을 보다 구체화하며, 서비스나 급여를 대상자에게 전달하는 것인 데, 이 과정에서 복지 문제와 관련된 이해집단도 관여하게 된다(표갑수, 2002).

정부(중앙정부 또는 지방자치단체)가 집행을 담당하는 것이 원칙이나, 경우에 따라 정부의 위탁을 받거나 자체적으로 민간 부문의 주체에 의해 집행되기도 한다. 오늘 날 정부의 주관하에 민간 기관이나 단체에 의해 집행되는 사례가 많아지고 있다.

(6) 정책 평가

실행된 정책에 대하여 평가가 이루어지는 과정이다. 정책 평가는 좁은 의미로는 정 책 집행 결과에 대한 평가, 즉 정책이 원래 의도한 문제의 해결에 얼마나 영향을 미쳤 는가에 대한 평가이며, 넓은 의미로는 정책 문제 평가, 정책 의제 평가, 정책 대안 평 가, 정책 결정 평가, 정책 집행 평가, 정책 영향 평가 등 정책 형성 전반에 걸친 평가이 다. 평가 결과는 정책의 확대, 축소, 폐지, 수정 등에 관한 결정과 시행에 활용된다. 정 책 평가는 '정책 평가 목표 및 대상의 설정 → 정책의 내용 · 수단 · 구조 파악 → 평가

기준 설정(평가 설계) → 자료의 수집 및 분석 → 평가 보고서 작성'의 절차를 거친다.

정책 평가는 다음과 같은 기준에 따라 이루어져야 한다.

① **효과성**(effectiveness)

목표의 달성 정도 등 정책 효과가 과연 정책 때문에 발생했는가를 판단한다.

② **효율성**(efficiency)

투입에 대한 산출의 비율을 경제적 가치로 환산하여 평가한다.

③ **적정성**(adequacy)

정책이 문제를 얼마나 해결했는지, 문제를 일으킨 욕구, 가치, 기회를 얼마나 만족시켰는지를 평가한다.

④ **적절성**(appropriateness)

문제해결을 위해 사용된 수단이나 방법이 바람직한 수준에서 이루어졌는가를 평가한다.

⑤ **형평성**(equity)

정책에 대한 효과가 얼마나 공평하고 공정하게 배분되었는지를 평가한다.

⑥ **대응성**(responsiveness)

정책이 대상 집단의 욕구, 선호, 가치를 충족시킨 정도를 평가한다.

3) 사회복지정책의 분석틀

길버트와 스펙트(1986)는 사회복지정책의 분석틀로서 할당, 급여 형태, 전달체계, 재원의 네 가지를 제시하였으며, 이것은 다음과 같은 질문 형태로 표현될 수 있다(현외성, 2006에서 재인용).

• 누구에게 급여를 제공할 것인가? (급여 대상자)

• 무엇을 급여로 제공할 것인가? (급여 형태)

• 어떻게 급여가 전달되어야 하는가? (급여의 전달체계)

• 어떻게 재정을 충당할 것인가? (재원 조달방법)

(1) 할당

할당이란 누구에게 급여를 제공할 것인가, 다시 말하면 누가 급여를 받을 만한 자격이 있는가에 관한 것이다. 할당에는 두 가지 기본 원칙이 적용되는데, 사회복지 급여는 모든 국민에게 사회적 권리로서 주어져야 한다는 보편주의와 자산 조사를 통하여 개개인의 욕구를 파악한 후, 이에 기초하여 제공해야 한다는 선별주의가 바로 그것이다.

하지만 할당의 원칙을 보편주의와 선별주의로 구분하는 것은 지나치게 단순화하는 것이며, 현실의 다양한 기준을 포함하지 못하는 한계가 있다. 이러한 한계를 고려하여 길버트와 테렐(Gilbert & Terrell, 1998)은 급여 대상자의 선정 기준을 귀속적 욕구, 보상, 진단적 차등, 자산 조사 욕구의 네 가지로 나누어 제시하였다.

① 귀속적 욕구(attributed need)

귀속적 욕구의 원칙은 현재의 사회적 · 경제적 제도하에서 충족되지 않은 공통적 욕구를 가진 사람들에게 사회복지 급여를 제공하는 것이다. 이 원칙에서 '욕구'는 규범적 기준에 따라 정의될 수 있으며, 대상자는 노인, 빈민층, 농어촌 지역 학생, 맞벌이 부부 등이 될 수 있다.

② 보상(compensation)

보상의 원칙은 사회보험의 가입 대상자로서 요건을 갖추고 일정한 보험료를 납부하며 기여한 사람 또는 인종차별이나 성차별의 희생자와 같이 사회의 부당한 행위에 의해 피해를 입은 사람들에게 사회복지 급여를 제공하는 것이다. 이들에게는 사회복지 급여가 하나의 보상으로서 주어진다. 이 원칙에서는 형평성에 입각한 규범적 판단에 의해 특정 집단을 대상자로 선정한다.

③ 진단적 차등(diagnostic differentiation)

진단적 차등의 원칙은 신체적·정신적으로 결함이 있는 경우처럼 전문가의 심사에 의해 특별한 재화 혹은 서비스가 필요하다고 판단된 개인에게 사회복지 급여를 제공하는 것이다. 장애 분류와 등급을 정하는 장애 판정, 일상생활 능력이 저하된 노인의 판정 등이 진단적 차등에 해당된다.

④ 자산 조사 욕구(means-tested need)

자산 조사 욕구의 원칙은 자산 조사를 통해 재화와 서비스를 구입할 능력을 상실한 것으로 확인된 개인에게 사회복지 급여를 제공하는 것이다. 공공부조가 그 대표적인 예로, 경제적 기준, 즉 빈곤의 정도에 따라 개별적으로 대상자를 선정한다.

(2) 급여 형태

사회복지정책을 통해 제공되는 물질적·비물질적 지원을 급여라고 한다. 급여 형태는 기본적으로 현금급여와 현물급여를 들 수 있다. 현금급여에는 사회보험이나 공공부조 등이 있고, 현물급여에는 건강보험의 진료서비스, 장애인복지의 보장구 등이 있다.

사회복지 급여는 실제에 있어서 보다 다양한 형태로 나타난다. 길버트와 테렐(1998)은 사회복지 급여의 형태를 기회, 서비스, 물품, 증서, 현금, 권력으로 분류했다.

① 기회(opportunity)

기회는 원하는 목적을 달성하도록 인센티브(incentive)를 주거나 제재를 가하는 것을 말한다. 예를 들면, 저소득층에 영구임대아파트 입주 기회를 제공하거나, 농어촌 지역 출신 학생들에게 대학 입학 정원을 별도로 배정해 주는 것이다. 이 기회는 타인에게 양도할 수 없고, 다른 형태의 급여와 바꿀 수 없으며, 제공된 목적이나 용도로만 쓰여야 한다.

② 서비스(service)

서비스는 상담, 사례관리, 직업훈련 등 구체적 형상을 갖고 있지 않은 무형(無形)의 제반 활동을 말한다. 서비스는 시간과 공간 및 서비스 제공자에 따라 그 내용이 달라

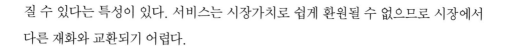

질 수 있다는 특성이 있다. 서비스는 시장가치로 쉽게 환원될 수 없으므로 시장에서 다른 재화와 교환되기 어렵다.

③ 물품(goods)

물품은 식품, 의류, 주택과 같은 구체적인 형상을 갖는 상품을 말한다. 물품은 시장 가치로 쉽게 환원될 수 있으나, 구체적 물건으로서 형상을 갖고 있어 교환하는 것이 현금에 비하여 상대적으로 어렵다.

④ 증서(voucher)

증서는 일정한 범위 내에서 여러 자원으로 교환될 수 있는 급여다. 증서는 현금에 비해 교환의 범위가 한정되어 있으나, 물품이나 서비스에 비해서는 선택의 폭이 넓 다. 증서는 현금급여와 현물급여의 중간적인 성격을 갖고 있다. 증서에는 식품 교환 권(food stamp), 교육 증서 등이 있다.

⑤ 현금(cash)

급여를 현금으로 지급하는 것으로, 공공부조, 아동수당, 사회보험의 현금급여 등 이 이에 해당된다. 현금은 언제라도 어떤 재화나 서비스를 구입할 수 있다는 점에서 구매력 행사에 제한이 없어 교환가치가 가장 크고, 소비자 선택의 범위가 가장 넓다. 하지만 원래 계획된 목적 외의 용도로 사용할 가능성이 있다는 단점이 있다.

⑥ 권력(power)

권력은 물품과 자원을 통제할 수 있는 영향력을 말한다. 정책 결정과정이나 의사 결정 과정에 참여하여 활동하는 것을 의미하는데, 예를 들면 국민연금기금운용위원 회에 가입자의 대표를 의사결정에 참여시키는 것이다. 권력은 대상자가 직접 소비하 거나 이용할 수 있는 것은 아니지만, 사회경제적 자원을 폭넓게 관할할 수 있는 여지 를 제공해 주므로 유동적 교환가치를 가진다.

(3) 전달체계

지역사회적 맥락에서 사회복지 급여를 공급하는 자들 간의 조직적인 연계 및 공급자와 소비자 간의 조직적 연결을 사회복지서비스 전달체계라고 한다(김영종, 2006). 사회복지서비스 전달체계에 대해서는 이 장의 2절 '사회복지행정'에서 다루었다.

(4) 재원

사회복지 재원은 크게 공공재원과 민간재원으로 나뉜다. 공공재원에는 조세로 이루어지는 정부의 일반예산, 사회보험을 위한 보험료, 조세지출이 있다. 민간재원에는 기업복지의 재원, 자발적 기여, 사용자 부담, 가족 간 소득이전이 있다.

4) 사회보장의 이해

(1) 사회보장

① 사회보장의 개념

사회보장(social security)이라는 용어는 1935년 미국이 「사회보장법(Social Security Act)」을 제정하면서 법률명으로 처음 사용하였고, 제2차 세계대전 이후에 널리 통용되었다.

사회보장의 개념은 국가와 시대, 연구자의 학문적 관점에 따라 서로 다르게 정의하고 있어 분명하게 일치하지는 않는다. 그럼에도 불구하고 최근에는 많은 국가에서 자본주의 발전과 사회적 상황 변화에 따라 사회보장의 개념을 소득보장이라는 범주를 넘어 의료 및 사회서비스까지 포함하는 넓은 의미로 사용하고 있다.

2012년에 전면 개정된 우리나라 「사회보장기본법」(1995년 제정)에서도 사회보장을 "출산, 양육, 실업, 노령, 장애, 질병, 빈곤 및 사망 등의 사회적 위험으로부터 모든 국민을 보호하고 국민 삶의 질을 향상시키는 데 필요한 소득·서비스를 보장하는 사회보험, 공공부조, 사회서비스"(「사회보장기본법」 제3조)로 정의하고 있다. 우리나라 「사회보장기본법」 역시 사회보장의 범위를 광의의 개념으로 파악하고 있음을 알 수 있다. 이에 따라 사회보장을 정의하면 국가의 책임하에 모든 사회 구성원을 대상으로 인간의 생애주기에 따라 발생할 수 있는 사회적 위험(질병, 의료, 실업, 노령, 산업재해, 사망 등)에 대해 최저생활을 유지할 수 있도록 물질적·비물질적 서비스를 제공하는 총체적 생활보장제도라고 할 수 있다.

② 사회보장의 목적

국제노동기구(ILO)는 사회보장의 목적을 좁은 의미와 넓은 의미로 나누어 제시하고 있다. 좁은 의미의 목적은 빈곤방지 또는 빈곤구제이고, 넓은 의미의 목적은 생활의 안정과 관련되어 있다. 즉, 사회보장제도는 국가의 책임 아래 다양한 사회적 위험으로부터 국민의 최저생활과 안정을 보장하는 데 그 목적을 두고 있다. 국가의 중요한 책무 중 하나는 국민의 생존권을 보장하는 것이고, 국민들의 기본적 욕구(basic needs)를 보장하기 위한 사회제도가 바로 사회보장제도인 것이다.

사회보장의 중요한 목적 중 또 다른 하나는 소득재분배(income redistribution)이다. 국가가 사회보장을 통하여 소득재분배를 하는 이유는 무엇일까? 일반적으로 시장경제체제에서는 국가의 강제적 개입이 없으면 소득불평등은 심화될 수밖에 없다. 소득불평등 현상이 커지면 여러 가지 측면에서 국가 발전에 저해가 된다. 따라서 대부분의 시장경제체제 국가에서는 국가의 소득불평등을 줄이기 위해 개입을 하며, 그 방법으로 사회보장제도를 실시하고 있다.

③ 사회보장의 형태

사회보장이 어떠한 형태로 시행되고 있는가는 각 나라마다 다르다. 우리나라의 「사회보장기본법」에서는 사회보험, 공공부조, 사회서비스로 구분한다. 그러나 일반적으로 사회보장의 형태는 급여대상을 결정하는 수급자격요건에 따라 사회보험, 공공부조, 사회수당으로 구분한다(〈표 6-3〉 참조).

급여의 수급자격을 선택하는 기준에는 귀속적 욕구에 근거한 선정(인구학적 요인, 예: 65세 이상인 자, 18세 미만 아동 등), 보상에 근거한 선정(예: 사회적 · 경제적으로 공헌한 자로서 재향군인, 사회보험 가입자 등), 전문적 진단에 의한 선정(예: 의사의 판단에 의한 장애인 여부와 장애인 등급, 약물 및 알코올 중독 여부 등), 자산 조사(means-test)를 전제한 경제적 욕구에 의한 선정(예: 우리나라의 생활보장사업의 대상자 선정에서 필히 행해지는 것으로 개인의 소득 · 재산뿐만 아니라 가족의 부양의무 여부, 친척의 소득 · 재산 등의 자산 조사) 등이 있다. 그러나 일반적으로 각 형태는 기여금의 납부 여부와 자산 조사 실시 여부에서 특징을 찾을 수 있다.

사회보험(social insurance)은 오늘날 대부분의 국가에서 규모가 가장 크고 중요한 사회보장제도이다. 사회보험은 기여(보험료 납부)를 전제로 하기 때문에 자산 조사는

표 6-3 사회보장의 형태별 특징

내용	사회보험	공공부조	사회수당
기여의무 여부	○	×	×
자산 조사 여부	×	○	×
급여 형태	현물 + 현금	현물 + 현금	현금
수급가능대상	보험가입자	전 국민	전 국민
빈곤대책효과	사전예방	사후보장	사전예방
재원	기여(보험료)	조세	조세

출처: Gillbert & Terrell (2002).

실시하지 않으며 기여에 근거해서 급여가 제공되기 때문에 권리로서 받아들여진다. 또한 공공부조와 다르게 미래에 부딪힐 수 있는 위험에 대비하기 때문에 예방적 성격의 제도이다. 평소 경제활동을 통해 소득이 있을 때 소득의 일부를 보험료로 납부(기여)하고, 퇴직이나 질병, 실업 등 사회적 위험에 부딪혔을 때 일정한 보험 원칙에 따라 급여를 받을 수 있는 자격을 가지게 된다.

우리나라 사회보험은 사람들이 일생 동안 처하게 되는 사회적 위험의 종류에 따라 다섯 가지 제도를 마련하고 있다. 노령, 장애, 사망 등의 위험에 대비한 국민연금제도, 질병에 대비한 국민건강보험제도, 실업에 대비한 고용보험, 작업 중 사고 등에 대비한 산업재해보상보험 그리고 2008년 7월부터 시행되고 있는 노후의 돌봄에 관한 노인장기요양보험제도가 있다.

반면, 공공부조(public assistance)는 사회보장제도 가운데 역사적으로 가장 오래되었고, 사회보험이 성숙되기 전까지 대부분의 나라에서 가장 중요한 사회보장의 역할을 담당하였다. 공공부조는 빈곤으로 이미 추락한 계층에 대하여 생계를 보호하는 데 중점을 둔 사후보장적 성격을 가지고 있다. 대상요건으로는 기여와 관계없이 생계유지가 곤란한 경우에 급여를 지급하며, 대부분의 경우 자산 조사를 통해 급여를 받도록 하고 있다. 재원은 조세에 의해 충당된다.

사회수당(social allowance)은 그 나라 국민이면 누구나 인구학적인 일정요건(노인, 아동, 장애인 등)만 갖추면 기여를 하지 않고, 또한 수급자의 자산 조사를 행하지 않고 급여를 지급하는 프로그램이다. 따라서 사회수당을 보편적 프로그램(universal program) 혹은 데모그란트(demogrant)라고도 부른다. 재원은 조세에 의해 이루어지

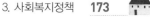

며, 오늘날 사회수당 중 가장 널리 알려진 것은 아동수당, 노령수당, 가족수당 등이다.

(2) 사회보험

사회보험은 사회적 위험이 발생했을 때 현물급여 또는 현금급여를 행하는 것으로 사회보장 가운데 중핵을 차지하고 있는 제도이다. 구체적으로는 보험가입자(피보험자)가 소득이 있을 때에 소득의 일부를 보험료로 지불하고 특정 사태, 예를 들면 질병, 부상, 사망, 노령, 장애, 실업 등이 발생했을 때 급여를 받는 제도이다.

사회보험은 소득보장이란 점에서 공공부조와 동일한 목적을 갖지만, 공공부조와 본질적으로 다른 다음과 같은 특징을 가지고 있다.

- 사회보험은 강제적용으로 기여를 함으로써 사회적 위험으로부터 국민들을 보호하기 위한 의무적인 제도이다.
- 사전에 규정된 욕구에 따라 급여가 지급되기 때문에 예방적 성격을 지닌다.
- 자산 조사는 행하지 않으며, 급여 수급권자가 수급에 필요한 제반 조건을 충족했을 경우에 권리로서 이루어지고, 수급권은 수급자와 보험자(정부 또는 공공기관) 간의 계약에 의한다.
- 자신이 낸 보험료에 비례하여 급여를 받는 개인의 형평성보다는 모든 가입자에게 최저생계를 유지하도록 급여를 제공하는 사회적 연대 및 통합을 중시한다.

① 국민연금제도

국민연금제도란 노령, 퇴직, 사망 등의 사회적 위험으로 소득의 중단 또는 상실이 발생했을 경우에 당사자나 유족에게 국가 또는 공공기관이 운영주체가 되어 일정 수준의 소득을 연금 형태로 보장하는 장기적인 소득보장제도이다.

우리나라는 1986년에 「국민연금법」이 입법화되고 1988년부터 시행되었다. 그러나 도입 당시는 전 국민을 대상으로 하지 않고 10인 이상 사업장의 근로자만이 연금에 가입할 수 있었다. 이후 점차 확대·적용하여 1995년에는 농어촌 지역 주민으로, 1999년 4월부터는 도시 자영업자로 확대됨에 따라 제도 시행 11년 만에 전 국민 연금 시대를 이루게 되었다.

가. 적용대상

국민연금의 가입대상자는 국내에 거주하는 18세 이상 60세 미만의 국민이다. 그리고 국민연금 가입 사업장에 종사하는 외국인과 국내 거주 외국인도 해당된다. 다만, 공무원, 군인, 사립학교 교직원 등 직역연금에 가입하고 있는 자는 제외된다. 가입자의 종류는 사업장 가입자, 지역 가입자, 임의 가입자 및 임의 계속 가입자로 구분된다. 이 가운데 사업장 가입자와 지역 가입자는 반드시 가입해야 하는 당연적용 가입대상(의무가입)이고, 임의 가입자 및 임의 계속 가입자는 본인의 선택에 의해 가입하는 임의적용 가입대상이다.

표 6-4 국민연금 가입자의 종류별 가입요건

당연 작용 가입	사업장 가입자	1인 이상 근로자를 상시 고용하는 사업장의 18세 이상 60세 미만의 근로자와 고용주
	지역 가입자	18세 이상 60세 미만의 국민으로서 사업장 가입자가 아닌 자
임의 적용 가입	임의 가입자	당연적용 가입자가 아닌 자로서 18세 이상 60세 미만인 자가 가입 신청한 경우
	임의 계속 가입자	납부한 국민연금 보험료가 있는 가입자 또는 가입자였던 자로서 60세에 달한 자가 가입기간이 부족하여 연금을 받지 못하거나 가입기간을 연장하여 더 많은 연금을 받기를 원해 65세에 달할 때까지 신청에 의해 가입한 경우

출처: 국민연금공단(www.npc.or.kr).

나. 국민연금의 급여

연금급여란 가입자가 노령이나 질병, 사망 등으로 인해 소득능력이 상실 또는 감퇴되었을 때 본인이나 유족의 생계를 보장하기 위해 지급되는 현금급여를 말한다.

급여의 종류로는 매월 지급되는 연금급여로서 노령연금, 장애연금, 유족연금이 있고, 일시금 급여로 반환일시금과 사망일시금이 있다.

노령연금은 국민연금의 기초가 되는 급여로서 가입기간, 연령, 소득활동 유무에 따라 노령연금, 조기노령연금, 이혼한 배우자에게 지급할 수 있는 분할연금이 있다. 노령연금의 수급개시 연령은 「국민연금법」 개정에 따라 지급연령이 높아져 2013년부

표 6-5 노령연금 수급연령

출생연도	수급개시 연령		
	노령연금	조기노령연금	분할연금
1952년생 이전	60세	55세	60세
1953~1956년생	61세	56세	61세
1957~1960년생	62세	57세	62세
1961~1964년생	63세	58세	63세
1965~1968년생	64세	59세	64세
1969년생 이후	65세	60세	65세

출처: 국민연금공단(www.npc.or.kr).

터는 4년마다 1세씩 지급개시 연령이 늦추어져 1969년 이후의 출생자는 65세부터 지급받을 수 있다.

장애연금은 가입자가 질병 또는 부상으로 완치 후에도 신체 또는 정신상의 장애가 있어 노동력이 상실 또는 감소된 경우에 생계 안정을 위해 장애 정도(장애 등급 1~4급)에 따라 지급되는 급여를 말한다.

유족연금은 수급권자가 사망한 경우에 그 유족의 생활을 보장하기 위해 지급되는 연금을 말한다.

반환일시금은 60세 이상인 경우 혹은 사망, 국외이주 등으로 가입자의 자격이 상실되었거나 연금 수급요건을 채우지 못한 경우, 그동안 납부한 보험료에 이자를 더해 일시금으로 지급하는 급여이다.

사망일시금은 가입자가 사망하였으나 유족연금이나 반환일시금을 받을 수 없는 경우에 더 넓은 범위의 유족에게 지급하는 급여이다.

표 6-6 국민연금 급여 종류

급여	종류		수급자격
연금급여 (매월)	노령연금		• 가입기간이 10년 이상이면 60세 이후부터 매월 지급 • 가입기간, 연령, 소득활동 유무에 따라
		노령 연금	가입기간이 10년 이상이고 60세(수급연령 상향 규정 적용: 60~65세)가 된 경우
		조기 노령연금	가입기간이 10년 이상이고 55세(수급연령 상향규정 적용: 55~60세) 이상인 자가 소득 있는 업무에 종사하지 않는 경우에 본인이 신청하면 60세 전이라도 지급받을 수 있는 연금
		분할연금	• 이혼한 자가 배우자였던 자의 노령연금액 중 혼인기간에 해당하는 연금액을 나누어 지급받는 연금 • 혼인기간 중 국민연금보험료 납부기간이 5년 이상이어야 한다.
	장애연금		장애로 인한 소득감소에 대비한 급여
	유족연금		가입자의 사망으로 인한 유족의 생계 보호를 위한 급여
일시금 급여	반환 일시금		가입자의 자격상실이나 수급요건을 채우지 못한 경우에 지급
	사망 일시금		유족연금 또는 반환일시금을 받지 못할 경우 지급하는 급여

출처: 국민연금공단(www.npc.or.kr).

다. 국민연금의 재정

국민연금의 주된 재원은 법률에 근거하여 납부하는 연금보험료에 의해서 충당된다. 연금보험료액은 기준소득월액(가입자가 신고한 소득월액)에 보험료율을 곱하여 산정한다. 2023년 국민연금 보험료율은 9%로 사업장 가입자(근로자)의 경우는 근로자와 사용자가 각각 절반씩 부담한다. 즉, 사용자와 근로자가 4.5%씩 부담하여 매월 사용자가 납부하도록 되어 있다. 지역 가입자(자영업자와 농어민 등)는 보험료를 본인이 전액 부담하되, 농어민의 경우는 국고보조가 일부 지원되고 있다.

국민연금의 급여 산정방법은 지급 사유에 따라 기본 연금액과 부양가족연금액을 산정·합산하여 지급한다. 가족부양연금액은 수급자가 권리를 취득할 당시 가입자(유족연금은 가입자던 자)에 의해 생계를 유지하고 있던 피부양자에게 지급하는 일종

표 6-7 국민연금 보험료율

연금 보험료 산정 방법: 연금보험료 = 가입자의 기준소득월액 × 연금보험료율	
사업장 가입자	• 기준소득월액의 9%(사업장 사용자 4.5%, 본인 4.5%) • 매월 사업장 사용자(회사)가 납부 (예: 기준소득월액이 1,060,000원인 봉급자의 경우 9%에 해당하는 95,400원을 매월 연금보험료로 납부해야 하는데 그 중 47,700원은 본인이, 47,700원은 사용자가 부담)
지역 가입자	• 본인이 전액 부담(임의 · 임의계속가입자도 동일) • 농어업인의 경우 일정한 조건에 해당되면 보험료의 일부를 국고에서 지원받을 수 있다.

출처: 국민연금공단(www.npc.or.kr).

의 가족수당 성격의 부가급여를 말한다.

$$\text{연금급여액} = \text{기본 연금액} + \text{부양가족연금액}$$

② 국민건강보험제도

국민건강보험제도는 질병, 부상, 분만, 사망 등으로 인한 소득의 중단 및 과다한 의료비 지출의 부담을 덜어 주기 위한 사회보장제도로서 국민의 건강증진 및 보건을 향상시키는 제도라고 할 수 있다.

우리나라의 국민건강보험제도는 1963년 「의료보험법」이 제정되면서 시작되었으나, 당시는 임의적용방식으로 유명무실했다. 그 후 단계적 확대가 이루어지면서 1988년에는 농어촌지역 주민을 위한 의료보험이, 1989년에는 도시지역 주민을 위한 의료보험이 실시되면서 전 국민 의료보험시대가 열리게 되었다. 1999년에는 현재의 「국민건강보험법」이 제정되어 2000년 1월부터는 국민건강보험으로 운영되고 있다.

가. 적용대상

국민건강보험의 적용대상은 의료급여 대상자를 제외한 모든 국민으로 직장 가입자와 지역 가입자로 구분한다. 직장 가입자는 사업장의 근로자와 그 사용자, 공무원및 사립학교 교직원 그리고 그 피부양자로 구성된다. 직장 가입자의 피부양자는 직

장 가입자에 의하여 주로 생계를 유지하는 자로서 소득 또는 보수가 없는 자를 말한다. 구체적으로는 직장 가입자의 배우자, 직계존속(배우자 직계존속 포함), 직계비속(배우자 직계비속 포함) 및 그 배우자, 형제자매를 포함한다.

지역 가입자는 직장 가입자와 그 피부양자를 제외한 가입자이다.

표 6-8 국민건강보험 가입자의 종류와 대상

구분	직장 가입자		지역 가입자
	일반근로자사업장	공교사업장	
가입자	모든 사업장에 고용된 근로자와 그 사용자	공무원 및 교직원으로 임용 또는 채용된 자	직장 가입자와 그 피부양자를 제외한 자
피부양자	• 직장 가입자에 의하여 주로 생계를 유지하는 자로서 소득 또는 보수가 없는 자 • 직장 가입자의 배우자 • 직장 가입자의 직계존속(배우자의 직계존속 포함) • 직장 가입자의 직계비속(배우자의 직계비속 포함) 및 배우자 • 직장 가입자의 형제자매		

출처: 국민건강보험공단(www.nhis.or.kr).

나. 국민건강보험의 급여

국민건강보험의 급여는 가입자나 피부양자가 질병, 부상 등과 같이 보험사고가 발생하였을 때 법령이 정하는 바에 따라 현물 또는 현금의 형태로 제공하는 서비스를 말한다. 국민연금이 현금급여 중심인 데 반해 국민건강보험은 현물중심의 급여이다. 현물급여로는 질병, 부상 등이 발생했을 때 지정된 요양기관에서 진단, 치료, 간호 등 의료서비스를 받는 요양급여와 건강진단이 있다. 현금급여로는 요양비, 장애인 보장구, 본인부담액 상한제, 임신 · 출산 진료비가 있다. 요양비는 가입자 또는 피부양자가 긴급, 기타 부득이한 사유로 인하여 지정된 요양기관 이외의 의료기관이나 약국에서 진료를 받았을 때 요양급여에 상당하는 금액을 지급받는 것을 말한다.

다. 국민건강보험의 재정

국민건강보험의 재원은 가입자와 사용자가 납부하는 보험료, 정부보조금, 담배부담금, 환자가 진료비의 일정비용을 부담하는 본인부담금으로 구성된다. 보험료는 직

표 6-9 　국민건강보험의 급여 종류와 내용

급여		지급대상	내용
현물급여	요양급여	가입자 및 피부양자	• 진찰 · 검사, 약제 · 치료재료의 지급, 처치 · 수술, 기타의 치료, 예방 · 재활, 입원, 간호, 이송을 대상으로 함 • 비용의 일부는 본인부담
	건강검진		• 질병의 조기발견과 그에 따른 요양급여 제공 • 2년마다 1회 이상 무료건강검진 실시
현금급여	요양비	가입자 및 피부양자	• 긴급, 부득이한 사유로 요양기관 외의 의료기관이나 약국 등에서 요양을 받았을 때 요양급여에 상당하는 금액을 지급
	장애인 보장구	등록 장애인 및 피부양자	• 장애인용 보장구를 구입할 경우 구입금액의 일부를 지급
	본인 부담액 상한액	가입자 및 피부양자	• 요양급여를 받고 납부한 본인부담액이 일정 액수를 초과한 경우 초과금액의 일부를 보상
	임신 · 출산 진료비	임산부	• 임신 · 출산 진료비의 본인부담금 일부를 전자 바우처 방식으로 지원

출처: 국민건강보험공단(www.nhis.or.kr).

장 가입자와 지역 가입자가 각각 다르게 적용된다.

　직장 가입자의 보험료는 가입자와 사용자가 각각 절반씩 부담한다(공무원인 경우는 정부와 본인이 반씩 부담, 사립학교 교직원은 가입자, 학교법인, 정부가 각각 분담). 직장 가입자의 보험료 산정은 보수월액보험료와 소득월액보험료로 나뉜다. 보수월액보험료는 가입자의 보수월액(당해 연도에 지급받은 보수총액을 근무 월수로 나눈 금액)에 당해 연도의 보험료율을 곱하여 가입자 단위로 부과한다. 소득월액보험료는 사업장에서 지급받은 보수를 제외한 소득이 일정금액을 초과하는 경우에 보수월액보험료와는 별도로 추가 부담하는 보험료를 말한다(2012. 9. 1. 시행).

표 6-10 국민건강보험 직장 가입자 보험료 산정방식

직장 가입자 보험료	보수월액 보험료	**보수월액보험료 = 보수월액 × 보험료율** (근로자와 사용자가 절반씩 부담)
		※ 보수월액 = 연간 보수총액 ÷ 근무 월수
	소득월액 보험료	보수월액의 산정에 포함된 보수를 제외한 소득(보수 외 소득) ※ 보수외소득: 이자소득, 배당소득, 사업소득, 직장외근로소득, 연금소득 등 **소득월액보험료 = 소득월액 × 보험료율**
		※소득월액 =(연간 보수 외 소득−대통령령으로 정하는 금액)×1/12

반면, 지역 가입자의 보험료는 세대 단위로 산정하는데 가입자의 소득, 재산(전월세 포함), 자동차, 생활수준 및 경제활동참가율을 참작하여 부과하고 있다.

③ 산업재해 보상보험

산업재해 보상보험(이하 산재보험)은 사업장에서 일하는 근로자들이 업무수행 중 또는 업무수행과 관련하여 부상 · 질병 또는 사망하는 경우에 산재근로자나 부양가족의 생활을 보호하기 위한 사회보험제도이다. 우리나라의 산재보험은 1964년에 사회보험 중 가장 먼저 실시되었고(1963년 법 제정), 이후 수십 차례의 개정을 통해 적용대상과 급여 수준을 확대하였다.

산재보험의 이론적 특징은 무과실책임주의 원칙에 입각하고 있다는 것이다. 민사상 손해배상은 과실책임주의의 원칙에 따라 가해자에 해당하는 사용자에게 고의 또는 과실을 요건으로 한다.

반면, 산재보험의 보상은 산재의 책임을 사용자나 근로자의 과실 여부로 판단하는 것이 아니라, 업무를 수행하는 과정에서 재해가 발생하였거나(업무수행성), 업무가 원인이 되어 재해가 발생(업무기인성)하였다는 요건을 충족하면 산재근로자에게 급여를 지급하는 무과실책임주의 원칙을 적용하고 있다.

가. 적용대상

산재보험은 2000년 7월 1일부터 근로자를 고용하는 모든 사업장의 사용자에 강제

적용하고 있다. 다만, 사업의 규모 및 위험률 등을 참작하여 대통령령으로 정하는 사업은 제외한다. 산재보험의 적용을 받는 사업장의 사용자는 가입의사와 관계없이 산재보험의 보험가입자가 되고, 적용 제외 사업장의 사용자는 근로복지공단의 승인을 얻어 보험에 가입할 수 있다.

나. 산재보험의 급여

산재보험의 급여는 산재로 인해 발생하는 비용을 보장하는 현물급여와 소득손실을 보장하는 현금급여로 나뉜다. 현물급여로는 요양급여를 들 수 있고, 현금급여에는 휴업급여, 장해급여, 간병급여, 유족급여, 장의비, 상병보상연금, 직업재활급여, 특별급여가 있다.

요양급여는 산재 시 의료기관에서 부상이나 질병의 치료에 소요되는 비용을 치유 시까지 전액을 지급하는 급여이다(단, 부상이나 질병이 4일 이상 요양이어야 지급 가능). 요양급여와 동시에 지급되는 현금급여가 휴업급여이다. 휴업급여는 산재로 인해 일하지 못한 기간에 대하여 근로자와 그 가족의 생활보호를 위해 지급하는 소득보상 성격의 급여라고 할 수 있다.

다. 산재보험의 재정

일반적으로 사회보험은 근로자와 사용자가 보험료를 부담한다. 그러나 산재보험의 보험료는 사용자가 전액을 부담한다. 산재 발생 시에 급여를 받는 것은 산재를 당한 근로자 및 그 가족이다. 즉, 산재보험은 보험료를 부담하는 가입자와 보험급여를 받는 수급자가 분리되어 있는 것이 특징이다.

사용자가 부담하는 보험료는 산업 업종별로 정해지며, 각 사업장에 산업재해가 얼마나 발생했는가에 비례해서 보험료율(개별실적료율)을 적용한다.

④ 고용보험

고용보험제도는 실업 상태에 놓인 근로자와 그 가족의 생활안정뿐 아니라 실업을 방지하고 고용을 증진하는 사회보험제도이다.「고용보험법」제1조에 의하면 고용보험에는 실직근로자에게 실업급여를 제공하는 전통적 의미의 사후적·소극적 성격 이외에 실업을 예방하고 고용을 안정시키며 근로자의 직업능력을 개발하는 등 사전적 · 적극적 내용이 포함되어 있다.

우리나라는 1993년 12월에 「고용보험법」을 제정하고 1995년 7월 1일부터 상시근로자 30인 이상 사업장에 적용하면서 사회보험제도의 기틀을 구축하게 되었다. 그후 1998년 10월부터는 제도 시행 후 3년 만에 근로자 1인 이상을 고용하는 모든 사업장에 확대 · 적용하였고, 2002년에는 일용근로자에게 고용보험이 적용되었다.

가. 적용대상

고용보험의 적용대상은 원칙적으로 근로자를 고용하는 모든 사업 또는 사업장에 적용한다. 다만, 사업의 규모 및 산업별 특성을 고려하여 대통령령으로 정하는 사업 또는 사업장에 대해서는 적용을 제외하고 있다.

나. 고용보험사업의 종류

고용보험의 사업은 크게 소극적 노동시장 정책이라 할 수 있는 실업급여사업과 적극적 노동시장 정책이라 할 수 있는 고용안정 · 직업능력개발사업 및 모성보호급여로 구분한다.

실업급여사업은 근로자가 실직한 경우에 실직자의 생계를 지원하고 구직활동을 지원하는 사업이다.

고용안정 · 직업능력개발사업은 실업예방, 고용촉진, 고용기회의 확대뿐 아니라 새로운 기술습득을 위한 직업능력개발 등을 통해 급변하는 경제 상황에 능동적으로 대처할 수 있도록 하는 사업이다.

모성보호급여는 임신과 출산 과정에서 일과 육아를 병행할 수 있도록 하여 여성의 권리를 보호하기 위한 사업이라고 할 수 있다. 모성보호급여에는 육아휴직급여, 육아기 근로시간 단축급여, 출산전후 휴가급여가 있다.

다. 고용보험의 재정

고용보험의 재원은 근로자와 사용자가 부담하는 보험료에 의해 이루어진다. 고용보험의 보험료는 고용안정 · 직업능력개발사업과 실업급여를 나누어 부과하고 있다. 고용안정 · 직업능력개발사업의 보험료는 사용자가 전액 부담하고, 실업급여는 사용자와 근로자가 보험료의 1/2을 각각 부담한다. 따라서 근로자는 실업급여만 부담하면 된다.

⑤ 노인장기요양보험제도

노인장기요양보험제도는 고령이나 노인성 질병 등으로 인하여 일상생활을 혼자서 수행하기 어려운 자에게 신체활동 또는 가사지원 등의 서비스를 제공하는 사회보장 제도이다. 노인장기요양보험제도는 2007년 4월에 「노인장기요양보험법」이 제정되고, 2008년 7월부터 실시하고 있는 우리나라 5대 사회보험 가운데 가장 늦게 만들어진 사회보험제도이다.

국민건강보험이 치매, 중풍 등 질환의 진단, 입원 및 외래치료, 재활치료 등을 목적으로 주로 병·의원 및 약국에서 제공하는 의료서비스라면, 노인장기요양보험은 노화 및 치매·중풍 등 노인성 질환 등으로 인하여 혼자 힘으로 생활하기 어려운 대상자에게 요양시설이나 재가 장기요양기관을 통해 신체활동 또는 가사지원서비스를 제공하는 복지서비스라고 할 수 있다.

가. 적용대상

노인장기요양보험제도의 대상자는 65세 이상의 노인 또는 64세 이하의 노인성 질병을 가진 자 중 장기요양 등급 판정위원회에서 6개월 이상 일상생활을 혼자서 수행하기 어렵다고 등급(1~5등급, 인지지원등급)을 인정받은 사람에게 급여를 제공한다. 장기요양 인정 신청자격을 연령에 따라 두 종류로 나누는 것은 보험급여의 범위에 차이가 있기 때문이다. 즉, 65세 이상 노인의 경우에는 원인과 상관없이 보험급여의 수급권이 발생하지만, 64세 이하인 자가 장기요양 인정을 신청할 경우에는 치매, 뇌혈관성질환, 파킨슨병 등 대통령령으로 정하는 노인성 질병으로 인해 장기요양 보호가 필요하다고 판단될 때만 수급권이 발생한다. 장기요양을 신청하기 위해서는 장기요양보험가입자 또는 피부양자이거나 의료급여수급권자이어야 한다.

나. 급여

노인장기요양보험의 급여는 현물급여를 원칙으로 하고 보완적으로 현금급여를 제공한다. 현물급여로는 재가급여와 시설급여가 있고, 현금급여로는 특별현금급여가 있다.

재가급여는 여섯 종류의 급여로 구성되어 있다. 즉, 장기요양요원(장기요양기관에

소속되어 노인 등의 신체활동 및 가사활동 지원 등의 업무를 수행하는 자)이 수급자의 가정
을 방문하여 신체활동 및 가사활동 등을 지원하는 방문요양과 방문목욕, 방문간호,
하루 중 일정 시간 동안 장기요양기관에서 서비스를 제공하는 주·야간보호, 일정 기
간 동안 장기요양기관에서 보호하는 단기보호 그리고 수급자의 일상생활 또는 신체
활동 지원에 필요한 용구를 제공·대여하여 대상자의 편의를 도모하는 기타 재가급
여가 이에 속한다.

시설급여는 노인요양시설과 노인요양 공동생활가정 등 노인의료 복지시설에 장기
간 입소하여 신체활동 지원 및 심신기능 유지·향상을 위한 교육·훈련 등을 제공하
는 급여를 말한다.

특별현금급여로는 가족요양비가 있다. 가족요양비는 수급자가 섬·벽지에 거주하
거나 천재지변, 신체·정신 또는 성격 등의 사유로 장기요양급여를 지정된 시설에서
받지 못하고 그 가족 등으로부터 방문요양에 상당하는 장기요양 급여를 받을 때 지급
하는 현금급여를 말한다.

다. 재정

노인장기요양보험의 재원은 보험료와 국가부담 그리고 이용자부담으로 구성되어
있다. 장기요양보험료는 건강보험료에 노인장기요양보험료율을 곱한 금액을 재원으
로 사용한다. 국가는 매년 예산의 범위 안에서 당해 연도 장기요양 보험료 예상 수입
액의 20%에 상당하는 금액을 운영주체인 국민건강보험공단에 지원한다.

또한 시설 및 재가급여 이용자는 급여비용의 일부를 부담하도록 하고 있는데 시설
급여는 비용의 20%, 재가급여는 15%를 부담한다. 단, 국민기초생활 수급권자는 보
험료 및 본인부담이 면제되고, 저소득층, 천재지변 등으로 생계가 곤란한 자는 본인
부담의 일부를 경감받을 수 있다.

(3) 공공부조와 국민기초생활보장제도

① 공공부조
공공부조는 2차적 사회안전망으로서 「헌법」상 국민의 생존권 보장 이념에 근거를
두고 국가의 책임하에 생활유지능력이 없거나 생활이 곤란한 저소득층의 최저생활

을 보장하고 자립을 지원하는 사회보장제도이다.

공공부조의 재원은 국민의 세금으로 충당하며, 소득이 낮은 계층에게 집중적으로 급여를 제공하기 때문에 소득재분배 효과가 가장 큰 사회보장 프로그램이다. 또한 한정된 예산 안에서 저소득층에게 비용을 집중적으로 사용할 수 있어서 비용효율성이 높다. 그러나 수급자격은 자산 조사를 통해 결정되기 때문에 낙인이 찍히거나 근로의욕을 저하시킬 수 있다는 문제점도 있다.

우리나라 공공부조의 대표적 제도는 국민기초생활보장제도이다. 국민기초생활보장제도는 1961년부터 시행해 오던 생활보호제도를 전면 개정하여 1999년 9월에 새롭게 「국민기초생활보장법」으로 제정하고 2000년 10월부터 시행하고 있다. 2014년 12월에는 「국민기초생활보장법」을 크게 개정하여 2015년 7월부터는 이른바 '맞춤형 개별급여체계'로 전환하여 실시하고 있다.

개정된 국민기초생활보장제도의 주요 내용을 살펴보면, 기존의 국민기초생활보장제도는 가구의 소득이 최저생계비 이하인 경우에만 생계, 의료, 주거, 교육, 해산, 장제, 자활 급여로 이루어지는 일곱 가지의 모든 급여를 통합적으로 지원해 왔다. 그러나 개정된 국민기초생활보장제도에서는 최저생계비 개념 대신에 중위소득(전체 가구를 소득순위로 나열했을 때, 중간에 해당하는 가구의 소득) 개념을 기준으로 하여, 급여 종류별로 선정기준을 각각 다르게 적용하고 있다. 또한 부양의무자 선정기준도 대폭 완화되었다.

② 국민기초생활보장제도

가. 적용대상

국민기초생활보장제도의 적용대상은 부양의무자가 없거나, 부양의무자가 있어도 부양능력이 없거나 부양을 받을 수 없는 자로서 '소득인정액'이 급여 종류별 선정기준 이하인 자이다. 즉, 수급자로 선정되기 위해서는 소득인정액 기준과 부양의무자 기준을 동시에 충족해야 한다.

맞춤형 개별급여체계로 전환되면서 소득인정액 기준(소득평가액에 재산의 소득환산액을 합한 금액)은 급여 종류별로 다르게 정해지며 선정기준 이하인 경우 각 급여별로 수급자가 될 수 있다. 각 개별 급여는 기준 중위소득을 기준으로 하는 것이 아니라 기준 중위소득의 일정비율을 기준으로 하고 있다. 2023년을 기준으로 생계급여는 30%, 의료급여는 40%, 주거급여는 47%, 교육급여는 50%를 기준으로 하고 있다.

부양의무자의 기준은 부양의무자가 없는 경우, 부양의무자가 있어도 부양능력이 없는 경우, 부양능력이 있는 부양의무자가 있어도 부양을 받을 수 없는 경우에 해당한다. 부양의무자의 범위는 1촌 이내의 직계혈족 및 그 배우자(부모, 자녀, 며느리, 사위)를 포함한다.

정부는 복지사각지대 빈곤층을 줄이기 위해 부양의무자 기준을 단계적으로 완화해 왔다. 2015년 7월에는 교육급여에서 부양의무자 기준을 폐지하였다. 2018년 10월에는 주거급여에서, 2021년 10월에는 생계급여에서 부양의무자 기준을 폐지하였다. 현재는 의료급여에서 부양의무자 기준이 적용되고 있다.

나. 국민기초생활보장제도의 급여

국민기초생활보장제도의 급여는 일곱 가지로 생계급여, 주거급여, 의료급여, 교육급여, 해산급여, 장제급여, 자활급여가 있다.

생계급여는 가구의 소득인정액이 생계급여 선정기준 이하인 자를 대상으로 일상생활에 기본적으로 필요한 금품을 지급한다. 생계급여액은 생계급여 선정기준액에서 가구의 소득인정액과 타 급여액 및 타 법령지원액을 차감한 금액을 보충적으로 지급한다.

> 가구별 생계급여액
> = 생계급여 선정기준액 − 가구의 소득인정액 − 타 급여액 및 타 법령지원액

의료급여는 수급자에게 건강한 생활을 유지하는 데 필요한 각종 검사 및 치료 등의 서비스를 제공하는 급여를 말한다. 의료급여 대상자는 1종과 2종으로 구분되어 있는데 1종의 경우는 진료비의 본인부담이 없고, 2종의 경우에는 진료비의 일부를 본인이 부담하도록 되어 있다.

표 6-11 국민기초생활보장제도의 급여 종류와 내용

급여 종류	내용
생계급여	• 의복 · 음식물 및 연료비, 기타 일상생활에 필요한 금품을 지급
주거급여	• 주거 안정에 필요한 임차료, 유지수선비 등 지급
의료급여	• 건강한 생활유지에 필요한 각종 검사 및 치료 등을 지급 • 1종(무료)과 2종(일부 본인부담)으로 구분
교육급여	• 입학금, 수업료, 학용품비, 기타 물품을 지원 • 교육급여는 부양의무자 기준을 적용하지 않음
해산급여	• 출산(출산예정)한 경우 필요한 조치 및 보호를 위해 현금 지급 　※ 생계급여, 의료급여, 주거급여 수급자에게만 지원
장제급여	• 사망한 경우 장제조치를 행하는 데 필요한 금품을 지급 • 생계급여, 의료급여, 주거급여 수급자에게만 지원
자활급여	• 18~64세 이하의 근로능력이 있는 수급자의 자활을 조성하기 위해 제공하는 여러 급여

연구문제

1. 지리적 의미의 지역사회와 사회적 동질성을 기반으로 한 지역사회의 개념에 대해 비교하여 설명하시오.

2. 다른 사회복지실천과 구분되는 지역사회복지실천의 특징에 대해서 설명하시오.

3. 사회복지행정의 과정에 대해 설명하시오.

4. 공공 전달체계와 민간 전달체계를 비교하여 설명하시오.

5. 사회복지정책 여섯 단계 과정에 대해 설명하시오.

6. 길버트와 스펙트가 제시한 사회복지정책의 네 가지 분석틀에 대해 설명하시오.

7. 사회보장의 형태에는 어떤 것들이 있는지 논의해 보시오.

8. 사회보험과 공공부조의 특징 및 차이점에 대해 논의해 보시오.

9. 우리나라 사회보험제도들의 적용대상, 급여의 종류, 재정에 관해 비교해 보시오.

ABC ··· **전공어휘**

- 국제노동기구(International Labor Organization: ILO) 1919년 베르사유 평화조약을 바탕으로 유엔의 전문기관의 하나로서 국제연맹과 함께 창설되었다. 주요한 활동은 국제노동조약과 권고에 의한 국제 노동기준에의 설정과 국내 실시감독, 개발도상국에의 기술협력, 조사연구 등이 있고, 특히 노동조합권이나 사회보장의 세계적 보급에 기여하고 있다.

- 기획(planning) 기획은 사회복지행정가에 의해 수행되는 사회복지행정의 첫 번째 과정으로서 목표 설정, 목표 달성을 위한 과업 및 활동, 과업 수행을 위한 방법의 결정이 이루어지는 과정이다.

- 낙인(stigma) 다른 사람들에게 무시당하고 부정적인 낙인이 찍히면 자신도 모르게 나쁜 쪽으로 변해 간다.

- 베버리지 보고서(Beveridge Report) 정식 명칭은 '사회보험 및 관련 서비스(Social Insurance and Allied Services, Reported by William Beveridge)'로, 영국에서 1941년 6월에 창설된 '사회보험 및 관련 사업에 관한 각 부처의 연락위원회' 위원장 W. H. 베버리지가 1942년에 제출한 보고서이다.

- 사회 계획(social planning) 사실의 발견과 분석을 통해 비행, 주택, 정신건강과 같은 사회문제를 해결하고자 하는 기술적인 과정이다.

- 사회복지서비스 전달체계(social welfare service delivery system) 지역사회적 맥락에서 사회복지 급여를 공급하는 자들 간의 조직적 연계 및 공급자와 소비자 간의 조직적 연결을 말한다. 공급주체에 따라 국가와 지방자치단체가 주체가 되는 공공 전달체계와 민간 부문이 주체가 되는 민간 전달체계로 나눌 수 있다.

- 임파워먼트(empowerment) 자신이 처한 상황을 타인의 도움 없이 스스로 해결하고 극복하는 데 필요한 개인적 · 대인적 · 정치적 힘을 키우는 과정 및 그 결과이다.

- 자산 조사(means-test) 중위소득에 기초한 기준에 의거하여 개인과 가족, 친척의 소득 및 재산 등 자산을 조사하여 공공부조의 수급자격을 결정하는 기준

- 접근성(accessibility) 클라이언트가 사회복지서비스를 쉽게 이용할 수 있어야 한다는 것을 의미하는데, 접근성에는 건물 출입구나 시설물을 사용하기 쉽도록 하는 물리적 접근성, 사회복지서비스 이용에 필요한 비용을 지원하는 경제적 접근성, 사회복지서비스 이용방법 및 비용 등에 관한 정보를 제공하는 정보적 접근성이 있다.

- 정책 의제(agenda) 정책 문제가 구체적인 사회복지정책으로 만들어지기 전에 정책 결정권 자들 사이에서 공식적으로 논의되기 위하여 제안된 안건을 말한다.
- 중위소득 보건복지부 장관이 급여의 기준 등에 활용하기 위하여 중앙생활보장위원회의 심의 · 의결을 거쳐 고시하는 국민 가구소득의 중위값을 말한다(「국민기초생활보장법」 제2조 제11호). 즉, 대한민국 국민의 총 가구의 월 세전 소득을 조사하여 오름차순으로 배열한 뒤 정확히 중앙에 있는 값이 바로 중위소득이다. 2015년 7월 개정 「국민기초생활보장법」의 시행 이후 국민기초생활보장제도에 의한 각 급여 수급자를 선정하는 데 사용되고 있다.
- 지역사회 개발(community development) 지역사회 주민의 적극적인 참여와 주민들이 가능한 한 최대의 주도권을 갖고, 전 지역사회의 경제적 · 사회적 조건을 향상시키기 위한 과정이다.

참고문헌

고수현(2020). **지역사회복지론**(제4판). 경기: 양서원.

국민건강보험(2022). **2022 장기요양보험통계연보**.

김미숙(2005). 노인요양보장체계 시안의 문제점 분석. 노인복지연구, 27호, 한국노인복지학회.

김미숙, 변재관, 김찬우, 조영표, 김혜경, 이견직(2005). 노인요양보장제도 도입에 따른 인프라 확충방안. 국민건강보험공단.

김영종(2006). **사회복지행정**. 서울: 학지사.

김영화(2023). **사회복지정책론**. 경기: 공동체.

김태성, 손병돈(2012). **빈곤과 사회복지정책**. 서울: 청목출판사.

김홍주(2022). **지역사회복지론**(제2판). 서울: 신정.

노병일(2018). **사회보장론**. 경기: 공동체.

박경일(2016). **사회복지정책론**(4판). 경기: 공동체.

보건복지부(2021). **보건복지백서**.

보건복지부(2023). **2023년 국민기초생활보장사업안내**.

보건복지부(2023). **노인장기요양보험제도 사업안내**.

송근원, 김태성(2005). **사회복지정책론**. 경기: 나남출판사.

엄태영(2020). **지역사회복지론**(제2판). 서울: 신정.

오세영(2022). **사회보장론**. 서울: 신정.

오정수, 류진석(2016). **지역사회복지론**(제5판). 서울: 학지사.

원석조(2006). **사회복지정책론**. 경기: 공동체.

원석조(2020). **사회복지정책론**. 경기: 공동체.

이준영, 김제선, 박양숙(2015). **사회보장론-원리와 실제**. 서울: 학지사.

장인협, 이정호(2006). **사회복지행정론**. 서울: 서울대학교 출판부.

조추용, 김양이, 황미경, 이채상(2023). **지역사회복지론**. 경기: 양서원.

채구묵(2017). **사회보장론**. 경기: 양서원.

최성재, 남기민(2007). **사회복지행정론**. 서울: 나남출판사.

최일섭, 류진석(1996). **지역사회복지론**. 서울: 서울대학교 출판부

표갑수(2002). **사회복지개론**. 서울: 나남출판사.

현외성(2006). **사회복지정책강론**. 경기: 양서원.

Dunham, A. (1970). *The New Community Organization*. New York: Thomas Y. Crowell Company.

Gilbert, N., & Specht, H. (1974). *Dimensions of Social Welfare Policy*. Englewood Cliffs, NJ: Prentice-Hall, Inc.

Gilbert, N., & Specht, H. (1986). *Dimensions of Social Welfare Policy* (2nd ed.). Englewood Cliffs, NJ: Prentice Hall, Inc.

Gilbert, N., & Terrell, P. (2002). *Dimensions of Social Welfare Policy* (5th ed.). Boston: Allyn and Bacon.

Kahn, M. (1994). Organization for Structural Reform: The Case of the New Jersey Tenants Organization. *Journal of Community Practice 1*(2), 87–111.

Rothman, J., & Tropman, J. (2001). *Strategies of Community intervention* (6th ed.). Itassa, IL: F. E. Peacook.

국민건강보험공단 www.nhis.or.kr

국민연금공단 www.nps.or.kr

근로복지공단 www.comwel.or.kr

제**3**부

사회복지실천 분야

제7장   아동 및 청소년복지

제8장   노인복지

제9장   장애인과 사회복지

제10장 여성과 가족복지

제11장 의료사회복지와 정신건강사회복지

제12장 교정복지와 군 사회복지

제13장 사회적 경제와 사회복지

제14장 다문화복지

제**7**장

아동 및 청소년복지

사회복지실천의 주요 분야 중 하나로 아동복지와 청소년 복지를 논의할 수 있다. 1990년대 이후 아동복지와 청소년복지는 정책 및 행정에서 실천현장까지 구분되고 있다. 한국에서 사회복지가 본격적으로 시작되고 실천된 시점에서는 청소년복지를 포함한 넓은 의미의 아동복지가 제공되었다. 그러나 청소년의 사회적 위치와 생애주기 내에서의 중요성이 커짐에 따라 청소년복지가 하나의 영역으로 인정되었다. 아동복지가 주로 아동이 속한 가정에서 돌봄을 중심으로 한 지원서비스에 집중하고 있다면, 청소년복지는 청소년의 독자적인 성장과 발달에 더 많은 관심을 두고 있다. 현재 한국에서 아동복지와 청소년복지는 가정, 학교, 지역사회를 중심으로 다양한 서비스가 마련되고 제공되고 있다. 이 장에서는 이러한 아동과 청소년을 중심으로 정책과 서비스의 현황 및 그 안에서의 사회복지사의 역할을 알아보고자 한다.

1. 개요

1) 아동과 청소년의 개념

(1) 아동의 개념

아동복지와 청소년복지의 의미를 살펴보기 위해서는 아동이란 누구인가, 청소년이란 누구인가를 살펴보아야 한다. 아동의 개념은 다음과 같다. 본래 아동(兒童)은 나이가 적은 아이를 뜻한다. 여기에서 중요한 구분의 기준은 나이이다. 나이는 다른 기준에 비해 그 모호성이 적기 때문에 가장 기본적으로 사용되는 기준점이라고 할 수 있다.

언제부터 언제까지를 아동이라고 규정할 수 있을지는 국가마다, 문화마다 다르다. 한국에서는 「아동복지법」에 따라 연령을 기준으로 아동을 정의하고 있다. 「아동복지법」 제3조 1호에 따르면 '아동'이란 18세 미만인 사람을 말한다. 실천현장에서 연령을 세부적으로 구분하여 3세 미만을 영아로, 만 3세부터 초등학교 취학 시기에 달하는 이를 유아라고 표현한다. 이와 대비하여 초등학교 취학 후의 연령을 아동으로 사용하기도 하지만 「아동복지법」상의 아동은 이를 모두 포함한 포괄적 의미라고 볼 수 있다.

(2) 청소년의 개념

청소년의 개념을 정의하는 것 역시 나이를 기준으로 한다. 청소년의 개념은 「청소년기본법」에 따른다. 「청소년기본법」 제3조 1호에 따르면, '청소년'이란 9세 이상 24세 이하인 사람을 말한다. 법률은 계속해서 "다만, 다른 법률에서 청소년에 대한 적용을 다르게 할 필요가 있는 경우에는 따로 정할 수 있다."고 규정한다. 이는 청소년을 연령에 따라 구분하지만 모든 법률이 9~24세까지로 정하는 것이 아니라 법률에 따라 다른 연령을 적용하기도 한다는 것을 뜻한다. 실제로 「청소년보호법」에서는 만 19세 미만인 사람을 청소년으로 규정하고 있다. 그러나 일반적으로 학년기 중 중학생과 고등학생에 해당하는 13~18세를 청소년기로 인지하는 경우가 많다.

(3) 아동과 청소년의 비교

아동과 청소년의 연령을 살펴보면 이들의 범위가 중복된다는 것을 알 수 있다. 구체적으로 9~18세까지의 연령이 중복된다. 이러한 이유로 아동복지와 청소년복지의 실천현장에서 일부 차이는 있지만 많은 서비스가 유사한 대상을 중심으로 제공되기도 한다.

앞서 한 논의를 바탕으로 아동과 청소년의 개념을 정의하면 다음과 같다. 법률적으로 아동은 18세 미만인 자이며, 청소년은 9세에서 24세까지에 이르는 자를 뜻한다. 그리고 이와는 약간 차이가 있지만, 사회 통념상으로 영유아를 포함하여 태생 후부터 초등학교까지의 연령을 통상적으로 아동이라고 말하며, 중·고등학교 연령에 해당하는 13세부터 18세를 청소년이라고 구분하고 있다. 일반적으로 사회복지서비스는 법률에 기반을 두며, 실천현장에서는 사회 통념적 구분도 많이 사용하기에 이 둘을 모두 유념할 필요가 있다.

표 7-1 아동과 청소년의 개념 비교

	아동	청소년
법률	18세 미만 (「아동복지법」)	9~24세 (「청소년기본법」)
사회 통념상	태생부터 초등학교 연령대	13~18세 (중·고등학생 및 같은 연령대의 학교 밖 청소년)

2) 아동복지의 개념

(1) 아동복지의 개념

아동복지는 아동이 편안하고 잘 지내는 상태를 의미한다. 카두신(Kadushin, 1980)은 아동복지를 넓은 의미에서 "모든 아동의 행복과 사회적응을 위해 심리적·신체적 잠재력을 개발시켜 주기 위한 각종 방법"이라고 말하였으며, 좁은 의미에서 "특수한 문제를 가진 아동과 그 가장을 대상으로 전문적인 기관에서 행하는 서비스"로 정의하고 있다. 또한 메이어(Meyer, 1985)는 지속적인 사회체계의 하나로 아동의 복지를 증진하기 위한 사회제도, 하나의 전문직으로 사회복지의 한 분야로 정의하였다.

장인협과 오정수(2001)는 아동복지를 사회 구성원으로서 아동의 기본적인 욕구를 충족시키고 건전한 성장과 발달을 도모하기 위해 여러 가지 활동을 가능하게 하는 공적 방법과 절차라고 언급하고 있다. 공계순 등(2023)은 아동복지를 협의와 광의의 개념으로 구분하여 설명하는데, 협의의 개념은 아동이 특별한 장애가 있거나 가족이 아동을 보호하고 양육하는 기능을 제대로 이행하지 못할 때 아동과 가족을 위해 전문기관이 행하는 조직적 활동을 의미하며, 광의의 개념은 아동이 건전하게 성장하고 발달할 수 있도록 하기 위해 아동과 관련된 경제, 교육, 보건, 노동 등의 여러 분야에 걸쳐 국가와 사회단체, 개인이 하는 프로그램 및 서비스라고 하였다.

이처럼 아동복지는 아동을 위한 사회복지정책과 실천을 뜻한다. 다시 말해, 모든 아동의 성장과 발달을 위해서 요구되는 제반의 복지서비스를 제도적 · 정책적 · 실천적 측면에서 개입해야 하는 모든 것을 의미한다. 그리고 아동을 위한 정책과 실천에서 핵심은 성인에 의해서 일방적으로 베풀어지는 것이 아니라 아동의 권리, 즉 복지권의 강조에 있다.

(2) 유사개념

아동복지는 여러 다른 개념으로 표현되기도 한다. 아동의 행복을 위해 안전하고 지속적이며 안정한 환경을 제공하는, 공적이며 사적인 정책과 서비스인 아동복지제도가 그것이다. 또한 국가나 지방정부가 아동복지를 위하여 설정한 목적과 원칙, 행동방향 등의 아동복지정책은 실천적 의미가 강하다. 마지막으로 아동복지서비스는 아동이나 아동이 속한 가정에 제공하는 소득 지원과 보육, 교육, 음식, 보건의료, 아동의 생활조건 개선을 위한 급여를 의미한다(노혜련, 김미원, 조소연, 2021).

3) 청소년복지 개념

(1) 청소년 용어의 구분

아동복지와 청소년복지를 구분하기 위해서는 청소년복지에서의 청소년이란 용어에 대한 심층적 이해가 필요하다. 청소년을 표현하는 학문적인 용어로는 adolescent와 youth를 가장 많이 사용한다. 전자의 경우는 발달적 관점에서 접근한 것으로 미성숙한 존재에서 성숙한 존재로 성장해 가는 과정 중의 한 시기로서 청소년을 의미한

표 7-2 adolescent와 youth 비교

	adolescent	youth
이론적 배경	발달심리학	사회학
관점	미성숙한 존재	성인기와 구분되는 고유한 시기
강조점	과도기적 상태	인권과 책임

다. 후자의 경우는 성인기와 구분되는 고유한 특성을 보이는 시기를 살아가는 존재로서의 청소년을 강조한다. adolescent가 과도기적 특성을 강조한다면, youth는 인권과 책임 등에 강조점을 둔다. 아동기와 청소년기의 차이에 주목한다면 자신의 삶에 대한 결정권이 특히 강조되며 동시에 그에 따른 책임이 요구되는 시기로 보아야 한다. 이러한 논의를 종합하면, 청소년은 성숙한 존재로 성장해 가는 시기인 동시에 청소년기란 독특한 시기를 살아가는 시민으로 이해할 수 있다.

(2) 청소년복지 개념

청소년복지는 다른 시기와 구별되는 독특한 시기인 청소년기를 스스로의 힘으로 행복하고 잘 살아갈 수 있도록 지원해 주는 제도와 실천이라고 볼 수 있다. 청소년복지는 청소년을 위한 복지인 동시에 청소년에 의한 복지가 강조되어야 한다. 전통적인 청소년복지가 청소년을 보호받아야 할 대상으로서 여긴다면 이는 아동복지의 연장선으로 접근하는 것으로 생각할 수 있다. 그러나 청소년의 발달과 성장의 특성으로 볼 때 청소년은 보호의 대상인 동시에 잠재적인 사회적 자원으로서의 자신의 삶과 결정의 주체로 인정해 주고 이에 대한 지원의 개념으로 접근하여야 한다.

여러 학자 및 법률적 개념 역시 이러한 관점에 바탕을 두고 있다. 홍봉선과 남미애(2019)는 청소년의 기본적 욕구의 충족과 건강한 성장 및 발달의 촉진, 사회 구성원으로서 주체적 삶의 영위를 강조하였다. 노혁(2010)은 인간답게 생활하는 데 필요한 권리와 책임, 잠재적 능력의 개발에 초점을 맞추었다. 「청소년기본법」은 정상적인 삶을 누릴 수 있는 기본적인 여건의 조성과 조화롭게 성장·발달할 수 있도록 하는 사회적·경제적 지원을 강조하고 있다. 미국 국립보건원은 청소년의 건강과 복리를 개선하기 위한 지역사회나 조직의 노력을 강조한다.

따라서 청소년복지란 청소년이 건강하게 성장하고 발달할 수 있도록 돕는 것과 동시에 하나의 사회 구성원으로 제 역할을 할 수 있도록 정부 및 지역사회가 통합적으로 지원해 주는 것이라 할 수 있을 것이다. 이를 위해 일차적으로 소외된 청소년의 사회적 회복에 개입을 하고, 나아가 전체 청소년의 제도적이고 실천적인 복지 증진을 위해 노력하는 청소년과 함께하고 그들이 속한 가정을 지원하는 것이다.

2. 정책과 서비스 현황

1) 아동복지정책과 서비스

(1) 아동복지정책

① 아동복지정책
아동복지정책은 아동복지를 위한 정부와 공공기관의 행동 원칙에 따른 조직적인 노력을 말한다고 볼 수 있다. 이러한 아동복지정책은 그 궁극적인 관심의 대상이 아동이 되지만 아동의 복지는 많은 부분 가족의 복지와 깊은 관련성을 가진다. 아동의 복지 증진을 위한 정책 수행은 가족이라는 매개체를 거치게 되는 경우가 많다. 이러한 배경에서 아동복지는 아동을 보호하는 가족에 대한 복지를 포함하고 있다(공계순 외, 2003).

아동복지정책은 2015년부터 새로운 전환점을 맞이한다. 「아동복지법」은 아동정책의 효율적인 추진을 위하여 5년마다 아동정책기본계획을 수립하도록 개정되었다. 그리하여 제1차 아동정책기본계획(2015~2019)이 수립되었다. 행복한 아동, 존중받는 아동이라는 목표로 미래를 준비하는 삶, 건강한 삶, 안전한 삶, 함께하는 삶이라는 네 가지 과제를 실현하도록 계획되었다. 제2차 아동정책기본계획(2020~2024)은 아동권리의 존중 및 실현과 아동이 현재 행복을 누릴 수 있는 환경 조성이라는 목표로 권리주체 아동권리 실현, 건강하고 균형 있는 발달 지원, 공정한 출발 국가책임 강화, 코로나19 대응 아동정책 혁신이라는 네 가지 추진 전략을 수립하였다.

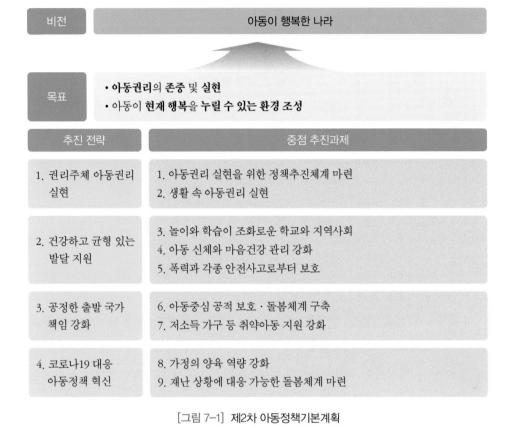

비전	아동이 행복한 나라

목표	• **아동권리**의 존중 및 **실현** • 아동이 **현재 행복**을 누릴 수 있는 환경 조성

추진 전략	중점 추진과제
1. 권리주체 아동권리 실현	1. 아동권리 실현을 위한 정책추진체계 마련 2. 생활 속 아동권리 실현
2. 건강하고 균형 있는 발달 지원	3. 놀이와 학습이 조화로운 학교와 지역사회 4. 아동 신체와 마음건강 관리 강화 5. 폭력과 각종 안전사고로부터 보호
3. 공정한 출발 국가 책임 강화	6. 아동중심 공적 보호 · 돌봄체계 구축 7. 저소득 가구 등 취약아동 지원 강화
4. 코로나19 대응 아동정책 혁신	8. 가정의 양육 역량 강화 9. 재난 상황에 대응 가능한 돌봄체계 마련

[그림 7-1] 제2차 아동정책기본계획

② 아동복지 관련 법률

아동정책 혹은 아동복지정책은 「아동복지법」에 기초하고 있다. 「아동복지법」은 「사회복지사업법」에 기초를 둔 법령으로 아동이 건강하게 출생하여 행복하고 안전하게 자랄 수 있도록 아동의 복지를 보장하는 것을 목적으로 제정되었다. 본래 1961년 「아동복리법」이 제정되었으며, 이후 그동안의 요보호아동 중심의 구호적 성격에서 벗어나 전체 아동의 복지를 보장하도록 1981년 「아동복지법」으로 명칭을 바꾸고 내용을 전부 개정한 것이다.

「아동복지법」은 아동복지의 책임 주체를 명시하며 아동복지정책의 수립, 보호서비스와 학대의 예방 및 방지, 아동지원서비스 등을 규정하고 있다. 특히 아동복지를 위한 실천적 근간이 되는 각종 아동복지시설과 통합서비스 지원에 관한 내용도 담고 있다. 이 밖에 아동에 관한 관련 법령으로 아동양육의 경제적 부담 경감을 위해 아동수당 지급에 관한 법령인 「아동수당법」과 실종아동의 발생 예방, 발견과 복귀 도모, 복

표 7-3 아동복지 관련 법률

구분	내용
「아동복지법」	아동복지정책의 수립, 보호서비스와 학대의 예방 및 방지, 아동복지시설과 통합서비스 지원 등을 규정
「아동수당법」	아동양육의 경제적 부담 경감을 위해 아동수당 지급에 관한 규정
「실종아동 등의 보호 및 지원에 관한 법률」	실종아동의 발생 예방, 발견과 복귀 도모, 복귀 후 사회적응 지원을 규정

귀 후 사회적응 지원을 위한 「실종아동 등의 보호 및 지원에 관한 법률」이 마련되어 있다.

③ 아동복지전달체계

아동복지의 전달체계는 중앙과 지방정부로 크게 구분된다. 아동복지의 주무부처는 보건복지부이며, 이 밖에 교육부와 여성가족부 등과 협력적 관계를 구축하고 있다. 2005년을 기점으로 중앙정부에서 주관하던 다수의 사업이 지방정부로 이관되었고, 지방정부는 지역사회의 특징에 맞게 아동복지정책 및 사업을 수립, 집행하고 있다. 아동복지서비스는 행정안전부의 조직을 통해 주로 제공되었는데 시·도 및 시·군·구에 따라 담당부서의 구성과 명칭은 다양하다. 실제 사회복지서비스는 일선 읍·면·동 행정복지센터의 사회복지 전담공무원 등을 중심으로 제공된다. 이 밖에 민간 사회복지시설과 아동복지시설을 통해 복지서비스의 제공이 이루어진다.

(2) 아동복지서비스

① 아동복지서비스의 유형

카두신은 기능에 따라 지지적 서비스, 보충적 서비스, 대리적 서비스를 구분하였는데 아동복지서비스 역시 이러한 세 가지 유형으로 제공되고 있다(공계순 외, 2003). 다시 말해, 아동이 속한 가정의 지지와 지원을 통해 가정의 기능을 강화하고 아동과 관련된 문제를 예방하는 지지적 서비스, 아동이 속한 가정의 어려움을 부분적으로 보조하거나 보완하는 보충적 서비스, 가정이 해체되거나 기능을 상실하여 부모가 역할을 전적으로 수행할 수 없을 때, 아동이 자신의 가정이 아닌 다른 가정이나 장소에 의해서 보호받는 대리적 서비스가 그것이다.

또한 아동의 복지를 증진하기 위한 다양한 서비스인 아동복지서비스, 아동의 양육과 이와 관련된 지원을 중심으로 한 아동지원, 아동의 발달과 생명을 유지하기 위해 필요한 일상적인 욕구를 충족시키는 아동돌봄, 학대받는 아동을 위한 서비스인 학대아동보호 등으로 구분할 수도 있다.

② 아동복지시설 및 기관

「아동복지법」 제52조는 아동복지시설을 다음과 같이 정의하고 있으며, 각 시설 및 기관은 이 법률에 규정한 서비스를 제공한다.

- 아동양육시설: 보호대상아동을 입소시켜 보호, 양육 및 취업훈련, 자립지원 서비스 등을 제공하는 것을 목적으로 하는 시설
- 아동일시보호시설: 보호대상아동을 일시보호하고 아동에 대한 향후의 양육대책 수립 및 보호조치를 행하는 것을 목적으로 하는 시설
- 아동보호치료시설: 아동에게 보호 및 치료 서비스를 제공하는 시설
- 공동생활가정: 보호대상아동에게 가정과 같은 주거여건과 보호, 양육, 자립지원 서비스를 제공하는 것을 목적으로 하는 시설
- 자립지원시설: 아동복지시설에서 퇴소한 사람에게 취업준비기간 또는 취업 후 일정 기간 동안 보호함으로써 자립을 지원하는 것을 목적으로 하는 시설
- 아동상담소: 아동과 그 가족의 문제에 관한 상담, 치료, 예방 및 연구 등을 목적으로 하는 시설
- 아동전용시설: 아동에게 건전한 놀이 · 오락, 그 밖의 각종 편의를 제공하여 심신의 건강유지와 복지 증진에 필요한 서비스를 제공하는 것을 목적으로 하는 시설
- 지역아동센터: 지역사회 아동의 보호 · 교육, 건전한 놀이와 오락의 제공, 보호자와 지역사회의 연계 등 아동의 건전육성을 위하여 종합적인 아동복지서비스를 제공하는 시설

또한 학대받은 아동의 치료, 아동학대의 재발 방지 등 사례관리 및 아동학대예방을

담당하는 아동보호전문기관이 있어 피해아동, 피해아동의 가족 및 아동학대행위자를 위한 상담·치료 및 교육, 아동학대예방 교육 및 홍보, 피해아동 가정의 사후관리 등의 역할을 하고 있다. 또한 보호대상아동에 대한 가정위탁사업을 활성화하기 위하여 가정위탁지원센터가 배치되고 있어 있으며, 위탁보호 종료 또는 아동복지시설 퇴소 이후의 자립을 지원하기 위하여 자립지원전담기관이 기능하고 있다.

아동복지시설은 각 시설 고유의 목적을 해치지 않는 선에서 〈표 7-4〉와 같은 사업을 추가로 제공할 수 있다.

표 7-4 아동복지시설의 목적 외 사업 유형

사업	내용
아동가정지원사업	지역사회 아동의 건전한 발달을 위하여 아동, 가정, 지역주민에게 상담, 조언 및 정보를 제공하여 주는 사업
아동주간보호사업	부득이한 사유로 가정에서 낮 동안 보호를 받을 수 없는 아동을 대상으로 개별적인 보호와 교육을 통하여 아동의 건전한 성장을 도모하는 사업
아동전문상담사업	학교부적응 아동 등을 대상으로 올바른 인격 형성을 위한 상담, 치료 및 학교폭력예방을 실시하는 사업
학대아동보호사업	학대아동의 발견, 보호, 치료 및 아동학대의 예방 등을 전문적으로 실시하는 사업
공동생활가정사업	보호대상아동에게 가정과 같은 주거여건과 보호를 제공하는 것을 목적으로 하는 사업
방과 후 아동지도사업	저소득층 아동을 대상으로 방과 후 개별적인 보호와 교육을 통하여 건전한 인격 형성을 목적으로 하는 사업

2) 청소년복지정책과 서비스

(1) 청소년복지정책

① 청소년(복지)정책

청소년정책은 청소년을 대상으로 하는 모든 국가정책을 의미하지만, 실질적으로 청소년의 권리와 참여, 청소년활동, 청소년복지, 청소년의 안전과 보호, 청소년교육, 노동, 비행 및 범죄 등의 영역에서 주무부처인 여성가족부가 주도하는 정책을 뜻한다. 또한 넓은 의미에서 청소년복지와 복지정책은 이러한 청소년정책을 모두 포괄하는 개념으로 접근할 수 있으며, 좁은 의미에서는 청소년정책 중 하나의 영역인 청소년복지를 실현하기 위한 개념으로 접근하기도 한다.

우리나라에서 청소년의 독립된 정책이 수립되고 시행된 것은 1964년 청소년보호대책위원회부터 시작되었다. 1987년 「청소년육성법」이 제정된 후 본격적인 청소년정책이 마련되었다. 그전까지 일탈 및 비행 청소년의 보호 중심에서 벗어나 보다 많은 청소년을 위한 전담 조직이 설치되고 운영되기 시작하였다. 그리고 1991년 「청소년육성법」은 「청소년기본법」으로 변화하고 관련 법령들이 제정되면서 제도적 틀을

비전	디지털 시대를 선도하는 글로벌 K-청소년	
목표	청소년 성장 기회 제공	안전한 보호 환경 조성

정책 과제	대과제(5개)	중과제(14개)
	1. 플랫폼 기반 청소년 활동 활성화	1-1. 청소년 디지털역량 활동 강화 1-2. 청소년 미래역량 제고 1-3. 다양한 체험활동 확대 1-4. 학교 안팎 청소년활동 지원 강화
	2. 데이터 활용 청소년 지원망 구축	2-1. 위기청소년 복지지원체계 강화 2-2. 청소년 자립지원 강화 2-3. 청소년 유형별 맞춤형 지원
	3. 청소년 유해환경 차단 및 보호 확대	3-1. 청소년이 안전한 온·오프라인 환경 조성 3-2. 청소년 범죄 예방 및 회복 지원 3-3. 청소년 근로보호 강화
	4. 청소년의 참여·권리 보장 강화	4-1. 청소년 참여 활동 강화 4-2. 청소년 권익 증진
	5. 청소년정책 총괄 조정 강화	5-1. 청소년정책 인프라 개선 5-2. 지역 맞춤형 청소년정책 추진체계 구축

[그림 7-2] 제7차 청소년정책기본계획

갖추었다.

「청소년기본법」 제13조는 5년마다 청소년에 관한 국가 정책을 마련하며, 제14조는 연도별 시행계획을 수립해야 함을 말한다. 1983년 '청소년문제개선종합대책'을 시작으로 꾸준히 종합적 대책이 마련되었다. 1993년 '제1차 청소년육성 5개년계획'을 마련되었으며, 2023년부터 '제7차 청소년정책기본계획(2023~2027)'이 수립되었다. 제7차 청소년정책기본계획은 '청소년 성장 기회 제공, 안전한 보호 환경 조성'의 목표를 위해 플랫폼 기반 청소년활동 활성화, 데이터 활용 청소년 지원망 구축, 청소년 유해환경 차단 및 보호 확대, 청소년의 참여·권리 보장 강화, 청소년정책 총괄 조정 강화 등의 5개 과제와 14개 세부과제가 수립되었다.

② 청소년(복지) 관련 법률

청소년(복지)정책은 법률에 기초한다. 이러한 법률은 크게 다섯 가지로 구분할 수 있다. 먼저, 「청소년기본법」이 전체 법률의 근간이 된다. 이를 바탕으로 「청소년활동진흥법」과 「청소년복지지원법」이 청소년활동과 청소년복지를 다루고 있다. 이에 더하여 「청소년보호법」과 「아동·청소년의 성보호에 관한 법률」이 제정되었다. 2014년도에는 「학교 밖 청소년 지원에 관한 법률」이 만들어졌다.

표 7-5 청소년 관련 법률

사업	내용
「청소년기본법」	청소년의 권리 및 책임과 가정·사회·국가·지방자치단체의 청소년에 대한 책임을 정하고 청소년정책에 관한 기본적인 사항을 규정
「청소년활동진흥법」	다양한 청소년활동을 적극적으로 진흥하기 위하여 필요한 사항을 규정
「청소년복지지원법」	청소년복지 향상에 관한 사항을 규정
「청소년보호법」	청소년유해환경으로부터 보호에 관한 사항을 규정
「아동·청소년의 성보호에 관한 법률」	아동·청소년 대상 성범죄의 처벌과 절차, 피해아동·청소년을 위한 구제 및 지원 절차를 규정
「학교 밖 청소년 지원에 관한 법률」	학교 밖 청소년 지원에 관한 사항을 규정함

③ 청소년정책의 영역과 전달체계

청소년정책은 활동, 복지, 보호 세 가지를 중심으로 수립되고 집행되고 있다. 「청소년기본법」 제3조에 따르면, 청소년의 균형 있는 성장을 위하여 필요한 다양한 형태의 활동을 '청소년활동'으로 규정하고 있다. 청소년이 정상적인 삶을 누릴 수 있는 기본적인 여건을 조성하고 조화롭게 성장·발달할 수 있도록 제공되는 사회적·경제적 지원을 '청소년복지'라 한다. 또한 건전한 성장에 유해한 물질·물건·장소·행위 등 각종 청소년 유해 환경을 규제하거나 청소년의 접촉 또는 접근을 제한하는 것이 '청소년보호'이다. 청소년정책은 이상 세 가지 주요 영역을 중심으로 수립 및 집행되고 있다. 그러나 이러한 세 가지 영역이 철저하게 구분되어 있지는 않다. 예를 들어, 청소년활동 분야에서도 청소년복지서비스를 제공할 수 있다. 특히 청소년복지와 보호는 실천현장의 특성으로 인해 그 구분이 명확하지 않다.

청소년정책은 정부 부처를 중심으로 집행된다. 우리나라는 1988년 체육부 및 체육청소년부를 시작으로 문화체육부, 국무총리실, 보건복지가족부 등의 여러 부처를 거쳐 2023년 현재 '여성가족부'가 주무부처로 해당 정책을 총괄하고 조정한다. 이 밖에 중앙은 각부 차관을 중심으로 '청소년정책위원회'를 구성하고 있다. 지방정부는 '지방자치단체의 장'이 지방청소년정책을 주관하며 이를 위해 '지방청소년육성위원회'를 두고 있다.

구체적인 전달체계는 행정 전달체계와 서비스 전달체계(실천현장)로 구분되어 있다. 행정 전달체계는 중앙과 지방으로 나누어서 생각할 수 있다. 중앙의 여성가족부를 중심으로 17개 시·도 지방자치단체에서는 청소년 관련 부서가 별도로 운영되며, 다시 시·군·구의 지방자치단체의 청소년 관련 부서가 있다.

표 7-6 청소년정책의 영역

구분	개념
청소년활동	청소년의 균형 있는 성장을 위하여 필요한 다양한 형태의 활동
청소년복지	청소년이 정상적인 삶을 누릴 수 있는 기본적인 여건을 조성하고 조화롭게 성장·발달할 수 있도록 제공되는 사회적·경제적 지원
청소년보호	건전한 성장에 유해한 물질·물건·장소·행위 등 각종 청소년 유해 환경을 규제하거나 청소년의 접촉 또는 접근을 제한하는 것

	행정 전달체계	서비스 전달체계	
중앙	여성가족부	청소년활동진흥원	청소년상담복지개발원
시·도	여성가족과	청소년활동진흥센터	청소년상담복지센터
시·군·구	여성가족과		청소년상담복지센터

[그림 7-3] 청소년정책 전달체계

반면, 서비스 전달체계는 청소년활동과 청소년복지가 각각 다르게 가진다. 청소년활동은 중앙에 청소년활동진흥원을, 시·도에 청소년활동진흥센터를 두고 있다. 청소년복지는 중앙에 청소년상담복지개발원을, 시·도와 시·군·구에 각각 청소년상담복지센터를 두고 있다. 이러한 시설에서는 청소년지도사와 청소년상담사가 청소년을 위해 실질적 서비스를 제공한다.

④ 청소년복지정책

앞서 밝힌 바와 같이 좁은 의미에서 접근하게 되면 청소년복지를 중심으로 이루어지는 정책을 청소년복지정책이라 한다. 청소년복지정책은 「청소년기본법」과 「청소년복지지원법」을 근거로 수립되고 제공되고 있다. 우리나라의 청소년복지는 소외계층 및 취약계층을 중심으로 하는 선별적 정책과 전체 청소년을 위한 보편적 정책이 함께 수립되고 있다. 현재는 선별적 복지정책의 비중이 더 크다고 볼 수 있다. 제7차 청소년정책기본계획에서 청소년복지정책은 데이터 활용 청소년 지원망 구축의 대과제를 중심으로 '위기청소년 복지지원체계 강화' '청소년 자립지원 강화' '청소년 유형별 맞춤형 지원' 등 세 가지 세부과제가 집행되고 있다.

또한 「학교 밖 청소년 지원에 관한 법률」에 의거한 학교 밖 청소년을 위한 정책 역시 크게 청소년복지정책에 속한다고 볼 수 있다. 이는 초·중·고등학교를 입학하지 않거나 중퇴하는 등의 청소년에게 교육, 자립, 상담 등의 종합적 지원을 목적으로 한다.

한편, 좁은 의미의 청소년복지정책은 아동복지정책과 중복되는 면이 강하다. 선별적 복지 차원에서 진행되는 많은 사업에서 서비스의 내용과 그 대상이 중복되는 경우가 있다.

(2) 청소년복지서비스

청소년복지가 청소년의 행복한 삶을 위한 다양한 정책과 지원이라는 측면에서 바라보면 현재 청소년정책은 모두 청소년복지에 포함된다고 볼 수 있다. 이러한 관점에서 청소년복지서비스는 청소년을 위해 마련된 활동, 복지, 보호의 모든 서비스에 해당한다. 이러한 청소년복지는 청소년과 가정의 문제 또는 장애를 가져올 수 있는 요소를 사전에 제거하거나 완화하는 예방적 접근, 신속한 개입과 치료를 통해 빠른 회복을 돕는 치료적 접근, 청소년 발달의 측면에서 인적 자원의 개발을 돕는 개발적 접근으로 구분할 수 있다(노혁, 2010).

① 청소년활동서비스의 내용

균형 있는 성장을 위해 마련된 청소년활동은 청소년수련관, 청소년문화의집, 청소년수련원, 청소년특화시설, 유스호스텔, 청소년야영장 등의 청소년활동시설에서 서비스되고 있다. 일정한 요건을 충족하여 자격을 획득한 청소년지도사들이 청소년을 위해 청소년수련활동인증제와 국제성취포상제, 청소년자원봉사활동 등을 다양하게 제공한다. 특히 청소년수련활동인증제 등과 같이 활동의 질과 안전이 포장된 프로그램이 건강증진활동, 과정정보활동, 교류활동, 모험탐사활동, 문화예술활동, 자원봉사활동, 진로활동, 참여활동 등 8개 영역에서 다양하게 제공되고 있다(문성호, 윤동엽, 박승곤, 정지원, 2016).

② 청소년복지서비스의 내용

좁은 의미의 청소년복지는 청소년의 정상적이며 조화로운 삶을 목적으로 다양하게 그 서비스가 제공되고 있다. 특히 청소년복지지원기관과 청소년복지시설 중심의 실천현장에서 제공되고 있다. 청소년복지지원기관은 전달체계의 중심이 되는 시·도와 시·군·구 청소년상담복지센터와 탈북청소년, 다문화청소년 등을 대상으로 한 이주배경청소년센터가 있다. 이 중 청소년상담복지센터는 위기청소년을 조기에 발견하여 보호하고, 청소년복지와 보호를 효율적으로 수행하기 위한 지역사회 청소년통합지원체계를 구축하고 운영하는 중심에 있다. 이 밖에 도움이 필요한 청소년들을 찾아가서 지속적인 관계를 맺고 필요한 서비스를 제공하는 청소년동반자, 청소년 및 부모에 대한 상담 및 복지 지원, 청소년 한부모에 대한 교육 및 자립 지원 등이 제공되고 있다.

청소년복지시설에서는 가출청소년을 대상으로 가정 및 학교 복귀, 자립지원, 정서지원, 생활지원 등의 서비스를 제공하는 청소년쉼터와 청소년자립지원관, 학습·정서·행동장애 치료를 위한 청소년치료재활센터 등이 있다. 청소년복지지원기관 및 복지시설에는 상담 및 복지지원을 위하여 청소년상담사와 청소년지도사가 일하고 있다.

③ 청소년보호서비스의 내용

청소년보호서비스는 유해매체, 유해약물, 유해행위 등의 유해환경으로부터 보호하기 위함을 목적으로 하기에 청소년활동 및 복지서비스와 그 성격이 다르다. 청소년보호서비스는 전문인력을 중심으로 유·무형의 서비스를 제공하는 것이 아니라 유해환경의 지정과 이로부터 보호하기 위한 시스템 구축이 강조된다. 이를 위해 여성가족부장관은 3년마다 종합대책을 수립한다. 또한 청소년유해매체물, 청소년유해약물 등 청소년유해업소 등을 심의하고 결정하며, 이에 대한 과징금 부과 등을 의결하는 기관으로 여성가족부 소속의 청소년보호위원회가 기능한다.

(3) 학교사회복지

아동 및 청소년의 영역 가운데 중요한 곳 중 하나가 학교이다. 학생이라는 신분을 가진 아동 및 청소년을 위해 그들이 마주하게 되는 심리사회적 문제들을 학생, 학교, 가정, 지역사회의 연계를 통해 예방하고 해결하도록 학교현장에서 돕는 사회복지실천을 학교사회복지라 한다.

이러한 학교사회복지는 1993년 민간(태화은평종합사회복지관)에서부터 시작되었으며, 1997년에서 1999년까지 시범사업을 하기도 하였다. 사회복지공동모금회에서 학교사회사업의 제도화를 목적으로 2002년부터 3년간 기획사업으로 실시하는 등의 노력이 있었지만 제도화되지는 못하였다.

학교사회복지의 차원에서 살펴보면, 2003년 교육인적자원부(현 교육부)가 '교육복지 투자우선지역 지원사업'을 시작하였다. 교육복지의 사각지대인 도시 저소득지역 내 학교에서 학생들의 삶의 질을 제고하기 위함이었다. '지역사회 교육전문가'라는 전문가를 배치하여 그들이 학교 내의 교육복지사업을 전담하면서 지역사회와의 연

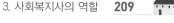

계망을 회복하고, 해당 학생들과 가족들에게 보다 전문적인 서비스를 제공하는 사업이다. 이 사업은 국가 차원에서 점차 전국적으로 확대되어 2017년에는 1600여 개 교에 전문인력이 배치되어 실시되었으며, 현재도 진행 중이다.

3. 사회복지사의 역할

아동 및 청소년복지를 담당하는 사회복지사가 지니는 역할은 일반적인 사회복지사의 역할과 크게 다르지 않다. 사회복지 시설 및 기관의 본래 역할 및 기능에 맞게 서비스를 제공하는 것이 가장 중요하다. 빈곤한 학생들을 위해 장학금, 무료 급식 및 대리부모의 역할을 할 수 있는 자원봉사자를 연결하는 등 복지서비스 제공자의 역할이 대표적이다. 여기서는 아동 및 청소년을 대상으로 하는 사회복지사가 실천현장에서 해야 하는 그 밖의 다양한 역할에 대하여 논의하기로 한다. 특히 상담자, 촉진자, 지도자, 옹호자, 역량강화자 등과 같이 아동 및 청소년 복지서비스 현장에서 강조되어야 할 역할을 중심으로 살펴본다.

1) 상담자의 역할

사회복지실천에서 상담은 가장 기초적인 서비스 중 하나이다. 상담이라 함은 조언과 같은 가벼운 단계에서부터 시작하여 심리치료에 이르기까지 스펙트럼이 넓다고 볼 수 있다. 아동 및 청소년복지를 담당하게 되는 전문가는 상담이라는 효과적인 방법을 활용할 수 있어야 하지만, 문제의 유형과 심각성, 상담자로 자신의 역량을 파악하여 본인이 직접 상담할 수 있는지 혹은 상담전문가의 도움을 요청하는 방법을 선택할지 결정해야 한다.

상담자의 역할을 제대로 수행하기 위해서는 무조건적 수용, 비심판적 태도, 공감적 경청 등 상담과정에서 반드시 수행해야 하는 원칙을 이해하고 지켜야 한다. 동시에 아동과 청소년에 대한 이해가 그 바탕이 되어야 한다. 아동과 청소년은 생애발달주기에서 연속선상에 있지만 그 특성이 다르며, 아동복지와 청소년복지가 지닌 서비스의 제공 패러다임이 동일하지 않기 때문에 상담서비스의 제공에서도 일부 차이가 있다. 그리고 상담서비스는 아동보다는 청소년에게 더욱 많이 제공되는 것임을 이해하며 접근하는 것도 필요하다.

아동상담은 아동의 성장 및 발달은 물론 적응과 문제해결능력을 향상하여 최적의 발달 상태를 유지할 수 있도록 돕는 것을 그 목적으로 한다. 그 때문에 주로 다루어지는 것은 부모와 아동이 가족 내에서 바람직한 관계를 유지할 수 있도록 지지하고 강화하는 것이다(Kadushin, 1980). 아동상담에서 특히 유의해야 할 사항은 아동이 성인과 비교하면 언어적 능력이 제한적이라는 점이다. 그 때문에 언어를 사용하는 직접적인 면담과 더불어 놀이, 모래, 음악, 미술, 은유적 이야기 등 다양한 치료적 매개체를 사용하는 경향이 있다.

아동상담의 과정에서는 영유아기나 초기 아동에서 발생할 수 있는 주의력결핍 과잉행동장애나 분리불안장애 등의 병리적 현상에 주목할 필요도 있다. 또한 가정 내 학대피해아동의 경우에 적절한 상담적 개입이 반드시 필요함을 명심해야 한다.

청소년상담은 청소년의 단순한 심리적 갈등의 문제를 넘어서 포괄적으로 이해되어야 한다. 즉, 청소년을 둘러싼 사회적 상황 속에 존재하는 청소년 클라이언트의 심리와 태도 그리고 행동의 변화를 추구하는 폭넓은 개입 서비스가 되어야 한다. 이와 같은 청소년상담은 청소년이 현재 처해 있는 자신의 문제를 해결하도록 도움으로써 문제를 해결하고 해결능력을 부여하는 데 일차적 목표를 둔다. 이 외에도 인간관계에서 오는 고통과 어려움을 극복하기 위한 관계개선 기술을 제공하며, 아울러 아동과는 달리 스스로 환경을 적극적으로 조정하고 통제하는 방법과 성숙을 위한 잠재적 역량을 인식하도록 하는 데도 초점을 맞추어야 한다. 그리고 이를 전문적으로 수행하기 위해 청소년상담사가 서비스를 제공하기도 한다.

특히 청소년의 경우는 상담에 대한 두려움과 편견이 크다. 많은 청소년이 상담을 받는다는 사실이 교사나 친구 등 외부에 알려지게 되면, 문제가 있는 사람으로 여겨질 수 있을 것이라고 막연한 오해를 한다. 이러한 낙인에 대한 두려움을 줄이고 상담으로 연결할 수 있도록 돕는 것이 사회복지사가 해야 할 중요한 역할 중 하나가 된다.

2) 집단활동 촉진자 및 지도자의 역할

현대사회에서 사회복지사에게 강조되는 역할 중 하나가 촉진자(faciliator)이다. 아동 및 청소년을 대상으로 진행되는 다양한 사업과 서비스에서 이러한 촉진자의 역할이 중요하다. 특히 아동과 청소년의 복지서비스를 제공하는 과정에서 집단으로 진행되는 경우가 많으며 이러한 집단활동 가운데 촉진자는 중요한 역할을 담당한다. 치료집단, 성장집단, 교육집단, 자조집단 등 모든 집단의 상호작용을 촉진한다는 의미의 집단촉진자는 집단의 구성원이 활동에 참여할 수 있도록 돕거나 의사소통을 활발하게 유도하여 상호작용을 일으킨다. 집단의 변화를 이끄는 사람이라는 것이다.

아동과 청소년은 모두 가정 및 학교에서 집단활동을 많이 한다. 특히 학교에서 이루어지는 많은 활동은 집단을 구성하여 이루어지는 경우가 많다. 집단활동에 익숙하지 못한 아동 및 청소년은 학교부적응의 어려움을 경험할 수도 있다. 아동복지시설이나 청소년활동시설, 청소년복지시설 등에서 제공되는 많은 프로그램들도 집단활동을 통해 이루어지기도 한다. 아동과 청소년이 이러한 집단활동에 능동적으로 참여하여 적극적인 상호작용을 경험할 수 있도록 옆에서 돕는 것이 집단촉진자의 역할이다.

집단활동에서 이러한 촉진자와 유사하지만 비교되는 역할 중 하나가 집단지도자이다. 촉진자가 의사결정에 권한을 행사하기보다 지원과 의사소통을 원활하게 유도하여 상호작용에 중점을 둔다면, 집단지도자는 때로는 의사결정에 권한을 행사하여 프로그램을 효과적으로 이끌기도 한다. 이러한 의미에서 조정자(coordinator)에 가깝다. 아동과 청소년을 대상으로 하는 집단활동 프로그램에서 그 대상의 성격에 따라 단순히 촉진만을 유도하는 것이 아니라 더 나아가 주도적으로 집단활동을 이끌 수 있는 지도자의 역할도 필요하다.

지도자와 촉진자의 성격을 모두 갖춘 집단활동을 원활히 진행하기 위해 사회복지사 외에 청소년지도자 등의 전문인력도 있다. 특히 청소년지도자 중 청소년지도사는 아동 및 청소년을 대상으로 다양한 집단활동을 제공한다. 청소년지도사는 청소년 지도에 관한 전문적인 지식과 지도방법을 이해하고 실천하는 사람이다. 국가는 일정한 검증을 통해 청소년지도사 1급, 2급, 3급의 자격을 부여하고 있다. 최근에는 사회복지사의 자격과 함께 청소년지도사의 자격을 갖춘 전문인력이 청소년복지서비스 내에서 청소년 집단활동의 촉진자와 지도자의 역할을 하기도 한다.

3) 옹호자의 역할

옹호자의 역할은 힘이 없어 고통을 겪는 개인이나 집단을 위하여 그들을 대신해서 행동하고, 원인에 대하여 변론하거나 방어하고, 그들의 정당한 이익을 위해서 싸우는 것을 말한다. 사회복지사는 옹호자의 역할을 해야 한다. 특히 아동과 청소년은 발달 과정에 있어 사회적 약자의 위치에 있기에 옹호자의 역할이 강조된다.

빈곤, 결손 등 가정적으로 어려움을 겪는 취약계층의 위기 아동 · 청소년은 스스로 자신의 고통과 아픔을 표출하고 개선을 요구할 수 있는 힘이 부족하다. 따라서 이들에게 옹호자로서 위기에 처한 아동과 청소년을 위해 불합리한 사회적 조건을 바꾸고 아동과 청소년의 목소리를 대신해서 사회에 전달하는 기능을 함으로써 아동과 청소년에게 바람직한 사회환경을 조성하는 데 기여할 수 있다.

빈곤은 아동과 청소년에게 있어서 중요한 문제 중 하나이다. 빈곤은 아동과 청소년이 선택할 수 없는 가족의 영역에서 출발한다. 가장 취약한 빈곤 집단은 아동양육 시설, 공동생활가정 등에서 거주 중인 이들이다. 일반적으로 부모가 없거나 부모가 제 역할을 다하지 못해 적절한 양육을 받지 못하기에 시설에서 자라난다. 이들의 보호가 종료되면 더욱 위험한 상황에 이를 수 있기에 각별한 주의가 필요하다. 또한 청소년쉼터와 청소년자립지원관의 가출청소년 역시 유사한 상황에 놓일 확률이 크다. 아동 및 청소년의 옹호자가 된다는 것은 이러한 아동과 청소년의 현실을 이해하고 제도적 · 정책적으로 이 문제가 해결될 수 있도록 이들의 상황을 적극적으로 변론하고 사회 변화를 꾀하는 것을 의미한다.

4) 역량강화자의 역할

역량강화(empowerment)는 힘을 부여하는 일이다. 아동 및 청소년에게 힘(power: 권력)이란 그들의 현재 삶을 긍정적으로 헤쳐 나갈 수 있을 뿐만 아니라 잠재된 능력을 발굴하는 것까지 포함한다. 이러한 힘은 아동 및 청소년 개별 주체가 모두 갖고 있는 것이다. 사회복지사는 아동과 청소년이 자신이 지닌 이와 같은 힘과 권력을 제대로 이해하고 이에 바탕이 되는 권리를 누릴 수 있도록 도와야 한다. 이는 건강한 성장과 발달을 위해 요구되는 중요한 요소 중 하나이다. 특히 청소년에게 있어서 그들의 역량을 강화하도록 돕는 것은 사회복지사가 도움을 줄 수 있는 중요한 영역이다. 모든 청소년이 그렇지는 않겠지만, 청소년은 성인에 비해 사회에 무력함을 나타낼 수밖에 없다. 그들에게 정의와 평등의 철학을 기반으로 창조적인 방법을 통해 스스로를 통제할 수 있는 힘을 주어야 한다.

역량강화는 아동 및 청소년이 지닌 강점을 강화시켜 준다는 의미를 포함하고 있다. 이를 강점관점이라고 한다. 강점관점은 모든 인간이 성장하고 변화할 능력을 이미 내면에 가지고 있다는 사실에 기반한다. 역량을 강화한다는 것이 이러한 강점을 강화하여 준다는 의미를 지닌다고 볼 수 있다. 청소년의 강점관점은 청소년을 주로 문제를 일으키는 존재 혹은 문제집단 등으로 보는 관점에서 벗어나야 함을 강조한다. 청소년이 지닌 강점과 능력, 재능과 기술을 스스로 탐색할 수 있고 이를 발달시킬 수 있는 존재로 보아야 한다. 사회복지사로서 가져야 할 자세는 청소년을 중2병, 비행청소년, 문제청소년 등의 부정적인 관점이 아닌, 성장하고 발달 가능한 역량을 지닌 존재로 보는 관점을 지니는 것이다.

또한 역량강화자는 정치, 경제, 문화 등에서 다양한 이해를 요구한다. 이러한 이해가 바탕이 되지 않으면 역량강화의 약속은 현실이 될 수 없다. 아동과 청소년이 생활하는 가정, 학교, 지역사회의 다양한 이슈를, 특히 그들의 문화 환경도 잘 파악해야 한다(김혜란, 좌현숙, 차유림, 문영주, 김보미, 2006).

5) 기타 역할

사회복지사는 아동 및 청소년의 심리·정서적 문제를 예방하고 해결하는 임상가로 학생, 가족, 학교, 지역사회의 정보를 수집하여 학생의 문제 원인을 체계적으로 사정하고 이에 따른 심리치료를 제공한다. 또한 가정, 학교, 지역사회와 유기적인 협력 관계를 확립하도록 돕는 역할을 해야 한다. 예를 들어, 학교와 지역사회가 함께 참여하는 교육협의체와 같은 논의기구를 만들어 학교 교육에 지역사회 자원을 참여시키도록 돕는 것이 지역사회 내에서 사회복지사의 역할이라고 볼 수 있다.

아동 및 청소년 시기의 교육은 필수불가결한 요소이다. 사회복지사는 교육복지의 전문가로 평생학습, 특수교육, 상담 및 교육 등 다양한 전문가와 함께 아동 및 청소년 교육에 접근해야 한다. 때로는 교사의 역할이 필요하기도 하지만, 대체적으로 교육적 혜택이 제대로 제공되고 있는지를 점검하고 필요에 의해 제공하는 자세가 필요하다.

4. 과제

1) 아동 및 청소년복지의 한계

(1) 보편적 제도의 부족

아동 및 청소년복지는 선택적 복지에서 보편적 복지로 변화하고 있다. 「아동복지법」에 따르는 아동복지제도는 요보호아동에 대한 제도 및 정책에서 일반아동의 육성과 문제예방 중심의 제도로 변화하였다. 「청소년기본법」을 비롯한 청소년 관련 제도역시 문제청소년 중심에서 전체 청소년을 대상으로 하는 정책으로 전환되었다. 그러나 실제로 아동정책과 청소년정책 혹은 아동복지정책과 청소년복지정책에서 선별적복지가 차지하는 비중은 보편적 복지보다 더 크다고 할 수 있다. 다시 말해, 아직 우리나라의 아동 및 청소년복지에 관한 정부의 정책이 전체 대상을 중심으로 이루어진다기보다 일부 취약계층 대상이 중심이라고 말할 수 있다.

(2) 아동복지 및 청소년복지의 공공성 미약

선별적 복지가 중심이 되고 있음에도 불구하고, 아직 그조차도 충분히 제공되고 있다고 보기는 힘들다. 예를 들어, 청소년쉼터의 퇴소청소년은 자립을 하기 위한 제도적 지원이 아직 충분하지 않다. 경제적으로 자립하기 위해 필요한 지원금은 많이 부족하다. 정서적 자립을 위해 인적 자원의 지원체계는 아직 미미한 수준이다. 빈곤의사각지대에 놓인 아동과 청소년에 대한 대책도 부족하다. 결과적으로 사회 전반으로아동복지 및 청소년복지의 공적 지출 수준이 부족하다는 것을 의미한다. 이러한 공공 지출의 부족은 아동과 청소년 삶의 질을 높이고자 하는 본연의 목표를 충실히 이행하기 어렵게 만든다.

(3) 다양한 실천현장 프로그램의 부족

제도적 한계는 실천현장에서도 동일하게 발생한다. 실천현장에서 요보호아동이 아닌 일반아동을 대상으로 한 사업이나 프로그램의 개발은 상대적으로 취약하다. 청소년복지 역시 대다수가 위기청소년을 중심으로 진행되고 있다. 사실상 일반청소년을 위한 여러 복지적 혜택에 대한 논의가 부족하며, 이를 위한 제도적 기반이 부족하다.

(4) 공적 및 사적 전달체계의 연계 부족

공적 기관들 간의 연계체계가 실질적으로 작동하지 못하고 있다. 현재 아동복지는 보건복지부에서, 청소년복지는 여성가족부가 주무부처이다. 주무부처의 상이성은 사업 중복이나 사각지대 발생 등의 상황에 적극적으로 대처하기 힘들게 한다. 예를 들어, 초등학교 4학년에서 6학년까지의 연령대에 대한 프로그램들이 주로 중복되는 것에 대해 아직 명확하게 대응하지 못하고 있다.

공공이나 민간의 여러 시설 및 기구들이 복지서비스를 제공하기 위하여 노력하지만 이들 간의 연계체계 역시 아직 부족한 것으로 나타나고 있다. 이는 결과적으로 복지, 건강, 교육, 상담 등의 여러 서비스가 개별적으로 시행되어 서비스 대상자에게 통합적으로 제공되기 힘들게 한다. 예를 들어, 청소년복지를 위해 지역사회 청소년통합지원체계가 「청소년복지지원법」에 근거를 두고 제도적으로 시행되고 있는데, 필수 연계기관으로 지정된 여러 시설 및 기관이 지역사회 내에 있음에도 실제 실천현장에서는 이러한 기관들이 유기적으로 협력하여 서비스가 통합적으로 제공되고 있다고 말하기에는 어려움이 있다.

2) 앞으로의 개선 방향

(1) 보편적 복지로의 확장

아동복지와 청소년복지의 제도 및 정책은 모두 법령에 근거한다. 현재의 선별적 복지에서 보편적 복지로 패러다임을 확장하기 위해서는 법령의 개정이 선행되어야 한다. 예를 들어, 「청소년복지지원법」의 다양한 내용은 위기청소년을 그 대상으로 한다. 여기서 위기청소년이란 가정 문제가 있거나 학업 수행 또는 사회적응에 어려움을 겪는 등 조화롭고 건강한 성장과 생활에 필요한 여건을 갖추지 못한 청소년을 의미한다. 위기청소년이 아닌 일반청소년을 위한 복지서비스는 '청소년우대' 및 '청소년증' 정도에 그치고 있다. 다시 말해, 현재 상당 부분 선언적인 의미만을 담고 있는 법률이 법의 이념과 목적, 추진방향 등을 충분히 살릴 수 있도록 해야 한다. 이를 위해 전체 청소년을 위한 복지정책 및 사업, 서비스를 구체적으로 제시하도록 법률의 개정이 필수적이다. 이는 보편적 복지로 확장하기 위해 선행되어야 하는 부분이다.

(2) 공적 책임성의 증대

제도적 변화와 더불어 이를 실현하기 위한 공적 지출을 강화할 필요가 있다. 복지의 공공성을 강화하기 위해서는 재정적 뒷받침이 필요하다. 충분한 재정적 지원은 필요한 사업을 효과적으로 수행할 수 있도록 도울 것이다. 또한 청소년복지를 위해 주무부처의 이관을 막고 책임성 있는 정책 수행을 해야 한다. 청소년의 담당부처는 많은 변화를 경험하였다. 1988년 이후 체육부, 체육청소년부, 문화체육부, 문화관광부, 국무총리실, 보건복지가족부를 거쳐 현재의 여성가족부까지 계속 변화하였다. 2023년 현재 여성가족부는 폐지 논의가 진행되고 있다. 이 같은 주무부처의 잦은 교체는 결과적으로 정책 및 사업의 연속성을 지키지 못하게 한다. 청소년이 국가의 중요한 자원이라는 말뿐인 정책이 아니라 책임성을 가지고 이를 수행하기 위한 핵심적이고 흔들리지 않는 부처가 필요하다.

(3) 실천현장의 변화

아동과 청소년의 건강한 성장과 발달을 위해서는 실천현장의 변화도 요구된다. 제도적 변화에 발맞추어 보편적 복지를 실현할 수 있는 실천현장으로 변모할 수 있어야 한다. 예를 들어, 적극적인 복지 차원의 실현을 위해 아동과 청소년을 위한 다양한 시설 및 공간을 만들어야 한다. 이러한 시설들에서 다각적인 활동 프로그램과 함께 그들이 자율적으로 기획하고 활동할 수 있는 공간과 여건을 마련함으로써 스스로 건전한 성장의 동기와 기회를 만들어 나갈 수 있도록 해야 한다. 더불어 인적 자원의 전문성도 제고될 필요가 있다. 사회복지사, 청소년지도사, 청소년상담사 등과 같은 전문 인력들이 대상에 맞게 전문성을 강화할 수 있어야 하며, 이를 위한 국가 차원의 지원도 요구된다.

(4) 전달체계 간의 유기적 연대

아동 및 청소년복지 전달체계의 변화가 고려되어야 한다. 아동 및 청소년복지정책 전달체계 간의 긴밀한 협력이 요구된다. 주부부처 간의 협력을 통해 아동복지정책과 청소년복지정책 간의 조율이 필요하다. 경우에 따라 협력해서 동일한 대상에 대한 대처방안을 마련해야 하며, 사각지대에 대한 적절한 대응방안도 강구해야 한다. 더불어 아동 및 청소년복지정책과 가족복지정책을 긴밀하게 연계하여 추진해 나가는 방향이 강화되어야 한다. 아동은 물론 청소년도 가정환경에 상당한 영향을 받는다. 가정이 기능을 하지 못하거나 파괴될 때 아동과 청소년에게 미치는 영향은 매우 크다. 아동 및 청소년복지정책은 가족복지정책과 불가분의 관계에 있다. 가족복지정책과 아동 및 청소년복지정책이 상호 보완적으로 계획되고 운용됨으로써 아동과 청소년을 위한 기본적인 복지환경을 조성하는 데 기여할 수 있을 것이다.

지역사회 내의 공적·사적 전달체계 간의 긴밀한 연대에 보다 관심을 가질 필요가 있다. 공공이 중심이 되어 전달체계들 간에 교류할 수 있는 장을 마련해야 한다. 예를 들어, 지역사회 내 각 기관들이 함께 참여하는 사업을 구상함으로써 비공식적 관계 형성에도 도움을 줄 필요가 있다.

5. 현장 사례

청소년상담복지센터는 청소년안전망(지역사회 청소년통합지원체계)을 활용하여 위기청소년에게 맞춤형 복지서비스를 지원하고 있다. 다음은 2015년과 2019년 청소년상담복지센터에서 지역사회의 다양한 자원을 활용하여 위기청소년을 지원한 우수사례이다.

1) 사례 1

(1) 위기청소년

18세의 여자 청소년 A양은 중학교 2학년이다. 어머니의 가출과 아버지의 방임으로 아동학대 상황에 다년간 노출되었다. 아버지는 생산직 근로자이며, 월 150만 원의 소득으로 다섯 식구가 생활하고 있었다. 방임으로 인해 주거 및 개인위생 상태가 매우 열악하였으며, 영양 상태는 불균형하였다. 초등학교 때부터 친구들에게 따돌림을 당해 깊은 상처와 타인에 대한 불신이 있었다. 어머니가 자신을 버리고 힘든 상황에 내몰았다는 분노의 감정과 친구들에게 받았던 폭력의 상처, 낮은 자존감으로 인해 우울감과 불안한 심리가 있었으며, 자살 충동도 느끼고 있었다. 울산 남구청 여성복지과 남구아동·여성안전지역연대 사례관리팀 사례회의 결과, 긴급개입이 필요하다고 판단되어 울산청소년상담복지센터로 연계되었다.

(2) 서비스의 주요 내용

여자단기청소년쉼터로 주거지를 옮겼으며, 청소년특별지원사업에 따라 건강지원 서비스를 신청하여 제공받았다. 종합심리검사를 실시하였으며, 개인 상담을 지속적으로 실시하였다. 여자중장기청소년쉼터로 주거지를 다시 이동하였고, 울산남구청소년진로직업센터와 연계하여 헤어디자이너, 네일케어, 메이크업 등의 다양한 활동에 참여하게 되었으며, 솔리언또래상담 프로그램을 교육받았다. 일반고등학교의 진학은 어려워 학교밖청소년지원센터와 연계하여 검정고시를 지원하고 사후관리를 실시하였다.

(3) 서비스의 주요 성과

청소년쉼터에 입소함에 따라 안전이 보장되었으며, 지속적인 상담을 통해 자아존중감이 향상되었다. 네이버 해피빈에 대상 청소년 사례를 알려 지원받은 모금으로 대상 청소년 개인 적금통장을 가입하였다. 대상 청소년에게 심한 악취가 나서 같은 학급 친구들과 선생님이 냄새로 인해 힘들어했으나, 청결해지고 친구들에게 놀림 받는 일도 줄어들어 학교에 적응하는 데 도움이 되었다. 청소년쉼터 입소 후 영양을 골고루 섭취하여 건강해지고 운동도 잘 하게 되었다. 상담을 받은 이후로 결석 일수가 현격히 줄어들었으며, 좋아하는 과목이 생기고 그 과목에 있어서 좋은 성적을 거두었다. 우수한 성적을 거두지는 못하여도 중학교를 졸업할 수 있게 되었으며 고등학교 과정은 학교밖청소년지원센터 꿈드림과 연계하여 검정고시를 준비하고 있다. 대인관계 기술을 습득하여 친구와의 관계가 개선되고, 솔리언또래상담자 훈련을 받은 후 학교에서 또래상담자로도 활동하였다.

2) 사례 2

(1) 위기청소년

19세 여자 청소년 B양은 학교에서 의뢰된 사례이다. 반복적인 손목 자해 및 자살시도를 하는 것으로 학교에서 청소년상담복지센터로 의뢰하였다. 사정결과, B양은 부모의 이혼과 재혼을 경험하였으며, 어머니는 행방불명 상태였다. 가정폭력(학대) 등으로 인해 불안과 우울감을 호소하였다.

(2) 서비스의 주요 내용

청소년상담복지센터에서는 어릴 때부터 가족에게 버려지는 경험과 학대로 인해 자살시도, 자해, 불안, 환시, 환청 등 임상적 문제를 겪는 B양에게 우선 병원치료와 병행하여 정기적인 개인 상담을 실시하였다. 그리고 청소년안전망 실행위원회(실무자 사례회의)를 개최하여 연계협력기관(학교, 교육청, 보건소/병원, 시청, 아동전문보호기관, 자활/자립센터, 사회복지재단, 청소년쉼터 등)과 함께 다양한 서비스를 제공하였다. 병원에서 전문적인 정신과 진료를 받게 되었으며, 자활 및 자립센터 등의 도움으로 아르바이트 지원이 가능해졌다. 청소년중장기쉼터에 입소하여 본격적인 보호를 받았다. 특별지원금, 긴급지원금, 장학금 지급과 같은 경제적 지원이 가능해졌다. 후견인이 매칭되었으며 도시락 배달 등 다양한 서비스를 지원하였다.

(3) 서비스의 주요 성과

2년에 걸친 상담 및 지원서비스를 통해 B양은 자해와 자살시도가 거의 소멸되었다. 정신과 치료도 받지 않을 정도로 불안, 우울감 등도 조절이 가능한 상태가 되었다. 그리고 자활센터에서 운영하는 카페에서 훈련을 받고 있는데, 향후 졸업 후 카페에 취업하여 자립을 하고자 하는 꿈을 꾸고 있다.

🔍 ··· 연구문제

1. 아동과 청소년의 어떻게 다르며, 그 개념을 어떻게 정의되는가?
2. 아동복지의 주요 실천현장은 무엇인가?
3. 넓은 의미와 좁은 의미의 청소년복지란 무엇인가?
4. 청소년복지서비스의 내용은 무엇인가?

ABC ··· 전공어휘

- **공감적 경청** 말하는 사람의 이야기를 그냥 듣는 것이 아니라 그의 내면의 동기나 정서에 온 마음을 기울여 듣고 그에 대한 이해를 통해 상대의 반응까지 생각하며 듣는 것으로 적극적 경청이라고 할 수도 있다.
- **국제성취포상제** 1956년 영국 에든버러 공작에 의해 설립되었으며, 청소년이 다양한 활동영역에서 자기주도적으로 활동하여 스스로의 잠재력을 최대한 개발하고 삶의 기술을 갖도록 하는, 전 세계 130여 개국에서 운영되는 국제적으로 공인된 자기 성장 프로그램이다.
- **대리적 서비스(substitutive service)** 가정의 기능이 파괴 또는 훼손되어서 부모가 양육기능을 일시적 또는 영구적으로 포기하고, 아동은 가정을 떠나서 다른 가정이나 시설에서 생활하는 아동복지서비스의 기능 중 하나이다. 입양과 시설보호 등이 있다.

- 무조건적 수용 상담자와 내담자 간의 관계에서 내담자의 모습이나 행동, 감정으로 가치를 부여하고 평가하는 것이 아닌 존재한다는 것만으로 가치 있다는 마음으로 조건 없이 받아들이는 것이다.
- 방임(neglect) 아동학대 중의 하나로 부모 등 양육의 책임이 있는 사람이 아동 또는 청소년을 돌보거나 안전한 환경을 제공하지 않고 제멋대로 내버려 두는 행위를 말한다.
- 보충적 서비스(supplementary service) 가정 내에서 전개되는 서비스의 형태를 말한다. 부모의 역할을 일부 대행하는 것으로, 부모의 빈곤, 실업, 질병, 장애 등으로 인한 양육의 어려움을 보충하는 데 목적을 두고 있다. 보육사업, 아동보호사업, 소득유지사업, 가정조성사업, 방과 후 아동지도 등이 있다.
- 비심판적 태도 상담자와 내담자 간의 관계에서 문제의 원인이 내담자의 잘못인지 아닌지, 혹은 내담자에게 책임이 있는지 등을 심판하지 않고 비난하지 않는 태도를 말한다.
- 위기청소년 「청소년복지지원법」에 의거하여 가정 문제가 있거나 학업 수행 또는 사회적응에 어려움을 겪는 등 조화롭고 건강한 성장과 생활에 필요한 여건을 갖추지 못한 청소년을 말한다.
- 임파워먼트(empowerment) 권한을 부여하는 것 또는 힘을 주는 것 그리고 역량을 강화하는 것을 말한다. 사회복지에서는 사람들에게 자신의 삶에 대한 통제력을 증가시켜 개인적, 대인 간 또는 정치적 능력을 향상시키는 과정을 통해 삶의 조건을 향상시키도록 역량을 강화하는 것을 말한다.
- 입양(adoption) 법률적 용어로는 혈연관계가 아닌 일반인들 사이에서 법률적으로 친자 관계(親子關係)를 맺는 행위를 말한다. 아동복지의 대리적 서비스의 하나로, 가정이 파괴되어 더 이상 양육할 여건이 안 될 때 다른 가정에 양자로 보내는 것을 말한다.
- 지역사회 청소년통합지원체계 「청소년복지지원법」에 의거하여 지역사회 내 청소년 관련 자원을 연계하여 학업중단, 가출, 인터넷중독 등 위기청소년에 대한 상담 · 보호 · 교육 · 자립 등 맞춤형 서비스를 제공하는 사업으로 청소년안전망이라고 불린다.
- 지지적 서비스(supportive service) 부모와 아동이 그들 각자의 책임을 효율적으로 수행할 수 있도록 그들의 능력을 지지하고 강화시켜 주는 서비스로서, 아동이 자신의 가정에 머물러 살면서 받을 수 있는 서비스를 뜻한다. 상담사업과 가족복지사업, 학교사회복지사업 등이 있다.

- 청소년기(adolescence) 아동기에서 성인기로 전환하는 시기를 말한다. 보통 13~18세를 일 컫지만, 「청소년기본법」상에서는 9~24세의 연령 범위를 청소년으로 지칭한다. 이 시기에는 신체상의 변화가 두드러지는 한편으로 사고와 행동, 대인관계 또한 급격하게 변화한다. 그러 나 이와 같은 변화에는 개인차가 있다.
- 청소년상담사 「청소년기본법」에 의거하여 청소년상담사 자격검정에 합격하고 청소년상담사 연수기관에서 실시하는 연수과정을 마친 사람으로 법적 자격을 갖춘 청소년지도자를 말한다.
- 청소년수련활동인증제 「청소년활동진흥법」에 의거하여 청소년이 안전하고 유익한 청소년 활 동에 참여할 수 있도록 일정 기준에 따라 심사하여 프로그램을 인증하는 국가인증제도이다.
- 청소년지도사 「청소년기본법」에 의거하여 청소년지도사 자격검정에 합격하고 청소년지도사 연수기관에서 실시하는 연수과정을 마친 사람으로 법적 자격을 갖춘 청소년지도자를 말한다.
- 학교 밖 청소년 장기결석이나 자퇴, 퇴학, 미진학 등의 이유로 학교에서 교육적 서비스를 받 지 않는 청소년이다.
- 학대(abuse) 학대는 몹시 괴롭히거나 가혹하게 처우하는 것을 말하며, 「아동복지법」에서 규 정하고 있는 아동학대는 보호자를 포함한 성인에 의하여 아동의 건강 및 복지를 해치거나 정상적 발달을 저해할 수 있는 신체적 · 정신적 · 성적 폭력 또는 가혹행위 및 아동의 보호자 에 의하여 이루어지는 유기와 방임을 말한다.

참고문헌

공계순, 박현선, 오승환, 이상균, 이현주(2023). 아동복지론. 서울: 학지사.

김혜란, 좌현숙, 차유림, 문영주, 김보미 공역(2006). 사회복지실천과 역량강화. 서울: 나눔의 집.

노혁(2010). 청소년복지론(제3판). 경기: 교육과학사.

노혜련, 김미원, 조소연(2021). 예방과 통합의 관점에서 본 아동복지론. 서울: 학지사.

문성호, 윤동엽, 박승곤, 정지원(2016). 청소년활동 영역의 재정립에 과한 연구. 미래청소년학 회지, 13(2), 1-23.

보건복지부(2020). 제2차 아동정책기본계획.

여성가족부(2023). 제7차 청소년정책기본계획.

장인협, 오정수(2001). 아동 · 청소년복지론. 서울: 서울대학교출판부.

홍봉선, 남미애(2019). 청소년복지론. 경기: 공동체.

Kadushin, A. (1980). *Child Welfare Service*. NY: Macmillan Publishing Co.

Meyer, C. (1985). Insititutional Context of Child Welfare. In J. Hartman (Ed.), *Handbook of child Welfare*. New York: Free Press.

제8장

노인복지

우리나라는 세계적으로 유례를 찾아보기 힘든 급격한 인구고령화를 경험하고 있다. 이로 인해 노인과 관련된 사회문제가 급격히 늘어나면서 노인복지의 필요성이 더욱 절실해지고 있다. 이 장에서는 우리 사회에서 요구되는 노인복지의 필요성과 관련 정책을 알아보고 구체적인 사회복지사의 역할을 알아보고자 한다. 마지막으로 노인복지의 향후 과제는 어떤 것이 있는지 살펴본다.

1. 개요

1) 노인의 개념

일반적으로 65세 이상을 칭하는 노인(老人)이라는 용어는 '늙은 사람'이라는 뜻으로, 약하고 힘이 없다는 부정적인 이미지를 가지고 있다. 이런 부정적 이미지를 배제한 '어르신'이라는 호칭을 대부분의 노인복지현장에서는 사용하고 있다. 외국에서는 노인을 지칭하는 용어가 다양하게 사용되고 있으며, 영어권에서는 주로 선배 시민

(senior citizen)이나 연장자(older person) 등과 같은 용어를 사용한다. 아시아권 일본에서는 실버 또는 노년(老年)이라는 용어를 주로 사용하고, 중국은 존년(尊年)이라는 호칭을 사용하기도 한다(권중돈, 2022: 22).

1995년 UN총회에서는 다소 부정적 의미가 남아 있는 'the elderly' 대신 'older persons'로 사용하기로 합의했다. 우리나라는 최근 앞선 사람, 선배, 연장자 등의 의미를 가지는 '선인(先人)'이라고 칭하자는 제안도 있다(한국노인인력개발원, 2016).

2) 인구고령화 현상

우리나라 전체 인구 중 65세 이상의 노인인구가 차지하는 비율이 급격히 증가하고 있다. [그림 8-1]을 보면, 2010년에 10.8%였던 노인인구는 2022년에는 17.5%로 고령사회(aged society)에 진입했으며, 2070년에는 무려 46.4%로 크게 늘어날 것으로 예상된다.

노인인구 비율이 급격히 늘어나는 결정적 이유는 크게 두 가지로 설명할 수 있다. 첫째, 의료기술의 발달, 영양 수준 및 위생 수준의 향상 등으로 인한 평균수명의 연장을 들 수 있다. 또 다른 이유는 저출생의 심화이다. 인구동향조사 결과에 의하면 한국 여성의 합계출산율(Total Fertility Rate: TFR; 가임기 여성 한 명이 평생 동안 낳을 것으로 예상되는 평균 출생아 수)은 2011년 기준 1.24명이었고, 2022년에는 0.78명으로 더욱 낮아져 OECD 회원국 중 최저 수준이다. 이러한 출산율 저하는 1960년대 이후 정부의

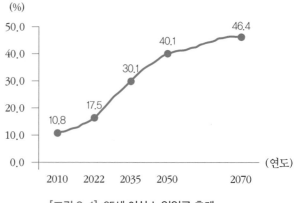

[그림 8-1] 65세 이상 노인인구 추계

출처: 통계청(2023).

출산율 억제 정책의 성공, 결혼 및 자녀에 대한 가치관 변화, 양육비와 교육비의 증가 등으로 자녀 출산을 기피하는 현상들 때문이다(양옥남, 김혜경, 박화옥, 정순돌, 2016).

　우리나라는 노인인구의 증가와 저출산의 영향을 받아, 14세 이하 유년인구에 대한 부양부담(유소년부양비)은 줄어드는 반면, 65세 이상 노인의 부양부담(노년부양비)은 증가하는 것을 〈표 8-1〉을 통해 알 수 있다. 이런 현상은 젊은 층의 노인에 대한 부양부담을 가중시키는 결과로 이어지고, 국가적으로 경제성장 둔화와 국가경쟁력을 약화시킬 수 있는 위험요소로 작용한다.

표 8-1 노인인구 증가에 따른 부양부담의 변화

연도	1960	1970	1980	1990	2000	2010	2020	2030
유소년부양비[1]	77.2	78.2	54.6	36.9	29.4	22.2	16.9	12.9
노년부양비[2]	5.3	5.7	6.1	7.4	10.1	15.2	21.7	38.6
총부양비[3]	82.5	83.9	60.7	44.3	39.5	37.3	38.6	51.5

1) 유소년부양비: 14세 이하 인구 ÷ 15~64세 인구 × 100
2) 노년부양비: 65세 이상 인구 ÷ 15~64세 인구 × 100
3) 총부양비: 유소년부양비 + 노년부양비
출처: 통계청(2021).

3) 인구고령화로 인한 노인문제

　우리나라 노인이 경험하는 대표적인 어려움은 경제적 문제, 건강 문제, 역할 상실 및 고독과 소외 문제 등이다(정무성, 나임순, 유용식, 2014). 구체적인 내용을 살펴보면 다음과 같다.

(1) 경제적 문제

　우리나라는 급격한 경제성장을 이루었지만 소득 양극화가 심각해지면서 노인빈곤율이 OECD 회원국 중 1위를 차지하는 불명예를 경험하고 있다. 최근 가계금융조사에 의하면 65세 이상 노인층의 빈곤율은 2021년 기준 37.6%로 나타났으며, 노인빈곤문제의 심각성을 보여 주고 있다.

　노후준비의 미흡으로 인해 발생하는 노인빈곤의 구체적 원인은 직장에서의 은퇴,

연금제도로 대표되는 사회보장제도의 미성숙, 자녀 양육에 대한 과다한 지출 등을 들 수 있다(임우석 외, 2012).

(2) 건강 문제

노인의 건강 문제를 만성질환 유병률과 노인진료비, 일상생활수행능력 지표를 통해 살펴보면 다음과 같다.

지역사회 거주 노인을 대상으로 한 최근 실태조사에 따르면 노인의 고혈압, 당뇨, 고지혈증 등과 같은 만성질환 유병률은 84.0%로 높게 나타났으며, 평균 보유질환 수도 1.9개 질환으로 나타나고 있다(보건복지부, 한국보건사회연구원, 2020). 대다수의 노인이 1개 이상의 만성질환을 가지고 있음을 알 수 있다. 만성질환은 꾸준한 관리가 필요하기 때문에 노인진료비 증가로 이어진다. 2021년 말 기준으로 노인 진료비는

표 8-2 신체적 일상생활수행능력과 수단적 일상생활수행능력의 정도

구분		완전 자립(%)	부분 도움(%)	완전 도움(%)
신체적 일상 생활수행능력 (ADL)	옷 입기	97.0	2.4	0.6
	세수, 양치, 머리감기	96.9	2.4	0.6
	목욕, 샤워하기	95.0	3.7	1.3
	식사하기	97.8	1.9	0.4
	방 밖으로 이동	97.4	2.1	0.5
	화장실 사용	97.8	1.8	0.5
	대소변 조절	98.1	1.3	0.7
수단적 일상 생활수행능력 (IADL)	몸단장	96.6	2.8	0.6
	집안일	93.1	4.5	2.4
	식사 준비	92.1	5.2	2.7
	빨래하기	93.2	4.2	2.6
	약 복용	96.5	2.6	1.0
	금전 관리	93.6	4.5	2.0
	근거리 외출	94.6	3.5	1.9
	물건 구매	95.4	3.5	1.1
	전화 이용	96.0	3.3	0.7
	교통수단 이용	92.1	5.7	2.2

전체 진료비의 43.4%를 차지하여 사회적 부담을 가중하는 수준이다.

일상생활수행능력을 통한 노인의 신체적 건강수준의 실태를 보면, 〈표 8-2〉와 같다. 전반적으로 신체적 일상생활수행능력(Activity of Daily Living: ADL)은 스스로 할 수 있는 완전자립의 비율이 95.0~98.1%를 차지하고 있다. 수단적 일상생활수행능력(Instrumental ADL: IADL)은 완전자립의 비율이 92.1~96.6% 수준으로 나타났다. 신체적 및 수단적 일상생활수행을 스스로 할 수 없는 '부분 도움' 및 '완전 도움'이 필요한 노인은 가족이나 국가의 도움이 필요한 상태로 볼 수 있다.

(3) 역할 상실 및 고독과 소외 문제

은퇴 이후에 취미나 역할 없이 무료하게 지내게 되면 노년기를 행복하게 보내기 어려워진다. 또한 홀로 지내는 독거노인의 비율이 증가하고 있는데 자녀와의 접촉 없이 고독하게 보내는 시간도 늘어날 수 있다. 이러한 역할 상실 및 고독과 소외 문제는 경제적 문제와 건강 문제와 더불어 노인 개개인은 물론 사회적 대처가 필요한 문제로 대두된다. 최근 사회적 이슈로 대두되고 있는 독거노인 고독사 문제 등은 노인의 고독과 소외 문제를 보여 주는 대표적인 사례이다.

2. 정책과 서비스 현황

1) 소득보장과 관련된 정책

노인의 소득보장은 직접적으로 현금을 지원하는 직접적 소득보장제도와 간접적 소득보장제도로 나눌 수 있다.

(1) 직접적 소득보장제도

직접적 소득보장제도에는 빈곤을 예방하는 차원의 사회보험(social insurance)과 이미 발생한 빈곤 문제를 해결하는 데 초점을 맞춘 공공부조(public assistance), 고용보장이 있다. 사회보험으로는 수급자 비율이 가장 높은 국민연금과 군인연금, 공무원연금, 사립학교 교직원 연금의 특수직연금이 있으며, 연금 가입이 되지 않았던 노인을 대상으로 하는 기초연금제도가 있다. 공공부조는 노인만을 대상으로 하지 않지만 저소득층에게 소득을 지원하는 국민기초생활보장제도가 대표적이다.

(2) 간접적 소득보장제도

간접적 소득보장제도는 간접적으로 노인을 대상으로 경제적 도움을 주는 제도이다. 경로우대 제도 등의 비용 할인, 고용촉진을 위한 제도, 각종 세금감면 제도 등이 있지만, 실질적인 소득보장으로 이어지기에는 한계가 있다.

2) 건강보장과 관련된 정책

(1) 국민건강보험제도

1963년에 만들어진 의료보험제도는 이후 건강보험으로 발전하면서 국민의 질병, 부상, 분만 혹은 사망 등에 대해 보험급여를 통해 국민의 건강을 보장하는 대표적인 사회보험이다. 건강보험제도는 노인인구만을 위한 건강보장제도는 아니지만, 우리나라의 노인진료비 비율이 전체 진료비의 43.3%를 차지하는 사실을 감안하면 건강보험은 노인을 위한 중요한 건강보장 제도의 역할을 수행하고 있다.

(2) 노인장기요양보험제도

노인인구의 급중으로 노인돌봄의 공백이 중요한 사회문제로 대두되면서 우리나라는 2008년에 노인장기요양보험제도를 도입하였다. 치매 등으로 대표되는 노인성 질환으로 장기적인 돌봄이 필요로 하는 노인이 급중하지만 가족만으로는 노인을 돌보는 데 한계에 부딪히면서 사회(국가)가 함께 노인을 돌보기 위해 만들어진 제도이다. 장기요양 인정신청을 통해 서비스 필요대상으로 인정받게 되면 시설 및 재가서비스 이용이 가능해진다. 2021년 12월 기준으로 65세 이상 전체 노인 중 10.7%가 장기요양서비스를 이용할 수 있는 장기요양서비스 대상자로 선정되었다(국민건강보험, 2022).

3) 노인복지 관련시설의 현황

노인복지 관련시설의 현황은 〈표 8-3〉과 같다. 복지시설 유형은 크게 주거복지,

표 8-3 노인복지 관련시설 현황

시설유형	시설종류	설치목적	시설 수		입소정원
			2022년	2021년	(2022년)
노인주거 복지시설	양로시설	노인을 입소시켜 급식과 그 밖의 일상생활에 필요한 편의를 제공	180	192	9,752
	노인공동 생활가정	노인들에게 가정과 같은 주거여건과 급식, 그 밖에 일상생활에 필요한 편의를 제공	89	107	763
	노인 복지주택	노인에게 주거시설을 분양 또는 임대하여 주거의 편의·생활지도·상담 및 안전관리 등 일상생활에 필요한 편의를 제공	39	38	8,840
노인의료 복지시설	노인 요양시설	치매·중풍 등 노인성 질환 등으로 심신에 상당한 장애가 발생하여 도움을 필요로 하는 노인을 입소시켜 급식·요양과 그 밖에 일상생활에 필요한 편의를 제공	4,346	4,057	216,784
	노인요양 공동 생활가정	치매·중풍 등 노인성 질환 등으로 심신에 상당한 장애가 발생하여 도움을 필요로 하는 노인에게 가정과 같은 주거여건과 급식·요양, 그 밖에 일상생활에 필요한 편의를 제공	1,723	1,764	15,451
노인여가 시설	노인복지관	노인의 교양·취미생활 및 사회참여활동 등에 관한 각종 정보와 서비스를 제공하고, 건강증진 및 질병예방과 소득보장·재가복지, 그 밖에 노인의 복지증진에 필요한 서비스를 제공	366	367	-
	경로당	지역노인들이 자율적으로 친목도모·취미활동·공동작업장 운영 및 각종 정보교환과 기타 여가활동을 할 수 있도록 장소를 제공	68,180	67,211	-
	노인교실	노인들에 대하여 사회활동 참여욕구를 충족시키기 위하여 건전한 취미생활·노인건강유지·소득보장, 타 일상생활과 관련한 학습프로그램을 제공	1,240	1,255	-

재가노인 복지시설	단기보호 서비스	부득이한 사유로 가족의 보호를 받을 수 없어 일시적으로 보호가 필요한 심신이 허약한 노인과 장애노인을 보호시설에 단기간 입소시켜 보호함으로써 노인 및 노인가정의 복지 증진을 도모하기 위한 서비스	70	69	463
	방문간호 서비스	간호사 등이 의사, 한의사 또는 치과의사의 지시서에 따라 재가노인의 가정 등을 방문하여, 간호, 진료의 보조, 요양에 관한 상담 또는 구강위생 등을 제공하는 서비스	234	158	–
	방문목욕 서비스	목욕 장비를 갖추고 재가노인을 방문하여 목욕을 제공하는 서비스	3,394	2,415	–
	방문요양 서비스	가정에서 일상생활을 영위하고 있는 노인으로서 신체적·정신적 장애로 어려움을 겪고 있는 노인에게 필요한 각종 편의를 제공하여 지역사회 안에서 건전하고 안정된 노후를 영위하도록 하는 서비스	5,808	4,156	–
	복지용구 지원서비스	「노인장기요양보험법 시행규칙」 제19조 제1항에 따른 복지용구를 제공하거나 대여하는 서비스	368	208	–
	재가노인 지원서비스	재가노인에게 노인생활 및 신상에 관한 상담을 제공하고, 재가노인 및 가족 등 보호자를 교육하며, 각종 편의를 제공하여 지역사회 안에서 건전하고 안정된 노후생활을 영위하도록 하는 서비스	308	388	5,669
	주·야간 보호 서비스	부득이한 사유로 가족의 보호를 받을 수 없는 심신이 허약한 노인과 장애노인을 주간 또는 야간 동안 보호시설에 입소시켜 필요한 각종 편의를 제공하여 이들이 생활안정과 심신기능의 유지·향상을 도모하고, 그 가족의 신체적·정신적 부담을 덜어 주기 위한 서비스	3,035	2,618	106,394

노인보호 전문기관	노인보호 전문기관	시 · 도지사가 노인보호전문기관을 지정 · 운영, 노인학대 신고, 상담, 보호예방 및 홍보, 24시간 신고 · 상담용 긴급전화(1577-1389) 운영	37	37	–
노인 일자리 지원기관	노인 일자리 지원기관	지역사회 등에서 노인일자리의 개발 · 지원, 창업 · 육성 및 노인에 의한 재화의 생산 · 판매 등을 직접 담당하는 노인일자리 전담기관 운영	206	206	–
학대피해 노인 전용쉼터	학대피해 노인 전용쉼터	노인학대로 피해를 입은 노인을 일정 기간 보호하고 심신치유 프로그램 제공	20	20	–

출처: 보건복지부(2022).

의료복지, 여가복지, 재가복지, 노인보호전문기관, 노인일자리지원기관, 학대피해노인전용쉼터로 분류할 수 있다. 각 종류별 시설 수를 보면 노인복지서비스 수요 증가에 따라 2022년에는 2021년에 비해 노인요양시설, 경로당, 방문간호, 방문목욕, 방문요양서비스 등을 제공하는 시설 수가 증가하는 추이를 보이고 있다.

3. 사회복지사의 역할

노인복지현장에서 일하는 사회복지사에게 가장 기본적으로 요구되는 것은 노인에 대한 이해이다. 또한 노인에 대한 이해를 바탕으로 노인복지실천에 필요한 다양한 기술이 요구된다. 먼저, 노인의 신체적 · 심리적 · 사회적 특성을 살펴보면 다음과 같다.

1) 노인의 특성

노인의 신체적 · 심리적 · 사회적 특성을 알아보면 다음과 같다(김미령 외, 2013).

(1) 신체적 특성

① 신체 구조의 변화

노화가 진행되면서 외모에 변화가 일어난다. 대표적으로 피부 탄력이 감소하여 주름이 생기고, 흰머리가 늘어나며, 칼슘 손실 등의 원인으로 신장이 줄어들기도 한다.

② 신체기능의 변화

중추신경계, 심혈관계, 호흡기계, 소화기계, 비뇨기계 등의 전반적인 기능이 감소하기 쉽다. 이로 인해 만성질환을 앓는 노인이 많으며, 대표적인 만성질환으로는 고혈압, 관절염, 당뇨, 골다공증 등이 있다. 하지만 꾸준한 건강관리를 통해 건강한 노후를 보내고 있는 노인 또한 증가하고 있다.

(2) 심리적 특성

일반적으로 인간은 노화 과정에서 인지기능을 비롯해 다양한 기능과 지능이 감소하기 쉽고, 특히 숫자에 대한 감각, 정확성, 반응속도 등과 같은 유동성 지능은 20~30대 이후로 점차 감퇴하는 것으로 알려져 있다. 하지만 경험을 통해 획득되는 추론능력, 어휘력 등으로 대표되는 결정성 지능은 꾸준히 증가하는 것으로 밝혀지고 있다. 따라서 노인에 대해 부정적 이미지에 국한하지 말고 긍정적 측면을 이해하는 것이 필요하다.

심리학자 윤진(1996)이 정리한 노년기 성격 변화를 살펴보면 다음과 같이 요약할 수 있다.

- 외부에 대한 관심은 줄어들고 내적인 측면에 관심을 기울이게 되어 내향성과 수동성이 강해진다.
- 감각기능을 비롯한 신체기능이 감퇴함에 따라 자신감이 결여되고 조심성이 증가한다.
- 자신에게 익숙한 습관과 태도를 선호하며, 경직성이 증가한다.
- 배우자와의 사별, 은퇴, 건강악화 등으로 우울성향이 증가된다.
- 지나온 생에 대한 회상을 통해 인생의 의미를 발견하려고 한다.

- 친근한 사물에 대한 애착이 증가한다.
- 호르몬 변화 등으로 인해 남성은 친밀성과 같은 여성성이 증가하는 반면, 여성은 자기주장이 강해져서 성역할 지각에 변화가 일어난다.
- 노화에 따라 경제적·신체적·정서적·사회적 의존성이 대체적으로 증가한다.
- 남아 있는 시간을 계산하는 등 시간에 대한 전망이 변화한다.
- 유산을 남기려는 경향이 있다.

(3) 사회적 특성

① 사회적 관계망의 축소

은퇴, 자녀의 결혼 등을 통해 사회적 관계망(social network)이 축소되기 시작한다. 특히 남성의 경우 직장으로부터의 은퇴가 노년기 사회적 관계망 축소의 큰 원인이 될 뿐 아니라 가족 관계, 특히 배우자와의 역할관계에도 변화가 초래될 수 있다(김혜경, 박완경, 2022).

② 역할 변화

노년기에는 자녀의 독립, 은퇴 등으로 인해 기존의 역할이 축소되고 변화하기 쉽다. 여성의 경우 남성의 퇴직과 유사하게 자녀의 독립으로 빈둥지증후군(empty nest syndrome)을 경험하기도 한다. 자녀의 독립은 때로는 역할 축소로 이어질 수 있다.

이상에서 노년기의 신체적·심리적·사회적 특성을 살펴보았다. 무엇보다 노인은 다른 인구집단에 비해 개인차가 크므로 이에 대한 이해가 절대적으로 필요하다. 예를 들어, 같은 80대 노인이라 하더라도 신체적 건강, 경제적 수준 등에 격심한 차이가 날 수 있다. 거동이 불편하여 요양시설에서 생활하는 80대 노인이 있는가 하면 독립적이고 활발한 생활을 토대로 성공적 노화(successful aging: 노화 과정에 성공적으로 적응하는 것을 말하며, 행복하게 노년을 보내는 것)를 경험하는 80대 노인도 늘어나고 있다(김혜경, 백경원, 2018).

2) 노인복지실천에서 사회복지사의 역할

노인복지현장에서 사회복지사는 노인 당사자와 노인의 가족, 나아가 지역사회를 움직임으로써 개인이 성공적 노화를 할 수 있도록 지원하는 일을 담당하게 된다. 최근 노인인구의 급격한 증가로 인해 대표적인 노인여가시설인 노인종합복지관뿐 아니라 일반 종합사회복지관 등 다양한 사회복지 관련기관에서도 노인 관련 사업을 담당하는 경우가 많으므로, 노인을 위한 사회복지사의 역할은 지속적으로 증가될 것으로 전망된다.

노인복지현장에서 사회복지사의 실천은 ① 노인의 사회적 기능 유지 · 회복 · 증진, ② 노인의 욕구충족과 능력 개발에 필요한 사회 정책 · 서비스 · 자원 · 프로그램의 계획, 형성 및 수행, ③ 위험에 직면한 노인의 역량강화와 사회경제적 정의를 증진시키기 위한 옹호와 행동, ④ 노인복지와 관련된 전문적 지식과 기술의 개발과 검증 등으로 구분할 수 있다(조흥식 외, 2008).

4. 과제

앞서 살펴본 것처럼 노인인구가 급증하면서 향후 우리나라의 노인복지와 관련된 사회적 해결과제는 산적해 있다. 주요한 과제를 요약하면 다음과 같다.

첫째, 노인 소득보장, 건강보장 제도가 지속 가능한 제도로 정착하여야 할 것이다. 예를 들면, 연금제도, 건강보험, 노인장기요양보험 등 사회보험 재정이 급격한 노인인구의 증가로 고갈될 우려가 있다. 따라서 장기적 관점에서 제도가 지속 가능하고 발전할 수 있는 제도 개선이 필요할 것이다.

둘째, 급격히 늘어나는 노인세대에 대한 젊은 세대의 이해가 절대적으로 필요하다. 노인에 대한 이해가 부족하면 심각한 세대 간 갈등을 초래할 수 있다. 그뿐만 아니라 노인층도 젊은 세대에 대한 이해를 넓힐 수 있는 다양한 기회가 필요하다.

셋째, 출산율 회복이 시급하다. 아무리 노인과 관련된 정책이 강화되더라도 저출산 문제를 동시에 접근하지 않는다면 국가의 존속에 위기가 닥칠 수 있다. 인구소멸 예상지역이 화두로 등장하는 만큼 출산율 회복을 위한 실효성 있는 정책이 동시에 요구된다.

　넷째, 노인학대, 고독사 등과 같은 심각한 사회문제를 해결하기 위해 정부와 지방자치단체뿐만 아니라 연대의식을 기반으로 한 지역사회운동이 무엇보다 중요한 시기라 하겠다.

5. 현장 사례

　2016년 ○○노인보호전문기관에 입사 후 사례관리를 진행하였던 수백 건의 노인학대사례 중 가장 기억에 남는 것은 입사 후 처음 맡았던 사례이다.

　학대피해노인(이하 대상자)은 90대의 여성 어르신으로, 거동이 불편한 대상자가 3일 동안 모텔에 방치되어 있으면서 함께 숙박하였던 자녀가 찾아오지 않고 있는 상황으로 신고·접수가 되었다.

　주민센터와 경찰에 의뢰하여 보호자를 찾는 동시에, 대상자의 긴급 보호를 위해 현장에 방문하였고 이윽고 모텔 주차공간 한편에 쭈그려 앉아 있는 왜소한 체격의 대상자를 발견할 수 있었다. 대상자와의 초기 면담 시 대상자의 안면에는 멍자국이 있었으며 "딸이 데리러 올 거야."라는 말만 반복하고 있던 상황으로 보호자 중 딸과 함께 모텔에서 생활하였으며 딸에 의한 학대를 의심할 수 있었다. 이어진 대상자와의 면담에서 지남력과 ADL 및 IADL 수준이 낮은 것으로 파악되어 경증 이상의 치매가 있음을 직감하였고 이와 관련한 유관 기관(주민센터, 구청, 건강보험공단, 경찰서 등)과의 정보 수집 및 대상자의 소지품을 통해 확인한 대상자의 정보는 다음과 같았다.

　대상자는 재혼 전 1녀, 재혼 후 2남 3녀의 자녀가 있음. 대상자는 경증치매 진단을 받았고, 2015년 8월까지 요양원에 입소해 있던 중 막내딸(이하 학대행위자)과 함께 생활하기 위해 자진 퇴소하여 그동안 막내딸과 병원, 고시원, 모텔을 오가며 생활하였음. 대상자는 유족 보훈급여로 140만원을 받아 왔고 해당 급여가 매달 15일에 지급이 되면 학대행위자가 전액 현금 인출하여 생활해 왔음. 학대행위자는 과거 결혼하여 배우자 및 자식이 있으나 현재는 이혼하여 가족과 단절된 상태이며, 정신질환으로 몇 년간 정신병원에 입원한 이력이 있음. 학대행위자가 가족의 동의를 통해 정신병원에 입원해 있던 중 대상자의 다른 자녀들이 학대행위자의 부동산을 모두 매각하였고 정신병원 퇴원 후 갈 곳이 없어진 학대행위자는 정신질환(피해망상, 환청, 환각)이 더 악화되는 한편, 전에 없던 알코올의존증이 발현하여 이에 따른 자타해 위험으로 인해 구치소 및 정신병원 입원 이력이 있음. 대상자의 안면에 있던 멍자국은 학대행위자의 구타에 의해 발생된 것을 대상자의 진술을 통해 확인함.

－대상자는 본인이 요양원에 입소한 와중에도 아픈 막내딸을 돌보기 위한 선택을 하였음을 확인함.

이와 같이 복합적인 학대 유형(신체적·정서적·경제적 학대, 방임, 유기)이 포함된 학대사례로 문제를 해결하기 위해서는 유관기관과의 긴밀한 연계를 필요로 하였다.

우선, 대상자의 긴급한 안전을 마련하기 위해 학대피해노인 일시보호시설로 대상자를 이송하는 한편, 대상자의 소지품 중 수첩과 관할청을 통해 보호자의 연락처를 확보하였다. 또 학대행위자를 찾기 위해 대상자의 동의 아래 보훈 유족급여가 지급되는 통장을 재발급하며, 급여 지급일에 맞춰 학대행위자를 찾을 수 있지 않을까 하는 기대감에 경찰과 함께 함정 조사를 진행하게 되었다. 그렇게 다가온 15일, 예상대로 은행을 배회 중인 학대행위자를 경찰을 통해 찾게 되었다. 비록 다른 자녀들 및 대상자의 친익척들은 모두 부양을 거부하며 연락을 받지 않는 상황이었으나 대상자는 학대행위자와 함께 지내는 것을 원하고 있어 이에 대한 대책을 마련하는 방향으로 사례관리를 진행하게 되었다.

대상자는 집을 마련하여 학대행위자와 거주하며 생활하기를 희망하였으나 대상자의 거동이 현재는 불가능하며 인지기능이 저하된 상태에서 학대행위자와 동거하는 것은 재학대의 위험이 높은 상황으로 인해 장시간 대상자를 설득하여 요양시설 입소를 진행하였다. 한편, 학대행위자는 기나긴 상담 및 설득 끝에 긴급지원을 통한 주거지를 마련하고 대상자가 입소한 요양시설에 면회를 다닐 수 있도록 관리하고, 대상자에 대한 경제적 의존으로부터 독립을 위해 긴급 국민기초생활수급자 신청과 함께 정신건강복지센터, 정신병원 통원치료 등 지속적인 치료 및 사례관리를 약속하였다.

이렇게 사례관리가 마무리되어 갈 즈음, 안타깝게도 대상자가 요양시설에서 식사 도중 심정지로 사망하게 되었고, 유가족 및 친인척들에게 부고 소식을 전하자 그동안 부양 및 연락을 거부하였던 자녀 및 친인척이 찾아와 장례를 치루며 첫 사례를 마무리하게 되었다.

사례관리를 진행하며 CT의 욕구를 모두 반영하며 사례관리를 진행하기란 쉽지 않다. CT와 노인보호전문기관은 원가족의 관계회복을 제1의 목표로 두고 사례관리를 진행하고 있지만 간혹 사례마다 반대로 원가족의 분리로 사례관리가 마무리되는 사례 또한 빈번하다. CT의 욕구와 현실 간의 괴리에서 사회복지사는 때로는 CT가 앞으로 살아갈 삶의 방향을 알려 주는 이정표가 되어 주기도 해야 하며, 내가 아닌 타인의 삶의 방향을 알려 주는 무게감을 느끼는 순간들이 찾아오곤 한다. 어떤 선택이 정답이라고 이야기할 수 없지만, CT의 행복을 위해 CT에게 답한 선택지라면 그 무게감에 짓눌리지 말고 부담을 덜었으면 한다. 결국 선택은 CT의 몫이기에.

사례기고: 나사렛대학교 사회복지학부 08학번 졸업생 편도현 사회복지사
(현재, 서울특별시북부노인보호전문기관 상담 & 회계 업무 팀장)

🔍 … 연구문제

1. 우리나라 인구고령화 현상의 원인과 특징에 대해서 정리해 보시오.

2. 노인의 공적 소득보장제도에는 어떤 종류가 있으며, 노인들의 현실에 적용하였을 때 제도에 어떠한 문제점이 있는지 토론해 보시오.

3. 노인의 돌봄 문제를 해결하기 위하여 도입된 노인장기요양보험제도가 시행된 이후 노인과 가족 및 사회에 미친 영향을 인터넷이나 신문 기사를 검색하여 분석해 보시오.

ABC … 전공어휘

• 고령사회(aged society) 65세 이상의 노인인구가 전체 인구에서 차지하는 비율이 14% 이상인 국가를 말한다.

• 노년부양비(old-age dependency ratio) (65세 이상 인구/15~64세 인구)×100으로 계산하며 노년부양비가 높을수록 노인복지대책이 더욱 요구된다.

• 만성질환(chronic disease) 보통 6개월 혹은 1년 이상 계속되는 질환을 말하며, 급성질환과 반대되는 개념이다. 대표적인 만성질환으로 고혈압, 당뇨, 요통, 치매 등이 있다.

• 빈둥지증후군(empty nest syndrome) 자녀들이 성장해 부모의 곁을 떠난 시기에 중년기 여성이 느끼기 쉬운 허전한 심리이다.

• 사회적 관계망(social network) 개인의 사회적 정체성을 유지하고 다양한 자원과 사회적 도움을 주고 받을 수 있는 사회관계의 범위이다.

• 수단적 일상생활수행능력(instrumental ADL) 일상생활을 영위하는 데 필요한 활동 중 도구를 사용하는 활동을 말한다.

• 신체적 일상생활수행능력(Activity of Daily Living: ADL) 개인의 자기유지(self-maintenance)와 독립적인 지역사회 활동을 하는 데 필요한 활동으로, 기본적인 신체활동과 관련된 활동이다.

• 합계출산율(Total Fertility Rate: TFR) 가임기 여성 한 명이 평생 동안 낳을 것으로 예상되는 평균 출생아 수를 의미한다.

참고문헌

국민건강보험(2022). 2021 장기요양보험통계연보.

권중돈(2022). 노인복지론(8판). 서울: 학지사.

김미령, 김원경, 김유진, 김주현, 배나래, 손화희, 원영희, 이민홍, 이호선, 전혜정, 정미경, 한
　　　은주(2013). 노인복지상담. 경기: 공동체.

김혜경, 박완경(2022). 노인의 자녀와의 사회적지원 교환 및 갈등이 우울에 미치는 영향: 독
　　　거노인과 노인부부세대의 비교를 중심으로. 사례관리연구, 13(2), 29–45.

김혜경, 백경원(2018). 100세시대의 노년기 건강. 서울: 신정.

보건복지부(2022). 2023 노인복지시설현황.

보건복지부, 한국보건사회연구원(2020). 2020년도 노인실태조사.

양옥남, 김혜경, 박화옥, 정순돌(2016). 노인복지론. 경기: 공동체.

윤진(1996). 성인 · 노인 심리학. 서울: 중앙적성출판사.

임우석, 임선영, 신민선, 김양순, 박지영, 구금섭, 최인근, 김종철, 장천식, 장석고, 엄미아
　　　(2012). 사회복지개론. 경기: 공동체.

정무성, 나임순, 유용식(2014). 현대사회복지개론. 서울: 신정.

조흥식, 권기창, 이태수, 박경수, 이용표, 엄규숙, 박기훈(2008). 사회복지학개론. 서울: 창지사.

통계청(2021). 장래인구 추계.

통계청(2023). 2022 고령자 통계.

한국노인인력개발원(2016). 부르기도 듣기도 싫은 말 노인. encore 60+ 활기찬 내일 시니어,
　　　volume 1, 4–7.

제**9**장

장애인과 사회복지

1. 개요

1) 장애의 개념

장애라는 용어는 매우 광범위하고 모호한 개념을 포함하고 있다고 할 수 있는데, 1980년 세계보건기구(WHO)에서 내린 공식적인 정의에 의하면 "장애(disability)는 의학적 손상(impairment: 인지능력, 감정능력, 생리기능 또는 해부학적 구조물의 상실이나 기능 이상을 초래하는 상태)의 직접적인 결과로서 발생하는 것을 의미하며, 손상된 능력이 장애를 구성한다."라고 하였다. 한편, 우리나라 「장애인복지법」에서는 "장애인은 신체적·정신적 장애로 인하여 장기간에 걸쳐 일상생활 또는 사회생활에 상당한 제약을 받는 자"로 정의하고 있다.

이러한 장애의 개념은 수정·보완되면서 의료적이고 개별적인 접근에서 사회환경적 접근을 강조하는 방향으로 변화하고 있으며, 이러한 접근은 장애인이 사회의 다른 구성원과 별다른 차이가 없다는 신념에 기초하고 있다. 즉, 대부분의 장애인이 갖게 되는 능력이란 그들에게 직접적으로 혹은 주보호자에게 그들이 필요로 하는 지원이 얼마나 제공되느냐에 달려 있다는 것이다(김용득, 2002). 따라서 장애인에 대한 원조는 단순한 물질적 제공이라는 자선의 형태로 이루어져서는 안 될 것이다.

한편, WHO의 장애 개념을 살펴보면, 장애인에 대한 인식이 개인적인 비극으로 보는 시각에서 사회적인 문제로 보는 시각으로 변화하고 있음을 알 수 있다. WHO 에서는 1980년에 ICIDH(International Classification of Impairments, Disabilities, and Handicaps) 분류체계를 만들어 원인에 관계없이 사회적 불이익을 받는다는 결과를 중심으로 장애를 설명함으로써 장애에 대한 사회적 책임론이 확장될 가능성을 높였으며, 1997년에 새롭게 제안한 ICIDH-2에서는 개별적 모델과 사회적 모델의 개념적 차이를 한 체계 안에서 설명하려고 노력함으로써 장애를 3차원의 축(손상, 활동, 참여)으로 분류하면서 손상과 활동(activity)은 개별적 모델의 개념을, 상황요인(contextual factors)과 참여(participation)는 사회적 모델에서의 환경을 제시하고 있다. 이러한 내용의 대부분을 계승하면서 보다 환경 지향적인 맥락에서 5년 동안의 현장 검증과 국제회의를 거쳐서 2001년에 세계보건위원회(World Health Assembly)가 승인한 ICF(International Classification of Functioning, disability and health)는 인간의 기능과 제한 요소들의 연관된 상황을 묘사해 준다. 즉, ICF에서는 개인적인 장애나 질병과 상황적 맥락(환경적 요소와 개별적 요소)과의 상호작용에 의하여 기능과 장애를 설명하는데, 특정 영역에서 개인의 기능 수준은 건강 상태와 상황적 요소 간의 상호작용의 결과라고 본다. 이러한 장애의 개념을 도식화하면 [그림 9-1]과 같다.

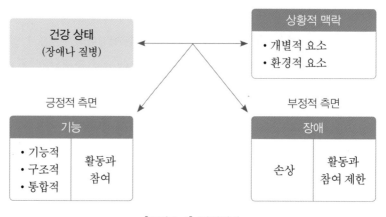

[그림 9-1] 장애체계

2) 우리나라의 장애 유형과 특성

⑴ 외부 신체기능장애와 특성

① 지체장애

지체장애란 사지(팔과 다리)와 몸통의 운동기능장애를 의미하는데, 운동기능장애란 운동기관이 있는 중추신경계, 근육과 뼈, 관절 등의 부상이나 질병으로 인하여 장기간 일상생활에서 혼자 활동하는 것이 곤란한 상태의 장애를 말한다. 지체장애인은 장애 인구 중 가장 높은 비중을 차지하며, 다양한 유형과 종류가 있다. 지체장애의 유형은 크게 관절(운동)장애, 절단, 마비, 변형 등의 형태로 구분된다. 지체장애는 종류가 다양하므로 공통된 특성을 찾기가 쉽지 않다. 신체기능이나 운동 발달의 지체는 심리적 발달에 영향을 미치며, 운동장애의 경우 자존감의 저하로 이어질 수 있다.

② 뇌병변장애

뇌병변장애는 뇌성마비, 뇌졸중, 외상성 뇌손상 등 뇌의 기질적 병변으로 인한 신체적 · 정신적 장애로 보행 또는 일상생활에 현저한 제한을 받는 사람이 해당된다. 뇌병변의 발병 또는 외상이 있은 후 6개월간 지속적으로 치료한 후에 장애 판정을 할 수 있으며, 식물인간이나 의식불명의 경우에도 6개월이 경과하여야 장애 판정을 받을 수 있다. 뇌병변장애의 가장 두드러진 특성은 주로 중복장애라는 점이다.

③ 시각장애

시각장애란 시(視)기능의 현저한 저하 또는 소실에 의해 일상생활 또는 사회생활에 제약이 있는 경우로, 시력장애와 시야결손장애로 구분된다. 시력은 만국식 시력표 등 공인된 시력표에 의해 측정된 것을 기준으로, 나쁜 눈의 교정시력이 0.02 이하이면 시각장애인으로 구분된다. 시각장애의 특성은 시각장애인이 충분한 정보를 접하는 데 제약을 받아 학습상 어려움이 있고, 지적 기능에도 시각적 경험의 범위가 제한됨으로써 다소 영향을 미친다.

④ **청각장애**

청각장애란 청각기관의 특정 부위에 손상을 입어 청각능력에 불능을 갖고 있는 다양한 정도를 포괄한다. 청각장애인은 농인과 난청인으로 구분하며, 청력 손실 정도와 함께 청력 손실 시기, 청력 손실 부위, 보청기 착용 효과 등의 요인도 함께 고려해야 하는 장애 범주이다. 청각장애의 특성으로는 언어장애가 수반되고, 교육적으로 불이익을 당하며, 사회적으로 소외되고, 경제생활과 취미, 오락 등 참여의 기회가 제한된다. 또한 청각장애인은 구화, 수어, 필담, 손발이나 몸짓 등으로 의사소통을 한다. 그들은 고유문화를 가지고 있고, 수어를 모국어로 생각하며, 이중언어의 갈등을 일으키기도 한다.

⑤ **언어장애**

언어장애는 음성 기능 또는 언어 기능에 영속적인 현저한 장애가 있는 경우이다. 즉, 의사소통상의 방해를 받아 사회생활에서 적응상의 곤란을 겪는 경우, 언어학적으로 불완전하거나, 발성이 어렵거나, 말의 리듬, 음조 또는 고저에 이상이 있거나, 말하는 사람의 연령, 성, 신체적인 발달 정도와 일치하지 않게 말을 하는 경우를 일컫는다. 음성장애는 단순한 음성장애, 발음장애 및 유창성장애와 같은 구어장애를 포함하며, 언어장애는 언어중추 손상으로 인한 실어증과 발달기에 나타나는 발달성 언어장애를 포함한다. 언어장애는 청각장애, 지적장애, 뇌성마비 등에 의해 수반된다. 또한 언어 발달과 지능은 정적 상관관계를 보이며, 적절한 학습을 방해해서 지능 발달의 지체를 가져온다.

⑥ **안면장애**

안면장애는 화상, 사고, 화학약품, 질환, 산업재해 등으로 안면부 추상, 함몰, 비후 등의 변형으로 발생된다. 안면장애의 특성은 안면 부위의 변형 또는 기형으로 인하여 사회생활을 하는 데 있어 상당한 제한을 받는다는 것이다. 이들은 외모로 인해 대인관계에서 어려움을 겪고, 사회적 차별에 의해 곤란을 겪는 경우도 있다. 또한 경제적 어려움을 겪게 되며, 피부 변형과 건조로 인해 각종 질환이 생기고, 일상생활이 자유롭지 못해 정신과적 질환이 나타날 가능성이 높다.

(2) 내부 기관장애와 특성

① 신장장애

신장장애는 신장의 기능부전으로 인해 혈액투석이나 복막투석을 지속적으로 받아야 하거나, 신장 기능에 영속적인 장애가 있어 일상생활 활동에 현저한 제한을 받는 경우를 말한다. 과거에는 만성 사구체염에 의한 것이 많았다. 그러나 현재는 사구체염의 치료가 향상된 반면, 당뇨병의 증가로 인한 만성 신부전이 가장 많다. 또한 루푸스, 고혈압, 신결핵, 결석, 다낭성 신종, 만성 신우신염 등의 질환이 원인이 될 수 있다.

② 심장장애

심장장애는 심장의 기능부전으로 인해 호흡 곤란 등의 장애가 있어 일상생활에 현저한 제한을 받는 경우를 말한다. 심장장애의 주원인은 관상동맥 질환인 협심증과 심근경색, 심장 기능 상실, 선천성 심장기형, 심장판막증, 부정맥 등 여러 가지가 있다. 심장장애의 특성은 일상적인 생활뿐만 아니라 사회생활에서도 큰 어려움을 겪게 되며, 특히 직장생활이 어려운 경우가 많아서 경제적 어려움이 가중된다.

③ 호흡기장애

호흡기장애는 폐나 기관지 등 호흡기관의 만성적 기능부전으로 인한 호흡 기능의 장애로, 일상생활을 하는 데 있어 상당한 제한을 받는 경우를 말한다. 주로 만성 호흡기 질환에 의한 호흡 기능의 손실로 인한 장애로, 가장 중요한 원인은 흡연이다.

④ 간장애

간장애는 간의 만성적 기능부전과 그에 따른 합병증 등으로 인한 간 기능의 장애로, 일상생활을 하는 데 있어 상당한 제한을 받는 경우를 말한다. 간장애의 원인은 알코올, 간디스토마, 임신 중 바이러스 감염, 약물 복용 등이 있다. 간장애의 특성은 장애 범주의 확대 이후에 등록 인원이 증가하고 있는 것이다. 대체로 간암을 제외한 중증의 간장애인은 중·고령층 이상으로, 병원에서 지속적인 치료를 받는 경우가 대부분이라 일상생활에 어려움이 크다.

⑤ 장루 · 요루장애

배변 기능 또는 배뇨 기능의 장애로 인해 장루 또는 요루를 시술해 일상생활을 하는 데 있어 상당한 제한을 받는 경우를 말한다. 원인으로는 드물게 각종 사고로 인한 경우도 있지만, 대부분이 선천적 또는 후천적 질병이 원인이며, 결장루, 회장루, 요루 등이 주요 원인이다. 장루 · 요루장애는 대변이나 소변 조절능력이 없어 수시로 배설하므로 신체에 부착하는 보조장치를 이용하여 관리해야 한다. 이 때문에 일상생활 시 냄새 등으로 인해 주변 사람과 당사자를 불편하게 만든다. 또한 정상적인 직장생활이 힘들며, 사업주들은 장루장애인을 고용하는 것을 기피한다.

⑥ 뇌전증

뇌전증(간질)에 의한 뇌신경세포의 장애로서 일상생활 또는 사회생활을 하는 데 상당한 제한을 받아 다른 사람의 도움이 필요한 경우를 말한다. 대부분의 경우 갑자기 나타나기 때문에 증상 발현을 예측할 수 없는 것이 특징이다. 체질적 차이, 환경적 요인, 가족적 영향 및 뇌의 이상 등이 종합적으로 작용하여 뇌전증을 일으킬 수 있으며, 뇌의 신경세포에 손상을 주거나 신경세포의 정상적인 기능을 방해하는 것도 뇌전증의 원인이 될 수 있다. 좀 더 구체적인 뇌전증의 원인으로는 뇌손상, 뇌종양, 뇌염, 뇌졸중, 대뇌피질 이형성증(cortial dysplasia), 뇌혈관 기형 등이 있다.

(3) 정신적 장애와 특성

① 지적장애

지적장애란 지능 발달의 장애로 인하여 학습이 불가능하거나 제한을 받고, 적응행동의 장애로 관습의 습득과 학습에 장애가 있는 상태를 말한다. 유병률은 약 2~3%로 추정된다. 원인으로는 염색체 이상, 신진대사 이상, 산모의 감염, 태아의 이상, 머리 손상, 영양실조, 환경 등이 있다. 지적장애의 특성은 개인차가 크다는 것이며, 장애 정도에 따라 다르므로 공통적인 발달 특성을 보이지 않는다. 또한 다양한 환경과의 상호작용의 결과물로, 다양한 유형과 강도를 지닌 개별적인 지원 제공의 유무에 따라 변화될 수 있다.

② 자폐성장애

자폐성장애란 소아기 자폐성장애에 의한 언어적·신체적 표현, 자기조절, 사회적응 기능 및 능력의 장애로 인하여 일상생활 또는 사회생활을 하는 데 있어 상당한 제한을 받아 다른 사람의 도움이 필요한 상태를 말한다.

자폐성장애의 특성은 유아기부터 어머니와 눈을 맞추지 않거나, 소리를 들을 수 있으면서도 쳐다보지 않고, 안아 주어도 좋아하지 않는 특성이 있다. 또한 의사소통이나 사회적 기술, 인식력 등이 떨어지며, 반복행동, 자해, 수면 및 음식 문제, 고통을 못 느끼거나 과잉행동 또는 과소행동을 보이며, 주의력 결핍 현상을 보인다. 그 밖에 동일성을 고집하며, 일상생활을 정해진 대로만 하려고 하고, 거기에서 벗어나면 마음에 혼란을 겪고 격해진다.

자폐성장애는 유아자폐증과 유사자폐로 구분할 수 있다. 자폐성장애의 원인에 대해서는 아직 분명히 밝혀진 바가 없으나 생물학적 원인일 가능성이 높다.

③ 정신장애

정신장애는 생물학적·심리적 병변으로 인하여 정신 기능의 제 영역인 지능, 지각, 사고, 기억, 의식, 정동, 성격 등에서 병리학적 현상이 진행되는 것을 말한다. 또한 지속적인 조현병, 분열형 정동장애, 양극성 정동장애 및 반복성 우울장애에 의한 감정 조절, 행동, 사고 기능 및 능력의 장애로 인하여 일상생활 및 사회활동을 하는데 있어 상당한 제한을 받아 다른 사람의 도움이 필요한 경우를 말한다.

정신장애의 대표적인 유형으로는 조현병, 정동장애, 우울장애 등이 있다. 정신장애의 특성은 일상생활이나 직업 활동에 있어서 다른 장애와 마찬가지로 큰 어려움을 겪으며, 신체장애와 동일하거나 그 이상의 사회적 편견이 뒤따라 본인과 가족의 고통이 크다.

표 9-1 「장애인복지법」에 따른 분류 및 장애 범주 확대 예상

대분류	중분류	소분류	세분류	확대 예상
신체적 장애	외부 신체 기능 장애	지체장애	절단장애, 관절장애, 지체기능장애, 변형 등의 장애	
		뇌병변장애	중추신경의 손상으로 인한 장애	
		시각장애	시력장애, 시야결손장애	
		청각장애	청력장애, 평형기능장애	
		언어장애	언어장애, 음성장애	
		안면장애	안면부의 추상, 함몰, 비후 등 변형으로 인한 장애	
	내부 기관 장애	신장장애	만성 신부전 및 신장 이식자	만성 소화기계, 비뇨기계, 피부 질환 등
		심장장애	일상생활에 제약을 받는 심장 기능 이상자	
		호흡기장애	일상생활이 현저히 제한되는 만성·중증의 호흡기 기능 이상	
		간장애	일상생활이 현저히 제한되는 만성·중증의 간 기능 이상	
		장루·요루 장애	일상생활이 현저히 제한되는 장루·요루	
		뇌전증	일상생활이 현저히 제한되는 만성·중증의 뇌전증(간질)	
정신적 장애	발달 장애	지적장애	지능지수가 70 이하	
		자폐성장애	소아자폐증 등	
	정신장애		조현병, 분열형 정동장애, 양극성 정동장애, 반복성 우울장애	만성 약물중독, 치매 등

3) 장애인복지의 개념과 특성

(1) 장애인복지의 개념

장애인복지는 심신의 손상으로 인해 사회생활에 곤란을 겪고 있는 사람에 대하여 의료적·교육적·직업적·사회적·심리적 재활서비스를 제공하는 것이다. 동시에 사회적 인식의 개선과 물리적 환경을 조성하여 모든 분야에서 사회생활이 보장되고,

심리적으로 안정된 삶을 영위할 수 있도록 원조하는 국가 및 사회의 조직적인 노력의 총체이다(권육상 외, 2005).

(2) 장애인복지의 특성

장애인복지의 특성을 살펴보면 다음과 같다.

- 장애인의 문제는 손상 부위와 정도에 따라 장애의 유형과 그로 인해 파생되는 문제도 매우 다양하게 나타나므로 장애인복지의 서비스 내용도 문제의 복잡성에 따라 복합적인 접근을 시도해야 한다.
- 장애인복지는 다양하고 복잡하므로 어느 한 특정 분야의 전문성만 가지고 해결하기 어렵기 때문에 종합성이 요구되는 복지로 이해해야 한다.
- 시대의 변화에 따라 장애인 스스로 자신의 권리를 확보하기 위한 의식이 높아지고, 장애인의 욕구도 계속해서 확대되고 있다. 따라서 장애인복지는 이러한 시대적 상황에 따라 역동적으로 변화해야 한다.
- 장애인복지는 장애 발생의 원인부터 치료 및 재활에 이르기까지 장애인 본인이나 가족에게만 국한되는 문제가 아니라 사회와 국가의 책임이 강조되며, 상호 간 협력하여 해결해야 하는 특성을 가지고 있다(권선진, 2005).

2. 정책과 서비스 현황

1) 장애인복지 관련 법률 및 전달체계

(1) 장애인복지 관련 법률

① 「장애인복지법」

1981년에 「심신장애자복지법」으로 제정되었으며, 1989년 「장애인복지법」으로 개정되었다. 1999년에 전면 개정되었으며, 개정의 주요 내용은 장애 범주의 확대, 장애인복지조정위원회의 설치, 장애인의 정보 접근, 장애수당의 신설, 장애인 생산품의 우선 구매, 장애인 보조견의 훈련 보급, 중증장애인 보호, 의지보조기 기사 자격 교부 등이다. 2007년 「장애인복지법」은 새롭게 개정되었는데, 개정 사유는 장애인의 다양한 정책 욕구에 부응하기 위하여 장애 관련 정책 결정과정에 당사자의 우선적인 참여를 보장하고, 활동보조인 파견 및 장애 동료 간 상담 등 장애인 자립생활 지원 시책을 강화하며, 장애인복지조정위원회를 장애인정책조정위원회로 변경하여 관계 부처 간의 실질적인 정책 조정 기능을 담당하도록 하는 것으로 되어 있다. 또한 여성 장애인의 권익보호, 중앙행정기관별 장애인정책의 효율적 추진을 위한 장애인정책 책임관 지정, 시청각장애인의 정보 접근성 강화 등 장애인의 새로운 정책 수요에 대응하여 장애인정책의 효율적 수행을 도모하고자 하는 취지를 갖고 있다(권선진, 2007).

② 「장애인 등에 대한 특수교육법」

1977년 12월 31일 법률 제3053호로 제정 · 공포된 「특수교육진흥법」은 당시 우리나라 장애인 교육을 공적으로 보장하고, 전국 시 · 도에 공립 특수학교 및 특수학급을 설치하는 등 우리나라 특수교육 발전의 기틀을 마련하는 법적인 근거가 되었다. 동법에 대해서는 지금까지 아홉 차례에 걸쳐 개정이 이루어졌는데, 그중 1994년에 전면 개정된 법안에서는 특수교육의 국제적 흐름에 적극 부응하여 통합교육 및 개별화교육 등을 도입하였고, 장애학생의 적절한 선정 배치 및 절차적 권리 강화를 위한 특수교육운영위원회의 도입 등 획기적인 조치를 포함하였다. 그러나 「특수교육진흥법」은 초 · 중등교육 중심으로 규정되어 있어, 장애 영유아 및 장애 성인을 위한 교육 지원에 대한 규정이 미흡하며, 국가 및 지방자치단체의 특수교육 지원에 대한 구체적인 역할 제시가 부족하여 법의 실효성 담보에 한계가 있었다. 「장애인 등에 대한 특수교육법」은 이러한 배경을 바탕으로 「교육기본법」 제18조에 따라 국가 및 지방자치단체가 장애인 및 특별한 교육적 요구가 있는 사람에게 통합된 교육 환경을 제공하고, 생애주기에 따라 장애 유형과 장애 정도의 특성을 고려한 교육을 실시하여 이들의 자아실현과 사회통합에 기여하고자 제정되었다.

③ 「장애인 고용촉진 및 직업재활법」

1990년 「장애인 고용촉진 등에 관한 법률」로 제정되어, 1999년에 전면 개정된 「장애인 고용촉진 및 직업재활법」은 장애인의 고용 촉진과 직업 재활 및 직업 안정을 도모하는 것을 목적으로 한다(제1조). 1999년에 개정되었으나, 중증 장애인의 고용 미흡, 관리체계의 이원화에 따른 어려움 등으로 개선이 요구되었다. 2002년의 개정에서는 의무고용 대상 사업체가 300인 이상에서 50인 이상으로 범위가 확대되었으며, 2005년도 법 개정에서는 정부 부문의 의무고용 적용 제외율을 사실상 단계적으로 폐지(경찰, 소방직 등 제외)하도록 하고 있다.

2007년도 법 개정에서는 사업주가 거짓이나 그 밖의 부정한 방법으로 지원받는 것을 방지하기 위해 부당한 융자지원금 및 고용장려금 수급에 대한 제재를 강화하는 한편, 부담금 징수 및 고용장려금 지급 시효 중단 사유에 「민법」이 정하는 시효 중단 사유를 추가하도록 하고 있다. 또한 2008년도 법 개정에서는 사업주의 장애인 인식 개선 의무 부과(제5조 제3항), 정부의 장애인 인식 개선 교육 교재 등의 보급 의무(제5조 제4항) 등이 개정되어 시행되고 있다.

④「장애인·노인·임산부 등의 편의증진 보장에 관한 법률」

이 법률은 장애인, 노인, 임산부 등이 다른 사람의 도움 없이 안전하고 편리하게 시설 및 설비를 이용하고 정보에 접근하도록 보장함으로써 사회활동 참여와 복지 증진에 이바지하는 것을 목적(제1조)으로 하고 있다. 1997년 시행된 이 법에서는 편의시설 설치의 기본 원칙, 접근권, 국가 및 지방자치단체의 의무 등을 규정하고 있다. 건설교통부에서 「교통약자의 이동편의 증진법」이 2004년 말에 통과되어 시행되고 있다. 이 법은 교통수단·여객시설 및 도로에 이동편의시설을 확충하고 보행 환경을 개선하여 인간 중심의 교통체계를 구축함으로써 사회 참여와 복지 증진에 이바지하는 것을 목적으로 한다.

⑤「장애인차별금지 및 권리구제 등에 관한 법률」

2007년 4월 10일에 제정된 「장애인차별금지 및 권리구제 등에 관한 법률」(이하 「장애인차별금지법」)은 장애인의 당사자주의에 의하여 장애인의 주도하에 이루어진 권리투쟁의 과정이며 결과이다. 또한 장애계 최초의 인권법으로 장애인의 최소한의 인권을 보장할 수 있는, 장애인 문제해결의 시발점이라는 의미를 가진다. 「장애인차별금지법」은 '직접 차별'은 물론, 장애인에게 불리한 결과를 가져오는 '간접 차별'도 금지하고 있으며, 악의적인 차별을 계속하면 최고 3,000만 원의 과태료를 부과하는 등의 내용을 담고 있다.

⑥ 기타 장애인 관련 법률은 지속적으로 제정되었음

2008년에는「중증장애인생산품 우선구매 특별법」이 만들어지고, 2010년 7월부터「장애인연금법」이 시행되었으며, 2011년에는「장애인활동 지원에 관한 법률」이 10월 5일부터 시행되었고, 6월엔「장애아동복지지원법」이 제정되어 2012년 8월 5일부터 시행되었다. 이후에도 2012년「장애인·고령자 등 주거약자 지원에 관한 법률」, 2014년「발달장애인 권리보장 및 지원에 관한 법률」, 2015년「장애인·노인 등을 위한 보조기기 지원 및 활용촉진에 관한 법률」「장애인건강권 및 의료접근성 보장 및 지원에 관한 법률」, 2016년「한국수화언어법」「점자법」「정신건강증진 및 정신질환자 복지서비스 지원에 관한 법률」, 2020년「장애예술인 문화예술활동 지원에 관한 법률」등 장애인을 적용 대상으로 하는 법률들이 필요에 따라 지속적으로 제정되었다.

(2) 장애인복지 전달체계

장애인복지 전달체계에서 복지 영역은 보건복지부, 교육 영역은 교육부, 고용 영역은 고용노동부와 보건복지부가 담당한다. 장애인복지 특성상 거의 전 부서에 걸쳐 장애인 업무가 수행되고 있다.

2) 장애인복지정책과 재활서비스

재활(rehabilitation)이란 신체적·정신적 기능장애(impaired functioning: 유전이나 사고 또는 질병 등에 의해 사지, 기관, 피부, 정신적 기능체계, 생리적 또는 해부학적 구조나 기능이 손실된 상태 혹은 비정상인 것)가 있는 사람들이 자신의 능력을 최대한으로 계발하고, 사회에 재투입하여 신체적·정신적·사회적·교육적·직업적인 면에서 최적의 상태로 생활할 수 있도록 도와주는 역동적인 과정을 말한다. 현재 전 세계적으로 장애인의 재활 분야에서 가장 앞선 나라라고 할 수 있는 미국의 경우, 재활의 의의로 다음의 세 가지 기본 원리를 제시하고 있다(조성열, 2003).

• 기회균등이 모든 시민에게 보장되어야 한다.

• 인간은 전인격적인 존재이다.
• 모든 인간은 독특한 요구와 소질, 대처방법 및 목표가 있다.

장애인 재활 전문인력에는 재활의학전문의, 재활간호사, 물리치료사, 작업치료사, 언어치료사, 보장구 기사, 임상심리사, 특수교육교사, 직업재활 전문인력, 사회복지사 등이 있으며 그리고 최근에 생겨난 전문인력으로 동료 상담가, 활동보조인 등도 있다. 재활의 종류에는 의료재활, 교육재활, 사회재활, 직업재활, 심리재활 등이 있다.

(1) 의료보장서비스

우리나라에서는 사회보장제도로서 국민건강보험, 공적부조제도로서 의료보호제도, 저소득 장애인의 의료비 지원 시책, 재활보조기구 무료 교부사업을 실시하고 있다. 또한 국민건강보험과 의료보호제도를 통해서 의료비 경감 혜택을 받도록 하고 있다. 그러나 장애인들은 저소득층이 많고 장기간 및 고가의 치료가 요구되는 경우가 많아, 현행 의료보호제도로는 장애인의 의료 부담이 클 것으로 예상된다.

(2) 교육보장서비스

특수교육 대상자의 무상교육, 의무교육 등을 통해 장애인의 교육권을 보장하는 「특수교육진흥법」은 1977년에 제정되었으나, 제정 30년 만에 폐지되었고, 새 법안인 「장애인 등에 대한 특수교육법」이 2008년 5월부터 시행되었다. 2020년 기준, 전국 장애 유형별, 성별 특수교육 대상자 현황을 살펴보면, 전체 89,530명 중에서 남자는 60,286명이며 여자는 29,244명으로 남자가 상대적으로 많은 것으로 조사되었다. 장애 유형별 조사에 의하면, 지적장애가 46,889명으로 전체의 절반이 넘는 수준으로 가장 많다. 특수교육을 실시하는 기관별로 살펴보면 일반학교의 특수학급에서 실시하는 경우가 가장 많은 것으로 나타났다(통계청, 2020).

(3) 고용보장서비스

현재 우리나라의 장애인 고용은 「장애인복지법」의 규정과 2007년에 전면 개정된 「장애인고용촉진 및 직업재활법」에 근거하여 보호고용, 지원고용, 유보고용에 대한 조항을 명시하고, 다양한 방법으로 고용 지원을 하고 있다. 우리나라는 장애인의 고용을 확대하기 위하여 장애인 고용을 보장하는 고용 의무제를 두고 있다. 그리고 고용을 장려하는 의미에서 장애인을 고용하는 사업주에 대해서는 고용지원금을 지급하고 있다.

(4) 소득보장서비스

장애인 가구의 월평균 소득은 도시 근로자 가구 소득의 46.4% 수준에 불과하다(한국보건사회연구원, 2000). 또한 장애인의 소득수준 및 생활수준은 낮은 반면, 장애로 인한 추가 비용이 적지 않은 것으로 나타났다. 우리나라의 일반적인 장애인 소득보장 급여는 생계보조수당, 생업 지원, 자녀교육비 지원 등의 직접적 소득보장과 세금 감면 및 할인 등의 간접적 소득보장으로 구분해 볼 수 있다.

3) 지역사회 중심 재활과 자립생활

(1) 지역사회 중심 재활

지역사회 중심 재활(Community-Based Rehabilitation: CBR)이란 장애인의 재활과 사회통합을 달성하기 위하여 장애인 자신과 그 가족은 물론, 지역사회를 기초로 하여 채택된 모든 방법을 포괄하는 것이다. 지역사회 중심 재활은 1981년 이후 WHO의 중요한 재활정책으로 권장되어 온 것으로, 현재 전 세계 90개국 이상에서 채택하고 있다. 지역사회 중심 재활은 장애인들이 그들의 가족과 지역사회에 더욱 잘 통합될 수 있도록 하는 것을 목적으로 하며, 비전문가에 의한 간단하고 기본적인 기술을 활용한다. 또한 서비스 전달체계는 장애인 자신과 그들 가족의 참여에 기반하며, 일차 보건의료체계 등 공공서비스의 일부와 협력관계를 형성하여야 한다.

우리나라에서도 지속적인 전략으로는 채택되지 못한 측면이 있지만, '지역사회중심재활사업'이라는 명칭으로 지금까지 몇 차례의 시도가 있었다. 국가적인 재활전략을 수립하고 이와 연관된 정책으로 시행하는 것이 바람직하지만, 개별적이고 시범적으로 시도되었기 때문에 지속되지 못한 측면이 있다(권육상 외, 2005).

(2) 자립생활

자립생활(Independent Living: IL)이란 장애인의 독립적인 생활만을 의미하는 것이 아니라 장애인이 지역사회의 중심에서 재활의 주역으로 스스로 살아갈 수 있는 법적 · 제도적 권익을 확보하는 것까지 내포하고 있다. 자립생활운동의 역사는 에드 로버츠(Ed Roberts)가 1962년 미국 캘리포니아 대학교 UC버클리에 입학하여 학교생활에 어려움을 겪으면서 장애학생들의 자기옹호(self-advocacy)를 위한 '신체장애인 학생 프로그램(Physically Disabled Students Program: PDSP)'을 시작한 데서 비롯되었다. 이후 이 프로그램이 외부 장애인들에게도 확산됨으로써 미국 장애인의 권리와 삶에 혁신적인 변화를 가져오게 된 자립생활센터(Independent Living Center)가 탄생되었다.

자립생활 연구가인 노섹스(Nosex)와 스튜어트(Stuart)는 자립생활지원서비스가 지향해야 할 실천 원리, 즉 비차별성 원리, 포괄성 원리, 형평성 원리, 비용 지불의 효율성 원리, 소비자 통제 원리를 제시하였다(서울시정개발연구원, 2004). 이 주요 원리는 이용 장애인이 자신의 욕구를 바탕으로 스스로 서비스를 조절하고 통제하는 것이라는 점을 강조하고 있다. 자립생활 프로그램은 동료상담(peer counselling: 문제를 공유하고 같은 처지에 있는 장애인으로부터 적절한 조언과 정보를 얻는 것), 활동보조서비스, 교통 편의 제공, 자립생활 기술훈련, 정보 제공과 의뢰, 권익 옹호, 주택서비스, 장비 관리 · 수리 · 임대, 복지혜택에 대한 상담 등의 서비스를 제공하고 있다. 우리나라에서는 1997년 '서울 국제장애인 학술대회'에서 일본의 자립생활 운동가인 나카니시(中西正司)의 소개로 시작되었다. 그 후 1998년부터 2000년까지 3년간 정립회관이 일본의 휴먼케어협회와 함께 프로그램을 실시하면서 자립생활의 개념이 전국적으로 확산되었다. 이러한 것이 우리나라에서도 장애인들을 위한 자립생활센터 설립의 토대가 되면서 최근에는 자립생활을 위한 자조단체협의회와 소규모 자립생활센터 등의 조직이 확산되고 있는 추세이다.

4) 장애인복지 시설 및 서비스

(1) 장애인 거주시설

「장애인복지법」 제58조에 따르면, 장애인 거주시설이란 "거주공간을 활용하여 일반가정에서 생활하기 어려운 장애인에게 일정 기간 동안 거주 · 요양 · 지원 등의 서비스를 제공하는 동시에 지역사회생활을 지원하는 시설"로 규정하고 있다. 장애인 거주시설은 장애 유형별 거주시설, 중증장애인 거주시설, 장애 영유아 거주시설, 장애인 단기 거주시설, 장애인 공동생활가정으로 구분된다.

(2) 장애인 지역사회재활시설

「장애인복지법」 제58조에 따르면, 장애인 지역사회재활시설은 "장애인을 전문적으로 상담·치료·훈련하거나 장애인의 일상생활, 여가 활동 및 사회참여 활동 등을 지원하는 시설"로 규정하고 있다. 장애인 지역사회재활시설은 장애인복지관, 장애인 주간보호시설, 장애인 체육시설, 장애인 수련시설, 장애인 생활이동지원센터, 수화통역센터, 점자도서관, 점자도서 및 녹음서 출판시설, 장애인 재활치료시설로 분류할 수 있다.

(3) 장애인 직업재활시설

「장애인복지법」 제58조에 따르면, 장애인 직업재활시설은 "일반 작업환경에서는 일하기 어려운 장애인이 특별히 준비된 작업환경에서 직업훈련을 받거나 직업생활을 할 수 있도록 하는 시설"로 규정하고 있다. 장애인 직업재활시설은 장애인보호작업장과 장애인근로사업장으로 분류할 수 있다.

(4) 장애인 의료재활시설

사회복지법인 등 비영리법인 부설 시설로 장애인 의료재활을 위하여 입원 및 통원, 낮병원을 통한 장애인 진료, 장애의 진단 및 재활치료, 의료재활상담, 장애인보조기구의 제작, 판매, 검수 및 수리, 장애인 재활 및 재발 방지에 관한 교육 등의 사업을 수행한다.

(5) 장애인 생산품 판매시설

「장애인복지법 시행규칙」에 따르면, 장애인 생산품 판매시설은 장애인 생산품의 판매활동 및 유통을 대행하고, 장애인 생산품이나 서비스·용역에 관한 상담, 홍보, 판로 개척 및 정보 제공 등 마케팅을 지원하는 시설이다.

3. 사회복지사의 역할

사회복지사는 경제적 · 심리적 · 환경적 문제를 가지고 있거나 문제가 있을 것으로 예상되는 장애인들에 대하여 이들이 겪고 있는 문제를 파악하고 문제해결을 위한 여러 가지 방법을 장애인에게 알려 주어 문제를 해결하도록 도움을 제공하는 일을 한다. 이처럼 사회복지사는 사회재활 영역에서 대표적인 전문인력이다. 사회복지사는 장애인이 당면한 문제를 해결하기 위해 면접상담이나 사례관리 등을 통해 해결 방안을 모색하고, 특히 지역의 여러 자원을 활용하며, 후원자, 자원봉사자들을 연계하는 업무를 수행한다. 사회복지사는 장애인의 인권, 경제적 측면, 가족 관계, 문화, 여가 등 장애인의 전반적인 생활에 관해 자원을 연계하고 서비스를 지원하는 전문인력으로서 활동 영역이 매우 넓다. 그뿐만 아니라 장애인 복지단체나 기관, 시설 등에서 근무하는 인력 가운데 가장 많은 비율을 차지하고 있다(권선진, 2007).

특히 오늘날의 사회복지사들에게는 개방성과 협력적인 자세가 요구되며, 이는 다학문 간의 협력으로 나타날 수 있다. 장애인복지는 여러 분야의 전문가들이 협력하여 함께 일할 때 장애인들의 삶의 질을 향상시키기 위한 보다 큰 시너지 효과를 나타낼 수 있다.

4. 과제

첫째, 현재 우리나라 「장애인복지법」에서는 장애의 범주를 총 15가지로 정하고 있으나, 선진국에 비해 그 범주가 협소하므로 보다 폭넓은 장애의 범주가 적용되어야 할 것이다.

둘째, 우리나라 장애 인구의 약 90%가 후천적 장애이고 재가 장애인의 비율이 96.5%임을 감안할 때, 재활전문 의료기관은 매우 부족한 실정이다. 따라서 자치단체의 재활치료 활성화에 대한 노력과 재활전문 의료기관의 대폭적인 증대가 시급하다.

셋째, 장애인의 자립생활과 역량강화를 위한 지원을 해야 한다. 이는 장애인들의 일상적인 삶의 향유에 필요한 것들에 초점을 맞추며, 장애인 권리에 근거한 소비자 중심의 자립생활 패러다임으로 변화되어 가고 있음을 의미한다.

넷째, 장애인이 경제적으로 자립할 수 있도록 하고, 소득보장제도를 완성해야 한다. 특히 직업재활을 활성화하고 고용촉진제도를 성숙시켜 나가는 일이 필요하다. 또한 장애인연금을 확대 적용하고 저소득층 장애인을 위한 장애수당제도를 완성해 나가야 한다.

다섯째, 여성 장애인의 차별 금지와 고용 지원, 편의시설 확대, 임신 · 출산 · 육아 및 건강관리 등에 대해 사회적으로 특별한 배려가 있어야 할 것이다.

여섯째, 통합교육이 강조되고 있는 지금, 교육 대상 학생의 장애 유형, 장애 정도와 교육환경에 맞는 교육과정 및 특수교육의 질 확보에 많은 노력을 기울여야 할 것이다.

일곱째, 장애인을 위한 주거보장 시책이 미흡하므로 장애인 거주용 주택 건축과 매입 시 세제 혜택을 주고, 장애인의 생활 편의를 고려한 시설을 갖춘 주거 시설을 장애인에게 임대하는 임대주에게 세제 감면 혜택을 부여하는 방안도 강구되어야 한다.

여덟째, 정보통신 기술에 대한 접근성을 높이기 위해 장애 유형에 맞는 장애인 정보화 교육을 강화하고, 인터넷 환경에 쉽게 접근할 수 있도록 가능한 한 모든 지원을 함으로써 의사소통 및 정보 접근에 대한 장벽을 제거해 나가야 할 것이다(권육상 외, 2005).

아홉째, 우리나라가 경제 규모에 걸맞는 수준의 장애인복지를 구현하기 위해서는 무엇보다 장애인정책 예산의 획기적인 증액이 필요하다. 더불어 분절적 서비스 제공, 서비스 공급자 중심의 자원 할당 및 사례관리 기능의 부재 등 제도 운영에서 나타나는 문제점은 제한된 예산의 효율적 사용을 저해하고 있어, 이 부분에 대한 개혁조치들도 지속적으로 추진되어야 할 것이다.

5. 현장 사례

"뇌성마비장애로 가족들의 걸림돌이 되는 인생의 첫걸음을 시작해야만 했지만 이제는 장애를 이겨내며 내가 필요한 것, 내가 하고 싶은 것을 당당하게 요구하는 주체적인 삶을 살아갈 거예요." 지난 25일 제주시 탐라장애인복지관에서 만난 김○○ 씨(40, 여)는 뇌성마비장애를 이겨 나가는 자신의 사례를 한

자 한 자 어렵게 읽어 가며 희망의 메시지를 전달했다. 김씨는 뇌성마비로 집에서 기어 다니는 것이 삶의 전부였다. 김씨는 가족들의 도움이 없으면 먹는 것, 입는 것, 심지어는 볼일을 보는 것조차 할 수 없었다. 김씨는 "초등학교에 가야 할 나이가 됐지만 언어장애와 활동의 부자유 때문에 또래의 아이들이 학교에 다닐 때 집에서 구경만 해야 했어요."라며 지난날을 회상했다. 학교에 다니지 못했던 김씨는 17세가 되는 해까지도 한글을 읽지 못했다.

하지만 김씨는 17세가 되던 해 같은 성당에 다니던 레지오 회원들이 일주일에 두 번씩 찾아와 한글을 가르쳐 줘 한글을 겨우 깨우쳤다. 김씨는 또 레지오 회원들의 정성스러운 도움으로 초등학교 검정고시에도 당당히 합격했다. 2003년 김씨에게 새로운 인생의 전환점이 생겼다. 바로 탐라장애인복지관 김○○ 사회복지사로부터 동료상담 등 자립생활학교에 참여할 것을 권유받은 것이다. 새로운 경험에 익숙하지 못했던 김씨는 자립생활학교 프로그램에 참여하는 것 자체가 부담이어서 전화가 올 때마다 핑계로 일관했다. 그러나 하늘은 김씨를 버리지 않았다. 탐라장애인복지관 김○○ 사회복지사의 헌신적인 노력으로 김씨가 자립생활 프로그램에 참여하게 된 것이다. 자립생활 프로그램에 참여한 후 김씨는 활동보조인의 도움을 받아 자신의 주체적인 삶을 조금씩 만들어 갈 수 있었다. 가족들의 도움에서 벗어나 자신이 하고 싶은 것, 해야 할 것을 자신 있게 할 수 있게 된 것이다. 자신의 주체적인 삶을 찾게 된 김씨는 자신감을 얻어 컴퓨터도 배우게 됐고, 자신이 좋아하는 시도 쓰게 됐다. 김씨는 "글쓰는 연습도 열심히 해서 내가 꿈꾸어 오던 삶들을 동화로 만들어, 자라나는 아이들에게 꿈과 희망을 주는 작가가 될 것"이라고 말했다. 김씨는 또 "40세를 넘긴 늦은 나이지만 결혼에 대해서도 생각해 보게 됐어요."라며 환하게 웃었다. 김씨는 이어 "장애여성들이 중심이 된 가사를 지원해 줄 활동보조인, 양육을 지원해 줄 활동보조인, 이동서비스, 주택구입정보서비스 등이 우리 제주도 내에 정착돼야 한다."라고 말했다. 한편, (사)한국장애인연맹 제주DPI 장애여성위원회는 장애여성들이 지역사회에서 자기결정권을 가지고 주체적인 인간으로서 당당하게 자리매김할 수 있는 토대를 마련하기 위해 중증장애여성의 자립생활 지원을 위한 권익 옹호 훈련사업의 일환으로 '자립생활학교'를 개최하고 있다. 자립학교는 장애인들의 자립생활을 소개하고 활동보조인이 필요한 장애인들에게 활동보조인 신청을 받은 후 활동보조인을 파견해 장애인들의 자립생활을 돕고 있다.

출처: 제주일보(2005. 6. 30.). 꼭 동화작가가 될 거예요.

🔍 ··· **연구문제**

1. 지금까지 장애인을 만나 본 경험이 있는가? 본인이 생각하는 장애에 대한 정의는 무엇이 며, 최근 장애 개념의 변화가 사회복지실천에 주는 함의는 무엇이라고 생각하는가?
2. 우리나라 「장애인복지법」에 따른 외부 신체기능장애에는 어떠한 장애들이 포함되는가?
3. 장애인에게 복지란 무엇을 의미하는가? 가장 중요하다고 생각하는 장애인복지의 이념과 가치는 무엇인가?
4. 우리나라 장애인을 위한 소득보장서비스에는 어떠한 것들이 있는가?

ABC ··· **전공어휘**

• 기능장애(impaired functioning) 유전이나 사고 또는 질병 등에 의해 사지, 기관, 피부, 정신적 기능체계, 생리적 또는 해부학적 구조나 기능이 손실된 상태 혹은 비정상인 것을 말한다.

• 뇌전증(epilepsy) 뇌전증에 의한 뇌신경세포의 장애로 인하여 일상생활 또는 사회생활을 하는 데 있어 상당한 제한을 받는 상태이다.

• 동료상담(peer counselling) 문제를 공유하고 같은 처지에 있는 장애인으로부터 적절한 조언과 정보를 얻는 것을 말한다.

• 사회적 불리(handicap) 기능장애와 사회적 역할 수행이 제한되거나 불가능해지는 상태이다.

• 손상(impairment) 인지능력, 감정능력, 생리기능 또는 해부학적 구조물의 상실이나 기능 이상을 초래하는 상태를 말한다.

• 자폐성장애(autistic disorder) 소아기 자폐성장애에 의한 언어적 · 신체적 표현, 자기조절, 사회적응 기능 및 능력의 장애로 인하여 일상생활 또는 사회생활을 하는 데 있어 상당한 제한을 받아 다른 사람의 도움이 필요한 상태이다.

- 정상화(normalization) 어떠한 아동, 장애인이라도 보통의 인간으로 처우해 가는 것을 말한다. 장애인도 장애라는 눈에 보이는 속성을 제외하면 기본적으로는 대등한 인격 주체이다. 장애인을 아무리 소중하게 보호한다 하더라도 그것이 격리나 배제 사상에서 형성된 것이라면 진정 장애인의 인격이 존중되는 것이 아니다. 정상화란 장애인을 과보호나 특별 대우하지 않고, 당당한 인격자로서 일반 사회 속에 참가할 수 있는 기회를 확대하고, 장애의 유무에 불구하고 인간으로서 평등하게 권리와 의무를 분수에 맞게 담당하며 살아가는 대등의 생활원리라 할 수 있다.
- 지역사회 중심 재활(community-based rehabilitation) 장애인의 재활과 사회통합을 달성하기 위하여 장애인 자신과 그 가족은 물론, 지역사회를 기초로 하여 채택된 모든 방법을 포괄하는 것이다.
- 지적장애(intellectual disability) 정신적 발육이 항구적으로 지체되어 지적 능력의 발달이 불충분하거나 불완전하고, 자신의 일을 처리하는 것과 사회생활에의 적응이 상당히 곤란한 상태를 말한다.
- 호흡기장애(respiratory disability) 폐나 기관지 등 호흡기관의 만성적 기능부전으로 인한 호흡기능의 장애로 일상생활을 하는 데 있어 상당한 제한을 받는 상태이다.

참고문헌

권선진(2005). 장애인복지론. 서울: 청목출판사.

권선진(2007). 장애인복지법의 학술적·정책적·실천적 함의. 장애인복지학회 춘계학술대회 자료집, 81-82.

권육상, 김남식, 홍석자, 이경숙, 김동호, 조미영(2005). 장애인복지론. 서울: 유풍출판사.

김용득(2002). 장애개념의 변화와 사회복지실천현장 함의. 한국사회복지학, 51, 겨울호, 157-182.

서울시정개발연구원(2004). 장애인자립생활센터 운영기반 조성방안.

조성열(2003). 미국 재활법의 이해. 나사렛논총 제8집.

통계청(2020). 특수교육실태조사. 교육부

한국보건사회연구원(2000). 2000년도 장애인실태조사.

제**10**장

여성과 가족복지

가족은 모든 사회에 공통적으로 존재하는 가장 기본적인 단위로서 인간의 사회화와 사회 발전에 많은 영향을 미쳐 온 제도이다. 체계이론에서는 가족을 단순히 개인의 집합체가 아니라 부분의 총합보다 커다란 전체로 본다. 이러한 가족은 급변하는 사회의 흐름만큼이나 빨리 변화하고 있으며, 그 규모와 구조 및 기능 면에서 축소 및 약화되고 있다. 특히 현재 우리 사회는 1인 가구 수가 증가하여 2인 가구를 넘어서고 있고, 여성 가구주도 전체 가구주의 1/3을 넘어서고 있으며, 여성 비정규직도 급격하게 증가하고 있다. 이는 여성이 한 가정에서 차지하는 비중이 점점 더 커지고 있으나, 경제적 상황은 그리 낙관적이지 못하다는 것을 말해 주기도 한다.

가족복지가 추구하는 목표는 개인과 가족의 행복, 자유, 권리보장, 정의, 사회통합, 효율성, 평등성 등이다. 가족복지의 대상은 국가와 가족의 입장에서 본 가족의 문제와 욕구라고 할 수 있다.

1. 개요

1) 가족의 정의와 특성

(1) 가족의 정의

가족의 사전적 정의는 "부부, 부모, 자녀, 형제 등 혈연에 의하여 맺어지며 생활을 함께하는 공동체 또는 그 성원"(신기철, 1989)이다. 가족은 개인의 인성 형성에 가장 큰 영향력을 미치며, 사회화 과정을 담당하는 사회의 가장 기본 집단인 동시에 사회를 존속시키는 기본 단위이다. 머독(Murdock)은 "가족은 공동의 거주, 경제적 협동, 생식(재생산)의 특정을 갖는 집단으로 사회적으로 인정받은 성관계를 유지하고 있는 최소한의 성인 남녀와 한 명 이상의 자녀로 이루어진다."라고 하였다. 국내 학자들은 가족이란 "인간의 본질적인 특성인 개체성과 반개체성, 즉 개인으로서의 '나'와 관계로서의 '나'의 욕구를 충족시켜 줄 수 있는, 상호작용하는 생활공동체적 집단이며, 사회의 가장 기본적 정서 단위로서 보편성과 다양성을 지닌다."(김혜경 외, 2006)라고 하였다.

(2) 가족의 특성

가족이 다른 사회집단과 구분되는 특성을 살펴보면 다음과 같다(김혜경 외, 2006).

- 가족은 일차적 집단(primary group)이다. 가족은 인간이 출생과 동시에 참여하게 된다. 일차적 집단에서는 구성원 상호 간의 관계가 직접적(face to face)이고 친밀하며, 그 관계가 항구적으로 지속된다.
- 가족은 공동사회(gemeinschaft) 집단이다. 가족은 구성원 상호 간의 애정과 이해로 결합되어 외부적 장애에 의해 결코 분열되지 않는, 본질적으로 결합 관계를 지니는 공동사회이다.
- 가족은 폐쇄집단(closed group)이다. 어느 누구도 원한다고 해서 특정 가족의 구성원이 될 수 없고, 또한 혈연으로 특정 가족의 구성원이 된 이상 그 가족 관계를 자유롭게 포기할 수도 없다.

- 가족은 형식적 집단(formal group)이나, 가족 관계는 비형식적(informal)이다. 가족은 결혼이라는 법적 절차에 의하여 성립되는 형식적이고 제도적인 집단이다. 그러나 가족 구성원 상호 간의 관계는 자유스럽고 솔직하며 형식에 얽매이지 않는다.

2) 가족의 기능

가족의 기능이란 가족이 수행하는 역할을 뜻하는 것으로, 머독은 인류 사회의 존속을 위해서는 가족이 본질적 기능(성적 기능과 생식기능, 경제적 협동기능, 자녀의 양육과 사회화 기능)을 충분히 수행해야 하는데, 이 중 어느 한 기능이라도 수행되지 않으면 인류 사회의 존속이 불가능하다고 강조하였다(김혜경 외, 2006). 현대의 가족의 기능은 다음과 같다.

첫째, 부부간의 애정적 유대를 기반으로 하는 성적인 질서 유지 기능을 가진다.

둘째, 문화 전달의 매개체로서 자녀의 가치관 확립을 통한 사회화와 교육의 기능을 가진다.

셋째, 경제적 협력체로서의 가족, 특히 건전한 소비 주체로서의 기능 등이 강조되고 있다. 우리나라의 경우 친척 관계 유지 기능이 있다는 것이 서구와는 다른 특징이다. 또한 현대사회에서 새롭게 강조되고 있는 기능은 가족의 치료 기능이다.

3) 사회 변화와 가족 변화

최근 우리 사회의 가족 변화에 대한 두 가지 인식이 존재한다. 첫 번째는 다양한 가족 형태의 등장으로 가족제도 자체가 위협받고 있다고 보고, 가족 해체 방지를 위한 방책을 사회적으로 세우자는 것이다. 두 번째는 다양한 가족 유형으로의 변화로 이해하고, 현재의 여러 사회제도를 수정하여 다양한 유형의 가족을 새로운 유형으로 인정하고 지원하는 방향으로 정책을 개선하자는 것이다(한국여성복지연구회, 2005).

(1) 성역할 변화와 가족 관계의 변화

가족 관계 변화의 원인으로 여권주의 의식의 파급, 가계 지출의 증가, 노동시장 내 기혼 여성 인력의 요구, 피임방법의 발달, 낮은 출산율, 평균수명의 증가, 자녀 양육에 소요하는 시간의 단축 등을 들 수 있다. 여성이 임금노동시장으로 진입하면서 전업주부로서의 역할이 감소되고, 가족의 기능과 유형 및 가족 관계 등 모든 영역에서 중요한 변화를 가져왔다. 하지만 여성의 의식 변화와 노동시장의 변화에도 불구하고 사회적 인식이나 공식적인 사회적 지지체계가 아직 이를 따라가지 못하고 있다(한국여성복지연구회, 2005).

(2) 가족 관련 사회 변화와 가족 구조의 변화

① 혼인율의 감소

1990년 399,300여 건이던 연간 혼인 건수는 지속적으로 감소하여 2021년 현재 192,500여 건으로 크게 줄어들었다. 초혼 연령 역시 1990년 남자 27.8세, 여자 24.8세이던 것이 지속적으로 높아져서 2021년 현재 남자 33.4세, 여자 31.1세까지 높아졌다(권신영 외, 2023). 혼인제도 약화의 이유로는 경제적인 면에서 결혼이 더 이상 필수조건이 아니게 되었으며, 과거 여성들은 결혼을 통해 남성의 경제력에 의존하는 생활을 했으나, 여성의 경제적 독립이 늘어나면서 결혼을 늦추는 경향이 생겼다.

② 출산율의 감소

1950년대에는 여성들이 평균 5~6명의 자녀를 출산하였으나, 1990년대에는 1~2명으로 대폭 감소했다. 2021년 합계출산율은 0.81로 최저점을 기록하였다. 이 같은 경향은 1990년대 이후 지속적으로 감소하여 2005년 1.09로 낮은 수준을 기록한 후 약간의 반등세를 유지하다가 다시 감소 경향을 보이는 것이다. 첫 자녀를 출산한 모(母)의 평균 연령은 2010년 30.1세로 계속 높아져 2020년에는 32.3세로 나타났다(권신영 외, 2023).

③ 이혼율의 증가

이혼 건수는 2021년 101,600여 건으로 1990년 이후 2005년까지 높은 증가세를 보이다가 최근 10년간은 현재 수준을 유지하고 있다. 이혼 연령 역시 과거에 비해 지속적으로 높아지면서 2021년 현재 평균 이혼연령은 남자 50.1세, 여자 46.8세로 나타났다(권신영 외, 2023).

④ 한부모가족, 무자녀가족, 독신가족의 증가

2021년 우리 사회의 핵가족(nuclear family: 부모와 그들의 자녀로 이루어진 가족) 비율은 37.0%로 전체 가구의 63.0%가 1인 가구, 여성가장가족, 한부모가족(broken family: 만 18세 미만의 미성년 자녀를 둔 가정에서 부모의 한쪽이 사망, 이혼, 별거, 유기, 미혼모 등의 이유로 혼자서 자녀를 키우며 부모 역할을 담당하는 한부모와 자녀로 구성된 가족), 조손가족 형태를 포함한 비전통적인 가족이다. 특히 한부모가족의 형성 배경을 가구주의 혼인 상태별로 보면 사별인 경우는 줄어들고 이혼인 경우는 증가한 것으로 나타났다(권신영 외, 2023).

(3) 가족 기능의 변화

현대사회에서는 가족 기능의 상당 부분을 사회로 이양하게 되었다. 예를 들면, 가족의 경제적 기능은 시장으로, 교육 기능은 학교를 비롯한 교육기관으로, 양육이나 부양 기능은 보육기관이나 양로시설 등의 지역사회복지기관으로, 오락과 휴식의 기능은 지역사회의 오락문화시설로 이전되었다(한국여성복지연구회, 2005). 이러한 가족 기능들이 사회로 이전되면서 전보다 강조되는 것이 가족의 정서적 기능이다.

(4) 가족생활주기의 변화

가족생활주기(family life cycle)란 시간과 함께 가족의 생활이 변화해 나가는 과정을 말한다. 우리나라의 가족생활주기는 초혼 연령과 첫 자녀 출산 연령의 상승, 자녀 수의 감소, 기혼 여성의 취업 증가, 평균수명의 증가로 인한 가족 내 노인 부양 부담의 증가와 같은 현상으로 인해 변화하고 있다. 덧붙여 이혼과 재혼의 증가와 재혼 후 출산으로 인한 자녀 출산·양육기의 혼란이 오게 되고, 여러 가족 형태에 소속되는 과정을 겪으면서 기존의 가족 질서나 기능이 무너질 수 있다.

4) 가족 구조의 다양화에 따른 가족 유형

(1) 맞벌이가족

여성의 사회 진출이 급격히 늘어나고, 기혼 여성의 취업률이 미혼 여성의 취업률을 넘어서면서 맞벌이가족이 크게 증가하고 있다. 목적과 상황에 따라 서로 다른 특성을 보이는 맞벌이가족의 유형으로는 생계유지형 맞벌이가족, 비생계유지형 맞벌이가족, 내·외조형 맞벌이가족, 자아실현형 맞벌이가족 등이 있다. 맞벌이가족이 겪는 가장 큰 어려움으로는 출산 및 자녀 양육과 관련된 문제, 임신·출산 시 직장생활에서의 불리한 대접, 적절한 보육서비스의 부재, 부모 참여 기회의 박탈 등이 있다. 또한 분거가족의 증가로 인해 자녀 출산과 양육의 문제가 더욱 큰 과제가 되고 있다.

(2) 한부모가족

한부모가족이란 사망, 이혼, 실종, 사생아 출산(미혼모) 등의 이유로 부모 중 한쪽이 부재하는 가족 형태를 말하며, 부자가족, 모자가족으로 구체화된다. 우리나라의 경우 모자가족이 부자가족에 비해 3.5배 정도 많지만, 증가율은 부자가족이 더 높은 편이다(한국여성복지연구회, 2008). 한부모가족이 직면하는 문제점으로는 소득의 감소와 주택 문제, 보호자의 부재와 역할모델의 상실로 인한 자녀 양육 문제, 가족 구성원의 역할 기대와 역할 수행의 조정에 따른 과도한 부담으로 스트레스와 갈등을 겪게 되는 심리사회적 문제 등이 있다.

(3) 재혼가족

우리나라의 경우 남녀 초혼 비율이 감소하는 추세인 반면, 2005년 재혼 비율은 전체 혼인의 26.1%를 넘어 점차 증가하고 있으며, 이혼자의 80%가 재혼한다(한국여성복지연구회, 2008). 재혼가족의 문제점으로는 계부모와 자녀 관계의 문제, 양쪽의 전혼 자녀 간 문제, 새로운 확대가족(extended family: 부부의 공동생활체에 양친과 형제자매가 함께 기거하는 대가족)에 대한 적응 문제, 전혼이 사별일 경우 전혼 및 재혼의 확대가족의 문제, 전혼이 이혼일 경우 전 배우자와 자녀와의 관계, 전혼 자녀와 새 자녀 간의 문제 등이 있다. 따라서 계부모가족의 건강한 발달과 적응을 강조하는 예방적 서비스를 개발할 필요가 있다.

(4) 자발적 무자녀가족

자발적 무자녀가족이란 부부가 합의하에 부부 중심의 생활이나 삶을 즐기기 위해 자발적으로 무자녀를 선택한 가족이다. 가구주의 연령이 30~34세인 전체 가구의 약 8.4%가 무자녀가족으로 나타나고 있다. 이러한 무자녀가족의 경우 가정 해체의 위험이 크며, 노후지원 체계에 대한 대비에 주의를 기울여야 한다(한국여성복지연구회, 2008).

(5) 동거가족

동거가족은 독립적인 주거를 가지고 생활하는 젊은이들이 경제적 욕구, 외로움, 성·생리적 욕구, 생활상의 편익 등을 이유로 결혼보다 책임과 부담이 덜하고 일시적이며 계약적인 성격을 가지는 동거를 택한 것이다. 동거가족의 문제점으로는 성의식의 약화, 정상적 결혼의 지연, 임신과 출산의 문제 등이 있다.

(6) 독신가족

1인 가구는 꾸준한 증가 추세인데, 1960년에는 2.3%, 1980년에는 4.8%, 1990년에는 9%, 1995년에는 12.5%, 2007년에는 20.1%, 2021년에는 전체 가구 수의 33.4%에 달하는 것으로 나타났다(권신영 외, 2023). 독신가족은 가족을 부양하면서 양보하고 희생하기보다 자기 자신의 가치 실현에 더 큰 의미를 두는 경우가 많다. 독신가족의 출현에 따라 오피스텔, 원룸 등 주거 형태도 변화하고 있다. 수명 연장으로 인해 여자 노인이 남자 노인보다 평균적으로 8년가량 더 생존함으로써 여성 노인 단독가구가 크게 증가하는 실정이다. 노인 단독가구의 수는 1990년 8.3%에서 2000년에는 16.2%로 두 배 이상 증가했다(한국여성복지연구회, 2008).

가족복지의 바람직한 방향은 사회 변화에 따른 가족 유형의 다양화를 인정하고, 어떤 유형의 가족이든 인간다운 삶을 누릴 수 있는 환경을 조성해 나가는 것이다.

5) 가족복지의 이해

(1) 가족복지의 개념

가족복지란 가족의 복지를 추구하기 위한 인간의 공동체적인 노력을 의미한다. 가족복지의 개념은 문화적 양상에 따라 다양한 의미를 나타낼 수 있으며, 여러 학자에 따라 다르게 정의된다. 좀 더 구체적으로 가족복지란 가족의 욕구를 자력으로 충족할 수 있도록 그 잠재력을 계발시켜 주거나, 가족 문제의 예방 및 해결 등에 전문적 지식과 기술을 동원한 제도적 · 정책적 · 기술적 서비스로서, 가족 구성원 개인이나 가족 전체에 관심을 두는 과정이다(김혜경 외, 2006).

(2) 가족복지의 의의와 목표

가족 기능의 일부를 사회의 다른 제도가 수행할 수는 있지만, 다양하고 복합적인 기능을 장기적으로 대행하여 수행할 수 있는 사회체계는 없다. 여기에 바로 가족복지의 의의가 있다. 기본적으로 염두에 두어야 할 가족복지의 목표는 다음과 같다(성영혜 외, 1997; 한국가족학회, 1995).

- 가족복지는 개인 및 가족의 안녕을 도모해야 한다.
- 가족복지는 다양한 가족 구성원 간의 문제를 해결하고 예방할 수 있는 법적 또는 제도적 장치를 통해 가족 구성원의 권리와 평등을 보장하는 데 목표를 둔 정책이 되어야 한다.
- 새로운 가족 형태의 출현을 인정하고 이를 위한 정책을 시행해야 한다.
- 가족복지는 사회문제의 해결에 기여하며, 사회 변화를 유도할 수 있어야 한다.

(3) 가족복지의 대상과 영역

가족복지의 대상은 가족의 구조와 기능 및 주기에 따라 구체적으로 다음과 같이 세 가지 기준으로 분류할 수 있다(성영혜 외, 1997).

- 가족 구조(family structure: 가족들의 상호작용을 결정하는 기능적 조직)상의 특성에 따른 대상: 맞벌이가족, 미혼모가족, 이혼 및 재혼 가족, 소년소녀가족, 노인가족, 핵가족 등 가족 구조상의 다양화를 고려하여 각 가족이 지닌 특성에 따라 복지 개입을 달리하는 경우
- 가족 기능상의 문제에 따른 대상: 학대, 알코올 남용 및 의존, 약물중독, 청소년 비행, 실직으로 인한 소득 상실 등 기능상의 결손을 경험하는 가족과 장애로 인한 심리적 · 의료적 문제를 겪고 있는 가족의 경우

- • **가족의 생활주기에 따른 대상:** 부부만의 시기, 자녀 출산 및 양육, 미취학 아동기, 학령기, 청소년기, 청년기, 중년기, 노년기 등 가족생활주기(family life cycle: 부모를 떠나 결혼하고, 자녀를 낳고, 나이가 들어 은퇴하여, 결국 사망하는 가족생활의 단계)에 따라 복지 개입을 달리하는 경우

그러나 가족복지의 대상은 구체적으로 가족복지가 이루어지는 과정에서 국가의 정책이나 법 그리고 행정조직에 따라 그 대상이 규정된다고 볼 수 있다. 현행 우리나라의 가족복지는 단순히 가족의 중요성을 선언적으로 강조하면서 요보호 대상자 중심의 잔여적 성격을 보이고 있다고 할 수 있다. 결론적으로 가족복지의 대상은 가족이 지닌 욕구와 문제, 즉 가족의 구조, 기능 및 생활주기에 따라 다양하게 나타날 수 있다.

2. 정책과 서비스 현황

1) 가족복지의 정책적 접근

새로운 가족 문제의 대두로 인해 세계 각국은 가족을 지지, 보완, 대리하기 위한 정책을 수립하고 있다. 이처럼 정책적 관심이 증대되는 이유는 가족의 기능이 급격히 약화되고 있다는 문제의식에 기반하고 있다.

(1) 가족복지정책의 개념과 유형화

가족에 대한 공공 개념에 기초한 가족정책(family policy: 가족복지에 관심을 두고 정부가 의도적으로 취하는 조치나 행동)은 "구성원들의 삶의 질을 높이기 위하여 사회가 가족에 대해 원하는 바가 무엇인지를 묻고, 원하는 것과 현재의 상황을 구별함으로써 필요로 하는 새로운 인간 유대의 실현을 추구하는 의도적인 일련의 정책"(이혜경, 1996)을 의미한다. 카머먼과 칸(Kammerman & Kahn)은 서구의 14개 국가의 가족복지 관련 정책을 비교 분석한 결과, 상이한 유형을 제시하였다. 첫째, 가족복지정책을 포괄적인 사회문제 해결 정책의 한 분야로 다루면서 다른 정책과의 연계성을 강조하는

유형이다. 둘째, 가족복지정책을 다른 거시적인 정책적 목표를 달성하기 위한 수단
으로 이해하는 유형이다. 셋째, 가족복지정책을 다른 사회정책의 선택 및 정책 평가
의 기본이나 관점으로 인식하는 유형이다. 이 세 유형은 정책의 목표를 어디에 두는
지에 대한 관점의 차이가 있기는 하지만, 가족을 정책의 대상 단위로 한다는 점, 가족
을 하나의 통합적 단위로 보고 접근한다는 점에서는 일치한다.

(2) 가족 관련법과 가족복지정책

① 「민법」

「민법」(droit civil: 사람이 사회생활을 영위함에 있어서 지켜야 할 일반 사법)은 가족생활
전반에 대해 명시하고 있어 「가족법」(Family Law: 가족 및 친족 간의 생활 관계를 규율하
는 법률)이라고 한다. 「가족법」은 1969년부터 시행되었으며, 세부 내용은 친족의 정
의와 범위, 약혼과 사실혼, 혼인과 이혼, 친생자, 부양, 호주 승계, 상속과 유언 등으
로, 이는 우리나라 가족제도의 골격을 구성하는 근간이다. 1977년, 1989년, 2000년의
세 번에 걸친 개정에도 불구하고, 「가족법」은 양성 평등이라는 「헌법」의 기본 정신에
위배되는 규정들이 상당히 존재한다. 이러한 「가족법」의 불합리성에 대하여 2005년
3월 대법원의 '헌법 불합치'라는 판결이 내려진 뒤에 호주제가 폐지되고, 2008년부터
개인별 가족 관계 등록제가 시행되었다.

② 「사회보장기본법」

「사회보장기본법」은 인간이 살아가면서 직면하게 되는 노령, 질병, 실업, 장애, 빈
곤 등 다양한 사회적 위험(social risk)을 국가 차원에서 대처하는 것을 규정하기 위한
법률이다. 「사회보장기본법」의 분류를 보면 공공부조 관련 법, 사회보험 관련 법, 사
회복지서비스 관련 법이 있다. 사회복지서비스 관련 법은 특히 가족생활과 밀접한
관련이 있다.

③ 「건강가정기본법」

「건강가정기본법」은 2004년 2월에 제정되어 2005년 1월 1일부터 시행되었으며,
2007년 10월 17일 개정 · 시행되었다. 출산율 하락, 이혼율 증가, 가족의 부양 기능

약화 등 가족 문제에 대처하기 위한 것이 입법 취지라고 할 수 있다. 입법 목적으로 제1조 목적에 "이 법은 건강한 가정생활의 영위와 가족의 유지 및 발전을 위한 국민의 권리·의무와 국가 및 지방자치단체 등의 책임을 명백히 하고, 가정 문제의 적절한 해결 방안을 강구하며, 가족 구성원의 복지 증진에 이바지할 수 있는 지원정책을 강화함으로써 건강가정 구현에 기여하는 것을 목적으로 한다."라고 규정한다. 주요 사업에는 교육 및 상담사업, 가정생활문화사업, 정보제공사업, 지역사회 네트워크 구축사업이 있다.

(3) 가족복지정책의 현황

지금까지 우리나라의 가족정책 혹은 가족복지정책은 가족의 기능이 제대로 이루어지지 못하고 있다고 판단되는 소위 '요보호가족(혹은 결손가족)'에 대한 정책을 위주로 함으로써 극히 제한적이었다. 또한 이러한 제한적인 정책조차 대부분 사후 개입을 원칙으로 하여 문제가 발생한 후에야 비로소 지원하는 매우 소극적인 정책이었다. 그뿐만 아니라 가족 관련 정책들이 다양한 정부 부처에서 편파적으로 다루어져서 정책의 일관성이 결여되고, 책임 소재도 모호하였다(조추용, 이채식, 오정옥, 한성심, 2008).

그러나 지난 2004년 「건강가정기본법」의 제정 및 시행을 통하여 가족복지의 법적 근거를 제시하게 되면서 전반적인 정책 수립에 대한 합법성과 정당성을 부여하게 되었다. 또한 2005년 여성부가 '여성가족부'로 명칭이 변경되고 가족 관련 업무를 다룰 수 있는 행정체계가 구체화되면서 가족복지 및 정책을 독자적으로 다룰 수 있는 새로운 전환점이 마련되었다.

또한 앞으로 보건복지부에서는 미래에 대비하는 가족정책으로 다음을 추진하고 있다.

- 포괄적·예방적 가족정책의 추진, 즉 일과 가정의 양립 지원과 다양한 가족에 대한 맞춤형 가족정책으로 저출산 고령화에 대응한 가족의 역량을 강화한다.
- 수요자 중심의 보육정책 개편, 즉 보육시설 지원 중심에서 영유아, 부모 등 수요자 욕구에 맞는 보육정책으로 개편한다.
- 아동과 청소년의 사회안전망 강화, 즉 기회균등의 보장과 건전한 미래 세대 육성을 위해 아동과 청소년에 대한 인적 투자를 확대하고 자립 기반을 구축한다.

• 노인장기요양보험의 실시, 즉 치매, 중풍 등 장기요양이 필요한 어르신을 위한 장기요양보험제도를 시행하고 있다(보건복지부 홈페이지, 2008).

(4) 가족복지정책의 과제와 발전 방향

아동보육 및 양육, 노인 부양을 지원해 줄 수 있는 제도의 보완 및 정책의 확충이 필요하다. 즉, 양성평등에 입각한 정책 방향의 핵심은 '돌봄 노동'의 사회화이다.

2) 가족복지의 실천적 접근

(1) 가족복지서비스의 필요성과 개념

가족복지서비스는 가정과 지역사회에 기반을 두고 가족을 강화함으로써 가족 구성원의 성공적인 사회적 적응을 일차적 목표로 한다. 우리나라의 가족복지서비스는 잔여적 성격이 강한 경향이 있어 대상 범위가 대부분 사회취약계층에 속하는 개인에게 한정되어 있고, 국가의 개입은 사전 예방보다는 사후 치료적 성격을 띠고 있다(이영분, 양심영, 2000).

(2) 가족복지서비스의 내용

① 가족보호

가족보호(family caregiving)는 가정 내에서 발생하는 각종 장애 문제에 대해 보호를 제공함으로써 가족의 역할 수행과 능력을 향상시키는 기능을 한다.

가. 요보호 여성을 위한 서비스

가) 생활시설
㉠ 모자보호시설

모자보호시설은 무주택 저소득 모자가정을 대상으로 하며, 일정 기간(3~5년) 동안 주거에 대한 부담을 덜어 줌으로써 저소득 모자가정의 자립을 유도하기 위하여 생활상담교사에 의한 상담지도를 제공하는 시설이다.

ⓒ 모자자립시설

모자보호시설에서 퇴소한 모자가정으로서 자립 준비가 미흡한 가정과 무주택·저소득 모자가정의 자립 기반 조성을 위하여 모자자립시설을 설치·운영하고 있다.

ⓒ 모자일시보호시설

입소 대상은 배우자의 물리적·정신적 학대로 아동의 건전한 양육과 모(母)의 건강에 지장을 초래할 우려가 있는 모자이다. 보호 기간은 6개월 이내이며, 지원내용은 숙식 무료 제공과 의료 혜택, 법률상담 및 심리상담, 학비 지원, 자녀의 방과 후 지도, 아동급식비 지원 등이다.

ⓐ 미혼모시설

미혼 여성이 임신했거나 출산을 할 경우 안전하게 분만하도록 하고, 심신의 건강을 회복할 때까지 보호함을 목적으로 미혼모시설을 설치·운영하고 있다.

ⓜ 양육모 그룹홈

양육모 그룹홈은 '양육하는 미혼모를 위한 중간의 집'이 변경된 것으로, 입소 대상은 2세 미만의 영유아를 양육하는 미혼모로서 숙식과 보호를 필요로 하는 사람이며, 보호 기간은 1년 이내이다.

나) 이용시설

㉠ 여성긴급전화 1366

여성긴급전화 1366은 가정폭력, 성폭력, 성매매 등 여성폭력 긴급구호를 원스톱 보호망(one-stop support network)으로 운영한다는 방침하에 연중 24시간 운영체제를 확립하였다.

㉡ 가정폭력상담소

가정폭력상담소에서는 가정폭력을 신고받거나 이에 관한 상담에 응하는 일, 가정폭력으로 인하여 긴급보호를 필요로 하는 피해자에 대한 임시보호 및 의료 기관 또는 가정폭력 피해자의 보호시설로의 인도, 행위자에 대한 고발 등을 위한 관련 기관의 협조와 지원 요청, 가정폭력 예방 및 방지에 관한 홍보 업무를 담당한다.

ⓒ 성매매피해여성 자활지원센터

성매매피해여성 자활지원센터는 성매매피해여성에게 종합적인 자활에 필요한 지원을 한다.

ⓔ 성폭력피해상담소

성폭력피해상담소는 1994년 제정된「성폭력범죄의 처벌 및 피해자 보호 등에 관한 법률」에 근거하여 설치되어 성폭력 상담과 일시보호를 실시하고 있다.

ⓜ 여성복지관

여성복지관은 모자가정 등에 대한 각종 상담을 실시하고, 생활지도, 생업지도, 탁아 및 직업 알선을 행하는 등 모자가정 등의 복지를 위한 편의를 종합적으로 제공하고 있다.

다) 한부모가정의 경제적 지원

재가에 있는 한부모가정을 경제적으로 보호할 필요가 있다. 보호대상인 한부모가정은 「한부모가족지원법」「국민기초생활보장법」 등에 의해 보호받고 있다. 「한부모가족지원법」에 의한 지원 대상은 모(母) 또는 부(父)가 18세 미만(취학 시 20세 미만)의 아동을 양육하는 가정이다.

나. 일반 여성을 위한 서비스

가) 근로 여성을 위한 지원

정부는 최근 여성회관 및 여성커리어개발센터를 설치하여 전문직 여성의 인력개발을 확대하고 있다. 근로 여성을 위해 우리나라에서는 「근로기준법」「남녀고용평등과 일·가정 양립 지원에 관한 법률」「영유아보육법」 및 「고용보험법」에서 모성보호(maternity protection: 임신·출산·양육이라고 하는 여성 고유의 생리적 및 신체적 본성에 근거한 모체보호인 동시에, 다음 세대의 건강한 사회 구성원의 재생산을 보장하기 위한 사회적 보호 조치)를 법령으로 규정하고 있다. 대표적인 모성보호의 내용은 출산휴가(산전 후휴가), 유급육아휴직 등이다.

근로 여성을 위한 보육정책은 최근 여성의 사회 진출이 늘어나면서 중요한 여성복지정책이라 할 수 있다. 보육시설은 전체적으로 증가하고 있으나, 자녀 양육 가정의 방대한 수요에는 미치지 못하고 있다.

나) 기타 여성 관련 지원

요보호 여성 및 근로 여성을 위한 정책과 서비스 외에도 여성회관 운영 및 여성단체활동 지원사업이 있다.

② 가족생활 교육

가족생활 교육(family life education)의 대표적 서비스는 부모 역할훈련 프로그램이다.

③ 가족계획사업

임신 전 위험 사정, 임신 중절, 성병에 대한 보호, 영양, 자녀 수에 대한 계획, 임신을 위한 서비스 등을 제공함으로써 건강한 가족생활을 하도록 한다.

④ 가족보존과 가정기반서비스

가정부서비스, 형제자매결연서비스, 가정 법률상담, 가정우애 방문, 여행자 보조, 학령 전 아동, 노인 및 정신질환자를 위한 주간보호, 집단가정, 재정상담, 캠핑, 개별학습, 직업 안내 등이 있다.

⑤ 가족치료

가족을 단위로 하는 다양한 모델의 가족치료가 가족복지기관 및 사회복지 관련 분야에서 활발하게 행해지고 있다.

• 구조적 가족치료

구조적 가족치료(structural family therapy)는 가족 구조의 중요성을 강조하고 역기능적인 가족 구조를 재구조화하는 것으로, 가족 문제의 해결을 구조의 변화에 따른 것으로 이해하는 치료 양식이다. 치료의 목적은 역기능적인 가족 구조를 재구조화하는 것으로 가족 문제의 해결은 구조 변화에 따른 부산물로 이해된다. 구조적 가족치료에서는 부부 하위체계가 자녀, 부모 혹은 외부 세계에서 분리된 경계를 확보하는 것이 중요하며, 특히 미누친(Minuchin)은 부모 하위체계의 위계질서를 강화하여 부모와 자녀 간에 명확한 경계를 확립하는 것이 중요하다고 강조한다. 구조적 가족치료의 기법은 구체적이며 행동 지향적인 특성이 있다.

• 전략적 가족치료

전략적 가족치료(strategic family therapy)는 가족 문제에 대한 이해보다는 해결방법에 초점을 맞추며, 다양하면서도 실용적인 개입방법을 제안하는 치료 양식이다. 문제에 대한 이해보다는 해결방법에 초점을 맞추며, 다양하면서도 실용적인 개입방법을 제안한다. 치료자의 일방적인 지시보다는 관계나 정도, 시간상의 차이에 대해 가족의 의견을 이끌어 내는 순환적 질문하기(circular questioning) 기법을 제안한다.

• 해결중심 가족치료

해결중심 가족치료(solution-focused family therapy)는 가족이 이미 발달시켜 온 문제해결책의 중요성을 강조하는 치료 양식에 대한 드 세이저(de Shazer)의 용어이다. 문제중심적인 관점에서 벗어나 개입의 초반부터 해결 방안을 모색해 나가는 것을 강조한다. 해결중심 가족치료에서 대표적으로 사용되는 질문으로는 예외 질문, 기적 질문, 척도 질문 등이 있다. 치료 메시지는 크게 칭찬, 연결, 과제로 이루어진다.

• 인지행동주의 가족치료

구성원들의 인지 왜곡을 현실적으로 검토하고 구성원들 간의 보상 교환(rewarding exchanges) 비율은 높이는 한편, 혐오 교환(aversive exchanges)은 줄이며, 의사소통과 문제해결 기술을 교육하는 데 초점을 맞춘다. 인지행동주의 가족치료는 주로 부모훈련, 부부치료, 성기능장애 치료 등에 적용된다.

• 정신분석 가족치료

치료자는 가족 구성원들의 무의식적인 대상관계를 분석함으로써 구성원들의 통찰

과 이해, 성장을 촉진시키는 데 초점을 맞춘다. 가족의 저항을 극복하기 위해 치료자
는 필요에 따라 자기노출과 직면, 전이 기법을 활용한다.

• 보웬의 가족치료
보웬(Bowen)의 기본 개념으로는 자아의 분화, 삼각관계, 가족 투사과정, 다세대 전
수과정, 정서적 단절이 있다. 치료자는 가족 구성원들이 상대적으로 분화되며, 불안
수준이 낮아지고, 원가족과 긍정적인 정서적 관계를 형성하도록 돕는다.

• 경험적 가족치료
치료에서 중요한 것은 기법이 아니라 치료자가 최선을 다하는 개인적인 관여
(personal involvement)이며, 무엇보다 치료자 자신이 개방적이고 자발적이어야 한다.
치료자들은 주로 가족 구성원들이 가족에 대해 어떻게 생각하는지를 경험하는 '가족
조각(family sculpture)'과 가족 구성원들을 인식하는 대로 그리도록 하는 '가족 그림
(family drawing)' 기법을 사용한다.

⑥ 가족 옹호
가족 옹호(family advocacy)는 지역사회에 필요한 변화를 일으키기 위하여 사람들
로 하여금 사회행동의 사명을 가지고 가족 욕구에 대한 직접적이고 전문적인 지식을
이용하게 함으로써 가족의 생활 조건을 향상시키도록 계획된 전문적인 서비스이다.

(3) 가족복지서비스 제공과정

① 초기 단계
초기 단계에서 사회복지사는 가족과 원조과정을 계약하고, 가족의 문제를 사정한
다. 이 단계에서 사회복지사는 가족의 언어 패턴에 맞게 단어를 사용해야 하고, 가족
의 문화 맥락에서 가족들이 어떻게 행동하는지, 어떤 태도를 갖는지를 파악해야 한
다. 또한 가족이 문제에 대해서 어떻게 지각하고 있는지를 고려하고, 문제에 관심이
있는 가족들 간의 상호작용을 촉진한다. 더불어 가족과 함께 공동의 목표를 세워야
한다. 사회복지사는 효과적인 개입과정에 방해가 될 수 있는 개인적인 편견을 사정

하고 자기 인식을 위해 부단한 노력을 기울여야 한다.

② 사정 단계

사정 단계에서는 가족의 강점과 자원, 가족의 역할과 기능, 의사소통 양식, 요구된 역할을 수행하는 가족 구성원들의 능력, 가족의 친밀감, 가족 규칙(family rules: 가족의 조직화되고 반복적인 행동 유형을 가리키는 말) 등에 관심을 갖는다. 사회복지사는 관찰을 통해서 가족의 신체적 특징, 비언어적 행동, 에너지, 감정, 언어적인 것과 비언어적인 것과의 불일치 등을 알 수 있다. 가계도, 생태도(eco-map: 가족과 그 가족의 생활공간 내에 있는 사람 및 기관 간의 연계를 그림으로 나타내는 것)와 같은 가족 사정도구는 가족 기능에 대한 정보를 제공하여 가족 기능을 이해하게 하고, 가족의 문제를 의논하여 목표를 세울 수 있게 해 준다. 상담은 질문과 진술(statements)의 혼합체(mixture)다(이화여자대학교 사회복지연구회 역, 2001). 질문은 상담의 초기와 중기 과정에서 유용하며, 진술보다 클라이언트가 더 쉽게 참여하도록 한다(Tomm, 1987). 주된 문제가 확인되면 가족의 믿음 및 관심과 일치하면서 분명하고 구체적이며 측정 가능한 목표를 설정한다.

③ 개입 단계

효과적인 개입을 위해서는 가족의 욕구에 초점을 두고 자율성을 존중한다. 그리고 클라이언트의 저항의 의미를 재사정하고, 전문적인 거리를 유지하면서 적당한 기대를 갖도록 한다. 구체적인 개입기술로는 예시 사용하기, 직면, 재구조화, 문제 외면하기, 은유 등이 있다.

④ 종결 단계

종결 단계에서의 주요 초점은 가족과 작업하면서 제시되었던 문제를 해결했는지를 평가하는 것이다(Lum, 1992). 종결은 제시된 문제가 성공적으로 해결되었거나, 개입과정에서 더 이상 진전을 보이지 않아 공동으로 종결에 동의하거나, 한 사람 혹은 그 이상의 클라이언트가 드러내 놓고 비협조적이며 적대시할 때 이루어질 수 있다. 성공적으로 종결하기 위해서는 상담 초반에 가족과 종결에 대해서 충분한 이야기를 나누어야 한다. 특히 클라이언트는 종결 시에 다양한 반응을 나타낼 수 있으므로 이에 대해 미리 알려 주어야 한다. 성공적인 종결은 가족과 함께 변화에 대한 자각을 유도하고, 가족이 새롭게 획득한 유용한 정보를 확고히 하여 종결 이후의 문제를 다룰 수 있도록 준비하게 하는 것이다.

3. 사회복지사의 역할

가족복지실천은 가족의 모든 구성원의 정서적·발달적 욕구를 충족하면서 동시에 가족이 좀 더 기능적이 되도록 돕는 것이다. 이러한 가족복지실천 전문가로서 사회복지사는 가족과 함께 문제를 해결하며 성장을 지향하는 동반관계(partnerships)를 맺고 유지한다. 즉, 가족의 동반자로서 가족의 변화를 돕는 사회복지사는 감정이입적 지지자, 교사·훈련자, 자문가, 촉진자, 동원자, 중재자, 옹호자 등의 역할을 해야 한다(이화여자대학교 사회복지연구회 역, 2001; Collins, Jordan, & Coleman, 1999). 또한 가족복지실천 전문가로서 상담자의 역할, 사례관리자의 역할, 자원 및 정보 제공자의 역할, 해석자의 역할 등도 중요하다.

4. 과제

첫째, 가족에 대한 이해의 범위를 넓힘으로써 혈연 중심의 전통적 가족주의에서 벗어나 가족 형태의 다양성을 인정하고, 사회적으로 맺어지는 가족 관계에 대한 수용 태도를 개방해 나가야 할 것이다.

둘째, 가족정책이 성공적으로 수행되기 위해서는 공공의 책임이라는 사회적 합의가 전제되어야 하며, 재정 확보와 이를 수행할 행정체계를 확립해야 한다.

셋째, 우리 사회에 보편적으로 뿌리 깊게 존재하는 여성 차별적인 의식을 개선하여 남성과 여성이 더불어 살아가는 사회를 구현할 수 있는 체제를 정비하여야 할 것이다. 즉, 여성복지(women welfare: 국가나 사회로부터 인간의 존엄성과 인간다운 생활을 할 권리를 남성과 동등하게 보장받음으로써 여성의 건강, 재산, 행복 등의 삶의 조건들이 만족스러운 상태)와 관련된 계획이 체계적으로 실행되어 성(性)에 의해 사회활동에 제약을 받지 않는 사회문화를 정착시켜야 할 것이다.

넷째, 가족 문제의 상담 및 치료의 전문화는 매우 중요한 기능을 한다. 따라서 부부관계 및 가족 간 의사소통을 위한 프로그램, 이혼상담 프로그램, 부모의 이혼에 따른 자녀상담 프로그램 등을 활성화할 뿐만 아니라 사회적 지원 서비스가 연계된 통합주의적 방향 속에서 모색되어야 할 것이다.

다섯째, 출산과 양육을 개인의 책임으로 돌리기보다 사회적 책임을 강화하여 다양한 형태의 육아 지원 인프라를 확충하여야 할 것이다. 즉, 국·공립 보육시설을 확충하고, 부모의 보육 경비를 경감할 수 있는 지원책을 늘려 감과 동시에 보육서비스 전반의 질을 관리하고 향상시키려는 노력이 필요하다.

여섯째, 경제적 위기에 당면한 여성(모자가정, 여성 장애인, 여성 노인 등), 폭력의 피해자로 살아가는 여성 등과 같은 소위 요보호 여성을 위한 서비스를 강화하고 정비하여야 한다. 궁극적으로 자립적 생활이 가능한 서비스 전달체계를 확립할 수 있도록 각 부처 간 정책의 연계망이 필요하고, 실질적인 지원에 달하는 수준으로 확대할 필요가 있다.

일곱째, 가족에 대한 통합적 서비스 제공을 위하여 전문적 교육 및 훈련과정을 실시함으로써 현장에서 필요한 전문인력을 양성해야 할 것이다(한국여성복지연구회, 2008).

5. 현장 사례

성폭력상담소에서 근무하는 사회복지사의 활동

"정말 성폭력을 당해서 상담하러 오는 사람이 있어요?"

성폭력상담소에서 근무한 지 3년 남짓 되어 가는 나에게 이 질문을 굳이 상담소에 전화를 하거나 상담소 홈페이지 게시판에 문의하지는 않는다. 그러나 한 해에 2~3차례 정도 진행하는 시민대상 캠페인이나 대학생 혹은 초·중·고교생을 대상으로 하는 프로그램, 학교 및 보육시설에 성교육 인형극을 다니다 보면 종종 듣는 질문이다. 아마도 대다수의 사람이 성폭력 문제와 관련하여 나와 가까운 주변 사람들이 겪지 않은 일이기 때문에 혹은 매스컴에서만 접했던 사건이라고 생각하고 있기 때문이 아닌가 싶다. 나 또한 성폭력상담소에서 근무하기 전까지는 이와 유사한 생각을 갖고 있었던 게 사실이니까…….

하지만 대한민국은 '불명예스러운 성범죄율 1위 혹은 2위 국가'라는 멍에를 지고 있으며, 공식 통계만으로도 매년 약 1만 4,000여 건의 성폭력사건이 발생하고 있는 나라이다. 이는 하루 평균 39명꼴로 성폭력 피해자가 발생하고 있는 것으로 볼 수 있으나, 성폭력 피해 실제 신고율은 3% 선에 그치고 있는 실정을 감안한다면 이보다 훨씬 많은 수의 성폭력 피해자들이 혼자서 그 큰 고통을 감당하고 있는 것이다. 게다가 갈수록 성범죄 피해자 및 가해자 연령대가 눈에 띄게 낮아지고 있는 추세이고, 범죄의 양상 또한 윤간이나 특수강간 등 흉폭화되고 있어 현장에서 활동하는 상담원으로서 우리 사회의 성폭력 문제가 위험수위를 넘고 있음을 절감하고 있다.

그렇다면 이런 심각한 상황에서 성폭력상담소의 주역할은 무엇인지, 사회복지를 전공한 본인이 (사)충남성폭력상담소에서 어떤 일을 하는지 소개하고자 한다. 앞서 언급했듯이 상담활동이 가장 많은데, 성폭력뿐만 아니라 가정폭력, 성매매, 외도, 가족 내 갈등 등 다양한 문제에 대한 상담이 이루어지고 있으며, 오전 9시부터 오후 6시까지의 근무시간 이외에도 착신을 통해 24시간 상담을 진행하고 있다. 이를 통해 긴급 및 위기상담이 필요한 내담자에게는 그에 걸맞는 정보 제공 및 지원·연계를 하고, 면접상담이 필요할 경우 면접시간을 정하여 내방한 내담자를 지원하고 있다. 특히 우리 상담소를 찾는 대다수 미성년 성폭력 피해자 중 근친강간 피해자의 경우는 성폭력피해자전문쉼터 입소가 필요한데, 그런 내담자의 경우 심리상담 및 기본 검사를 끝낸 후 상담원 및 책임자 의견서를 첨부한 연계소견서 등을 작성하여 내담자에게 가장 적합한 시설로 연계하고 있다. 이 밖에도 상담소의 활동 내용을 개괄적으로 살펴보면 교육활동, 조사연구사업, 피해자지원사업, 대외협력사업, 캠페인, 후원관리 등이 있다.

특히 사회복지사로서 상담 일을 하는 경우 학교에서 기본적인 상담이론은 교육 받지만, 현장의 상담 분야에 대한 전문적인 지식 습득은 필수이고, 꾸준히 공부하고 교육을 받아야 하는 등의 노력이 무엇보다 필요하다는 것이 지난 3년여 성폭력상담소에서 근무하며 깨달은 바다. 또한 성폭력상담원으로서의 상담업무와 사회복지사로서의 여러 프로그램 개발과 운영의 균형을 맞추는 것도 중요하다. 성폭력상담은 일반 상담 영역의 심리상담 영역을 뛰어넘는, 여성운동 차원에서의 의식이 첨부된 성격이 강하기 때문에 다양한 사회문제에 관심을 가져야 하는 필요성도 크다. 마지막으로 사회복지사가 되기 위해 공부하고 있는 대학 내 사회복지학과 학생들에게 현장에서 일하는 사회복지사로서 당부하고 싶다. 학교에서 많은 영역의 복지 분야에 대해 배우게 되지만, 졸업 후 특정 영역에서 일하다 보면 자신이 일하는 영역에만 초점을 맞추고 몰두하게 되는 것이 현실인데, 모든 사회현상들은 서로 연결되어 있는 만큼 다양한 사회문제에 관심을 갖는 것이 필요하다. 왜냐하면 사회복지 영역뿐만 아니라 모든 조직의 경쟁력은 이제 원활한 네트워킹을 통한 타조직과의 연계 및 연대활동 등 대외적인 업무 협력의 필요성이 갈수록 요구되고 있기 때문이다.

(사)충남성폭력상담소 상담원 오윤경

연구문제

1. 본인이 생각하는 가족에 대한 정의와 이러한 가족 개념이 가족복지실천에 주는 함의는 무엇인가?
2. 우리나라 가족의 구조적 변화와 기능적 변화는 무엇인가?
3. 현대 가족 구조가 다양화되면서 나타난 가족 유형에는 어떠한 것들이 있는가?
4. 가족복지의 목표와 궁극적인 목적은 무엇이라고 생각하는가?
5. 자신의 가족의 행복을 위해 적용할 수 있는 가족복지서비스에는 어떠한 것들이 포함되는가?

전공어휘

- 가족 구조(family structure) 가족들의 상호작용을 결정하는 기능적 조직이다.
- 가족 규칙(family rules) 가족의 조직화되고 반복적인 행동 유형을 가리키는 말이다.
- 가족법(Family Law) 가족 및 친족 간의 생활 관계를 규율하는 법률이다.
- 가족생활주기(family life cycle) 부모를 떠나 결혼하고, 자녀를 낳고, 나이가 들어 은퇴하여, 결국 사망하는 가족생활의 단계이다.
- 가족정책(family policy) 가족복지에 관심을 두고 정부가 의도적으로 취하는 조치나 행동을 말한다.
- 개방체계(open-system) 폐쇄체계와 반대 개념으로, 환경과 정보나 자료를 교환하는 체계로 생물체계가 바로 이에 해당한다.
- 구조적 가족치료(structural family therapy) 가족 구조의 중요성을 강조하고 역기능적인 가족 구조를 재구조화하는 것으로, 가족 문제의 해결을 구조의 변화에 따른 것으로 이해하는 치료 양식이다.
- 민법(droit civil) 사람이 사회생활을 영위함에 있어서 지켜야 할 일반 사법이다.
- 생태도(eco-map) 가족과 그 가족의 생활공간 내에 있는 사람 및 기관 간의 연계를 그림으로 나타내는 것을 말한다.
- 전략적 가족치료(strategic family therapy) 가족 문제에 대한 이해보다는 해결방법에 초점을 맞추며, 다양하면서도 실용적인 개입방법을 제안하는 치료 양식이다.

- 한부모가족(broken family)　만 18세 미만의 미성년 자녀를 둔 가정에서 부모의 한쪽이 사망,
  이혼, 별거, 유기, 미혼모 등의 이유로 혼자서 자녀를 키우며 부모 역할을 담당하는 한 부모
  와 자녀로 구성된 가족이다.
- 해결중심 가족치료(solution-focused family therapy)　가족이 이미 발달시켜 온 문제해결책의
  중요성을 강조하는 치료 양식에 대한 드 세이저(de Shazer)의 용어이다.
- 핵가족(nuclear family)　부모와 그들의 자녀로 이루어진 가족이다.
- 확대가족(extended family)　부부의 공동생활체에 양친과 형제자매가 함께 기거하는 대가족이다.

참고문헌

권신영, 공정원, 김미영, 방미나(2023). **가족복지론**. 경기: 어가.

김혜경, 도미향, 문혜숙, 박충선, 손홍숙, 오정옥, 홍달아기(2006). **가족복지론**. 경기: 공동체.

성영혜, 이재연, 서영숙, 이소희(1997). **현대사회와 가족복지**. 서울: 숙명여자대학교 출판부.

신기철(1989). **우리말 큰사전**. 서울: 삼성출판사.

이영분, 양심영(2000). 사랑의 전화 상담 분석. 한국의 가족문제: 사회변화에 따른 추이. 2000년
　　국제학술대회 한국가족치료학회.

이혜경(1996). 여성의 사회참여와 사회보장. **사회보장학회 추계학술발표회**.

이화여자대학교 사회복지연구회 역(2001). **가족복지실천론**. 서울: 나눔의 집.

조추용, 이채식, 오정옥, 한성심(2008). **가족복지론**. 서울: 창지사.

한국가족학회(1995). **한국가족정책**. 서울: 하우.

한국여성복지연구회(2005). 2005년도 전국 결혼 및 출산 동향 조사.

한국여성복지연구회(2008). **가족복지론**. 서울: 청목출판사.

Collins, D., Jordan, C., & Coleman, H. (1999). *An Introduction to Family Social Work*. F. E.
　　Itasca: Peacock Publishers, Inc.

Lum, D. (1992). *Social Work Practice with People of Color: A Process-stage Approach*.
　　Pacific Grove, CA: Brooks/Cole.

Tomm, K. (1987). Interventive interviewing: I Stategizing as a fourth guideline for the
　　therapist. *Family Process, 26*, 3-13.

보건복지부 홈페이지 http://www.mohw.go.kr

제**11**장

의료사회복지와 정신건강사회복지

1. 개요

　의료사회복지와 정신건강사회복지는 "사회복지사가 전문적 사회복지 실천방법을 통하여 일반 시민의 정신건강 증진 및 신체적·정신적 어려움을 가진 클라이언트에 대한 전문적 서비스 제공, 관련 전달체계 및 정책을 수행하는 등의 사회복지실천을 하는 분야"를 말한다. 종종 사회복지를 전공하는 학생들 중 의료사회복지와 정신건강사회복지 분야를 사회복지실천과 동떨어진 전문 영역으로 이해하는 경우가 많다. 앞의 정의를 보면 다른 사회복지실천 분야와 마찬가지로 사회복지 영역 또는 분야의 하나로 이해하는 것이 보다 적절하다. 다만, 병원이나 보건소 등과 같이 이차적으로 사회복지서비스를 제공하는 기관에서 근무하는 사회복지사는 사전에 의료나 정신건강과 관련한 폭넓은 이해를 위해, 관련 용어나 법, 전달체계, 기관의 특성, 타 전문직에 대한 사전 이해 등의 학습이 필요할 것이다. 이 장에서는 의료사회복지와 정신건강사회복지의 개요로서 개념과 등장배경 등을 살펴보고, 사회복지실천과 관련된 의료 및 정신건강 정책과 서비스 현황, 의료 및 정신건강 관련 기관에서 사회복지사의 역할 등을 살펴봄으로써 이 분야에 대한 전반적인 이해를 돕고자 한다.

1) 등장배경

미국에서 의료사회복지는 1905년 미국 메사추세츠 병원의 의사인 캐벗(Cabot)이 사회복지 업무[사회조사(social study) 가정방문(home visiting) 등]를 담당하는 사람을 채용하면서 시작되었다. 그 이후 미국의 의료사회복지 영역은 점차 확대되어 병원뿐만 아니라, 요양원과 호스피스(hospice) 활동까지 범위가 넓어지고 있으며 가족치료센터, 건강센터, 개업 등의 형태로 실천현장도 다양해지고 있다(Zastrow & Hessenauer, 2022). 미국에서 정신건강사회복지는 1905년 마이어(Mayer)가 맨해튼 주립병원에서 환자의 사회환경을 조사하여 병의 원인을 조사하고자 자신의 부인에게 가정방문을 하도록 하면서 시작되었다.

우리나라에서 현대적 의미의 의료사회복지가 시작된 것은 세브란스병원에서 자원봉사자들이 의료봉사를 한 것에서 기원을 찾을 수 있다. 1958년에는 한노병원에서 사회복지사가 유니테리언봉사회의 지원을 받아서 환자들을 돕기 시작하였다. 정신건강 분야에서는 1945년 대한신경정신의학회가 조직되어 사회복지사가 심리학자와 함께 청소년 문제에 개입한 것이 기원이라고 할 수 있다. 이후 한국전쟁으로 외국 원조를 받으면서 의료시설과 상담서비스가 확대되었다. 1962년에는 서울국립정신병원에서 사회사업가를 처음 채용하였고, 1965년에는 세브란스병원에 사회사업과가 설치되어 일반 의료사회복지 업무와 정신건강의학과 업무를 함께 보기 시작하였다 (권진숙 외, 2022: 윤현숙, 김연옥, 황숙연, 2001).

2) 관점

사회복지실천에서는 개인과 환경 간의 상호작용 속에서 클라이언트와 문제를 이해하고자 하며, '환경 속의 인간(person-in-environment)'이라는 생태학적 관점 (ecological perspective)을 강조한다. 의료사회복지와 정신건강사회복지의 실천에서도 이와 같은 관점은 동일하게 적용된다. 개인의 신체적 건강과 정신적 건강은 개인과 가족, 개인과 사회의 상호작용 안에서 적응(adaptation)하고 적합성(goodness of fit)을 찾으면 좋은 상태를 유지할 수 있다. 이러한 관점을 건강 영역에서는 주로 생물 · 심리 · 사회 관점(bio-psycho-social perspective)으로 소개한다.

생물·심리·사회 관점은 개인의 신체적·심리적·사회적 측면 등의 다양한 요소가 건강에 영향을 준다고 설명하고 있다. 따라서 신체적 측면만을 강조하는 의료적 관점(medical perspective)과 달리 질병의 예방과 치료, 재활까지 의료적 서비스를 통합하며 개인과 환경, 제도와 법까지 대상을 포괄하는 건강보호(health care) 관점이라고 할 수 있다(Cowles, 2000).

표 11-1 건강보호의 패러다임

구분	예방	치료	재활	사회통합
목표	건강 유지·보호·증진	질병의 치료, 회복	장애극복, 재활	사회복귀
실천 환경	보건소/복지관 건강상담센터	병·의원/진료소	재활병원/재활센터 장애인복지관	지역사회
전문 인력	보건의사/간호사 사회복지사/공무원	의료(정신건강)사회복지사 의사/간호사/심리사	재활사회복지사 물리치료사/작업치료사	사회복지사 보건전문요원 가족/일반시민
관련 전문직	예방의학/보건행정학 지역사회복지학	의학/간호학/심리학 의료(정신건강)사회복지학	사회복지학/재활의학 간호학/심리학	지역사회복지학 시민단체
대상	가족/지역주민 의료환경	환자(가족)/의료진	장애인/가족	장애인/가족 시민
개입 범위	의료적 보호(medical care) 범위(medical social work) ⟷ 포괄적 건강보호(health care) 범위(social work in health care) ⟷			
주요 서비스	지역주민 보건교육 보건위생운동 역학조사 장애인 등록 건강상담	협의진단/진료지원 심리사회적 문제해결 경제적 문제해결 프로그램 지도 임상사회복지상담 퇴원상담/가족치료	사회기술/기능훈련 직능평가, 직업훈련 재활훈련 자조집단 운영 가족회 조직운영	사회적 낙인 제거 환자 권리 운동 대민 홍보 활동 정책 활동
관련 서비스	아동학대/가정폭력	알코올/물질남용	장애인 데이케어(day care)	지역사회조직화운동
전문가 위치	지역사회보건의료팀	임상치료팀	사회재활팀	지역사회복지팀

출처: 유수현(2007), p. 28 수정 인용.

유수현(2007)은 이와 같은 맥락에서 건강보호와 관련한 패러다임 모형을 〈표 11-1〉과 같이 제시하였다. 이 모형에서 개인의 건강은 예방, 치료, 재활, 사회통합의 차원에서 이루어진다. 즉, ① 질병 발생 전에는 예방적 차원에서 질병의 원인을 미리 제거하는 것이고, ② 질병이 발생하면 조기에 발견하여 치료하도록 하며, ③ 치료된 개인이 사회 기능을 회복하고 적응할 수 있도록 잠재능력 개발, 장애극복을 위한 재활서비스를 제공한다. 마지막으로 ④ 건강한 삶에 방해가 되는 사회적 편견을 제거하고 의료정책이나 관련 제도와 법을 개선하는 등 사회통합적 노력도 필요하다.

3) 개념

의료사회복지(social work in health care)와 정신건강사회복지의 개념은 병원 중심의 협의적 개념에서 병원과 지역사회를 포괄하는 광의적 개념으로 변화하고 있다. 과거에는 의료적 관점에 따른 용어로 의료사회사업(medical social work), 병원사회사업(hospital social work), 정신의료사회사업(psychiatric social work) 등의 표현을 사용하였다. 그러나 질병에 대한 관점이 포괄적으로 변화하면서 신체적·정신적·사회적 측면을 모두 고려하게 되었고 활동 범위도 병원 중심에서 지역사회로까지 확장되면서 의료사회복지(social work in health care), 정신건강사회복지(social work in mental health care, mental health social work) 등의 용어가 보편적으로 사용되고 있다.

의료사회복지와 정신건강사회복지의 개념 또한 같은 맥락에서 〈표 11-2〉와 같이 미시적 개념과 거시적 개념으로 나누어 설명할 수 있다. 미시적 개념은 신체적·정신적 질병의 치료와 회복에 초점을 두고 질병과 직접적으로 관련된 심리적 요인과 사회적 요인을 찾아서 다루는 임상치료적 전문 활동이 이에 해당한다고 볼 수 있다. 거시적 개념은 신체적·정신적 질병의 예방, 건강증진 그리고 지역사회의 의료(정신건강)복지 달성을 목적으로 하는 것이다. 즉, 아플 때만 도움을 주는 것이 아니라 질병의 예방과 건강증진, 사회적 안녕까지 넓은 범위에서 의료(정신건강)사회복지를 이해하는 것이다. 따라서 거시적 개념에는 치료나 상담 등의 임상활동뿐만 아니라, 의료 및 정신건강 제도와 정책, 전달체계까지 포괄하는 개념이라고 할 수 있다.

표 11-2 미시적 개념과 거시적 개념

구분	미시적 개념	거시적 개념
목표	질병치료, 건강회복 유지	질병예방, 건강증진, 지역사회 의료복지 달성
의료의 개념	medical care	health care
서비스의 주요 기능 (지향점)	환자의 임상치료 지향적	주민의 건강개발 지향적
의료사회복지사의 활동 영역	의료시설 내(병원, 진료소 등)	의료시설, 의료문제를 가지고 있는 지역 의료제도 및 정책결정기관
서비스 대상	환자, 가족, 의료진	환자의 가족을 포함한 지역주민, 의료환경(의료기관, 의료제도, 의료정책)
서비스 내용	• 질병과 관련되는 심리사회적 문제의 해결 • 건강회복, 건강유지, 사회적응을 위한 원조	• 주민의 보건의식 개발과 건강한 생활태도 유지 • 환경개선: 불량 위생환경 개선 및 방역 • 의료자원 발굴, 조직과 활용 • 보건정책 또는 제도의 결정 및 시행에 영향력 행사 • 의료문제 해결을 위한 자문(consultation)
의료사회복지사의 위치	임상치료팀의 일원	지역사회 보건의료팀의 일원
주로 사용하는 사회사업 방법	social casework social groupwork family treatment	social group work community work social work research
용어	medical(psychiatric) social work	social work in (mental) health care

출처: 유수현(2007), p. 27 수정 인용.

2. 정책과 서비스 현황

1) 법적 활동 근거

(1) 의료사회복지사의 법적 활동 근거

의료사회복지사의 법적 활동 근거는 1973년 개정된 「의료법 시행령」에서 찾을 수 있으며, 현재 「의료법 시행규칙」 제38조에서는 "종합병원에는 「사회복지사업법」에 따른 사회복지사 자격을 가진 자 중에서 환자의 갱생 · 재활과 사회 복귀를 위한 상담 및 지도 업무를 담당하는 요원을 1명 이상 둔다."라고 활동 근거를 규정하고 있다. 2018년 개정된 「사회복지사업법」에서는 의료사회복지사를 국가자격으로 규정하였고 수련제도를 통하여 전문인력을 양성하도록 하고 있다.

(2) 정신건강사회복지사의 법적 활동 근거

1995년에 제정된 「정신보건법」 제7조에서 정신건강사회복지사의 활동 근거가 처음 규정되었다. 2016년 5월에 이 법은 전면 개정되어 「정신건강증진 및 정신질환자 복지서비스 지원에 관한 법률」로 변경되었다. 이 법률 제17조에서는 "보건복지부장관은 정신건강 분야에 관한 전문지식과 기술을 갖추고 보건복지부령으로 정하는 수련기관에서 수련을 받은 사람에게 정신건강전문요원의 자격을 줄 수 있다."라고 규정하고 있다. 정신건강전문요원에는 정신건강사회복지사, 정신건강간호사, 정신건강임상심리사, 정신건강작업치료사 등이 포함된다.

2) 수련 제도

(1) 의료사회복지사 수련 제도

대한의료사회복지사협회에서는 2010년부터 전국적 수련 제도를 통합하여 운영하였으며, 2020년 국가자격제 시행에 따라 법령에 따른 의료사회복지사 수련교육을 수행하고 있다. 수련교육을 받으려면 교육부에서 인정한 사회복지 전공의 학사학위와 사회복지사 1급 자격을 소지하고 해당 의료기관에 지원하여야 한다. 수련은 1년간

표 11-3　의료사회복지사 수련 내용

구분		내용
임상영역별 수련시간 (총 960시간 이상)		총 960시간으로 내과계에서 1/2 이상인 480시간 이상 (외과계에서 1/2 이상인 480시간 이상의 수련시간 충족)
이론교육(총 40시간)		집체 교육 28시간 기관방문(1기관 방문 시 2시간 인정, 6시간 초과할수 없음) 지부교육과 연구분과 교육을 합하여 총 40시간
사례	사회사업 사정	사회사업 사정 15사례(최소한 자료수집, 강점사정, 문제사정을 위한 틀, 문제사정, 개입계획, 개입에 대한 이론적 근거들과 슈퍼비전 내용이 제시되어야 함)
	사회사업 개입	사회사업 개입 15사례(개입계획에 따라 진행된 개입내용을 제시하고 종결된 이후 평가내용과 슈퍼비전 내용을 포함하여야 함)
수련기간		총 수련기간은 반드시 1년이어야 함
프로그램 개발 및 임상연구		프로그램 개발 또는 임상연구 1사례 이상(프로그램 개발은 집단프로그램을 기획하고 진행하는 것을 말함)
학술활동		학술활동은 이론교육과는 별개로 평점 20점을 확보하여야 함

출처: 대한의료사회복지사협회 홈페이지(http://www.kamsw.or.kr/).

(주 20시간 이상) 이루어지며, 구체적인 수련 내용은 〈표 11-3〉과 같다.

(2) 정신건강사회복지사 수련 제도

정신건강사회복지사는 관련 법률에 따라 국가(보건복지부)에서 자격을 부여한다. 사회복지사 1급 자격을 취득한 이후 국가에서 지정한 수련기관에서 1년간 1,000시간의 수련을 이수하고 국가자격시험을 통과하면 정신건강사회복지사 2급 자격을 부여받아 현장에서 일할 수 있다. 또한 현장 경력을 5년 이상 유지하면 승급시험을 통하여 정신건강사회복지사 1급 자격을 취득하게 된다. 정신건강사회복지사는 2018년 12월말 기준 2급이 2,958명, 1급이 1,800명 배출되어 활동 중이다(국립정신건강센터, 2018). 〈표 11-4〉는 정신건강사회복지사의 수련 내용이다.

표 11-4 정신건강사회복지사 수련 내용

구분	내용
임상수련을 위한 실습교육(총 850시간)	• 연간 총 850시간(학술활동 20시간 포함)을 이수 • 정신의료기관과 지역사회기관 모두 수련시간 중 1/4시간을 교환(파견)하여 실습해야 함[교환(파견)수련기관이라 함은 수련기관으로 지정된 정신의료기관을 말하며, 지역사회기관은 정신요양시설, 정신재활시설, 정신건강복지센터 또는 보건소를 말함]
임상수련을 위한 이론교육(총 150시간)	• 연간 총 150시간의 이론교육을 이수해야 함(의료·복지와 윤리, 법과 정책, 정신건강이론·실제, 기획 및 행정, 조사연구, 정신건강 이슈 대응 등 6개 영역 27개 교과목으로 구성)
학술활동(총 20시간)	한국정신보건사회복지사협회 보수교육 또는 협회 인정 교육에 20시간 참석

출처: 한국정신보건사회복지사협회(2023).

3) 의료와 정신건강사회복지 정책

(1) 의료사회복지 정책

우리나라는 「국민건강증진법」 제4조에 따라 국민의 건강증진 및 질병예방을 위해 매 5년마다 국민건강증진종합계획(Health Plan)을 수립하고 있다. 2002년 제1차 계획(2002~2005년)을 수립하였고, 2005년에는 제2차 계획(2006~2010년)을 수립하였다. 2010년 제3차 계획부터는 10년(2011~2020년) 계획을 수립하고 있으며, 2022년 제5차 계획(2021~2030년)에 따라 국민건강을 위한 정책 방향을 [그림 11-1]과 같이 제시하고 있다(보건복지부, 한국건강증진개발원, 2022).

• 개념: 이 계획은 건강증진의 기본 이념에 스스로 관리하는 건강과 기본권으로서의 건강 개념을 적용하여, 국민 모두가 활기찬 건강과 장수를 누리는 사회의 구축을 향해서 건강수명의 연장과 건강 형평성의 제고를 목표로 추구
• 비전: 온 국민이 함께 만들고 누리는 건강세상
• 목표: 건강수명 연장과 건강 형평성 제고

의료사회복지와 밀접한 정책방향을 위주로 문제점과 정책방향을 살펴보면 다음과

모든 사람이 평생 건강을 누리는 사회

건강수명 연장, 건강 형평성 제고

기본 원칙

1. 국가와 지역사회의 모든 정책 수립에 건강을 우선적으로 반영한다.
2. 보편적인 건강수준의 향상과 건강 형평성 제고를 함께 추진한다.
3. 모든 생애과정과 생활터에 적용한다.
4. 건강친화적인 환경을 구축한다.
5. 누구나 참여하여 함께 만들고 누릴 수 있도록 한다.
6. 관련된 모든 부문이 연계하고 협력한다.

건강생활 실천	정신건강 관리	비감염성 질환 예방관리
1. 금연 2. 절주 3. 영양 4. 신체활동 5. 구강건강	6. 자살예방 7. 치매 8. 중독 9. 지역사회 정신건강	10. 암 11. 심뇌혈관질환 12. 비만 13. 손상

감염 및 기후변화성 질환 예방관리	인구집단별 건강관리	건강친화적 환경 구축
14. 감염병 예방 및 관리 15. 감염병 위기 대비 · 대응 16. 기후변화성 질환	17. 영유아 18. 아동 · 청소년 19. 여성 20. 노인 21. 장애인 22. 근로자 23. 군인	24. 건강친화적 법제도 개선 25. 건강정보 이해력 제고 26. 혁신적 정보기술의 적용 27. 재원 마련 및 운용 28. 지역사회 자원 확충 및 거버 　　 넌스 구축

[그림 11–1] 제5차 국민건강증진종합계획(Health Plan 2030, 2021~2030)
출처: 보건복지부, 한국건강증진개발원(2022), p. 27 인용.

같다(정형선, 2009).

첫째, 의료자원(health care resources)의 심각한 불균형 문제를 해소할 수 있는 정책이 필요하다. 의료기관 간 역할이 기능적으로 분화되지 못하여 의원부터 대학병원까지 무한경쟁함에 따라 의료서비스의 과도한 제공 및 과다 이용 행태가 심화되고 있다. 지역별 의료자원의 불균형 문제도 심각하다. 의료기관의 대부분이 도시지역에 편중되면서 농촌이나 섬 지역에는 의료기관이나 의료전문가가 매우 부족한 현실이다. 대부분의 의료기관이 민간의료기관이고 공공의료기관의 수가 매우 부족한 점을 고려하면, 공급불균형의 문제를 공공의료기관에서 해소해 주어야 할 것이다. 의료사회복지사는 법적인 한계로 인해 대형병원 위주로 활동을 하고 있으며, 지역사회 의료사회복지 인프라나 인력은 전무하다고 할 수 있다. 이러한 법적·제도적 한계는 의료사회복지와 의료사회복지사의 활동을 매우 제한함으로써 국민의 의료 욕구에 충분히 부응하지 못하게 하는 요인으로 작용하고 있다.

둘째, 의료서비스 이용의 양극화도 매우 심각한 문제이다. 사회경제적으로 열악한 사람들은 비교적 건강상태가 열악하며 많은 의료서비스를 필요로 함에도 불구하고 의료서비스 이용은 제한된다. 실제 하위계층의 의료 이용량은 상위계층의 3분의 1에 불과하며 이러한 불평등은 계속 심화되고 있어 이러한 불합리한 격차를 줄이려는 정책적 시도가 필요하다.

셋째, 국민의 증가하는 의료 욕구와 수요를 정책적으로 반영하지 못하고 있다. 암, 고혈압, 당뇨병, 우울증, 자살, 정신질환, 중독 등의 문제가 증가하고 있으나 국가의 정책적 대처는 여전히 미흡하다. 또한 희귀난치성 질환에 대한 지원이나 건강보험 혜택이 매우 부족한 것도 같은 맥락의 문제라고 할 수 있다. 이는 국가의 의료비와 직접 관련된 문제라고 할 수 있다.

넷째, 의료기관 간의 기능과 역할이 분화되어 있지 않음으로 인해 의료서비스 전달의 효율성이 낮다는 문제도 있다. 이와 관련된 문제로 의료서비스 이용자들의 대형병원 선호 현상을 들 수 있다. 이를 위해 의료전달체계(medical delivery system)의 재편을 통해 의료서비스의 전문적 기능과 역할을 구분할 필요가 있다.

다섯째, 건강관리나 건강보호 관점이 부재하고 치료적 관점에 머물러 있는 것도 문제 중 하나이다. 아플 때만 질병을 치료하고 아프지 않게 하기 위해 예방을 하는 수준에서 벗어나, 신체적·정신적·사회적 건강상태를 유지할 수 있도록 돕는 정책적 시도가 필요하다. 또한 개인의 생애를 고려하여 생애주기별로 지속적이고 체계적인 건강보호와 건강관리를 하도록 지원하는 정책도 필요하다.

여섯째, 이용자 중심의 정책실천이 매우 부족하다. 이용자 편의에 따라 의료시설과 인력을 배치하고, 복지의 개념을 도입한 지역사회의료를 실현하여 재가의료복지가 가능하도록 돕는 방안이 필요하다. 또한 건강보험제도와 의료전달체계에 대한 제도적·행정적 의사결정에 소비자들이 실질적인 의사표현과 의사반영을 할 수 있는

창구를 확대하는 노력도 필요하겠다.

(2) 정신건강사회복지 정책

우리나라의 정신건강사회복지 정책은 WHO 권고기준에 따라 범부처 합동으로 마

비전	마음이 건강한 사회, 함께 사는 나라

정책 목표	1. 코로나19 심리방역을 통한 대국민 회복탄력성 증진 2. 전 국민이 언제든 필요한 정신건강서비스를 이용할 수 있는 환경 조성 3. 정신질환자의 중증도와 경과에 따른 맞춤형 치료환경 제공 4. 정신질환자가 차별 경험 없이 지역사회 내 자립할 수 있도록 지원 5. 약물 중독, 이용 장애 등에 대한 선제적 관리체계 마련 6. 자살 충동, 자살 수단, 재시도 등 자살로부터 안전한 사회 구현

정책 목표	전략
전 국민 정신건강 증진	1. 적극적 정신건강증진 분위기 조성 2. 대상자별 예방 접근성 제고 3. 트라우마 극복을 위한 대응역량 강화
정신의료 서비스 / 인프라 선진화	1. 정신질환 조기인지 및 개입 강화 2. 지역 기반 정신 응급 대응체계 구축 3. 치료 친화적 환경 조성 4. 집중 치료 및 지속 지원 등 치료 효과성 제고
지역사회 기반 정신질환자의 사회통합 추진	1. 알코올 중독자 치료 및 재활서비스 강화 2. 마약 등 약물중독 관리체계 구축 3. 디지털기기 등 이용장애 대응 강화
자살로부터 안전한 사회 구현	1. 자살 고위험군 발굴과 위험요인 관리 2. 고위험군 지원 및 사후관리 3. 서비스 지원체계 개선
정신건강정책 발전을 위한 기반 구축	1. 정책 추진 거버넌스 강화 2. 정신건강관리 전문인력 양성 3. 공공자원 역량 강화 4. 통계 생산체계 정비 및 고도화 5. 정신건강 분야 전략적 R&D 투자 강화

[그림 11-2] 제2차 정신건강복지기본계획 추진 전략

출처: 관계부처 합동(2021), p. 11.

련한 정신건강복지기본계획에 따라 시행되고 있다. 이 종합대책에는 일반 국민 정신건강 증진, 자살예방, 중증 정신질환자 삶의 질 향상, 중독관리 등이 포함되어 있으며, [그림 11-2]와 같다(관계부처 합동, 2021). 이의 법적 근거는 「정신건강증진 및 정신질환자 복지서비스 지원에 관한 법률」이다. 이 법의 제7조에서는 보건복지부장관이 관계 행정기관의 장과 협의하여 5년마다 정신건강증진 및 정신질환자 복지서비스 지원에 관한 국가의 기본계획을 수립하도록 하고 있다. 이 외에도 「자살예방 및 생명존중문화 조성을 위한 법률」에서는 보건복지부장관이 5년마다 우리나라의 자살예방 종합대책을 수립하도록 하고 있다.

3. 사회복지사의 역할

1) 실천 분야

(1) 의료기관

의료기관에는 일반의료기관과 정신의료기관이 있다. 「의료법」상 의료기관으로 분류되며, 정신의료기관은 「정신건강증진 및 정신질환자 복지서비스 지원에 관한 법률」제3조에서 설치를 규정하고 있다. 의료기관을 설립주체에 따라 분류하면, 국·공립 의료기관과 민간 의료기관 등으로 분류한다. 또한 규모와 형태, 서비스 내용에 따라 대학(종합)병원, 병원, 치과병원, 한방병원, 요양병원, 의원 등으로 구분할 수 있다. 의료사회복지사는 「의료법」규정에 따라 종합병원 이상의 병원에서 근무할 수 있으며, 정신의료기관은 대부분 정신건강사회복지사를 채용하고 있다. 이 외에도 노인요양병원 등에서 사회복지사가 환자의 심리사회적 치료와 적응을 위해 고용되어 일하고 있다.

(2) 공공 의료서비스 영역

장기요양보험제도(long-term care insurance system)가 시행되면서 국민건강보험공단과 지역별 지사에서 장기요양보험제도를 수행하는 인력을 채용하고 있으며 사회복지 전공자들이 이 분야에서 일하고 있다. 앞으로 노인 인구가 늘면서 공공 영역의 장기요양서비스 관리 업무가 증가하면 이에 따라 전문인력의 수요도 늘어날 것이다.

우리나라에서 공공의료를 행하는 대표적인 기관은 보건소이다. 강홍구(2009)가 주장한 바와 같이, 단순한 지역사회 의료서비스의 차원을 넘어서 지역사회 의료복지를 실현하기 위해서는 보건소를 기반으로 의료사회복지사의 활동이 필요하다고 할 수 있다. 최근 정부는 시 · 군 · 구 단위의 지방자치단체에 치매(안심)센터를 설치하여 치매선별검사, 인지재활프로그램, 진단비 및 치료비 지원, 치매단기쉼터 운영 등의 서비스를 제공하고 있다.

(3) 지역사회 정신건강 증진시설

1995년「정신보건법」제정 이후 지역사회 정신건강실천 분야는 양적으로 급속하게 확장되었다. 따라서 지역사회를 기반으로 하는 정신건강사회복지사와 사회복지사의 활동무대도 넓어졌으며, 그 영역은 계속 확대되고 있다. 지역사회 정신건강실천 분야로는 지역사회 정신건강복지센터, 아동 · 청소년 정신건강복지센터, 정신재활시설, 중독관리통합지원센터, 정신요양시설, 자살예방센터, 치매센터 등을 들 수 있으

표 11-5 지역사회 정신건강 증진시설의 목적과 기능

기관	목적과 기능
정신건강복지센터	광역시 · 도, 시 · 군 · 구 단위로 지역사회 정신건강증진 서비스를 제공하고 연계하는 업무를 수행
아동 · 청소년 정신건강복지센터	아동 · 청소년기 정신건강 문제를 예방하고 정신건강의 문제가 있는 아동과 청소년을 조기에 발견하여 상담과 치료서비스를 제공
정신재활시설	만성 정신질환자, 정신건강의 문제가 있는 사람을 대상으로 사회적응을 위한 각종 훈련과 생활지도를 실시
중독관리통합지원센터	알코올, 도박, 마약, 인터넷 등의 중독문제 발생을 예방하고, 발생된 의존자를 재활 · 사회복귀시킴으로써 국민건강증진을 도모
정신요양시설	만성 정신질환자를 입소하도록 하여 요양과 사회복귀 서비스를 제공
중독 관련기관	• 마약 및 약물중독 상담 및 재활 프로그램을 제공 • 카지노, 경마, 경륜, 경정 등 사행산업에 의한 중독의 예방과 치료적 상담, 인터넷(게임) 과몰입 및 중독 상담
자살예방센터	교육, 연구, 상담 서비스를 제공하여 지역사회의 자살예방을 도모
치매센터	시 · 군 · 구의 관할 보건소에서 치매예방 및 치매관리를 위하여 치매 연구 및 관련 사업을 실시

며 각각의 목적과 기능을 요약하면 〈표 11-5〉의 내용과 같다.

2) 사회복지사의 역할과 기능

대한의료사회복지사협회(1997)에서는 연구를 통하여 병원을 중심으로 한 의료사

표 11-6 의료사회복지사의 표준 직무

대학부속병원 일반/재활의료 직무	대학부속병원 정신의료 직무
12. 내원객의 욕구에 의한 환자의 개별상담	12. 치료계획에 의한 환자의 가족치료
13. 사회보장 및 법적제도에 대한 정보제공과 지원	13. 수집된 기존 지역사회의 자원체계에 대한 정보제공
14. 지역사회의 새로운 자원개발 및 정보망 조성	14. 질병에 대한 고위험 환자의 발견
15. 수립된 기존 지역사회의 자원체계에 대한 정보제공	15. 실습생 지도

핵심 직무	
심리적·사회적·정신적 문제 해결 직무차원	1. 심리적·사회적 문제의 원인조사 및 사정 2. 치료계획에 의한 환자의 개별치료 3. 환자와 환자 가족의 교육 4. 환자와 환자 가족에게 질병에 대한 정보제공
경제적 문제 해결 직무차원	5. 후원자(단체) 연결 등을 통한 병원 외적 자원과 연결
지역사회 자원 연결 직무	6. 지역사회 자원과 연결
사회복귀 및 재활 문제해결 직무차원	7. 퇴원계획 상담
팀 접근 직무차원	8. 사례분석 평가
사회사업부서의 순수행정 직무차원	9. 보고서 및 업무일지의 기록 10. 사회사업부서의 운영에 관한 회의
교육 및 연구조사 직무차원	11. 전문성 제고를 위한 교육 참여

종합/병/의원 일반/재활의료 직무	종합/병/의원 정신의료 직무
12. 사회보장 및 법적 제도에 대한 정보제공과 지원	
13. 병원 내의 자원을 이용한 진료비 지원	12. 내원객의 욕구에 의한 환자의 가족상담
14. 지역사회의 새로운 자원개발 및 정보망 조성	13. 집단활동지도
15. 수집된 기존 지역사회의 자원체계에 대한 정보제공	14. 사회생활 훈련지도

출처: 김기환, 서진환, 최선희(1997)에서 인용.

회복지사의 표준 직무를 〈표 11-6〉과 같이 소개한 바 있다. 이를 보면, 핵심 직무로 심리적 · 사회적 · 정신적 문제해결, 경제적 문제해결, 지역사회 자원과 연결, 사회복귀 및 재활 문제해결, 팀 접근, 순수 행정직무, 교육 및 연구조사 직무 등으로 구분하고 있는 것을 볼 수 있다. 핵심 직무 외에도 병원을 대학병원과 종합병원으로 구분하고 업무를 일반의료, 재활의료, 정신의료 등으로 구분하여 각기 세부적인 직무를 기술하고 있다. 이 외에도 지역사회 차원에서 환자와 가족의 권리를 보호하기 위한 운동, 지역사회 주민들을 조직하여 의료생활협동조합과 같은 자발적 의료권리를 찾기 위한 조직을 구성하기 등의 역할도 중요하다.

정신건강사회복지사의 역할은 정신건강 증진시설의 기능에 따라 다양한 역할을 수행하며 이를 요약하면 〈표 11-7〉과 같다.

표 11-7 정신건강 증진시설 분류에 따른 정신건강사회복지사의 역할

정신건강복지센터		• 정신건강에 대한 상담 및 지도 • 정신건강 계몽과 홍보 • 지역의 정신건강 실태 파악 • 정신건강에 대한 자문과 교육 • 지역사회 관련기관들과의 연결 및 협조 • 지역사회 자원 개발 및 활용 • 의료기관이나 상담기관으로의 의뢰 및 알선 • 재가 환자들의 가정방문 지도 및 상담 • 정신장애인 조기발견 및 조기조치 • 지역주민의 정신건강 증진을 위한 활동 • 지역사회 정신장애의 역학조사 활동
정신의료기관 (종합병원 정신건강의학과, 전문정신병원, 정신건강의학과 의원)	진단 과정	• 입원 사정과 계획 • 심리사회적 평가(개인력, 가족력, 사회력 조사) • 사회환경 조사
	치료 과정	• 개별문제 상담 • 가족상담 및 교육 • 집단활동 및 집단치료 • 사회재활 프로그램(예: 사회기술훈련) • 병실 내 프로그램 기획 및 운영 • 치료팀 간의 팀워크 활동 • 가정, 학교 등의 방문을 통한 서비스

	퇴원 과정	• 퇴원계획 및 재활계획 상담, 지도 • 사회복귀와 재활을 위한 지역사회기관 연결 • 낮병원 서비스 제공 • 지역사회 자원 동원 및 연결 • 퇴원 후 사후 서비스를 위한 가정방문
정신재활시설		• 개별적인 재활 및 사회복귀 계획 수립을 위한 상담 • 생활기술 및 대인관계기술 지도 • 직업훈련과 취업에 관한 지도 및 상담 • 가족교육 및 정신장애인 가족회 육성 및 운영 • 사회복귀를 위한 사회적응 프로그램 운영 • 의료기관과 지역사회기관과의 연결 업무 • 지역주민의 정신건강 증진을 위한 계몽활동 및 교육 • 지역사회 자원 동원과 후원조직 운영 • 정신건강심의위원회에서의 자문활동
중독관리 통합지원센터		• 신규 클라이언트 발견 및 관리(사례관리, 위기관리, 직업재활) • 신규 클라이언트가족 발견 및 관리(사례관리, 가족교육, 가족모임 지원) • 고위험군 조기발견 및 개입서비스 • 아동, 청소년 중독 예방교육사업 • 직장인 및 지역주민을 위한 중독 예방교육사업 • 지역사회안전망 조성사업(보건복지 및 응급지원 네트워크 구축) • 지역사회 진단 및 연구
정신요양시설		• 심리사회적 상담 및 개별문제 지도 • 각종 집단활동 프로그램 운영 • 대인관계기술 및 생활훈련 실시 • 가족상담 및 가정 방문 • 무연고자를 위한 후원자 연결 업무 • 기초생활수급권자를 위한 행정 업무 • 지역사회 자원 동원과 후원조직 육성

출처: 권진숙 외(2022).

4. 과제

의료사회복지와 정신건강사회복지의 발전을 위한 과제를 간략히 제시하면 다음과 같다.

첫째, 의료 및 정신건강 자원의 배분을 효율적으로 하여 건강 불균형이나 불평등의 문제를 줄여 나가야 한다.

둘째, 건강관리나 건강보호 관점과 의료복지적 관점에서 건강 문제에 접근하는 노력이 필요하다. 의료와 복지를 결합하고 지역사회 차원에서 생애주기별 지속적 건강보호 서비스가 필요하다.

셋째, 이용자 중심의 의료정책실천을 통하여 찾아가는 의료복지가 가능하도록 하고 이용자들의 의료권을 바탕으로 의료 의사결정에 참여하도록 하여야 한다.

넷째, 병원과 지역사회에서 의료사회복지가 양적으로 확대되기 위해서는 기존에 책정되어 있는 사회복지사들의 서비스 수가를 현실화하고 수가가 적용되는 서비스 항목을 대폭 늘려야 한다. 이를 통해 의료사회복지가 확산되고 국민들의 의료복지 욕구가 충족될 수 있다.

다섯째, 정신건강 관련 법과 전달체계의 개선이 필요하다. 시민들과 정신질환자의 정신건강뿐만 아니라 복지실현을 가능하게 하는 정신건강복지 서비스가 확충된 법 개정이 필요하다. 이를 위해「정신건강증진 및 정신질환자 복지서비스 지원에 관한 법률」에 다양한 사회복지 지원내용을 확충할 필요가 있으며,「장애인복지법」과 연계한 복지서비스 지원을 강화해야 한다. 또한 정신의료기관의 입원병상 수를 대폭 줄여 나가면서 다양하고 연속체적인 형태의 지역사회 정신건강 기관과 시설을 확충해 나가야 한다.

5. 현장 사례

의정 씨는 2남 1녀 중 막내딸로 태어나 화목한 가정에서 자랐다. 현재 나이는 20세이고 대학교 1학년에 재학 중이다. 의정 씨는 1년 전 고등학교 재학 시 경주로 수학여행을 다녀오는 길에 버스가 강으로 추락하는 사고를 당하였다. 사고 당시 사방이 어두웠으며 버스에는 물이 차서 철렁이고 친구들과 버스 안에서 뒤엉켜 극도의 공포감을 느꼈다. 옆에서 숨을 헐떡이며 고통스러워하는 친구들의 숨소리를 들으며 '아, 나도 여기서 죽는구나.' 하는 생각에 소름이 끼쳤다. '살려 달라.'며 소리를 질렀고, 곧 정신을 잃었다. 의식이 돌아와 보니 병원 응급실이었고 신체적인 이상이 없어 집으로 돌아오게 되었다. 이후 사고 당시 상황과 관련된 악몽과 두통이 계속되었지만 "시간이 지나면 괜찮아질 거야."라고 가족들이 지지해 주어 참고 고등학교 학업을 마쳤다. 그러나 악몽이 점점 더 심해지면서 밤에 잠이 드는 것이 무서워 혼자 울기까지 했고 '이렇게 사느니 차라리 죽고 싶다.'는 생각이 들었다. 식사도 거의 못해 어지러워 균형을 잡기도 어려웠으며 사소한 일에도 가족들에게 화를 내는 일이 잦아졌다. 또한 사고 당시 죽은 친구들을 생각하면 혼자만 살았다는 것에 대한 죄책감이 들고 이에 대해 남들이 비난하는 것 같아 대학생활을 제대로 못하고 주로 집에서 지냈다.

의정 씨는 지인의 도움으로 트라우마센터를 방문하여 심리검사를 받았고 정신건강의학과 전문의로부터 외상후 스트레스장애 진단을 받게 되었다. 이후 항우울제와 항불안제를 처방받아 복용하면서 센터의 정신건강사회복지사가 진행하는 인지행동상담 프로그램과 스트레스관리 훈련에 주 3회씩 3개월 이상 참석하면서 점차 나아지고 있다. 정신건강사회복지사는 인지행동치료를 주된 개입방법으로 활용하였으며, 의정 씨 내면의 강점과 회복력이 극대화되도록 지지하고 격려하는 태도를 유지하였다. 우선, 의정 씨에게 하루 중 힘들었던 상황에 대해 일기를 쓰도록 하고 과장되거나 잘못된 생각이나 감정에 대해 지속적으로 교정하는 식의 상담을 진행하였다. 또한 불안해하는 여러 가지 일상의 상황에 직접 노출하고 생각과 감정을 객관적으로 들여다볼 수 있도록 하였다. 스트레스관리 훈련에서는 긍정적이고 적극적인 사고와 문제해결 능력을 향상하기 위한 교육과 토론을 하였고 스트레칭, 근육이완법, 가벼운 운동을 반복하면서 일상생활에도 적용하도록 하였다. 현재는 일상생활과 대학에서의 학업을 정상으로 수행하고 있으며, 트라우마센터의 집단프로그램 보조진행자로 자원봉사하면서 비슷한 처지의 어려움을 겪고 있는 사람들을 돕고 있다. 또한 자신의 고통과 아픔의 경험 속에서 발견한 회복력과 독특한 개성에 대해 기록한 수기를 엮어 책으로 출판할 계획을 가지고 있다.

 **연구문제**

1. 생물 · 심리 · 사회 관점과 의료(정신건강)사회복지의 포괄적 건강보호 개념에 대해 설명하시오.
2. 예방, 치료, 재활, 사회통합을 포함하는 건강보호의 패러다임 모형을 의료(정신건강) 사례에 적용하여 설명하시오.
3. 의료(정신건강)사회복지 정책 및 법의 문제점과 개선 방안에 대해 논하시오.
4. 교과서에 제시한 의료(정신건강)사회복지 실천 분야를 살펴보고, 해당 기관(시설)을 조사하여 분석하시오.

ABC ··· **전공어휘**

- 가정방문(home visiting) 사회복지사가 환자와 가족의 사회경제적 환경을 조사하거나 의료 · 정신건강 사회복지서비스를 직접 전달하기 위해 가정을 방문하는 전문활동을 말한다.
- 건강 불평등(health inequality) 클라이언트가 처한 사회경제적 상황과 지위(성별, 연령, 지역, 교육수준, 경제 상태)로 인해 질병의 예방, 치료, 재활, 건강관리를 할 수 있는 기회가 줄어들면서 발생할 수 있는 불평등 상태를 말한다.
- 건강보호(health care) 클라이언트의 건강을 최적의 상태로 관리하기 위해 질병의 예방과 치료, 재활 및 건강관리까지 돌보는 것을 말하며, 생애주기를 고려하여 지속적인 건강보호를 추구한다.
- 사회조사(social study) 클라이언트의 질병과 건강에 대한 사회복지 개입을 위해서 클라이언트의 심리사회적 환경, 가족 환경, 직장 및 사회 환경 등을 조사하는 것을 말한다.
- 생물 · 심리 · 사회 관점(bio-psycho-social perspective) 질병과 건강을 포괄적인 관점에서 관리하기 위해 인간의 생물학적(biological) · 심리적(psychological) · 사회적(social) 측면 등을 다양하게 고려하는 전문적 관점을 말한다.
- 생애주기(life cycle) 인간의 생애를 태내기부터 노년기까지 연속적인 관점으로 보고, 각 단계마다 건강관리에 필요한 건강서비스를 고려하는 개념이다.

- 생태체계적 관점(eco-system perspective) 사람이 살아가는 생태 공간에서 사람과 환경이 서로 상호작용하면서 영향을 주고받는다는 관점이다. 따라서 건강과 질병의 치료와 관리에서도 환경과의 상호작용이 최적의 상태를 이루도록 하는 것이 중요하다.

- 의료 자원(health care resources) 클라이언트의 의료 욕구를 충족시킬 수 있는 의료 인력, 의료 행위, 의료품, 의료 용구, 의료서비스, 의료비 등의 자원을 총칭하는 용어이다.

- 의료사회복지(social work in health care) 포괄적이며 통합적인 관점에 따라 병원뿐 아니라 지역사회까지 포괄하여 질병의 예방부터 치료, 재활, 사회통합까지 고려하는 사회복지서비스를 칭하는 용어이다.

- 의료사회사업(medical social work) 의료적 관점에 바탕을 두고 주로 병원 내에서 행해지는 사회복지서비스를 칭하는 용어이다.

- 의료적 관점(medical perspective) 질병모델에 따라 질병 자체에 초점을 두고 단선론적으로 질병의 원인을 파악하고, 이에 따라 치료하는 데 초점을 두는 관점이다.

- 의료전달체계(medical delivery system) 의료서비스를 제공하는 병원, 기관의 배치와 역할, 관계를 체계화하여 국민들에게 효율적으로 의료서비스가 제공되도록 하는 제도적 · 행정적 체계를 말한다.

- 장기요양보험제도(long-term care insurance system) 만성적 질병이나 장애가 있는 사람에게 장기간에 걸쳐 제공되는 보건, 의료, 요양, 복지 등의 제도적 서비스를 말한다.

- 적응(adaptation) 주변 환경을 자신의 욕구에 적합하도록 변화시키고, 환경의 변화에 개인이 적응해 나가는 것을 의미하는 생태학 이론의 개념이다.

- 적합성(goodness of fit) 개인이 환경에 적응하고자 하는 욕구와 환경의 질이 어느 정도 잘 맞는가를 나타내는 생태학 이론의 개념이다.

- 정신건강사회복지(social work in mental health care) 포괄적이며 통합적인 관점에 따라 정신건강의학과 병원뿐만 아니라 지역사회 정신건강까지 포괄하여 정신질환의 예방부터 치료, 재활, 사회통합까지 고려하는 정신건강사회복지서비스를 칭하는 용어이다.

- 정신의료사회사업(psychiatric social work) 정신의료적 관점에 바탕을 두고 주로 병원 내에서 행해지는 치료적 형태의 사회복지서비스를 칭하는 용어이다.

- 호스피스(hospice) 죽음을 앞둔 사람의 특수한 욕구에 맞추어 육체적 · 정신적 고통을 경감해 주어 인간적인 마지막 삶을 누릴 수 있도록 도움을 주는 심리적 · 사회복지적 · 종교적 서비스를 말한다.

참고문헌

강흥구(2009). 의료사회복지의 장기적 발전 방향. 전주대학교 사회과학논총, 24(2). pp.1-26.

관계부처 합동(2021). 온국민 마음건강 종합대책-제2차 정신건강복지기본계획.

국립정신건강센터(2018). 정신건강전문요원 실태조사 보고서. 국립정신건강센터.

권진숙, 김정진, 전석균, 성준모(2022). 정신건강사회복지론(4판). 경기: 공동체.

보건복지부, 한국건강증진개발원(2022). 제5차 국민건강증진종합계획(2021~2030). 보건복
지부, 한국건강증진개발원.

유수현(2007). 의료사회사업의 이론과 실제. 경기: 양서원.

윤현숙, 김연옥, 황숙연(2001). 의료사회사업론. 서울: 나남출판사.

정형선(2009). 경제위기하의 의료보장 정책. 한국사회보장학회 · 국회 시장경제와 사회안전망 포
럼 공동주최 정책세미나 자료집, pp. 135-149.

한국정신건강사회복지사협회(2023). 2023년도 정신보건사회복지사 수련지침서. 한국정신건강
사회복지사협회.

Cowles, L. A. F. (2000). *Social Work in the Health Field: A Care perspective.* The Haworth
Press.

Zastrow, C., & Hessenauer, S. L. (2022). *Introduction to Social Work and Social Welfare:
Empowering People* (13th ed.). Cengage Learning.

대한의료사회복지사협회 홈페이지 http://www.kamsw.or.kr

제12장

교정복지와 군 사회복지

1. 교정복지

교정복지는 범죄인(criminal)과 비행 청소년의 재활을 도와 범죄(crime)와 비행을 예방하고 이들의 사회적응과 가족을 지원하는 데 중점을 둔 사회복지실천을 의미한다. 교정사회복지사는 사회복지실천에 관한 전문적인 지식과 기술을 익히고, 범죄인 및 비행 청소년과 이들에 대한 정책을 잘 이해해야 한다.

교정복지실천의 주요 현장은 경찰, 검찰, 법원, 교정기관, 보호기관, 민간기관, 지역사회 등이며, 교정 관련 제도에는 갱생보호, 소년보호처분, 법률구조, 선도조건부 기소유예, 소년자원보호, 치료감호, 보호관찰, 범죄 피해자 보호, 가정보호처분 등이 있다.

1) 개요

교정복지(correctional social work)는 사회복지의 한 분야로서 그 대상이 성인이든 청소년이든 혹은 재소자이든 출소자이든 그리고 내국인이든 외국인이든 간에 범법 행위를 한 사람과 그 가족을 대상으로 하여 사회복지의 철학과 가치를 근간으로, 사회복지 정책과 실천기술을 활용하여 그들의 삶의 질을 높이는 활동이다. 구체적으로는 사회복지의 기본 가치인 인간 존엄성과, 「헌법」과 법률에 명시되어 있는 생존권적 권리를 그들이 향유하고 있음을 명확하게 하고 그것이 현실화될 수 있도록 하는 국가차원의 각종 사회복지정책과 개인, 가정, 지역사회 단위의 전문 프로그램을 활용하여 그들의 교정·교화는 물론, 건강한 재사회화와 그들이 속한 가정의 문제해결을 지원하는 총체적인 활동이다(홍봉선, 2007b: 124).

교정복지는 개별사회사업(case work), 집단사회사업(group work), 지역사회사업(community work), 사례관리(case management)와 같은 기초적인 사회복지 실천방법론을 활용하여 범죄인이나 비행 청소년이 심리적·사회적으로 가장 편안한 상태를 유지하면서 사회에 적응해 갈 수 있도록 돕는 활동이다. 따라서 교정복지에 참여하려는 사회복지사는 사회복지실천에 관한 전문 지식과 기술을 익히고, 범죄인 및 비행청소년의 처지와 당국의 정책을 잘 이해해야 한다(최옥채, 2010: 69). 교정복지의 몇 가지 기능을 살펴보면 다음과 같다(임상록, 김성신, 2007: 76).

- 심리사회적 서비스나 환경 개선을 통해 범죄인이 인간다운 생활을 누리고 환경에 적응할 수 있도록 돕는 것이다.
- 범죄인의 다양한 특성을 반영하여 교정복지 전문가가 이들의 치료와 재활(rehabilitation)에 직간접적 서비스를 제공하는 것이다.
- 보호관찰기관, 갱생보호기관과 협력하여 범죄인의 자립과 사회적응을 돕는 것이다.
- 범죄인의 가족에 대한 원조 역할을 수행한다. 즉, 가족갈등, 경제적 어려움, 범죄로 인한 낙인 등의 문제를 중심으로 환경을 조정하고 지원하는 기능을 수행한다.

교정복지는 형사정책학, 교정학 등과 밀접한 관련을 가지고 있기 때문에 이들 각각의 독자적인 가치와 학문적 배경을 〈표 12-1〉과 같이 구분하여 이해할 필요가 있다.

- **형사정책**: 범죄와 관련된 보다 넓은 영역, 즉 범죄의 예방과 범죄 그 자체에 대한 연구 및 정책 수립, 나아가 범죄인의 처우에 이르기까지의 국가시책을 포함한다. 따라서 형사정책은 교정학의 주 초점인 범죄인의 교정을 위한 제도 및 프로

표 12-1 형사정책, 교정학, 교정복지 비교

내용 영역	대상자		보호 방법	정책 및 프로그램의 초점	형벌의 지향	궁극적 목표
형사 정책	성인	범법자	시설, 사회 내 보호	범죄 예방 및 준법시민 양성	일반예방	범죄인의 재활에 앞서 사회보호를 강조
교정학	성인	재소자	시설 내 보호	재소자의 반사회성 교정	소극적 특별예방	사회보호를 위한 재소자 교정
교정 복지	비행 청소년과 성인	재·출소자, 가족	사회 내 보호	범죄인의 인간 존엄성 및 생존권적 기본권의 확인과 재활 프로그램	적극적 특별예방	범죄인 재활을 통한 사회보호

출처: 홍봉선(2007b).

그램의 개발에 대한 집중성이 상대적으로 떨어지는 것으로 보인다.

- 교정학: 형벌권의 범위 내에 있는 사람들, 좀 더 구체적으로는 교정시설에 수용되어 있는 사람들을 주 대상으로 하여 그들의 교정·교화를 위한 각종 제도나 프로그램의 개발을 심도 있게 연구하는 학문 영역이다.
- 교정복지: 범죄를 저지른 클라이언트의 인간 존엄성과 권리에 대한 가치를 확인하는 것에 보다 강한 초점을 두면서 그들과 그들 가족들의 사회적응과 재활을 위한 정책적·프로그램적 성격을 강조한다.

2) 정책과 서비스 현황

(1) 교정 관련 기관과 시설

교정복지의 현황을 이해하는 것은 클라이언트를 이해하고, 개입계획을 세우며, 실무자들 간의 교류와 연대에 도움이 된다. 교정복지실천의 주요 현장은 경찰, 검찰, 법원, 교정기관, 보호기관, 민간기관, 지역사회로 구분된다(최옥채, 2010).

① 경찰

경찰의 주요 기능은 범죄의 예방, 진압, 수사와 같은 치안 유지라고 할 수 있다. 그러나 범죄의 수사는 경찰 단독으로 하기도 하지만, 주요 사건은 검찰의 지휘와 감독을 받으며 검찰의 보조 역할을 하기도 한다.

② 검찰

검찰은 경찰의 지원을 받아 자체 수사 활동을 한다. 피의자가 경찰의 조사를 받고 검찰로 송치되면, 검찰은 보강조사와 아울러 수사를 마무리하여 법원에 공소한다. 이때부터 피의자는 피고인으로 바뀌게 되며, 구치소에 수감되어 재판을 받는다.

③ 법원

법원은 대검찰청, 고등검찰청, 지방검찰청에 대응하여 단계별로 대법원, 고등법원, 지방법원이 설치되어 있으며, 범죄인과 비행 청소년을 처분·처벌하는 기관이므로 중요한 교정현장이라고 할 수 있다. 규모가 큰 서울중앙지방법원은 형사지방법원과 민사지방법원으로 분리되어 구성되어 있으며, 가정법원이 별도로 설치되어 있다.

④ 교정기관

교정기관은 범죄인에 대한 처벌을 집행하는 곳으로, 법무부 교정본부의 지휘·감독을 받는다. 그러므로 이들 기관은 범죄인의 재활을 위해 개입하는 교정복지실천의 중요한 현장이 된다. 교정기관의 유형별로 구치소, 교도소, 여자교도소, 소년교도소, 국립법무병원, 개방교도소, 직업훈련교도소 등으로 구분할 수 있다. 특별한 경우를 제외하고 징역형을 받은 수용자는 수용 중에 의무적으로 작업활동을 하며, 10여 명 안팎이 함께 수용된다. 1995년에는 민영교도소 설립추진위원회가 발족되어 2000년 「민영교도소 등의 설치·운영에 관한 법률」이 국회를 통과하였으며, 2010년에 한국 최초의 비영리 민영교도소인 소망교도소가 경기도 여주군에 설치되어 운영 중이다. 이 교도소는 미국의 신앙기반 재활프로그램(faith-based rehabilitation program)인 IFI(Inner change Freedom Initiative) 프로그램을 모델로 하여 설계되었으며, CCR(Christian Correction for Reconciliation) 프로그램이란 명칭으로 운영 중이다(이혁승, 2008).

⑤ 보호기관

법무부의 범죄예방정책국에서는 보호기관으로 준법지원센터(보호관찰소), 소년원, 소년분류심사원, 청소년꿈키움센터, 국립법무병원을 관장하고 있다.

준법지원센터(보호관찰소)에서는 보호처분을 받은 비행 청소년과 집행유예 기간 중인 성인형사범의 보호관찰을 담당한다. 소년원은 소년원 수용처분을 받은 청소년을 수용하여 직업훈련과 학과교육을 중심으로 운영하고 있다. 소년분류심사원은 법원의 결정으로 위탁된 청소년을 보호 · 수용하면서 의학, 심리학, 교육학, 사회복지학 등 전문적 지식과 기술에 근거하여 보호소년의 신체적 · 심리적 · 환경적 측면을 조사하여 판정한다. 국립법무병원은 1987년 치료감호소 직제 공포 후(대통령령 12232) 500병상으로 공주에 처음 설치되었고, 2005년 새로 제정된「치료감호 등에 관한 법률」에 따라 정신질환으로 인한 범죄에 대해 치료감호 처분을 받은 자들을 수용하여 이들의 치료에 주력하는 기관이다. '꿈키움센터'는 법무부 소속 청소년 비행 예방 기능을 담당하는 국가기관으로 전국에 18개소가 운영 중이다. 이 기관은 법원 소년부 및 검사가 의뢰한 비행 청소년에 대한 처분자료와 지도지침을 제공하고 일반학교 부적응학생 및 우범소년 등 위기 청소년의 대안교육과 적성검사, 심성순화 · 인성교육 프로그램 등을 제공한다.

⑥ 민간기관

한국법무보호복지공단은 갱생보호공단이 2009년 명칭을 변경한 기관이다. 교육과 직업훈련을 주로 하여 출소한 범죄인이나 청소년들의 사회복귀를 돕는 곳이다. 법원위탁시설은 아동보호치료시설과 소년보호시설로 구분되어 운영 중이다. 가출청소년쉼터는 사회복지사가 시설운영에 대거 참여하고 있으며, 가출 청소년들이 비행으로 빠지지 않고 가정과 사회에 복귀할 수 있도록 돕는다. 한국소년보호협회는 비행 청소년 선도에 참여해 왔던 중소기업인들이 주도한 민간단체로 청소년 비행 예방 활동을 하고 있다.

312   제12장 교정복지와 군 사회복지

(2) 교정 관련 주요 제도

교정복지의 대상인 범죄인이나 비행 청소년은 수사에서 구금 및 지역사회 복귀과정에서 여러 교정제도를 경험한다. 교정 관련 제도에는 갱생보호, 소년보호처분, 법률구조, 선도조건부 기소유예, 소년자원보호, 치료감호, 보호관찰, 범죄 피해자 보호, 가정보호처분 등이 있다(최옥채, 2010).

① 갱생보호

범죄인과 비행 청소년들이 수용시설에서 나와 재범에 빠지지 않도록 선도하고, 이들이 자립하여 사회인으로 복귀할 수 있도록 지원하는 국가적 사업이다. 이 제도는 중간 처우시설의 성격을 띤 지역사회 중심 프로그램으로 숙식제공, 직업훈련, 취업알선, 자립지도 등의 서비스를 제공한다.

② 소년보호처분

「소년법」에 따르면 소년부 판사는 20세 미만의 소년사건에 대해 심리(보호처분 사건은 '재판'이란 용어 대신 '심리'라고 함) 결과, 보호처분이 필요하다고 인정한 때는 10가지 처분 중 하나를 내릴 수 있다. 즉, 보호자를 대신할 수 있는 자에게 소년의 감호를 위탁하는 1호 처분, 보호관찰 실무자로부터 수강명령을 받게 하는 2호 처분, 보호관찰 실무자로부터 사회봉사명령을 받게 하는 3호 처분 등을 예로 들 수 있다.

③ 법률구조

경제적으로 어렵거나 법에 관한 지식이 부족하여 법의 보호를 충분히 받지 못하는 사람들에게 법률상담, 변호사에 의한 소송 대리, 기타 법률 사무 따위의 서비스를 제공하는 제도로 대한법률구조공단이 전국에 설치되어 이를 지원하고 있다.

④ 선도조건부 기소유예

청소년의 비행이 가볍고 이들의 가정환경이 안정된 경우, 검찰이 위촉한 범죄예방자원봉사위원협의회 내 상담지도분과 위원의 지도를 받도록 검사가 처분하는 사회 내 처우이다. 선도유예 절차는 대상자 선정, 범죄예방자원봉사위원 선정, 선도보호위탁, 사후관리 등으로 구분할 수 있다.

⑤ 소년자원보호

「소년법」에 의거한 1호 처분을 받은 청소년 중 보호자가 없거나, 있어도 그 역할이 미흡할 때 사회적으로 덕망 있고, 청소년들에게 관심과 애정을 가진 자원봉사자를 지정하여 1차에 한해 6개월 동안 상담ㆍ지도ㆍ보호하도록 하고 있다.

⑥ 치료감호

책임능력이 없거나 부족한 범죄인에게 형벌 위주의 처우보다 치료에 중점을 두고 감호하는 제도이다. 심신이 허약한 자가 죄를 범하였을 경우, 경찰이나 검찰의 조사 과정에서 검사는 감호요건에 해당되는지 파악한다. 즉, 정신감정을 해당 기관에 의뢰하여 피의자의 전과, 감호 경력, 상습성, 재범의 위험, 심신장애의 정도, 마약류 사용 정도 등을 조사한다. 치료감호는 검사의 청구에 따라 관할 법원에서 판결하며, 선고를 받은 자는 치료감호소(국립법무병원)에 수용되어 정신장애나 중독을 집중적으로 치료받는다. 치료감호라는 특성을 고려하여 정신건강사회복지사의 전문 활동이 강조된다.

⑦ 보호관찰

보호관찰에는 보호관찰(probation)과 가석방(parole)의 두 가지 유형이 있다. 형의 유예제도와 결부하여 적용되는 보호관찰은 보호관찰부 선고유예나 집행유예를 포함하는 것이고, 가석방은 보호기관이나 교정기관에 수용된 자가 가퇴원이나 가석방 및 가출소로 사회에 복귀할 때 일정 기간 실시하는 보호관찰을 말한다.

보호관찰의 주요 내용은 보호관찰 실시, 사회봉사 명령과 수강 명령 집행, 갱생보호 실시, 검찰의 선도유예자에 대한 선도 실시, 범죄예방위원 교육훈련, 업무지도, 범죄 예방활동, 기타 법령에 의하여 규정된 사항으로 판결 전 조사, 환경조사, 환경 개선활동 등이다. 보호관찰제도는 처음부터 개별사회사업과 결부하여 발전하였고, 관찰 대상자를 지역사회 안에 두고 개입하기 때문에, 지역사회 중심 프로그램이 많다. 따라서 이 제도를 통한 교정사회복지사의 많은 역할 수행이 요구되고 있다.

⑧ 범죄 피해자 보호

범죄 피해자를 돕기 위해 우리나라는 1987년 「범죄피해자 구조법」을 제정하였고, 2005년에는 「범죄피해자 보호법」을 제정하여 자격 요건을 갖춘 범죄 피해자에게 국가적 보상과 지원을 구체화하였다. 범죄 행위로 인해 사망한 자의 유족이나 심한 장해를 당한 피해자, 노인학대, 성폭력, 가정폭력 등의 피해자들에 대해 손해배상이나 생활보호 등의 형태로 지원을 하고 있다.

⑨ 가정보호처분

1997년 제정된 「가정폭력범죄의 처벌 등에 관한 특례법」에 따라 가정폭력 가해자에 대하여 가정법원의 조사와 심리를 거쳐, 환경을 조정하고 폭력행위의 교정을 위한 가정보호처분을 시행하고 있다. 또한 「가정폭력방지 및 피해자보호 등에 관한 법률」을 두어 가정폭력을 예방하고 가정폭력의 피해자를 보호·지원하고 있다.

3) 사회복지사의 역할

교정복지 실천현장에서 사회복지사가 범죄인과 비행 청소년을 대상으로 해야 할 역할을 몇 가지로 정리하면 다음과 같다(최옥채, 2010: 81-89).

- 범죄인과 비행 청소년이 수용시설이나 지역사회에서 적응할 수 있도록 돕는다.
- 범죄인의 특성과 문제가 날로 다양해지면서 알코올, 약물 및 마약, 각종 질병 등에 대한 전문적 지식을 갖추고 대처할 수 있어야 한다.
- 비행이나 범죄의 예방활동을 적극 수행해야 한다.
- 범죄인과 비행 청소년은 가족과의 갈등이 있는 경우가 많다. 따라서 가족갈등을 중재하고 범죄가족이라는 낙인으로 인한 문제의 해결, 가족들 간의 유대관계 증진, 사후관리 등의 서비스를 제공해야 한다.
- 보호관찰제도가 효과적으로 운용되도록 보호관찰소, 사회복지기관 등과의 협력적 관계를 바탕으로 다양하고 전문적인 프로그램을 제공해야 한다.
- 지역사회를 통한 자원봉사 인력을 활용하여 다양한 교육과 활동을 제공함으로써 범죄인이나 비행 청소년이 사회에 적응할 수 있도록 도와야 한다.

4) 과제

(1) 교정복지의 제도화

범죄인과 비행 청소년을 대상으로 심리사회적 복지서비스를 제공하고 환경을 조정하는 등의 통합적 접근을 하기 위해 사회복지학 전공자의 교정시설 근무 여건을 제도적으로 마련하여야 한다. 현재의 상황을 고려하면, 법무부의 교정직, 소년보호직, 보호관찰직 공무원과 협력하면서 사회복지학 전공자를 투입할 수 있으며, 이들 공무원에게 사회복지학 교육의 기회를 부여하여 활동하도록 할 수 있다.

(2) 회복적 교정복지 프로그램 활성화

피해자와 가해자, 지역사회의 입장을 모두 고려한 회복적 교정복지 프로그램이 활성화될 필요가 있다. 예를 들어, 피해자-가해자 중재프로그램(victim-offender mediaton), 가족집단대화(family group conferencing), 서클(circles or sentencing circles) 등의 프로그램이 있다. 이들 프로그램은 모두 면대면의 직접적 만남이 이루어지는 것이 특징이다. 범죄가 발생된 전후 맥락과 그 후에 갖게 된 여러 가지 부정적인 체험을 비롯하여 감정에 대한 교류가 있게 되며 범죄사건이 각자에게 어떤 영향을 미쳤는지, 프로그램이 진행되면서 문제해결을 위한 대화를 계속하게 된다. 이와 같은 과정을 통하여 범죄 관련 당사자들 사이에 깨어진 관계가 재형성됨으로써 진정한 문제해결과 사회통합이 가능하다고 할 수 있다(배임호, 2007).

(3) 교정복지 교육 및 전문 프로그램 개발

사회복지학 교과과정에 교정복지론을 적극 포함하여 교육하고 사회복지 실천현장에서도 교정기관과 연계한 다양한 교정복지 사업과 프로그램을 확대하여 실시할 필요가 있다. 또한 범죄인과 비행 청소년, 그리고 피해자의 치유와 회복, 사회적응을 위해 연구자들과 전문가를 중심으로 전문적인 기술과 프로그램을 적극 개발해야 한다.

2. 군 사회복지

최근 군 내에서 총기 관련 사고, 지휘관의 부하 사병에 대한 성추행, 자살 등의 사건과 사고가 증가하면서 군인들과 사상자, 군인 유가족 등의 인권과 복지에 대한 관심이 높아지고 있다. 사회복지 영역에서는 군 사회복지 분야를 적극적으로 개척하고 관여해 나가기 위해 2006년 한국군사회복지학회(Korean academy of military social welfare)를 발족하여 학문적·실천적 활동을 전개하고 있으며, 이후 한국군사회복지협의회(Korea national soldier council on social welfare)가 설립되어 다양한 실천활동을 하고 있다. 이 장에서는 군 사회복지(military social work)의 개념과 등장배경을 살펴보고 정책의 변천과 인력, 역할 등을 중심으로 군 사회복지의 전반적인 내용을 살펴보고자 한다.

1) 개요

조흥식(2007)은 군 사회복지를 "군인과 그 가족이 지닌 기본적인 욕구를 충족시키기 위한 사회복지적 노력의 일환이라고 정의하였다. 또한 군인의 사회적 기능(social functioning: 대인관계 기능, 사회적 역할 수행 기능, 직업 역할 수행 기능 등을 포함하는 사회적 영역의 포괄적 기능)의 활성화, 개인적인 문제 예방과 해결, 생활의 질적 향상 등에 직접적으로 관심을 갖는 국가의 사회복지 서비스와 정책이다."라고 정의하였다. 이는 군 사회복지에 대한 포괄적인 정의로서 프로그램과 제도, 정책 등을 모두 포함하는 개념이라고 할 수 있다.

이재완과 류흥위(2006)는 "군 조직 내에 소속된 구성원 및 군인가족 개개인과 군 병영문화를 비롯한 군 조직 자체에 적응하지 못하는 문제를 해결하기 위하여 군의 각 제대별 조직과 장병 개개인 간 양자의 변화를 시도하여 부적응에 대한 해결방법을 추구하고자 하는 군 내·외적인 조직적이고 사회적인 활동"이라고 군 사회복지를 정의하고 있다. 이는 사회복지의 미시적 개념에 따라 부적응 문제의 해결에 초점을 맞춘 실천적 개념이다. 이상의 개념을 종합하면, 군 사회복지는 군인과 가족의 심리사회적 문제를 예방·해결하고 삶의 질을 향상하도록 군 사회복지 전문가에 의해 행해지는 전문적 서비스와 일련의 정책이라고 정의할 수 있다.

2) 정책과 서비스 현황

류홍위(2007)는 군 사회복지정책의 변천 과정을 〈표 12-2〉와 같이 태동기, 형성기, 성장기, 발전기, 재편 및 비전기 등의 5단계로 나누어 소개하고 있다. 태동기는 한국군의 창설과 한국전쟁을 전후로 한 시기이며, 군인들의 최소한의 의식주와 생계를 해결하는 수준에 머물렀다. 전후에는 전사자와 사상자에 대한 원호와 복지를 확대하기 시작했고 군 복지 정책이 입법화되기 시작한 시기이다. 형성기는 제도적 측면의 군 사회복지 기초가 마련되기 시작한 시기이다. 군인자녀의 교육을 지원하고 의료보험과 면세제도 등을 시행하였다. 성장기는 군 종합복지정책이 마련되기 시작한 시기이다. 관사 건설이 본격화되고 「원호기금법」이 제정되었으며, 군인공제회가 설립되어 후생복지사업도 벌이게 되었다. 발전기에는 중·장기 종합복지정책이 수립되어, 「군인연금법」 개정, 부사관 복지개선대책 수립, 내집 마련 5개년 계획 수립, 군 의료보험 가입 추진 등의 종합적 복지대책들이 마련되기 시작하였다. 마지막으로 재편 및 비전기는 인권에 대한 중요성이 강조되고 복지수준을 향상하기 위한 노력들이 가시화되는 시기이다. 이에 따라 「군인의 지위 및 복무에 관한 기본법」이 제정되고 병영생활 전문상담관 제도를 통하여 군인들의 심리사회적 지원을 하고 있다.

우리나라의 군 사회복지 관련 인력은 현역으로 근무하는 인사 및 복지담당 장교, 군종장교와 의료사회복지전문특기(1481), 상담부특기(789)를 보유한 장교 등이 해당 업무를 수행하고 있다. 민간출신 군 복지전문가는 육군과 해병대에서 2005년부터 시범운영하였던 군 기본권 상담관이 있다(류홍위, 2007).

현재는 병영생활 전문상담관 제도가 도입되어 실시 중으로 이 제도는 2005년 기본권 전문상담관이라는 이름으로 처음 도입되어 군인들의 기본권과 관련된 업무를 수행하다가, 2008년 말에 병영생활 전문상담관으로 바뀌면서 군인들에 대한 심리적 지원 업무를 수행하고 있다. 이 제도를 통한 상담관의 선발은 국방부의 「병영생활 전문상담관 운영에 관한 훈령」(훈령 제1818호, 2015. 7. 19.)에 따라 이루어진다. 병영생활 전문상담관은 사회복지사, 정신건강사회복지사, 임상심리전문가, 청소년상담사 등의 자격을 갖춘 자들이 민간 상담경력을 갖춘 후 지원하도록 되어 있다. 〈표 12-3〉

은 국방부에서 2023년 병영생활 전문상담관 채용을 공고한 내용 중 지원 자격요건을 나타낸 것이다. 이를 보면 사회복지 전공자는 학사학위를 소지하고 3년 이상 상담업무 경력을 갖추면 지원이 가능하다.

표 12-2 군 사회복지정책의 변천 과정

구분	기간	내용
태동기	1946~1953	• 전후 전상자 및 전역자의 사회보장책 전무 • 계급별 단일 정액제
	1954~1969	• 복지대책 입법화 「군사원호법」('61), 「군 인사법」('62), 「군인연금법」('63) • 계급별 호봉제('62) • 수당 신설: 가족수당('64)
형성기	1970년대	• 군인자녀 교육법('72) • 복지혜택의 확대(가족의료보험 적용, 면세품 구매, 휴양소 건립 등) • 군 매점의 공영화로 자체복지사업 추진 • 수당 신설: 상여수당('74), 조정수당('79), 정근수당('79)
성장기	1980년대	• 부분적 복지계획 수립(관사 건립 5개년 계획, 군인공제회 설립) • 수당 신설: 장기근속수당('80), 정보비('83), 주택수당('83), 복리후생비('87), 체력단련비('89), 직무수당('89)
발전기	1990~2000년대 초반	• 중ㆍ장기 종합복지정책 수립(「군인연금법」 개정, 부사관 복지개선 대책 수립, 내집마련 5개년 계획 수립, 군의료보험 가입 추진) • 수당 신설: 시간외 근무수당('90), 연가보상비('90) • '97 제대군인지원 관련 법률 제정
재편 및 비전기	2000년대 중반~	• 사병복지/인권개선 연구 및 계획('06~) • 부대별 병영문화 개선 노력('06~) • 육군, 해병대 군기본권상담관 시범운용('06~) • 군복지기본법 제정('07) • 병영생활 전문상담관 운용('08~)

출처: 류홍위(2007) 일부 수정하여 인용.

표 12–3 병영생활 전문상담관 지원 자격요건

구분	군 경력자	민간 경력자
학력 · 경력	• 10년 이상 군 경력자 중 옆의 요건 중 하나를 충족 • 심리상담 또는 사회복지 분야와 관련된 학사 이상 학위를 소지한 사람	아래 요건 중 하나를 충족 • 5년 이상의 상담 경험이 있는 사람 • 심리상담 또는 사회복지 분야와 관련된 학사학위 소지자로서 3년 이상의 상담 경험이 있는 사람 • 심리상담 또는 사회복지 분야와 관련된 석사 이상의 학위소지자로서 2년 이상의 상담 경험이 있는 사람
자격요건	• 심리상담 또는 사회복지 분야와 관련된 자격증을 소지한 사람	아래 자격 중 하나를 충족 • 국가자격증(사회복지사, 정신건강사회복지사, 정신건강임상심리사, 임상심리사, 직업상담사, 전문상담교사, 청소년상담사) • 민간자격증(임상심리전문가, 상담심리사 1, 2급, 수련감독전문상담사, 전문상담사 1, 2급, 군상담 수련전문가, 군상담심리사 1, 2, 3급, 한상담수련전문가, 한상담전문가 1, 2급, 가족상담전문가 1, 2급, 사티어가족상담전문가 지도감독, 사티어가족상담전문가 1급)
업무내용		
근무조건		

업무내용:
• 상담활동을 통한 복무부적응 장병 식별 · 관리 및 지휘보좌
• 사고우려자 및 복무부적응 장병 등에 대한 현장위주 전문 심리상담 및 관리
• 장병 기본권 제한사항 식별 및 시정을 위한 지휘조언
• 심리검사 시행, 간부 및 상담병 대상 상담능력 향상 교육
• 장병 · 군인가족에 대한 사회복지 관련 상담 등
• 전화 및 사이버 상담지원(국방헬프콜)
• 군범죄, 성범죄와 관련된 상담 및 신고 접수(국방헬프콜)
• 기타 운영 부대장 등이 부여한 업무

근무조건:
• 신분: 기간제근로자
• 계약기간: 2년(계약기간 종료 후 필요시 계속 근무기간이 5년을 넘지 아니하는 범위에서 1년 단위로 연장 가능)

출처: 2023년 국방부 홈페이지 채용공지에서 인용.

3) 사회복지사의 역할

데일리(Daley, 2003)는 군 사회복지사들의 역할로 다음과 같은 내용을 언급하였다.

- 군 사회복지를 통하여 군인들의 전투능력을 향상시키고 전투 이후의 회복을 돕는다.
- 군대 내에서 군 구성원의 복지를 극대화하고 심리사회적 손상을 최소화하는 정책과 절차들을 개발하고 이에 대한 자문을 한다.
- 가정폭력, 물질남용, 정신질환, 신체질환으로 인한 부적응 문제 등과 같은 심리사회적 위험으로 인한 손상을 줄이는 프로그램을 실시한다.
- 군 내에서 사회서비스의 기능을 향상시키는 관점을 가지고 이에 대한 개입이 가능하도록 한다.
- 최고의 전문성을 확보하여 군 사회복지서비스를 전달한다(박미은, 2005: 396에서 재인용).

앞과 같은 군 사회복지사의 역할 수행으로 인한 효과를 나타내기 위해서는 구체적인 서비스와 프로그램 내용이 있어야 한다. 〈표 12-4〉에서 보는 바와 같이, 박미은(2005)은 사병에 대한 개입과 직업군인 및 가족에 대한 개입, 그리고 군 조직 및 군 복지정책에 대한 개입 등에 대한 구체적인 활동과 프로그램을 제시하고 있다. 사병에 대한 개입은 개인상담과 집단상담, 사례관리 형식으로 제공되며, 의료 및 정신건강 문제, 적응이나 대인관계의 어려움 등의 내용을 다루게 된다.

직업군인 및 가족에 대한 개입은 개인상담과 사례관리뿐만 아니라, 가족에 대한 개입을 포함한다. 개인 프로그램에서는 군 생활 문제나 진로, 의료 및 정신건강 문제, 스트레스 관리, 알코올 및 약물 문제 등을 다룬다. 직업군인의 가족에 대한 개입은 가족 문제의 상담과 지원, 자녀 문제 상담과 부모교육 등의 프로그램으로 진행되고 필요한 자원을 연결하는 지역사회 차원의 개입도 제공된다.

표 12-4 군 사회복지사의 역할

개입 대상	주요 업무	활동/프로그램
사병에 대한 개입	• 위기개입 • 개인상담 • 사례관리 • 집단상담	• 성격검사 • 정신건강 상담 및 치료 • 전투 스트레스 관리 및 상담 • 의료문제 상담 및 퇴원계획 • 알코올 및 약물상담 • 군 생활 부적응 상담 • 가족 문제 및 대인관계 갈등 상담
직업군인 및 가족에 대한 개입	• 위기개입 • 개인상담 • 사례관리 • 집단상담 • 부부상담 • 가족상담 • 가정방문	• 군 생활 문제 상담 • 진로 상담 • 정신건강 상담 및 치료 • 전투 스트레스 관리 및 상담 • 알코올 및 약물 상담 • 의료문제 상담 및 퇴원계획 • 가족갈등 및 가정폭력 문제 상담 • 가족강화 및 가족지원 서비스 제공 • 자녀 발달상담 및 특수아동 상담 • 자녀교육 및 부모교육 • 지역사회 자원 연결
군 조직 및 군 복지정책에 대한 개입	• 군 복지정책 제안 • 군 구성원 옹호 • 자원 개발	• 군 복지정책 자문 및 건의 • 군인 및 가족의 권리 옹호 • 복지기금 마련 및 자원 발굴

* 참고: 미국의 경우 군사회복지사(장교 또는 민간인)는 군대 내 정신건강센터, 가족옹호기관(Family Advocacy), 알코올 및 약물치료 기관, 의료기관(병원) 내 행동건강센터, 교정기관, 그리고 전투 시 야전에서 대부분 팀 (정신건강의학과 의사, 심리사, 간호사, 군목, 기타 의료진 등)의 일원으로 활동하고 있다.

출처: 이 자료는 박미은(2005)이 데일리(1999, 2003), 녹스와 프라이스(Knox & Price, 1995), 사회복지대백과 사전(1998), 미 육군 규정(AR 40-68, 608-1, 608-18), 미국 국방부 홈페이지 등을 참조하여 작성한 자료 를 인용한 것임.

마지막으로 군 조직 및 군 복지정책에 대한 개입으로는 군 복지정책을 변화시키고 발전을 유도하기 위한 자문을 제공하거나 건의를 하는 등의 개입과 군인 및 가족의 권리증진을 위한 옹호활동을 제공하는 서비스를 제공한다. 또한 복지기금 마련을 위 한 활동과 필요한 자원 발굴 등을 통해 군 사회복지의 양적 확대를 위한 역할을 수행 할 수 있다.

4) 과제

군 사회복지가 아직 제도적으로 정착하지 못하고 있는 상황에서 가장 중요한 과제는 군 사회복지의 제도화를 위해 군 복지(기본)법과 같은 법 제정이 반드시 필요하다는 것이다. 이러한 관련 법이 제정되면 이를 통해 군 사회복지를 총괄하게 되며, 군 사회복지전문직에 대한 명문화된 규정을 통하여 군 사회복지의 제도적 기틀을 마련할 수 있을 것이다.

또한 사회복지 분야에서도 군 사회복지 제도화와 전문화를 위한 학문적·행정적·실천적 노력을 기울여야 한다. 이를 위해 군, 사회복지 관련 학회와 협회, 대학의 사회복지학과 등이 힘을 모아야 하며, 군 사회복지 교과목 개설과 전문가 훈련, 군과의 유기적인 연계를 통한 전문적 서비스 교류 및 전파, 제도화를 위한 학회나 공청회 개최, 입법 추진활동 등의 노력을 해 나가야 할 것이다.

3. 현장 사례

정규는 현재 고등학교 1학년 남학생이다. 초등학교 5학년 때 부모님이 이혼하고 할머니와 함께 살고 있다. 중학교 3학년 때부터 한두 번 결석이 이어져 고등학교 입학 이후에는 학교를 거의 나가지 않아 퇴학 처리되었다. 그동안 세 차례 가출을 해서 몇 달 동안 집에 들어오지 않았으며 이때 만난 친구들과 그룹을 만들어 절도나 폭행을 반복하였다. 며칠 전 야간에 마트를 침입하여 절도를 하다가 경찰에 체포되었으며 「소년법」에 따라 보호관찰과 수강명령처분을 받았다. 수강명령처분에 따라 지역의 청소년 교정 전문 사회복지사가 정규를 담당하게 되었다.

사회복지사는 이후 6개월 동안 수강명령처분을 이행하면서 꿈키움센터, 청소년수련관 등과 연계한 상담과 교육 프로그램을 제공하였다. 우선, 대안교육으로 다양한 문화예술교육과 작업치료, 미술치료 등의 프로그램을 진행하였다. 또한 가족 관계를 회복하고 유대관계를 강화하기 위해서 정규와 할머니, 아버지가 함께하는 힐링캠프를 진행하였다. 지역사회복지관과 주민복지센터와 연계한 서비스도 지속적으로 제공하였다. 지역사회복지관에서는 청소년 사례관리 담당 사회복지사가 정규와 가족의 심리적·사회적·경제적 욕구를 파악하여 사례관리 서비스를 제공하기로 하였고 주민복지센터에서는 차상위계층에게 한시적으로 제공하는 생활비와 현물급여를 지원하였다. 복지관에서는 정규가 학업을 계속

할 수 있도록 복지관 내 청소년 사업 중 하나인 희망 꿈 학교(검정고시 준비반)에 입학기회를 부여하였다. 현재 정규는 검정고시를 위해 열심히 공부하고 있으며, 자신과 비슷한 처지에 있는 청소년들을 상담하고 도울 수 있는 청소년복지 전문가가 되기 위해 노력하고 있다.

연구문제

1. 교정복지실천의 주요 현장과 교정복지사의 역할을 설명하시오.
2. 교정 관련 제도와 보완점에 대해 설명하시오.
3. 우리나라 군대 내의 문제점과 군 사회복지의 필요성에 대해 토론해 보시오.
4. 병영생활 전문상담관이 군 내에서 어떠한 역할을 수행하고 있는지 조사하여 설명하시오.

전공어휘

- **가석방(parole)** 형의 집행을 받는 도중에 행형 실적(형을 받는 상태)이 우수하여 형기 종료 이전에 석방되어 잔여 형기를 보호관찰 상태에서 채우는 것을 말한다.
- **가족집단대화(family group conferencing)** 청소년 가해자들을 정식재판에 보내는 대신 촉진자의 도움 아래 피해자와 가해자, 그들의 가족들은 물론이고 경찰, 지역주민, 정부 관련자들이 참여하여 피해자가 감정을 표출하고 가해자가 정상적 생활로 돌아오도록 돕는 대화 모임이다.
- **교정(correction)** 비행 청소년이나 범죄인이 수사와 재판을 거쳐 형을 집행받고 있거나 사법기관의 처분에 따라 수용 또는 부과된 처벌을 받는 것이며, 교정복지를 지칭하기도 한다.
- **교정복지(correctional social work)** 교정사회사업으로 비행 청소년과 범죄인의 재활을 돕고 비행과 범죄를 예방하는 데 중점을 둔 사회복지실천을 말한다.

- 군 사회복지(military social work) 군인과 가족의 심리사회적 문제를 예방·해결하고 삶의 질을 향상하도록 군 사회복지 전문가에 의해 행해지는 전문적 서비스와 일련의 정책을 수행하는 사회복지의 한 분야이다.
- 범죄(crime) 법률을 어긴 것이다. 범죄를 행하였으나 사법기관에 포착되지 않으면 처벌받지 않기도 한다.
- 범죄인(criminal) 법률을 어긴 사람이다. 공식적으로는 사법기관에 포착되어 처벌을 받은 사람을 말한다.
- 병영생활 전문상담관 우리나라 국방부 훈령에 따라 군인들의 심리상담과 적응을 전문적으로 돕는 군대 내 전문 직종이다.
- 보호관찰(probation) 범죄를 행하였으나 시설에 수용하지 않고 형의 집행을 유예하거나 근신하도록 하는 사회 내 처우이다. 준수 사항을 어길 경우 수용되거나 형의 집행을 받을 수 있다.
- 서클(circles or sentencing circles) 피해자, 가해자, 가족, 지역사회 공동체의 구성원 등에게 양형과 치유과정에 참여할 수 있는 기회와 권한을 부여하는 것을 목적으로 하며 양형 서클(sentencing circle)과 치유 서클(healing circle)로 구분된다.
- 재활(rehabilitation) 훼손 상태를 회복하는 것으로, 교정복지에서는 수용 등 처벌이나 처분을 받은 후에 다시 이전과 같이 사회에 정상적으로 적응하거나 생활하는 것을 의미한다.
- 청소년 비행(juvenile delinquency) 청소년이 지켜야 할 규범을 어긴 행동이다. 심각한 법률을 위반한 범죄부터 가벼운 지위비행(청소년의 지위에 맞지 않는 행동을 하는 것)까지 다양한 유형이 있다.
- 피해자-가해자 중재프로그램(victim-offender mediation) 한 명 이상의 중재자가 피해자와 가해자의 의사교환이나 상호작용을 도움으로써 중재를 하는 프로그램을 말한다.

참고문헌

류홍위(2006). 한국과 미국의 군사회복지 환경과 군사회복지사의 역할과 기능. 한국군사회복지학회 창립행사 및 포럼 자료집, pp. 51-66.

류홍위(2007). 한국의 군사회복지정책 개선방안에 관한 연구. 공주대학교 대학원 박사학위논문.

박미은(2005). 우리나라 군사회복지의 필요성과 제도화 방향. 2005년 한국사회복지학회 추계
　　공동학술대회 자료집, pp. 393-399.

배임호(2007). 회복적 사법정의의 배경, 발전과정, 주요 프로그램 그리고 선진 교정복지. 교정
　　연구, 37, pp. 137-169.

이재완, 류홍위(2006). 한국의 군사회복지 발전방안에 관한 연구. **사회복지정책**, 27, pp. 253-
　　280.

이혁승(2008). 미국과 한국의 민간 교정복지서비스 비교 연구: 비영리 신앙기반 교정복지프
　　로그램을 중심으로. **극동사회복지저널**, 4, pp. 137-165.

임상록, 김성신(2007). 청소년 교정복지 증진을 위한 사회교육 방안. **청소년학연구**, 14(1), pp.
　　71-100.

조흥식(2006). 한국 군사회복지학회의 창립과 전망. **월간 복지동향**, 97, pp. 46-48.

조흥식(2007). **군사회복지의 현황과 개혁과제**. 서울: 나눔의집.

최옥채(2010). **교정복지론**. 서울: 학지사.

홍봉선(2007a). **교정복지론**. 경기: 공동체.

홍봉선(2007b). 교정복지 구현의 사회적 의의와 정책적 과제. **교정연구**, 36. pp. 119-147.

국방부 홈페이지 http://www.mnd.go.kr

소망교도소 홈페이지 http://www.somangcorrection.org

제**13**장

사회적 경제와 사회복지

1. 개요

1) 유럽의 사회적 경제와 사회적 기업의 개념 및 특성

제3섹터는 1970년대 중반 이래 북미와 서유럽에서 공공서비스의 대안적 공급자로
서의 역할로 주목을 받은 개념으로, 정부도 아니고 이윤을 추구하는 기업도 아닌 국
가와 시장 사이에 놓여 있는 매우 다양한 조직을 지칭한다. 여기서 국가는 제1섹터로
서 정부와 공기업이 주체가 되는 공공부문을 의미하고, 시장은 제2섹터로서 민간기
업이 주체가 되는 영리부문을, 제3섹터는 시민사회가 주체가 되는 민간비영리부문을
가리킨다.

김정원(2009)은 국가별로 다양하게 존재하는 제3섹터가 갖고 있는 공통적인 네 가
지 특징을 제시하였다.

- 제3섹터는 정부나 기업이 아닌 다른 영역이지만 이들과 완전히 분리된 것이 아
  니라 이들로부터 다양한 영향을 받는다.
- 제3섹터는 개방적이고 다원적인 성격을 갖고 있어 단일한 실체로 생각하기 어려

우며, 각국의 역사적 경험과 사회경제적 상황에 따라 다양한 모습을 지닌다.

- 제3섹터는 그 이전부터 존재했지만, 사회적으로 두드러지기 시작한 것은 바로 1970년대 유가파동(oil shock) 이후 복지에 대한 책임주체로서 국가의 역할에 변화가 오기 시작하면서부터이다. 이처럼 국가의 역할에 변화가 오면서 제3섹터로 칭해지는 영역의 조직들이 일자리 창출에 나선다든지, 사회서비스를 제공하는 활동을 하면서 경제·복지 영역에서의 참여를 확대하기 시작한 것이다.
- 제3섹터의 조직들은 자원봉사와 같은 자발적 참여를 강조하고 그 활동을 통해 경제·복지 영역에서 시민사회의 활동을 확대해 나간다.

이러한 제3섹터는 유럽에서 사회적 경제(social economy)의 모습으로 나타났다. 폴라니(Polanyi, 1944)는 역사적으로 인간들의 상호작용으로 이루어지는 실체적 경제(substantive economy)는 국가, 시장, 공동체의 영역에서 각각 재분배(redistribution), 시장교환(market), 호혜(reciprocity)라는 세 가지 경제원리가 혼합된 다원적 경제의 모습을 띤다고 하였다. 국가(공공경제)는 조세 및 복지정책을 통해 재분배를 하며, 시장(시장경제)은 이윤 추구를 위해 화폐를 매개로 재화와 서비스를 사고파는 거래를 하고, 공동체에서는 사람과 사람 사이에 재화와 서비스를 화폐 거래 없이 무상으로 주고받는 상호적 관계를 통해 신뢰를 쌓고 연대를 강화한다는 것이다. 여기서 재화와 서비스의 순환이 호혜의 원리, 신뢰와 협동의 원리에 의해 작동되는 공동체 영역이 바로 사회적 경제이다. 한국 사회에서의 품앗이, 계, 두레 등의 활동이 여기에 해당된다(김기섭, 2013에서 재인용).

사회적 경제를 중심으로 시민사회의 역동성과 기업가적 전략에 기반을 두고 실업, 사회서비스 등 사회문제를 해결하고자 하는 일련의 새로운 활동을 수행하는 조직을 사회적 기업(social enterprise)이라고 한다. 즉, 사회적 기업은 사회적 목적 및 가치를 추구하는 조직으로 취약계층을 위해 일자리를 제공하기도 하고, 지역사회에 공공서비스를 공급하기도 하며, 낙후된 지역사회의 재생 역할을 수행하는 기업이다(Defourny & Nyssens, 2006). 유럽에서는 사회적 기업이 협동조합(co-operatives), 상호공제조합(mutual society), 민간단체(association), 지역사회기업(community business), 개발트러스트(development trust) 등 국가마다 다양한 모습으로 존재한다.

사회적 기업은 사회문제의 해결을 목적으로 하는 사회성과 사회성을 달성하기 위해 필요한 재원을 조달하는 경제성을 동시에 추구해야 하는 이중적 특성을 갖고 있다. 유럽의 사회적 기업 연구자 네트워크인 EMES는 사회적 기업이 갖고 있는 사회성과 경제성의 기준을 다음과 같이 제시하였다(Defourny & Nyssens, 2006). 먼저, 사회성의 기준에서 살펴보면 다음과 같다.

- 지역사회 공헌이라는 명확한 목적이 있다.
- 시민들에 의해 집단적으로, 자발적으로 만들어진다.
- 자본 소유에 기반하지 않은 의사결정을 한다. 즉, 자본 소유자에 의해 조직 지배권이 유지되는 것이 아니라 1인 1표제 원칙에 의한 최종 의사결정을 한다.
- 이용자, 소비자, 이해당사자가 의사결정에 영향을 미치며, 경영에 참여한다.
- 이윤분배를 제한한다. 사회적 기업에는 전혀 이윤을 분배하지 않는 조직뿐만 아니라, 협동조합처럼 제한적인 이윤 분배를 하는 조직도 포함된다.

사회적 기업이 만족시켜야 하는 경제성의 기준은 다음과 같다.

- 재화와 서비스를 생산하고 판매하는 지속적인 활동을 한다.
- 국가와 민간기업으로부터 독립되어 높은 수준으로 경영의 자율성을 갖는다.
- 상당한 수준의 경제적 위험을 갖고 있으며, 조직의 생존능력은 적절한 자원을 동원하기 위한 구성원들의 노력에 달려 있다.
- 사회적 기업은 자원봉사, 기부 등의 자원만이 아니라 최소한의 유급노동의 결합에 의해 운영된다.

2) 유럽에서 사회적 경제의 등장배경

역사적으로 사회적 경제가 처음 등장하기 시작한 것은 18~19세기 무렵 서유럽에서 산업화가 시작되면서이다. 농경사회에서 토지에 기반을 둔 가족노동에 의존하며 마을 단위의 협력과 부조에 의해 보호받았던 노동자들은 산업화 이후 도시로 이동하여 자본가들과 개별적 계약을 맺고 자신의 노동력을 판매해야 했다. 마을 단위의 보호망을 잃은 개별 노동자들은 공동으로 점포를 열어 먹거리를 함께 구매하거나, 질병이나 실업 등에 대비해서 부금을 갹출해서 운영하는 등 조직적인 대처를 해 나갔다. 이러한 활동들이 소비조합이나 상호공제조합 등의 결성으로 나아가게 되면서 경쟁과 이윤을 중시하는 시장경제가 아닌, 호혜와 연대를 중시하는 사회적 경제가 새롭게 자리 잡게 되었다(장원봉, 2006).

19세기 후반까지 사회적 경제는 그 영향력을 확대해 나갔지만, 20세기 들어서면서 사회보험의 시스템으로 통합되거나, 시장경제와의 경쟁에서 뒤떨어지거나 또는 시장경제에 포섭되면서 그 영향력이 급격하게 위축되었다. 위축되었던 사회적 경제가 다시 주목을 받게 된 것은 1970년대 중반부터이다. 당시 두 차례의 유가파동에 의해 촉발된 경제위기와 실업의 확산은 유럽 복지국가들의 재정위기를 불러왔다. 이에 대하여 신자유주의적인 정책을 도입한 영국 보수당 정부를 시작으로 유럽 국가들은 시장에 대한 규제를 완화하고 복지지출을 대폭 줄이는 한편, 사회서비스 공급을 민영화시키는 방식으로 재정위기에 대처하였다.

최초의 협동조합: 로치데일 소비자협동조합

- 1840년 영국 로치데일에서 등장
- 배경: 불순물이 들어간 밀을 팔거나, 버터의 무게를 속여 판매하는 등의 상인들의 횡포로 인하여 빈곤노동자들이 어려움을 겪음
- 목적: 질 좋은 생필품을 저렴한 가격에 안정적으로 확보하고자 함
- 협동조합의 설립 및 운영 방안
  - 생필품이 필요한 노동자들이 돈(출자금)을 모아 작은 가게를 차리고 외상거래는 금지
  - 공장에서 직접 가져온 물건을 쌓아 놓고, 조합원에게만 약간의 이윤을 붙여 판매
  - 1년 동안 가게 운영 후, 운영비를 뺀 나머지 잉여금을 물건을 많이 산 이용실적에 비례해서 조합원들에게 배분(이용실적 배당)
  - 가게 운영을 위해 조합원들이 모여(총회) 모두가 동등한 투표권을 갖고, 가게 운영자 선출 (1인 1표)

이에 따라 유럽에서 기존의 다양한 사회적 경제조직들은 정부의 줄어든 복지지출로 인하여 발생한 복지공백을 메우고자, 고령화와 가족 구조의 변화로 인하여 새롭게

요구되는 서비스를 공급하는 한편, 노동시장에 진입하지 못한 취약계층에게 일자리를 제공하였다. 이러한 흐름은 21세기 진입 이후에도 여전히 계속되고 있는데, 글로벌 경제위기와 고용 없는 성장을 겪으면서 양극화, 실업, 사회적 배제, 비정규직과 근로빈곤 등의 사회문제에 대한 적극적인 대안으로 사회적 경제는 여전히 그 중요성을 잃지 않고 있다.

3) 미국 사회적 기업의 개념 및 등장배경

미국에서 제3섹터는 비영리부문(non-profit sector)의 모습으로 드러났다. 1990년 미국 존스홉킨스 대학교(Johns Hopkins University)의 연구결과에 따르면 비영리부문은 다음과 같은 특징을 가진 조직으로 구성된다. 어느 정도 제도화된 공식 조직이어야 하고, 국가 또는 국가의 행정조직에 의해 직접 운영되는 조직과는 별개의 민간 조직이어야 하며, 스스로의 규칙과 의사결정 기관을 가진 조직이어야 하고, 조직의 회원이나 이사, 소유자에게도 이윤을 분배할 수 없는 조직이어야 하고, 시간적으로(봉사자) 재정적으로(기부) 어느 정도 자발적인 공헌에 기초한 조직이어야 하며, 자유롭고 자발적인 회원 가입으로 설립되는 조직이어야 한다(Defourny& Nyssens, 2006). 미국의 비영리부문과 유럽의 사회적 경제와의 가장 큰 차이는 구성원에게 이윤을 분배하는 것이 가능한지의 여부이다.

미국에서 비영리부문의 다양한 조직은 공적인 사회서비스의 공급에서 중요한 역할을 수행한다. 중앙집권적인 강력한 정부를 반대하는 시민의식은 행정 기구의 지나친 확대를 꺼리는데, 이로 인해 정부는 사회서비스의 공급을 직접 수행하는 대신에 비영리 조직을 공급 파트너로 삼기 때문이다(김정원, 2009). 비영리 조직은 원칙적으로 이윤을 추구하지 않기 때문에 국세청으로부터 정부의 세금을 면제받는 자격을 갖는다. 미국에서는 국가주도의 사회복지가 취약한 상황에서 사회서비스 대행자로서의 비영리 조직의 역할이 중요하게 인식된다는 점, 기부활동이 활발하고 민간재단이 발달해 있다는 점, 자발적인 결사체가 다양하게 조직되어 활발하게 활동한다는 점이 다른 어느 국가보다도 미국에서 비영리 조직이 활발한 활동을 하는 배경이라고 볼 수 있다.

미국에서 사회적 기업의 팽창은 1980년 연방정부의 급격한 재정지원 축소에 따른 비영리 조직의 재원조달을 위한 상업적 활동과 깊은 관련이 있다. 1960년대 미국 정부는 'The Great Society Program'을 통해 빈곤, 교육, 건강케어서비스 분야 등의 비영리 조직에 수십억 달러를 투자하였다. 연방정부는 이 지원금의 많은 부분을 비영리 조직에게 지원하여 사업을 수행하였는데, 이것이 비영리 조직의 팽창을 초래하였다. 그러나 1980년대에는 1970년대 후반의 경제침체로 인하여 복지긴축과 연방정부 예산의 감소가 있었고 이로 인해 비영리 조직에 대한 대규모 예산삭감이 초래되었다. 비영리 조직들은 연방정부의 예산삭감으로 인한 서비스의 공백을 메우기 위하여 상업적 활동을 확대하면서 오늘날과 같은 사회적 기업의 모습을 띠기 시작하였다. 이러한 방식의 확대에 따라서 미국의 사회적 기업은 사회적 목적을 추구하면서 수행되는 다양한 상업적 활동이라는 포괄적 의미를 갖게 되었다(Kerlin, 2006). 대체로 유럽의 사회적 기업은 사회적 목적과 경제적 목적을 추구하는 '조직'을 의미하는 데 비해서 미국의 사회적 기업은 비영리 조직의 사회적 목적을 위한 수익창출 '활동'을 의미하는 경향이 강하다.

2. 정책과 서비스 현황

우리나라에서 사회적 경제와 관련한 법률은 2007년 제정된 「사회적기업 육성법」과 2012년 제정된 「협동조합 기본법」이 있는데, 이 두 가지 법률에 의해 사회적 기업과 협동조합이 설립 · 운영되고 있다. 이 외에도 사회적 경제 관련한 활동을 하고 있는 조직으로는 마을기업, 자활기업이 있다.

1) 사회적 기업 관련 정책 및 서비스

(1) 사회적 기업의 개념
「사회적기업 육성법」에 의하면 사회적 기업이란 취약계층에게 사회서비스 또는 일자리를 제공하거나 지역사회에 공헌함으로써 지역주민의 삶의 질을 높이는 등의 사회적 목적을 추구하면서 재화 및 서비스의 생산 · 판매 등 영업활동을 하는 기업으로서 고용노동부장관의 인증을 받은 자를 말한다.

사회적 기업은 사회적 목적을 우선적으로 추구하면서, 경제적 영업활동을 수행하는 조직이며, 사회적 목적에 따라 일자리제공형, 사회서비스제공형, 혼합형, 지역사회공헌형, 기타형으로 나뉜다.

(2) 사회적 기업 인증제

　사회적 기업 인증제는 일곱 가지의 인증요건을 모두 충족할 시 '사회적 기업'이라는 자격을 부여하는 제도이다. 인증 후에도 이전의 조직형태는 그대로 유지된다. 인증요건은 다음과 같다.

① 독립된 조직형태를 갖출 것
- 「민법」상 법인(사단법인, 재단법인) 및 조합(영농조합)
- 「상법」상 회사(주식회사, 유한회사 등)
- 공익법인(비영리법인), 비영리 민간단체, 사회복지법인
- 소비자생활협동조합
- 협동조합/협동조합연합회/사회적협동조합/사회적협동조합연합회
- 기타 법인 및 비영리단체(개인사업자는 인증 불가)

② 유급근로자 고용
- 1인 이상의 유급근로자를 고용하여 6개월 동안 영업활동 수행
- 4대 사회보험 가입, 최저임금 보장

③ 사회적 목적 실현(다음 다섯 가지 유형 분류에 속할 것)
- 일자리제공형: 취약계층에게 일자리를 제공하는 것이 주된 목적
- 사회서비스제공형: 취약계층에게 사회서비스를 제공하는 것이 주된 목적
- 혼합형: 취약계층에게 일자리와 사회서비스를 제공하는 것이 주된 목적
- 지역사회공헌형: 지역사회에 공헌하는 것이 주된 목적
- 기타형

④ 이해관계자가 참여하는 민주적 의사결정 구조를 갖출 것
- 총회, 주주총회, 이사회, 운영위원회 등

⑤ 영업활동을 통한 수입
- 인증 신청 직전 6개월 동안 해당 조직의 영업활동을 통한 총 수입이 같은 기

간 해당 조직에서 지출되는 총 인건비의 50% 이상이어야 함
⑥ 다음 내용이 포함된 정관이나 규약을 갖출 것
  • 목적, 사업내용, 명칭, 수익배분 및 재투자, 출자 및 융자, 종사자 구성 및 임면, 해산 및 청산 등
⑦ 이윤의 2/3 이상을 사회적 목적을 위해 사용할 것(「상법」상 회사 대상)

이와 같이 인증을 받은 사회적 기업에게는 다음과 같은 지원이 제공된다.

• **인건비 지원**: 신규 일자리를 창출할 수 있도록 인건비를 지원하는 사업
• **전문인력 채용 지원**: 경영역량 강화를 위해 기획, 인사·노무, 마케팅·홍보, 교육·훈련, 회계·재무, 법무 등 기업경영에 필요한 특정 분야의 전문인력 채용 시 전문인력의 인건비 일부를 지원하는 사업
• **사업개발비 지원**: 브랜드(로고)·기술개발 등 R&D 비용, 시장 진입 및 판로 개척을 위한 홍보·마케팅, 제품의 성능 및 품질개선 비용 등 지원
• **경영컨설팅 제공**: 사회적 기업의 경영역량을 향상시키기 위하여 경영컨설팅 서비스 제공(기초컨설팅-경영 코칭을 통해 인사·노무·회계 등 기업의 기본 시스템 구축 지원/전문컨설팅-경영과제 해결 및 자립가능성 제고를 위해 맞춤형으로 지원)
• **사회적 금융 및 세제(법인세 감면) 지원**

(3) 예비사회적 기업

예비사회적 기업이란 사회적 목적 실현, 유급근로자 고용을 통한 영업활동 등 사회적 기업의 대체적인 요건을 갖추고 있으나, 수익구조 등 법률상 인증요건의 일부를 충족하지 못하고 있는 기업을 광역자치단체장이나 정부 부처가 지정하여 장차 요건을 보완해 향후 고용노동부장관이 인증하는 사회적 기업으로 전환이 가능하도록 하는 기업이다.

예비사회적 기업에는 지역형과 부처형이 있다. 지역형 예비사회적 기업은 광역지방자치단체가 지역 실정에 맞는 예비사회적 기업을 발굴·육성하도록 하기 위해 광역자치단체장이 지정한 예비사회적 기업을 말하는데 2011년부터 시행되어 오고 있다. 부처형 예비사회적 기업은 중앙정부 부처가 각 부처의 소관 사업에 특화된 예비

사회적 기업을 발굴·육성하고자 각 부처의 장관이 지정한 예비사회적 기업을 말하며, 2012년부터 시행되어 오고 있다.

(4) 사회적 기업 현황

2023년 6월 기준으로 고용노동부 인증 사회적 기업의 수는 4,368개이며, 현재 활동 중인 인증 사회적 기업의 수는 3,597개이다. 현재 활동 중인 고용노동부 인증 사회적 기업을 사회적 목적 실현 유형별로 살펴보면 일자리제공형이 전체의 66%로 가장 많고, 사회서비스제공형이 8%, 혼합형이 6%, 지역사회공헌형이 9%, 기타형이 11%이다.

표 13-1 사회적 목적 실현 유형별 사회적 기업 현황

구분	수(개)	퍼센트(%)
일자리제공형	2,383	66
사회서비스제공형	285	8
혼합형	209	6
지역사회공헌형	326	9
기타형	394	11
계	3,597	100

2) 협동조합 관련 정책 및 서비스

(1) 협동조합의 개념

「협동조합 기본법」에 의하면 협동조합이란 재화 또는 용역의 구매·생산·판매·제공 등을 협동으로 영위함으로써 조합원의 권익을 향상하고 지역사회에 공헌하는 사업조직이다. 그리고 사회적 협동조합이란 지역주민들의 권익·복리 증진과 관련된 사업을 수행하거나 취약계층에게 사회서비스 또는 일자리를 제공하는 등 영리를 목적으로 하지 아니하는 협동조합을 말한다.

국제협동조합연맹(ICA)에서는 협동조합이란 공동으로 소유되고 민주적으로 운영되는 사업체를 통하여 공통의 경제적·사회적·문화적 필요와 욕구를 충족시키고자 하는 사람들이 자발적으로 결성한 자율적인 조직으로 정의하고 있다.

(2) 협동조합의 7대 원칙

국제협동조합연맹(ICA)은 협동조합의 7대 원칙을 다음과 같이 제시하고 있다.

- 자발적이고 개방적인 조합원 제도
- 조합원에 의한 민주적 관리(1인 1표)
- 조합원의 경제적 참여(출자금을 통한 자본의 조성)
- 자율과 독립(국가 및 시장으로부터 자율성 유지)
- 조합원에게 교육 및 훈련, 정보 제공
- 협동조합 간의 협동(협동조합 간의 네트워크)
- 지역사회에 대한 기여(지속 가능한 발전)

(3) 협동조합의 다섯 가지 유형

협동조합은 목적 및 조합원 구성에 따라 일반적으로 다섯 가지 유형으로 나눈다.

- **소비자협동조합**: 어떤 물품이나 서비스가 필요한 사람들이 돈을 모아 그 물품과 서비스를 공급하는 체계를 만들고 그것을 직접 이용하는 협동조합(예: 생협, 공동육아)
- **사업자(생산자)협동조합**: 사업자들이 조합원이 되어 필요한 물품이나 서비스를 공동구매하거나 공동판매하기 위해 만드는 협동조합(예: 농업협동조합, 나들가게)
- **직원(노동자)협동조합**: 노동자들이 조합원으로서 직접 사업체를 설립·운영하는 협동조합(예: 몬드라곤협동조합, 한국유지보수)
- **다중이해관계자협동조합**: 앞의 유형 중 두 개 이상의 유형이 혼합된 협동조합
- **사회적 협동조합**(다중이해관계자유형): 공공의 이익을 목적으로 하는 협동조합

(4) 협동조합의 설립 및 운영

「협동조합 기본법」에 의하면 협동조합 설립 및 운영에 관한 주요 특징은 다음과 같다.

- **사업범위**: 공동의 목적을 가진 5인 이상이 모여 조직한 사업체로서 그 사업의 종류에 제한이 없음(금융 및 보험 제외)

표 13-2 일반 협동조합과 사회적 협동조합의 비교

구분	일반 협동조합	사회적 협동조합
법인격	영리법인	비영리법인
설립	시·도지사 신고	기획재정부(관계 부처) 인가
사업	• 업종 및 분야 제한 없음 • 금융 및 보험업 제외	• 공익사업 40% 이상 수행 　- 지역사회 재생, 주민 권익 증진 등 　- 취약계층 사회서비스, 일자리 제공 　- 국가·지방자치단체 위탁사업 　- 그 밖의 공익 증진사업
법정적립금	잉여금의 10% 이상	잉여금의 30% 이상
배당	배당 가능	배당 금지
청산	정관에 따라 잔여재산 처리	비영리법인·국고 등 귀속

• 의결권: 출자규모와 무관하게 1인 1표제
• 책임범위: 조합원은 출자자산에 한정된 유한책임
• 가입·탈퇴: 자유로운 가입과 탈퇴
• 배당: 투자금액보다 이용실적에 따른 배당 강조
• 영리와 비영리: 영리법인인 일반 협동조합과 비영리 법인인 사회적 협동조합
• 설립 절차
　- 일반 협동조합: 5인 이상의 조합원이 모여 시·도지사에게 신고 및 설립 등기
　- 사회적 협동조합: 5인 이상의 조합원이 모여 중앙부처의 장에게 설립인가 및 등기

(5) 협동조합 현황

　2023년 8월 기준 설립된 협동조합은 모두 25,050개이다. 협동조합 유형별 설립 현황을 살펴보면, 일반 협동조합이 20,360개로 81.3%를 차지하여 가장 많은 유형으로 나타났고, 사회적 협동조합이 4,556개로 18.2%이다.

표 13-3 협동조합 유형별 설립 현황

구분	수(개)	퍼센트(%)
일반 협동조합	20,360	81.3
일반 협동조합연합회	97	0.4
사회적 협동조합	4,556	18.2
사회적 협동조합연합회	26	0.1
이종 협동조합연합회	11	0.0
계	25,050	100

부처별 사회적 협동조합 설립 현황을 살펴보면, 보건복지부가 1,667개로 전체의 39.2%를 차지하여 가장 비율이 높았고, 다음으로 교육부가 605개로 14.2%, 문화체육관광부가 343개로 8.1%이며, 고용노동부가 336개로 7.9%이다.

표 13-4 부처별 사회적 협동조합 설립 현황

구분	수(개)	퍼센트(%)
보건복지부	1,667	39.2
교육부	605	14.2
문화체육관광부	343	8.1
고용노동부	336	7.9
기타	1,297	30.5
계	4,248	100

3. 사회복지사의 역할

1) 사회문제 분석 및 혁신적 해결 방안 도출

사회복지사는 사회문제의 실태와 원인을 분석하여 사회문제를 정확히 이해한다. 그리고 기존의 공공 및 시장 영역에서 이 문제를 해결하기 위해 수립된 대책들을 검토하고, 각 정책의 한계를 파악한다. 이를 토대로 사회적 경제 영역에서 이 문제를 해결할 수 있는 혁신적 아이디어를 개발한다.

2) 기업경영

사회복지사는 이윤을 추구하는 사업(비즈니스)의 수행을 위해 생산, 인사, 재무, 마케팅 등의 경영업무를 수행한다. 상황에 맞게 자본조달, 고객관리, 홍보 등의 역할도 수행하며, 시장환경의 변화에 맞춰서 새로운 재화와 서비스를 개발하고, 틈새시장을 개척한다.

3) 네트워크

지역사회에서 지방자치단체, 공공기관, 기업, 다른 사회적 기업 및 협동조합 등 이해관계자와의 연계 협력체계를 구축하여, 지역사회에 기여하면서 조직의 경영을 위해 필요한 자원을 주고받는 협력체계를 만든다. 특히 지방자치단체와 공공기관에 의해 제공되는 공공시장을 확보하는 데 노력한다.

4. 과제

1) 정부의 관심과 지원

사회적 경제 조직을 위해 '보호된 시장'과 같은 정책적 환경의 조성이 필요하다. 공공기관의 우선구매와 우선위탁에 관한 사항, 공공건물의 임대와 자금융자 등에 관한 사항 등이 실효성을 확보할 수 있도록 지원해야 한다. 또한 정부 및 공공기관의 외부 위탁 사업 시에 입찰에서 공공적 가치를 추구하는 조직에게 인센티브를 줄 필요가 있다.

2) 사회적 지원체계 구축

경제적 이익보다 사회적 가치 실현을 우선적으로 추구하는 사회적 금융기관을 확대하여 사회적 기업과 협동조합에 대한 대출과 투자를 활성화하여야 한다. 현재 '사회연대은행'과 '신나는 조합'에서 수행하는 마이크로크레딧(무담보 소액 대출) 사업이 보다 확대되어야 한다.

사회적 기업가를 양성하는 시스템이 필요하다. 기존의 사회적 기업가 아카데미와 같은 단기교육이 아니라 좀 더 체계적이고 장기적인 교육과정이 대학과 대학원에 개설되어 운영될 필요가 있다.

사회적 기업 및 협동조합에 대한 컨설팅이 활성화될 필요가 있다. 현장의 사회적 기업가들이 조직경영에 대한 컨설팅 욕구가 큰 데 비해, 현장의 욕구를 만족시킬 수 있는 질적 수준을 확보한 인력은 매우 부족한 수준이다. 이윤만을 추구하는 기업컨설팅과 차별되는 이윤과 사회적 가치를 동시에 추구하는 사회적 경제 분야에서 지식과 경험을 갖춘 컨설팅 인력의 양성이 필요하다.

5. 현장 사례

『빅이슈(Big Issue)』는 1991년 영국에서 창간된 대중문화 잡지로, 노숙인(homeless)에게만 잡지를 판매할 수 있는 권한을 주어 자활 계기를 제공한다. 폴 매카트니, 데이비드 베컴, 조앤 K. 롤링 등 영국의 유명인들의 재능기부로 만들어지며, 2014년 현재 세계 10개국에서 14종이 발행되고 있다.

『빅이슈 코리아』는 지난 2010년 노숙인 자활을 지원해 온 비영리 단체 '거리의 천사들'이 발행하기 시작했다. 노숙인이 스스로 판매원이 되기로 결심하면, 2주간의 임시 판매원 기간을 거쳐 정식 판매원이 될 수 있다. 최초 10부는 노숙인에게 무료로 제공되고, 노숙인은 무료로 제공된 잡지의 판매수익에 의해 다음 잡지를 구매하게 된다. 그 이후로는 권당 5,000원인 잡지를 1권 판매하면, 판매가의 50%(2,500원)가 판매원에게 돌아가고, 6개월 이상 판매하고 꾸준히 저축을 하면 임대주택 입주자격이 주어진다. 『빅이슈 코리아』에 따르면 2014년 4월 기준, 총 30여 명이 임대주택에 입주했고, 13명의 판매원이 『빅이슈 코리아』를 통해 재취업에 성공했다.

『빅이슈 코리아』는 노숙인에게 합법적인 일자리 제공을 통해 경제적 자립을 돕고, 서울시와 서울메트로, 서울발레시어터, 한국문화예술위원회 등 지방자치단체와 기관과의 협약을 통해 노숙인 인식개선 사업을 진행하는 한편, 노숙인월드컵, 노숙인발레단, 노숙인밴드, 노숙인합창단 등의 활동을 통해 노숙인의 사회 정착을 돕고 있다. 지난 2010년 서울시 사회적 기업 인증을 거쳐, 2013년 고용노동부 사회적 기업으로 등록되었다.

10부 무료 제공	10부의 수익으로 판매용 잡지 구입	판매원에게 50% 수익	정식 빅이슈 판매원	안정된 자립 기반 확보

[그림 13-1] 빅판 판매 시스템

　해외에서는 길거리에서 신문이나 잡지를 판매하는 노숙인을 벤더(Vendor)라고 부르지만, 『빅이슈 코리아』에서는 '빅이슈 판매원'의 약칭인 '빅판'이라고 부른다. 자립의 의지가 있으며, 행동수칙을 준수할 수 있는 사람은 누구라도 빅판이 될 수 있다. 빅판은 빅판 행동수칙을 따르겠다고 서약하고 일정한 교육을 이수한 뒤 정해진 장소에서 잡지를 판매하게 된다. 판매 시작일로부터 2주간 임시 ID카드가 발급되는 임시 빅판으로 활동하고, 2주간 임시 빅판으로 꾸준한 판매를 진행한 경우 정식 ID카드를 발급하고, 판매 지역에 대한 우선권을 부여하는 정식 빅판으로 활동하게 된다.

출처: 강민정 외(2015)에서 일부 발췌.

 연구문제

1. 유럽에서 사회적 경제의 등장배경에 대해 기술하시오.
2. 미국의 비영리 조직(NPO)형 사회적 기업의 등장배경에 대해 기술하시오.
3. 국제협동조합연맹(ICA)의 협동조합 7대 원칙에 대해 기술하시오.
4. 『사회적기업 육성법』에서의 사회적 기업 인증요건에 대해 기술하시오.
5. 『사회적기업 육성법』에 따른 사회적 기업의 다섯 가지 사회적 목적 실현 유형에 대하여 기술하시오.
6. 『협동조합 기본법』상의 일반 협동조합과 사회적 협동조합의 특징을 비교하여 설명하시오.

ABC ··· **전공어휘**

- 사회적 경제(social economy) 구성원 간 협력과 자조를 바탕으로 재화 · 용역의 생산 및 판매를 통해 사회적 가치를 창출하는 민간의 모든 경제적 활동을 말한다.
- 사회적 기업(social enterprise) 취약계층에게 사회서비스 또는 일자리를 제공하거나 지역사회에 공헌함으로써 지역주민의 삶의 질을 높이는 등 사회적 목적을 추구하면서 재화 및 서비스의 생산, 판매와 같은 영업활동을 하는 기업으로서 고용노동부장관의 인증을 받은 기업이다.
- 협동조합(cooperatives) 재화 또는 용역의 구매 · 생산 · 판매 · 제공 등을 협동으로 영위함으로써 조합원의 권익을 향상하고 지역사회에 공헌하고자 하는 사업조직을 말한다.

참고문헌

강민정 외(2015). 소셜 이슈분석과 기회탐색 I. 서울: EDIT THE WORLD.

김기섭(2013). 깨어나라! 협동조합. 경기: 들녘

김정원(2009). 사회적 기업이란 무엇인가? 서울: 아르케.

장원봉(2006). 사회적 경제의 이론과 실제. 서울: 나눔의 집.

Defourny, J., & Nyssens, M. (2006). Defining Social Enterprise. In M. Nysses (Eds.), *Social Enterprise: At the Crossroads of Markets, Public Policies and Civil Society*. New York: Routledge

Kerlin, J. A. (2006). Social Enterprise in the United States and Europe: Understanding and Learning from the Difference. *International Journal of Voluntary and Nonprofit Organizations, 17*, 247–263.

Polanyi, K. (1957). *The Great Transformation*. Boston: Beacon Press. [홍기빈 역(2009). 거대한 전환. 서울: 길]

한국사회적기업진흥원 https://www.socialenterprise.or.kr/index.do

제**14**장

다문화복지

1. 개요

1) 다문화복지와 문화다양성

다문화 시대에 활동하는 사회복지사들에게 있어서 문화적 다양성과 그 기반이 되는 국제이주에 대한 주요 개념과 이론적 설명을 이해하는 것은 매우 중요한 과제이다. 현장에서 사회복지사들이 주민들에게 어떤 서비스를 제공할 것인가를 생각하려면, 이들의 문제와 경험을 어떤 시각에서 분석하고 이해할 것인가를 먼저 생각하여야하기 때문이다. 따라서 이들의 삶의 배경과 이주지에서의 경험 간의 관계를 개념적으로 파악해야 하고, 이러한 개념적 분석을 위해 제시된 이론적 설명을 활용할 수 있어야 한다.

문화적 다양성을 고려하는 사회복지 실무에 필요한 이론적 접근은 매우 방대하고다양할 수 있다. 우선, 문화적 다양성의 개념을 이해해야 하며, 이때 소수자의 관점에서 상대적인 소수자의 권리에 대한 인식이 있어야 한다. 또한 한 개인의 이주로 인한 문화적 충격, 자아정체성의 문제, 이주로 인한 정서적 측면에서의 결과 등과 같은개인적 인성과 정서적 관점의 이론도 알아야 한다. 여기에는 다른 문화적 배경을 가진 이주민이 정착지에서 문화 변용(acculturation), 문화 갈등, 동화(assimilation) 등을 경험하는 과정의 이해도 포함된다. 한편으로는 이주민이 거주하는 지역사회 혹은 전체 사회 내의 집단 동화 등과 관련된 보다 거시적이고 정치경제학적인 지식도 필요하다. 사회복지는 전통적으로 개인, 집단, 지역사회, 그리고 전체 사회에 대한 포괄적인 이해를 요구하고 있기 때문에 이주민 문제를 대상으로 하거나 문화적 다양성을 고려하는 사회복지 실무에서도 개인, 집단, 사회적 관점에서의 이론적 접근을 포괄적으로 섭렵할 필요가 있다. 또한 우리나라의 다문화가족 지원정책을 이해하여 관련 자원을 활용하여 도울 수 있어야 한다.

한편, 문화적 다양성에 유능하고 효과적으로 대처하기 위하여 사회복지 실무자는 자신이 개인적으로 가진 문화적 둔감성, 편견, 오해 등 개인적 차원의 문제를 해결할 수 있어야 하고 사회복지전문직이 견지하는 관점에서의 문제도 해결해야 한다. 예를 들어, 서구 사회와 문화에 치우친 문제 이해와 개입방법, 그리고 윤리강령 등은 새로운 클라이언트 집단에 맞추어 수정되거나 유연하게 변화되어야 하는 것이다. 나아가서 사회복지 조직(organization)과 제도가 단일문화 집단에 초점이 맞추어져 있다면 새로운 이주민 집단 혹은 다양한 문화 집단에게는 불리하거나 억압적인 것이 될 수 있으므로, 사회복지실천 프로그램과 정책 등이 변화의 대상이 될 수 있음을 인식하고 문화적 역량을 향상하기 위한 노력이 요구된다. 이러한 다문화 역량은 국내에서의 다문화복지 실천뿐 아니라 최근 증가하고 있는 국제개발협력에서의 해외원조 개발 사업에 참여하는 해외 NGO 사회복지사들에게도 필수적인 역량이다.

'문화적 다양성'의 사회복지적 정의는 광의의 관점에서 한 국가사회에 존재하는 다양한 소수자 세력이 표출하는 다양한 문화적 특성으로 이해하는 포괄적 입장이 바람직하다. 백과사전적 정의에서 다문화주의(multculturalism)는 "여성 문화, 소수파 문화, 비서양 문화 등 여러 유형의 이질적인 문화의 주변문화를 제도권 안으로 수용하자는 입장을 이르는 말"로 규정되고 있다(『두산백과사전』). 이런 점에서 '다문화 시대'는 보다 정확하게 말하면 '다문화주의 시대'로 표현할 수 있을 것이다. 그러므로 다양성과 다문화 사회에 관한 담론이 타민족 소수자를 포함하는 것은 물론이거니와 다양한 국내 소수자 집단의 정체성과 삶의 방식에 대한 수용과 관련된 논의로 이행되는 것이 옳을 것이다. 북한이탈주민 집단, 장애 유형별 장애인 집단, 동성애자 집단, 노숙자 집단, AIDS 환자 집단, 일본군위안부피해자 집단 등과 같은 국내 소수자 집단은 그 조직력에서뿐만 아니라, 정체성(identity), 삶의 방식(way of life) 등의 측면에서 결혼이주 배우자들이나 외국인 노동자들 이상의 구별되는 수준의 문화적 정체성을 보이고 있기 때문이다(전영평, 2007). 문화적 다양성에 기반한 사회복지 개입은 개방적이며 다원적인 사회로 이행하면서 다양한 소수자 집단의 사회복지적 요구에 대하여 그 독특한 하위문화에 대한 이해와 수용을 기반으로 실천하는 것으로 정의할 수 있다. 이에 소수자에 대한 관점 이슈에 대하여 개괄하면 다음과 같다(김정진, 2010).

2) 소수자 관점과 사회적 약자

소수자(minority)의 개념 정의는 다양하게 제시되고 있다. 소수자는 '큰 사회 안에서 문화적 · 민족적 · 인종적으로 구별되는 특수집단'을 일컫고 '한 사회 안에서 지배집단에 종속되어 있는 소수집단'을 의미한다. 들뢰즈와 가타리(Deleuze & Guattari, 1980)는 "소수자란 수적으로 적은 사람들이 아니라 힘의 관계에서 약자인 사람들"이라고 정의하고 있다. 그러므로 소수자는 구별성, 종속성, 차별성을 개념 정의의 조건으로 지니고 있다는 공통점을 지닌다. 장미경(2005)의 경우 소수자를 "표준적인 인간과는 거리가 먼 주변인"으로 정의하며 종속화, 차이화, 외부화의 대상이 되는 존재로 인식한다(장미경, 2005). 특히 사회학자 루이스 워스(Wirth, 1955)는 일찍이 "소수자는 신체적 · 문화적 특징 때문에 그 사회에서 차별적이고 불평등한 대우를 받고, 스스로 집단적인 차별의 대상으로 본다는 점에서 다른 사람과 구별되는 집단"이라고 정의하였다(박은미 역, 2012에서 재인용). 이 정의에는 국적과 인종에 의한 소수뿐 아니라 불평등한 취급이나 차별을 받는 약자와 스스로를 소수자로 인식하는 주관성도 포함되어 있어 미국의 소수자 우대정책의 핵심 기반이 되고 있다. 그러므로 소수자의 개념 정의는 수적인 많고 적음에서 비롯되는 것이 아니다. 지배적이지 못한 종속적인 것을 뜻하며 열등한 지위를 지닌 집단을 뜻한다. 다수자에 의해 정해진 표준에서 이탈되어 있는 집단을 뜻하며 그렇기 때문에 통제되고 변화되어야만 하는 집단이 된다. 결국 소수자에 대한 정의는 한 사회에 있어서 척도의 문제가 된다. 한 사회를 지배하는 척도가 무엇이며 그 척도의 안과 밖에 있는 집단이 누구이냐에 따라 다수와 소수가 나누어지는 것이다. 그리고 한 사회를 지배하는 척도는 권력에 의해 만들어지며 척도의 지배는 권력의 지배를 의미한다. 그것은 왜곡, 배제, 차별, 억압의 속성으로 드러난다.

　소수자란 일반적으로 성(性), 연령, 인종 및 민족, 종교, 사상, 경제력, 성적 취향, 출신 지역 등을 근거로 사회 내 지배적 기준과 가치와는 상이한 입장에 있어 차별과 편견의 대상이 되는 사람들을 가리키는 말로서, 드워킨과 드워킨(Dworkin & Dworkin, 1999: 17-24: 윤인진, 2003에서 재인용)에 따르면, 이러한 소수자를 세부적으로 정의하는 데는 다음의 네 가지 조건이 필요하다.

- 개인의 신체적 · 문화적 특성에 의해 다른 집단과 구별되는 '식별 가능성(identifiability)'
- 경제력, 사회적 지위, 정치 권력, 자원 동원력에서 능력의 차이를 말하는 '권력의 열세'
- 소수자 집단의 성원이라는 이유만으로 사회적으로 '차별적 대우'를 받는 것
- 차별적 관행의 반복을 통해 전체적인 연대의식으로 확대되는 생각을 말하는 '집단의식'

　이러한 정의 기준에 따라 '소수자가 구체적으로 누구를 지칭하는가'에 대한 논의를 살펴보면, 윤수종 등(2005)은 소수자를 성매매여성, 장애인, 동성애자, 이주노동자, 죄수, 양심적 병역거부자, 넝마주이, 탈북자, 북파공작원, 어린이, 불안정노동자, 청년 실업자, 부랑자, 중독자, 환자, 정신병원 수용자, 노숙자, 혼혈인 등이라고 하였고, 전영평(2007)은 장애인, 성매매여성, 외국인 노동자, 일본군 위안부, 동성애자, 비정규직 노동자, 양심적 병역거부자, 결혼이주여성, 혼혈인, 미혼모, 난치병 환자, 노숙자 등이라고 하였으며, 최협 등(2004)은 화교, 해외교포까지 포함하여 구분한다. 한편, 국가기관인 국가인권위원회는 장애인, 외국인(이주노동자, 난민) 여성, 아동, 청소년, 노인, 병력자, 군인/전의경, 시설생활인(보호시설), 성적소수자(동성애자), 새터민(탈북자) 등을 소수자 영역에 포함시키고 있다. 이러한 다양한 견해를 종합해 보면, 소수자의 범위는 줄어드는 것이 아니라 향후 계속 늘어날 것이며, 소수자와 사회적 약자의 구분이 모호해지기까지 한다.

　전통적인 사회복지의 대상은 사회적 약자이며, 소수자와 사회적 약자는 그 구분이 모호하다. 그러나 대부분의 소수자는 현실에서 약자에 속하고, 약자라는 개념은 강

자를 전제로 하고 도움의 대상으로 보는 경향을 만들어 낸다. 또한 주변인 개념도 중심을 설정한 상태에서 배제되거나 밀려난 사람들을 의미한다. 하지만 전통적 약자인 여성, 장애인 등은 스스로 운동에 참여하면서 자신들을 변형시켜 가고 있다. 즉, 약자로서 자신을 인식하고 자신과 주위를 바꾸려는 능동적인 주체로 되어 가고 있는 것이다. 이러한 집단동류의식과 공동의 문제해결이라는 자조성은 약자 혹은 소수자에서 능동적인 소수자 운동으로 발전하는 원동력이 되고 있음을 주목할 필요가 있다.

3) 다문화주의와 동화주의

(1) 다문화주의

다원주의(pluralism) 혹은 다문화주의는 인종 또는 민족의 차원에서 구성원의 다양성, 문화 존중과 인정, 집단 간뿐 아니라 집단 내 소수자의 문화 및 권리 존중, 국가의 비합법적 소수자 정책의 총괄 등 철학적 지향이나 정책적 방법, 대상주체 등에 따라 여러 의미에 사용된다(조원탁 외, 2020). 또한 이러한 다문화주의는 새로운 차원의 사회정의를 개념화하는데, 다문화주의 사회에서의 정의(正義)의 논리는 "모든 개인에게 인정된 보편적인 권리의 개념을 넘어 어떤 소수 집단에 대해서는 특수한 권리와 위상을 포함하는 것"이 된다(윤익 역, 2002: 조옥라 외, 2006에서 재인용). 즉, '사회 구성원 모두에게 평등한 권리'와 '소수자 집단의 성원을 위한 특수한 권리' 모두를 동시에 요구하는 것이 된다.

다문화 사회에서의 사회정의는 세 가지 차원에서 논의된다. 그것은 경제적 부의 분배적 정의, 인권 혹은 민권적 정의, 정체성과 타자에 대한 인정 관련 정의(justice of recognition)이다. 경제적 부의 분배적 측면에서는 이주민과 이주노동자들이 부의 창출과 소득의 상대적 이점을 위하여 이주를 하지만, 이민 사회 내에서 이들의 노동시장 임금과 소득은 불평등한 조건 속에서 상대적으로 낮기 때문에 이들을 위한 부의 분배적 정의가 실현되어야 한다는 의미이다. 민권적 정의란 이주민 집단에 대하여 동등한 인권을 보장받도록 하여 이들이 국적이나 인종 등의 배경 때문에 비인권적 처우를 당하거나 최소한의 인간적인 생활 조건(생존권)에서 배제되는 것을 방지하는 노력을 의미한다.

마지막으로 인정 관련 정의는 외국인 혹은 이주민과 내국인 혹은 토착민 사이의 관계 차원의 정의를 말하며, 상호 간의 존재와 그 정체성을 인정하는 것을 의미한다(최명민 외, 2015).

(2) 동화주의

동화란 '비슷하게 되어 가는 과정'을 의미한다. 이주와 관련해서는 이주민 집단이 주류 사회에 순응적으로 편입되어 주류 문화를 받아들이고 문화적으로 동질성을 가지게 되는 과정을 말한다. 이러한 동화의 개념은 20세기 초 미국의 이민사회 상황을 예로 들어 설명할 수 있는데, 당시 미국은 서유럽에서 온 이민자에 비하여 경제적 자원이 적고 동화 가능성이 떨어지는 동유럽 및 지중해 연안 국가들의 이민자에 대한 우려를 가지고 있었다. 이러한 사회적 압박은 미국 사회로 하여금 더욱 강력한 이민자 통합 이념을 필요로 하게 하였고, 그 결과는 동화주의, 즉 미국인화(Americanization)로 나타났다. 그 당시 동화 이념의 구체적인 내용은 두 가지로 구분할 수 있는데, 그 하나는 이민자의 '앵글로색슨 문화로의 순응(Anglo-conformity)'이고 다른 하나는 '융합(melting pot)'으로서 모든 이민 집단의 특성을 융화시켜 하나의 새로운 '아말감(amalgam, 혼합물)'을 만들어 내는 것이었다. 하지만 동화주의 정책의 결과로 인종 간 불평등, 갈등, 그리고 민족 개념의 부활과 폭력 문제 등이 나타나기도 하였다(최명민 외, 2105).

4) 문화 적응 과정

(1) 문화 접촉

서로 다른 문화적 배경을 가진 인구 집단과 집단이 만나게 되는 상황을 문화 접촉(cultural encounter)이라 하는데, 이러한 접촉은 직접 접촉과 간접 접촉으로 나눌 수 있다. 직접 접촉은 지리적 이주에 의한 문화의 접촉 혹은 신체의 물리적 이동이나 대면적 만남 등을 의미한다. 예를 들어, 이주노동자, 결혼이민자, 외국인 기관 종사 외국인과 그 가족, 외국 유학생 등이 한국으로 이주 및 정주하는 경우를 포함한다. 간접 접촉은 직접적인 지리적 이동 없이 외국 문헌의 전달, 생활용품의 교류, TV, 라디오, 영화 등 문화적 매체의 교류, 전화, 휴대전화, 인터넷 등 통신수단의 발달에 의한 의사소통 매체의 교류 등으로 이루어지는 것을 포함한다.

한편, 문화 접촉은 내향적(inward) 접촉과 외향적(outward) 접촉으로도 나눌 수 있는데(조옥라 외, 2006: 41-42), 이는 문화 접촉의 주체와 대상 간의 관계에서 누가, 어떻게 이동하여 접촉하는가에 따라 구분된다. 외향적 접촉은 주체가 자신의 거주 혹은 생활 공간에서 이동하여 다른 곳에서 새로운 문화권의 대상을 접촉하는 것이며, 내향적 접촉은 주체의 생활 공간 속으로 타문화권의 대상이 유입됨으로써 새로운 문화를 접촉하게 되는 것이다. 최근 한국 사회가 국제화, 지구촌화 등의 개념으로 사회 변화를 추구해 왔지만, 이러한 변화는 주로 한국민의 해외 방문, 외국 시찰, 통상 교류의 확대 등으로 이루어진 외향적 접촉에 의한 외향적 국제화가 주를 이루었다. 국내 거주 외국인이 증가하면서 내향적 접촉도 증가하고 있지만, '외국인 친화적인 지역사회 만들기' '다문화 공존을 지향하는 외국인 대책' 등과 함께 한국 사회 구성원의 글로벌 의식 변화를 추구하는 내향적 국제화는 초보적 단계에 있다(최명민 외, 2015).

(2) 문화 변용

문화 변용의 개념과 이론은 한 가지 문화적 맥락에 익숙해진 개인이 어떻게 새로운 문화적 맥락에 적응하는가를 설명해 주는 것이다. 문화 변용이 이러한 경험에서 대개 집합적이거나 집단 차원에서의 문화적 변화를 의미하는 데 비해 심리적 문화 변용(psychological acculturation)과 적응(adaptation)은 문화 변용의 경험으로 말미암아 일어나는 심리적 변화와 궁극적 결과를 설명하기 위한 개념이다(Berry, 1980). '변용'은 이주민과 토착민 중 어느 한쪽만의 사안일 수도 있고 양쪽 모두에 관련될 수도 있어, 문화적 변화는 양쪽 모두에서 일어날 수도 있다. 그러나 실제로 문화 변용은 어느 한 집단에 더 많은 변화를 유도하는 경향이 있다(Berry, 1990).

문화 변용의 과정은 문화적 다양성을 전제로 한다. 즉, 여러 다양한 문화적 배경을 가진 사람들이 한 사회로 들어와서 함께 살고 있는 다문화 사회에 기반을 둔다. 이러한 다원적 사회에서는 집단 사이에서 사회적 힘(power)의 차이가 존재하고 이러한 힘의 차이에 의거하여 주류(mainstream) 집단과 소수자(minorities) 집단 혹은 우세(dominant) 집단과 비우세(non-dominant) 집단으로 나뉜다. 예를 들어, 이민 국가인 미국에서 주류 집단은 백인 코커스 인종의 유럽 이민자들이 될 것이며, 소수자 집단은 그 외의 인종 혹은 민족 집단이 될 것이다. 다문화 사회로의 진입 초기에 있다고 보이는 한국에서는 한국인 외의 대규모 민족/인종 집단은 존재하지 않지만 동남아시아권의 외국인 노동자 집단 혹은 결혼 이민자 집단 등이 문화적 소수자 혹은 비우세 집단이 될 수 있다.

문화 변용의 논의를 개인 차원으로 전개하는 문화 변용 전략(acculturation strategies)은 베리(Berry, 1980, 1997)가 제시한 통합, 주변화, 동화, 분리의 네 가지 범주로 구분해 볼 수 있다.

- **통합**: 자신의 모국에서 가지고 온 문화적 특성과 자신의 문화 정체성을 유지하면서 주류 사회의 문화를 수용하여 소화한 경우이다.
- **주변화**: 정체성 유지도 못하고 타문화 수용도 안 되는 두 가지 차원에 모두 해당하지 않으면 주변화 범주에 해당된다.
- **동화**: 자신의 문화적 정체성을 유지하지 못하고, 주류 사회에 함몰되는 경우이다.
- **분리**: 주류 사회의 문화를 수용하지 않고 자신이 문화적 정체성만을 고집하는 경우이다.

자국의 문화적 정체성을 보존(cultural maintenance)하려는 노력과 주류 사회에 접촉하고 참여(contact and participation)하려는 노력은 연속적인 과정이므로 네 가지 범주를 칼로 자르듯 분절하여 재단할 수는 없지만, 문화 적응의 전략과 수준을 이해하는 데에는 도움이 된다. 문화 적응의 정도는 이주민의 상황과 이주 시기, 그리고 이주한 지역의 환경에 따라서 결정되겠지만, 바람직한 문화 적응의 수준은 통합의 범주일 것이다(최명민 외, 2015).

(3) 문화 적응 스트레스

개인의 문화 적응은 행동 변화(behavioral shifts), 문화 학습(cultural learning), 사회 기술의 습득, 문화적 탈피 혹은 허물 벗기(cultural shedding) 등 새롭게 접하는 문화적 맥락에 적합한 새로운 행동 유형을 찾거나 배워 가려는 개인적 시도와 노력의 결과일 것이다. 그러므로 문화 적응은 과정적 개념이며, 문화 갈등을 겪게 마련일 것이다. 문화 갈등은 문화 충격(culture shock) 혹은 문화 적응 스트레스(acculturation stress)로 경험될 것이다. 문화 적응 과정에서 대부분의 경우, 심각하지 않은 문화 적응 스트레스는 개인의 문화 적응 전략과 사회적 지지 자원 활용을 통해 극복될 수 있으나, 아주

어려운 상황, 예를 들어 정신병리(psychopathology) 또는 정신병(mental disease) 시각에서 보아야 하는 문제들이 발생하기도 한다. 이 경우는 문화적 맥락에서의 변화 정도가 너무 크거나 빨라서 이에 대한 대응이 개인의 능력을 초과하는 경우라 볼 수 있는데, 임상적인 우울증이나 무능불안(incapacitating anxiety) 등의 심리적인 문제로 발전할 수도 있다. 베리의 문화 적응 전략 중 주변화나 분리의 전략을 사용하는 경우가 문화 적응에 취약성을 가질 수 있으므로 과정적 관점에서 문화 적응의 문제를 사정하고 도움을 제공할 필요가 있다(최명민 외, 2015).

(4) 적응

적응(adaptation)은 문화 변용을 경험하는 사람들이 일정 시간이 지난 후 새로운 문화에 어느 정도 익숙하게 되는 것을 의미하는데, 심리적 적응과 사회문화적 적응으로 구분하기도 한다. 심리적 적응은 일련의 내적 심리적 결과를 말하는 것으로서 인성적·문화적 정체성의 명확한 감각을 갖추게 되는 것, 건전한 정신건강 상태, 새로운 문화에 개인적 만족을 얻게 되는 것 등을 포함한다. 사회문화적 적응은 외적 심리적 결과로서 일상적 문제, 특히 가족생활, 직장, 학교 등에서의 문제를 처리할 능력을 갖게 되는 것을 말한다(Berry & Sam, 1997: 299). 그리고 심리적 적응은 스트레스와 정신병리적 접근에서 가장 잘 분석되는 반면, 사회문화적 적응은 사회기술의 관점과 더 가깝게 연관되어 있다(Ward & Kennedy, 1993: Berry & Sam, 1997: 299에서 재인용).

이러한 지식을 토대로 사회복지 실무자들은 실천현장에서 외국인, 결혼이주민, 북한이탈주민으로 대표되는 다문화 집단을 대상으로 적응 과정에 대한 문제와 욕구 분석 그리고 다문화 정책에 기반한 자원을 활용해 적절한 개입 방안을 수립하고 실행해야 한다(최명민 외, 2015).

2. 정책과 서비스 현황

1) 우리나라의 다문화 현황

우리나라 다문화 정책의 본격적 계기가 된 것은 1990년대 이후 증가한 국제결혼이

[그림 14-1] 국내 체류 외국인 수(2012~2022)

출처: https://freshyk.tistory.com/2329

라고 할 수 있다(김휘정, 2012). 이후 외국인의 유입이 꾸준히 증가하였으며, 국내 외국인 수는 장기체류 및 단기체류를 포함하여 2012년에는 1,445천 명이었으며, 2019년까지 2,525천 명으로 꾸준히 증가하였으며, 코로나19로 인해 2020년에 2,036천 명, 2021년 1,957천 명으로 주춤하였으나 2022년 국가 간 이동제한이 완화되면서 다시 2,246천 명으로 증가하였다(법무부, 2022).

이와 더불어 다문화 학생의 수도 증가하고 있다. 한국교육개발원의 발표에 따르면 2022년 4월 1일 기준 다문화 학생 수는 약 17만 명이며, 2017년의 약 11만 명에 비해 5년 만에 6만 명이 증가하였다. 초등학교의 4.2%, 중학교 2.9%, 고등학교 1.3%로 학

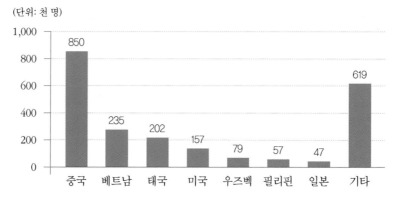

[그림 14-2] 주요 국적별 체류 외국인 수(2022)

출처: 법무부(2022).

제가 높아질수록 비율은 적어지지만, 전체 숫자는 매년 꾸준히 증가하고 있다(한국교육개발원, 2022).

정부는 2023년 4월, 제4차 다문화가족정책 기본계획(2023~2027)을 발표하였다. 주요 내용으로는 다문화 아동 대상 취학 전후 기초학습 지원과 한국어 교육강화, 다문화 청소년에 대한 진로상담 · 연계지도 · 직업훈련 등 맞춤형 지원을 중점적으로 추진한다는 계획이다(대한민국정책브리핑, 2023). 하지만 다문화 학생의 학업 중단이나 학교적응 문제는 교육만의 문제가 아니기에 좀 더 종합적인 다문화 정책이 요구된다(김정진, 2016).

2) 다문화 정책과 서비스

다문화가족에 대한 사회적 · 국가적 관심이 증대되기 시작한 것은 국내에서 결혼상대를 구하지 못한 한국 남성들(주로 농촌 총각)이 경제적으로 빈곤한 국가의 여성과 결혼하는 예가 급증하면서부터였다. 외국인의 양적 증가에 따라 정부의 다문화정책은 저출산 · 고령화로 인한 노동력 부족 문제의 해법으로서 외국인 인구의 수용 및 관리라는 측면에 초점이 맞추어져 출범하였다(김혜영 외, 2021). 2006년 5월 외국인 정책 위원회 설치를 시작으로, 2006년 10월 행정자치부 거주 외국인지원 표준조례안, 2007년 5월 법무부「재한외국인 처우 기본법」시행과「국적법」개정, 2008년 3월 보건복지가족부「다문화가족지원법」과 2008년 7월 문화체육관광부「다문화 사회 문화지원을 위한 법률」등이 제정되었다. 2007년「재한외국인 처우 기본법」의 제정으로 외국인 정책 기본계획을 수립하게 되었다. 법적으로는 포괄적으로 보임에도 불구하고 우리나라의 다문화정책은 주로 결혼이민자 가족을 다문화가족으로 한정하여 다문화가족 중심의 복지 개입이 이루어지고 있다. 다문화가족을 위한 대표적인 법령인「다문화가족지원법」은 2020년 5월에 일부 개정을 하였으며, 관련 업무는 2023년 현재 여성가족부의 다문화가족과에서 담당하고 있다.

다문화정책에서 중요한 대상은 북한이탈주민이다. 2023년 6월 현재 현재 북한이탈주민의 국내 입국자 수는 34만 명에 육박하고 있으며(통일부, 2023), 이들의 남한사회 정착 문제는 다양하고 복잡한 양상으로 나타난다. 이들은 국내에 정착하면서 입국과정에서 발생한 브로커 비용문제, 탈북과정에서 겪게 되는 사건들의 후유증으로 인한 심리사회적 문제, 가족 갈등 · 해체 등의 가정 문제를 비롯한 의료, 직업, 빈곤 등 많은 문제를 겪고 있다. 이 외에도 여러 가지 양상으로 나타나는 이들의 문제에 대응하면서 정부의 북한이탈주민 지원정책도 꾸준히 진화돼 왔다. 특히 2005년부터는 그동안의 '보호 중심'에서 '자립 · 자활 중심'의 방향으로 대폭 전환하였으며, 다양한 유형의 정착 요구에 근거하여 맞춤형 지원체계를 마련해 오고 있다. 그리고 중앙정부 중심의 지원체계에서 지방자치단체 중심의 지원체계의 필요성이 적극 논의되면서 실제 북한이탈주민이 거주하고 있는 지역사회를 기반으로 북한이탈주민지역협의회를 비롯하여 지역적응센터 등 서비스 지원 및 전달체계를 확산하는 데 주력해 왔다 (최명민 외, 2015).

우리나라의 다문화가족 정책의 핵심 대상은 결혼이민자(혼인 귀화자 포함)로서, 우리나라의 다문화정책은 결혼이민자들의 가족 통합이라는 과제의 비중이 크다는 점에서 다른 나라와는 차이가 있으며(이성미, 2012), 다양한 대상을 포괄하지 못하고 저숙련 노동자와 결혼이민자(여성)가 주를 형성하며 다문화정책의 대상 자체가 주변화 내지 타자화되고 소외되는 문제가 도출될 우려가 있다(김이선 외, 2013). 더구나 다문화가족 정책 안에서도 이주노동자에 대한 접근과 결혼이주여성(가족)에 대한 접근이 불균형을 이루는 문제도 있는데, 저숙련 이주노동자 집단(현실적으로 불법 체류자가 많음)에게는 차별적이면서 결혼이주여성에게는 상대적으로 더 많은 정책적 지원을 해 왔다는 점에서, 우리나라의 다문화정책이 갖는 이중성도 해결해야 할 문제로 지적되고 있다.

3) 다문화가족지원센터

다문화가족지원센터는 대표적인 다문화가족을 지원하기 위한 기관으로 다문화가족지원센터의 주요 프로그램은 가족, 성평등 · 인권, 사회통합, 상담, 홍보 및 자원연계의 다섯 가지 범주의 프로그램 및 지역사회 특성 및 수요를 감안한 센터 고유사업으로 진행된다. 주요 사업은 다음과 같다(여성가족부, 2023).

표 14-1 다문화가족지원센터의 주요 사업

구분	공통필수	선택(예시)	비고
가족	• 이중언어가족 환경조성사업(연간 10시간) • 다문화가족 학령기 자녀 입학 및 입시 정보 제공(부모대상, 연간 4시간) ※상·하반기 각 1회	• 가족의사소통 프로그램 • 가족관계향상 프로그램 • 결혼과 가족의 이해, 가족의 의미와 역할 • 아버지교육 • 부모–자녀관계 및 자긍심 향상 프로그램 • 자녀교육프로그램/자녀성장 지원사업 등 • 부모역할교육, 자녀건강지도, 자녀생활지도 • 국내 체류 결혼이미자의 부모 대상 손자녀 양육·교육 프로그램 • 다문화 한부모 양육·교육 프로그램 • 다문화 가족 자녀 사회포용 안전망 구축 사업	연간 필수 14시간, 선택 26시간 이상 (이중언어코치 배치 센터는 공통필수 중 이중언어가족 환경조성 프로그램 160시간 이상)
성평등·인권	• 가족 내 성평등 교육 • 다문화이해교육 • 인권감수성 향상교육 • 결혼이민자와 한국인 배우자·부모대상 프로그램(多함께 프로그램) 등(2시간) • 폭력피해 대처 및 예방교육	• 결혼이민자 대상 인권교육 프로그램 • 다문화가족 관련 법과 제도 • 이주민과 인권 • 찾아가는 폭력예방교육	20시간 이상 실시
사회통합	• 취업기초소양교육 • 구직자 발굴 시 e새일시스템과 연계된 워크넷 등록 및 새일센터로 적극 연계 • 새일센터의 결혼이민자 대상 직업교육훈련 개설 시 적극 협조(교육과정 설계·모집 등)	–	e새일시스템과 연계된 워크넷 등록 및 새일센터 연계(10건 이상)

사회통합	• 다문화가족 나눔봉사단 소양교육(4시간 이상)
	• 다문화가족 나눔봉사단 활동
		• 한국사회적응교육
		• 소비자 · 경제교육
		• 학업지원반 운영 및 연계
		• 다문화가족 자조모임
		• 다문화 인식개선
		• 결혼이민자 멘토링프로그램
		• 결혼이민자 정착단계별 지원
		  패키지
		  * 가족센터는 공통 필수 사업
		    으로 실시
		• 재난안전교육
		• 다문화가족 교류 · 소통 공간
		• 선거교육
		• 결혼이민자 노후준비교육
		• 다문화가족 미디어 리터러시
		  교육
			15시간 이상 실시(봉사자 소양교육 필수 4시간 포함)

상담	가족상담	• 개인상담 • 집단상담 • 사례관리 • 위기가족 긴급지원 • 외부 상담기관 연계 등	연간 80회기 이상

구분	세부프로그램 영역	비고
홍보 및 자원연계	• 지역사회 홍보 • 지역사회네트워크 • 찾아가는 결혼이민자 '다이음' • 홈페이지 운영 등	센터 홈페이지 프로그램 안내 게시판에 익월 프로그램에 대한 안내글 게시(매월 30일까지)

출처: 여성가족부(2023).

3. 사회복지사의 역할

1) 다문화 복지실천과 사회복지사 역할

다문화 사회복지실천을 위해 사회복지사에게 요구되는 가장 핵심적인 요소는 문화 역량(cultural competency)이다. 문화 역량은 클라이언트의 문화적 맥락에서 더 효과적인 서비스를 제공하려고 노력하는 지속적인 과정이라고 할 수 있다. 문화 역량은 처음부터 클라이언트의 문화와 관련된 지식을 완벽하게 갖추고 있는 능력을 의미하는 것이 아니라, 관점과 개입방법 등에 있어서 문화적 적절성을 갖추고자 의식하며 노력하는 것이 중요하기 때문이다. 그러므로 문화 역량을 갖춘 실천가는 자신의 문화적 가치와 편견을 인식하고, 클라이언트의 세계관을 이해하며, 그에 따라 적절한 개입 계획을 활용할 수 있어야 한다(최명민 외, 2015).

문화 역량을 갖추기 위한 네 가지 목표는 다음과 같다(이은주 역, 2010).

- 인간 행동에 대한 자신의 가정과 가치 및 편견을 알아가기
- 문화적으로 다양한 내담자의 세계관 이해하기
- 적절한 개입 전략과 기술 개발하기
- 문화 역량을 고취하거나 부정하는 조직적 · 제도적 힘 이해하기

이러한 문화 역량을 갖춘 사회복지사는 '문화적으로 유능한 실천(culturally competent practice)'을 제공하며, 그 실천원리는 다음과 같다(최명민 외, 2015).

- 인종과 문화가 어떻게 개인, 가족, 지역사회의 독특성에 영향을 주었는지를 이해하고, 그 집단 간의 차이점을 인식하고 존중한다.
- 문화적 자기 사정을 통해 실천가 자신의 문화를 인식하고 그것이 어떻게 자신의 개인적 · 전문적 신념 및 행동을 형성해 왔는지를 이해한다.
- 클라이언트와 실천가의 기대, 상호작용, 자기노출의 정도, 클라이언트의 집합적 오리엔테이션(가족 및 지역사회), 인종주의 이슈, 관계, 신뢰 수준의 맥락 속에서

다양성의 역동을 인식하고 이해한다.

- 클라이언트의 배경(사회경제적 지위, 교육, 가족력, 민족 집단, 이민 등)과 지역사회(비공식적 사회 지지, 원조를 주고받는 기준, 기관에 대한 인식 등)에 대한 문화적 지식을 획득한다.
- 클라이언트 문화의 욕구와 유형(문제 사정 및 지체된 개입 등)에 대한 개입 기술을 적용한다.

2) 국제사회복지실천과 사회복지사의 역할

국제적으로 국제개발협력에서 한국의 사회복지 NGO의 해외원조 참여가 꾸준히 진행되고 있다. 월드비전, 한국어린이재단, 세이브더칠드런, 태화복지재단 등 우리나라가 일본의 침탈과 한국전쟁을 겪은 피폐한 시기에 선교사와 민간원조를 통해 어린이와 여성, 지역의 복지를 도움 받았던 외원기관으로부터 독립한 복지재단들이 도움을 돌려주는 차원에서 아프리카, 동남아시아, 남미 등 제3세계 원조사업 등 국제개발협력사업에 활발히 참여하고 있는 것이다.

국제개발협력이란 저개발국과 개발도상국의 빈곤 탈피와 삶에 희망을 갖도록 국제사회에서 자본과 기술을 지원하는 것을 말한다(한국해외원조단체협의회, 2010). 또한 국가 간의 개발 격차를 줄이고 개발도상국의 빈곤을 해소하며 개발도상국의 국민이 인권을 누릴 수 있도록 하기 위한 국제사회의 구체적인 노력과 행위로 정의하기도 한다(KOICA ODA 교육원, 2014). 이와 같은 국제개발협력에는 전통적 원조공여자인 정부 외에 개발 NGO를 포함하여 시민사회의 많은 구성원이 참여하고 있다.

사회복지사는 제2차 세계대전 후 지구촌의 지역재건 운동에 가장 큰 리더십을 발휘한 전문직이다. 무엇보다 UN에 의해 국제적으로 대거 확산되었다. 폐허가 된 유럽 및 아시아의 신생독립국들을 지원하기 위해 UN은 당시 전문직으로서 위상을 갖추고 등장한 전문사회복지에 주목하여 사회복지사들을 대거 고용하거나 위촉하여 각국의 사회개발을 주도하게 하였다. 1950년 UN 경제사회이사회(ECOSOC)와 총회는 전문사회복지사를 UN 주도의 후진국 사회개발을 위한 전문직으로 공식 인정하고, 사회복지사를 특별 양성, 전 세계에 파견할 것까지 결의하였다. UN은 사회복지사 및 사회복지 자문단을 개발도상국에 대거 파견하였다. 미국 국무부는 제2차 세계대전 직후 1960년대까지 프랑스, 인도, 인도네시아, 브라질 등 미국대사관에 사회복지전담 영사를 배치하기도 하였다. 이처럼 전문사회복지는 제2차 세계대전 후 UN에 의해 국제적으로 확산되었고, 미국과 영국의 전문사회복지 이론, 실천방법 및 기술이 아시아, 아프리카, 남미의 가난한 국가들에게 전수되었고, 소위 전문직 제국주의라는 비판을 받을 정도로 커다란 영향을 끼쳤다. 이 시기에 미국과 영국의 전문사회복지는 개인에 대한 치료적 접근 외에 지역사회 조직과 지역사회 개발에 관심을 기울이고 있었다(이창호, 2011).

이러한 국제개발에서의 사회복지사의 참여는 1970년대 이후 약화되다가 지구촌화가 본격화된 1990~2000년대 이후 활성화되었다. 최근 전문사회복지에 바탕을 둔 국제사회복지는 경제적 신자유쥬의, 지구온난화 등으로 인한 새로운 문제해결에 초점을 두고 있다. 이는 지구촌의 불평등, 빈곤, 억압, 자원고갈의 문제, 일자리를 찾아 이동하는 이주근로자, 국제결혼으로 변화를 꾀하는 이주결혼여성, 난민 증가, 성매매 피해여성의 증가, 아동노동 등의 문제에 직면하여, UN이 1990년대 이후 여성, 아동, 인권, 사회개발 등에 초점을 두고, UN 인권회의(1994), UN 사회개발회의(1994), UN 여성회의(1996) 등을 통해 지구촌의 지속가능성과 사회권, 평화권에 대한 인권문제 활동을 강화한 것과 관련이 있다. 이와 같이 국경을 뛰어넘는 사회복지 문제들을 도와야 하는 상황을 맞이하며 국제사회복지가 부상한 것이다. 이는 국제사회복지사연맹(IFSW)의 중요한 의제가 되어 아이디어, 자원, 서비스의 상호 교환 및 협력, 차이에 대한 존중 등에 바탕을 둔 새로운 접근이 모색되고 있다.

우리나라에서도 2000년 이후 한국국제협력단(KOICA)의 공적개발원조(ODA) 사업에 지역개발과 사회서비스를 위해 사회복지 NGO의 참여가 늘어나면서, 대학에서도 국제사회복지 과목이 개설되기 시작하여, 2016년까지 10여 개 대학에서 교과목으로 개설하였고, 전공실습을 개설한 대학도 다수 있다. 특히 이화여자대학교는 캄보디아의 왕립프놈펜대학에 사회복지학 석사과정을 공동 개설하여 교수들을 현지 파견하고, 이 과정을 졸업한 학생들이 이화여자대학교 박사과정을 수학하도록 지원하고 있다. 최근에는 현지 대학부설 종합사회복지관인 캄보디아 이화사회복지센터를 개설하여 사회복지 실무도 전수하며, 이화여자대학교 학생들의 해외실습 기회도 제공한다. 태화사회복지재단은 캄보디아에 지역사회복지관을 설립하여 지역복지모델을 전수하고 있으며, 라오스에서도 운영하고 있다. 은평천사원, 밀알복지재단, 조계종 사회복지재단 등도 한국형 지역복지센터를 캄보디아, 필리핀, 몽골 등에 설립·운영하고 있다. 또한 다수의 대학이 KOICA와 연계된 해외봉사연계 국제개발협력 교양교과를 개설하고 있어, 사회복지전공 학생들의 국제사회복지에 대한 관심이 높아지고 있는 추세이다.

4. 과제

우리나라의 다문화정책은 ① 외국인 이주민의 기본적인 생존과 인권 보호를 위한 복지서비스의 부족, ② 부처별·분야별로 단기적 필요성에 따라 개별 정책을 추진하며, 일회적이고 단기적인 사업의 추진으로 중앙정부, 지방자치단체, 민간부문 간 역할이 불분명하여 비효율적이고 비일관적인 정책 추진, ③ 주로 결혼이민자와 이주노동자 같은 외국인 이주민을 대상으로 한 다문화정책 추진으로 인한 사회통합의 한계가 있다고 지적받고 있다(고병갑, 2012). 이를 극복하기 위해 사회통합적 다문화주의 관점의 다문화정책 도입이 필요해 보인다. 사회통합에 실패한 프랑스의 경우 파리 외곽 게토에 거주하는 이민자 2세들의 끊이지 않는 거센 저항, 런던 동부 외곽의 이민자 게토 형성과 지역갈등 등은 우리에게 시사하는 바가 크기 때문이다.

현재 우리나라의 이주노동자 지원체계와 결혼이민자 지원체계, 종교기관과 자생적 이주민 공동체의 활동은 연대가 부족하며, 고용노동부와 보건복지부, 여성가족부, 행정안전부 등이 각기 다른 입법과 지원 전달체계를 가지는 것을 볼 때 통합적인 지원체계 구축으로, 자원을 효율적으로 분배하고 서비스 효과를 최대화할 필요가 있다. 이 과정에서 사회복지사의 연대와 자조를 창출하는 역할이 중요해질 것이다. 지역의 수요와 자원에 기반한 지역주민 참여적·사회통합적 다문화 복지실천의 과제가 있다고 본다.

국제사회복지의 과제는 온정주의적 원조가 아니라 그 나라, 그 지역의 문화와 전통을 존중하면서 지역사회와 현지 NGO 및 토착 지역지도자를 임파워먼트하는 전문 사회복지방법론을 적용하여, 그 나라의 사회문화적 특성에 맞게 지역복지가 정착되도록 돕는 것일 것이다.

5. 현장 사례

내담자 ○○○(중학생, 중도입국자)는 함구증 증상으로 인한 학교 구성원들과의 의사소통 문제, 수업 중에 대변을 누어 학우들과 선생님들을 놀라게 했던 일로 상담교사에게 의뢰되었다. ○○○는 한국인 아버지와 ○○인 어머니 사이에서 태어났다. 초등학교 4학년까지 ○○에서 살다가 초등학교 5학년 때 한국으로 오게 되었다. 아버지는 한국에서 사업을 한다는 명목으로 외조부모, 이모 등 외가 친척들과 주변 지인들에게 돈을 빌렸다. 그러나 투자한 사업이 실패하게 되면서 많은 액수의 빚을 지게 되었고, 어머니 소유의 아파트도 부채를 갚는 과정에서 팔게 되었다. 경제적 갈등과 성격 차이 등의 이유로 부모님이 초등학교 6학년 때 이혼하게 되었다. 아버지는 생활력이 없었고 가정에도 충실하지 못했던 편이어서 별로 좋은 기억이 없다. 어머니와 자주 다투고 내담자에게도 살갑게 대하지 않았던 성장 과정에서 늘 심리적 안정을 느끼지 못하며 살았다. 안 그래도 아버지에 대한 감정이 좋지 않았는데, ○○에서의 풍요로운 삶과는 달리 한국으로 이주한 이후 경제적으로 어렵게 살게 된 결정적인 계기가 아버지에 대한 증오심을 강하게 만든 원인이 되었던 것으로 보인다. 상담 내내 아빠라는 호칭을 거의 쓰지 않고 '그 개새끼'라고 말하였을 정도로 아버지에 대한 심리적 분노가 매우 크다.

어머니에 따르면 나태하고 자기관리가 안 되는 딸의 모습에 전남편의 나쁜 점만 닮은 것 같다며 속상하다고 한다. ○○에서 고등교육을 받은 커리어우먼으로서 치열하게 살며 부를 축적했던 자신의 찬란한 과거를 매우 그리워하고 있다. 두 번의 결혼 실패로 인해 무너진 본인의 삶을 일으켜 세워 보려고 노력은 하고 있으나 현실적인 여건이 그다지 좋지 않아서 답답해하는 것으로 보인다. 딸이 한국어가 서툴러서 가끔 말을 못 알아들어서 그렇지, 지능이 떨어져 있는 아이는 아니기 때문에 딸이 노력만 하면 충분히 달라질 수 있을 것으로 생각하고 있다. 한국에서의 삶을 안정적으로 잘 이끌어 가기 위해서는 평균 수준으로 끌어올려야 한다고 강하게 주장한다. 그런 이유로 전 배우자를 닮은 딸을 바꿔 보려는 노력의 과정에서 잔소리와 지시적인 태도로 양육을 하고 있었다.

내담자 ○○○는 게임과 유튜브에 빠져서 보통은 새벽 2~3시, 때로는 새벽 5~6시까지 스마트폰을 손에서 놓지 않는다. 부족한 잠은 학교에서 수업 시간과 쉬는 시간을 통해 쪽잠을 자며 채우고 있었다. 만사가 귀찮다 보니 방 정리가 안 되어 있어서 '청소해라' '스마트폰 좀 그만하고 공부해라' 등 엄마가 늘 잔소리를 한다고 이야기하였다. 머릿속이 늘 백지상태인 것 같다며 귀차니즘에 빠져 있다고 표현하였다. 어머니를 많이 의지하고 좋아하긴 하지만 잔소리 좀 안 해 줬으면 하는 바람이 있다. 정리정돈을 잘해야 한다고 생각은 하고 있지만 귀찮아서 별로 하고 싶지 않다고 한다. 학교는 재미없는 곳이라고 표현하며 지금은 어쩔 수 없이 다닌다고 한다.

출처: 중앙다문화교육센터(2022), p. 193.

> ### 🔍 ··· 연구문제
>
> 1. 다문화복지의 정의를 설명하시오.
> 2. 자신이 생각하는 소수자의 정의와 범위에 대해 토의해 보시오.
> 3. 다문화 사회에서의 인권의 구체적인 모습을 토론해 보시오.
> 4. 다문화 복지실천을 위한 사회복지사의 역량을 토의해 보시오.
> 5. 국제 사회복지실천의 향후 과제에 관해 토의해 보시오.

> ### 🔤 ··· 전공어휘
>
> • 공적개발원조(Official Development Assistance: ODA) 정부를 비롯한 공공기관이 개발도상국(이하 개도국)의 경제발전과 사회복지 증진을 목표로 제공하는 원조를 의미한다. 개도국 정부 및 지역, 또는 국제기구에 제공되는 자금이나 기술협력을 포함한다.
>
> • 국제개발협력(international development cooperation) 저개발국과 개발도상국의 빈곤 탈피와 삶에 희망을 갖도록 국제사회에서 자본과 기술을 지원하는 것을 말한다.
>
> • 다문화 사회복지(multicultural social work) 다문화에 대한 이해를 바탕으로 다문화가족(국제결혼을 통해 형성된 가족)에 대한 사회복지 개입활동을 펼쳐 나가는 일이다.
>
> • 문화 변용(acculturation) 이질적인 문화를 가진 두 사회가 지속적이고 직접적인 접촉을 통해 서로가 가지고 있는 문화에 변화를 일으키는 현상이다.
>
> • 문화 역량(cultural competence) 개인 · 가족 · 지역사회의 가치를 인정하며 존엄성을 보호하고 유지하는 방식으로 모든 문화 · 언어 · 계층 · 인종 · 민족 · 배경 · 종교 또는 다른 다양한 요소를 지닌 사람에게 개인과 체계가 존중하며 효과적으로 반응하는 과정이다.
>
> • 문화 접촉(cultural encounter) 서로 다른 문화적 배경을 가진 인구 집단과 집단이 만나게 되는 상황을 말한다.
>
> • 문화적 다양성(cultural diversity) 한 국가사회에 존재하는 다양한 소수자 세력이 표출하는 다양한 문화적 특성을 말한다.

참고문헌

고병갑(2012). 사회복지학개론. 서울: 박문각.

김이선, 이아름, 이은아(2013). 여성결혼이민자의 사회통합진전 양상과 정책수요변화에 관한 연구. 서울: 여성정책연구원.

김정진(2010). 국가별 다문화가족정책의 비교. 월간복지동향, 138, 18-23.

김정진(2016). 외국의 다문화 정책. 월간공공정책, 126, 11-13.

김혜영, 신영화, 김성경, 임원선, 최소연, 임은의, 홍나미, 전혜성, 이민영, 이은진, 유진희, 박지현, 양경은(2021). 사회복지와 문화다양성. 서울: 학지사.

김휘정(2012). 문화적 다양성 기반의 다문화 정책 방향. 국회입법조사처.

박은미 역(2012). 마이너리티란 무엇인가? 개념과 정책의 비교사회학. 경기: 한울아카데미.

유명기(2012). 다문화정책론. 서울: 박영사.

윤수종(2005). 우리시대의 소수자 운동. 서울: 이학사.

윤인진(2003). 소수자에 대한 사회적 인식과 거리감: 장애인, 북한이탈주민, 외국인노동자, 중국동포를 중심으로. 사회운동과 사회변동, 593-645.

이성미(2012). 다문화정책론. 서울: 박영사.

이은주 역(2010). 다문화사회복지실천. 서울: 학지사.

이창호(2011). 국제사회복지의 역사와 정의에 관한 고찰. 국제사회복지학, 1(1), 9-30.

전영평(2007). 소수자의 정체성, 유형, 그리고 소수자 정책 연구관점. 정부학 연구, 13(2), 107-131.

조옥라, 박재묵, 설동훈, 이송희(2006). 다문화 개방 사회를 위한 사회정책연구. 빈부격차차별 시정위원회 연구 과제 보고서.

조원탁, 박순희, 서선희, 송기병, 안효자, 이형하, 한신애(2020). 다문화 사회와 다양성. 경기: 양서원.

장미경(2005). 한국사회 소수자와 시민권의 정치. 한국사회학, 39(6), pp. 159-182.

최명민, 이기영, 김정진, 최미현(2015). 다문화사회복지론. 서울: 학지사.

최협, 김성국, 정근식, 유명기(2004). 한국의 소수자, 실태와 전망. 서울: 한울아카데미.

한국해외원조단체협의회(2010). 함께하는 세상을 위한 국제개발협력입문.

Berry, J. W. (1980). Acculturation as varieties of adaptation. In A. Padilla (Ed.), *Acculturation: Theory, Models and Findings* (pp. 9-25). Boulder, CO: Westview.

Berry, J. W. (1997). Immigration, acculturation, and adaptation. *Applied psychology: An International Review*. 46.

Berry, J. W., & Sam, D. L. (1997). Acculturation and adaptation. In J. W. Berry, M. H. Segall, & C. Kagitcibasi (Eds.), *Handbook of cross-cultural psychology* (Vol. 3, pp. 291–326). Boston: Allyn & Bacon.

Deleuze, G., & Guattari, F. (1980). *Mille plateaux: Capitalisme et Schizophrénie.* 김재인 역. **천개의 고원.** 서울: 새물결.

KOICA ODA교육원(2014). 개발교육, 왜 필요하고 어떻게 시행되고 있는가. *Issue 1호 report.*

대한민국정책브리핑(2023). 다문화아동 · 청소년 성장단계별 맞춤형 지원 강화한다. https://www.korea.kr/news/top50View.do?newsId=148914363

법무부(2022). 출입국 · 외국인정책 통계연보. https://www.immigration.go.kr

여성가족부(2023). 2023년 가족사업안내. http://www.mogef.go.kr

중앙다문화교육센터(2022). 제14회 다문화교육 우수사례 공모전 수상작품집. https://www.edu4mc.or.kr

통일부(2023). 북한이탈주민정책 최근 현황. https://www.unikorea.go.kr

한국교육개발원(2022). 2022 간추린 교육통계. https://kess.kedi.re.kr

찾아보기

인명

김정원 327
윤진 232
나카니시(中西正司) 253

B
Berlin, I. 66
Berry, J. W. 350
Beveridge, W. H. 48
Bismarck 46, 47
Blair, T. 50
Bowen, M. 277
Bronfenbrenner, U. 133

C
Churchill, W. 47

D
de Shazer 276
Deleuze, G. 345
Dolgoff, R. 84

Dunham, R. 153

E
Ed Roberts 253
Esping-Andersen, G. 51

G
George, L. 47
Gilbert, N. 153, 166, 167
Guattari, F. 345

K
Kadushin, A. 195
Kahn, M. 269
Kammerman, L. 369

L
Levy, C. S. 72, 74
Lowenberg, F. 84

M
Meyer, C. 195
Minuchin, S. 276
Moxley, D. P. 139

P
Pumphrey, M. W. 70

R
Reagan, R. W. 50
Reamer, F. 84
Roosevelt, F. 47
Rothman, J. 155

S
Specht, H. 153, 166
Spreitzer, G. M. 137

T
Terrell, P. 167
Thatcher, M. H. 50

내용

Ⓐ
adolescent 196

Ⓒ
community 152

Ⓘ
ICF 240
ICIDH 240
ICIDH-2 240

Ⓝ
NASW 143

Ⓨ
youth 196

ㄱ
가계도 278
가정보호처분 314
가정폭력상담소 273
가족 구조 268
가족 규칙 278
가족 사정도구 278
가족 옹호 277
가족계획사업 275
가족보존과 가정기반서비스 275

가족보호 272
가족복지의 개념 267
가족생활 교육 275
가족생활주기 269
가족생활주기의 변화 265
가족의 기능 263
가족의 정의 262
가족의 특성 262
가족치료 275
가치 64, 70, 73
간장애 243
개별적 모델 240
개입 단계 278
갱생보호 312
거시체계 135
건강가정기본법 270
건강보험 46, 47
검찰 310
결과 우선 가치 72
결과의 평등 67, 68
경제적 동기 30
경찰 310
경험적 가족치료 277
고용보장서비스 251
고용보험법 57, 59, 274
공공 전달체계 161
공동체 152

공무원연금법 55
교육보장서비스 251
교정기관 310
교정복지 307
구빈감독관 41
구빈세 41
구빈원 39
구조적 가족치료 275
국민건강보험법 57
국민기초생활보장법 57
국민보험 46, 47
국민연금 57
국제개발협력 358
군 사회복지 316
군인연금법 55
궁극적 가치 70
귀속적 욕구 167
균일처우의 원칙 43
근로 여성을 위한 지원 274
근로기준법 274
근로빈곤층 50
급여 형태 168
기회의 평등 67, 68
기획 159
긴급복지지원법 58
길드 40

ㄴ

남녀고용평등과 일·가정 양립
　지원에 관한 법률 274
노년기 성격 변화 232
노동능력이 없는 빈민 41
노동능력이 있는 빈민 41
노동연계복지 50
노령폐질보험 46, 47
노인빈곤율 225
뇌병변장애 241
뇌전증 244
뉴딜정책 48

ㄷ

다문화가족 353
다문화가족지원센터 354
다문화주의 344
다원주의 347
다중이해관계자협동조합 336
도덕적 해이 108
도제 42
독신가족 267
독신가족의 증가 265
동거가족 267
동료상담 253
동화주의 348

ㅁ

맞벌이가족 266

모자보호시설 272
모자일시보호시설 273
모자자립시설 273
무자녀가족 265
문화 변용 349
문화 역량 357
문화 적응 스트레스 350
문화 접촉 348
문화적 다양성 343, 344
미시체계 135
미혼모시설 273
민간 전달체계 161
민간기관 311
민간활동 시대 38
민법 270

ㅂ

박애 45
범죄 피해자 보호 314
법률구조 312
법원 310
보고 160
보상 167
보편주의 25
보호관찰 313
보호기관 311
복지국가 48, 49
복지국가 시대 38
복지국가 위기와 재편 시대 38

부모 역할훈련 프로그램 275
비례적 평등 67, 68
빈둥지증후군 233
빈민법 38, 40

ㅅ

사람 우선 가치 72
사례관리 139
사례관리 표준원칙 143
사생활 85
사생활 보호와 비밀보장 88
사업자(생산자)협동조합 336
사정 141
사정 단계 278
사회 계획 155
사회 공헌 39
사회문제 20, 98
사회민주주의 50
사회보장기본법 58, 270
사회보장법 46, 48
사회보험 38, 46
사회보험 시대 38
사회복지 17, 20
사회복지사 96
사회복지사업법 56, 57, 58
사회복지사의 역할 296
사회복지의 동기 29
사회적 기업 332
사회적 기업 인증제 333

사회적 모델 240
사회적 약자 346
사회적 연대 69
사회적 욕구 17, 92
사회적 협동조합 336
사회정의 69
사회행동 155
산업재해보상보험법 55
산재보험 46, 47
상부상조 40
상부상조 동기 31
생명보호 86
생애주기 18
생태도 278
생태체계적 관점 133
생활보호법 54, 55
생활시설 272
석유파동 50
선도조건부 기소유예 312
선별주의 24
성공적 노화 233
성매매피해여성 자활지원센터 274
성폭력피해상담소 274
소극적 자유 67
소년보호처분 312
소년자원보호 313
소득보장서비스 252
소비자협동조합 336

소수자 345
수단 우선 가치 73
수단적 가치 70
스핀엄랜드법(The Speenhamland Act) 40, 43, 44
시각장애 241
시체계 135
신빈민법 40, 42, 43, 44
신자유주의 50
신자유주의자 67
신장장애 243
심장장애 243

ㅇ

아동 194
아동복리법 199
아동복지 193
아동복지법 194
아동복지서비스 196, 200
아동복지시설 201
아동복지전달체계 200
아동복지정책 196, 198
아동복지제도 196
아동정책기본계획 198
아동 · 청소년의 성보호에 관한 법률 204
안면장애 242
양육모 그룹홈 273
언어장애 242

엘리자베스 빈민법 40, 44
여성가족부 202
여성긴급전화 1366 273
여성복지관 274
역량강화 154, 212
역량강화자 212
열등처우의 원칙 43
영유아보육법 274
예방적 기능 27
예비사회적 기업 334
옹호자 212
외체계 135
요보호 아동의 세 유형 41
욕구 17
우리나라의 사회복지사 윤리 강령 76
우애 방문원 45
원외구호 42
위기청소년 206
유급육아휴직 275
유해환경 208
윤리 73
윤리강령 74
윤리적 딜레마 83
의료보장서비스 251
의료보험 57
의료보험법 56
의료보호법 56
의료사회복지 288

의료사회복지 정책 292
의료사회복지사 290
의학적 손상 239
이용시설 273
이혼율의 증가 264
인간 존엄성 65, 68
인보관운동 45
인사 159
인지행동주의 가족치료 276
인클로저 운동 40
일상생활수행능력 227
임파워먼트 136

ㅈ
자기결정권 85
자기결정에 대한 권리 85
자립생활 252
자립생활 패러다임 256
자발적 무자녀가족 267
자산 조사 욕구 168
자선 39
자선조직협회 44, 45
자원 17
자유 66, 85
자율과 자유의 원칙 87
자폐성장애 245
작업장 활용의 원칙 43
작업장법 40, 44
잔여적 관점 23

장기요양보험제도 296
장루 · 요루장애 244
장애 239
장애인 거주시설 253
장애인 고용촉진 및 직업재활법
　248
장애인 등에 대한 특수교육법
　248
장애인 생산품 판매시설 254
장애인 의료재활시설 254
장애인 재활 전문인력 251
장애인 지역사회재활시설 254
장애인 직업재활시설 254
장애인복지법 247
장애인차별금지 및 권리구제
　등에 관한 법률 249
장애인 · 노인 · 임산부 등의
　편의증진 보장에 관한 법률
　249
재원 170
재정 160
재혼가족 266
재활 250
적극적 자유 67
전달체계 169
전략적 가족치료 276
전문직업적 동기 32
접근성 158
정신건강사회복지사 290

정신분석 가족치료 276
정신장애 245
정주법 40, 42, 44
정책 결정 165
정책 대안 마련 164
정책 문제 형성 163
정책 의제 설정 163
정책 집행 165
정책 평가 165
정치적 동기 31
제도적 관점 23
조선구호령 54
조정 160
조직화 159
종결 단계 278
종교적 동기 30
중간체계 135
지시 160
지역 개발 155
지역사회 개발 155
지역사회 중심 재활 252
지역사회복지실천 153
지적장애 244
지체장애 241
직원(노동자)협동조합 336
진단적 차등 168

ㅊ
차등적 가치 70, 71

청각장애 242
청소년 194
청소년기본법 194
청소년보호 205
청소년보호법 194
청소년보호서비스 208
청소년복지 193, 205
청소년복지서비스 207
청소년복지시설 207, 208
청소년복지정책 202
청소년복지지원기관 207
청소년복지지원법 204
청소년상담복지센터 207
청소년육성법 203
청소년정책기본계획 204
청소년정책위원회 205
청소년활동 205
청소년활동서비스 207
청소년활동시설 207
청소년활동진흥법 204
초기 단계 277

초기면접 141
촉진자 210
최저임금제 57
출산율의 감소 264
출산휴가(산전후휴가) 274
치료감호 313
치료적 기능 27

ㅋ
클라이언트(client) 93

ㅌ
탈시설화 140
토머스 길버트법(The Thomas
    Gilbert's Act) 40, 43, 44
토인비 홀(Toynbee Hall) 45
통합교육 256

ㅍ
평가 161
평등 67

평등과 불평등의 원칙 86

ㅎ
학교 밖 청소년 195, 206
학교 밖 청소년 지원에 관한
    법률 204
학교사회복지 208
한국 사회복지사 윤리강령 76
한국민간원조단체협의회 55
한국사례관리학회 139
한부모가족 265, 266
할당 167
해결중심 가족치료 276
협동조합 335
협동조합의 7대 원칙 336
형평성 158
호흡기장애 243
혼인율의 감소 264
활동보조서비스 253
효과성 157
효율성 158

저자 소개

김혜경(Kim Hyekyung)

일본 동경대학교 대학원 국제보건학 전공(보건학박사)

현 나사렛대학교 사회복지학부 교수

〈주요 저서 및 논문〉

『노인복지 실천을 위한 노인 케어의 이론과 실제』(개정2판, 공저, 어가, 2023)

「노인의 자녀와의 사회적지원 교환 및 갈등이 우울에 미치는 영향: 독거노인과 노인부부세대의
비교를 중심으로」(2022) 외 다수

김미숙(Kim Misuk)

일본 동경도립대학교 대학원 사회복지학 전공(사회복지학박사)

현 나사렛대학교 사회복지학부 교수

〈주요 저서 및 논문〉

『韓国の少子高齢化と格差社会―日韓比較の視座から―』(共著, 慶応義塾大学出版会株式会社,
2011)

「노인장기요양보험제도에 있어서 복지서비스계약의 법적성격 및 규제에 관한 고찰: 이용자보호
의 관점에서」(2014) 외 다수

김수진(Kim Soojin)

이화여자대학교 대학원 임상사회복지 전공(사회복지학박사)

현 나사렛대학교 사회복지학부 조교수

〈주요 논문〉

「고독사 고위험 노인의 고독생(孤獨生)에 대한 탐색적 연구」(2023)

「베이비부머의 디지털역량이 온라인 경제활동을 매개로 소득에 미치는 영향」(2023) 외 다수

박승곤(Park Seunggon)
중앙대학교 대학원 아동청소년 전공(문학박사)
대구가톨릭대학교 대학원 사회복지학 전공(사회복지학박사)
현 나사렛대학교 사회복지학부 조교수

〈주요 논문〉
「지역사회 내 시·군·구 청소년상담복지센터의 운영 실태에 관한 분석」(2017)
「한국 노인의 긍정노후인식 척도 개발 및 타당화」(2022) 외 다수

박완경(Park Wankyeong)
전북대학교 대학원 사회복지학 전공(사회복지학박사)
현 나사렛대학교 사회복지학부 조교수

〈주요 논문〉
「성인의 문제음주가 정신건강에 미치는 영향: 대인관계능력의 매개효과를 중심으로」(2021)
「다문화청소년의 학교적응이 학업중단의도에 미치는 영향: 우울 및 비행의 직렬다중매개효과를 중심으로」(2023) 외 다수

박창남(Park Changnam)
고려대학교 대학원 사회학 전공(문학박사)
현 나사렛대학교 사회복지학부 교수

〈주요 논문〉
「취약청소년의 자립을 지원하는 외국의 사회적 기업 비교연구: 미국의 YouthBuild USA와 영국의 PM Training을 중심으로」(2016)
「초기 성장기 부처형 예비사회적기업의 성과요인에 관한 연구: 학교밖청소년을 지원하는 예비사회적기업 S를 중심으로」(2017) 외 다수

석말숙(Suk Malsook)

이화여자대학교 대학원 사회복지학 전공(문학박사)

현 나사렛대학교 사회복지학부 교수

〈주요 저서 및 논문〉

『사회복지실천론』(3판, 공저, 공동체, 2020)

「장애인의 일상생활차별경험과 취업여부의 상태변화가 생활만족도에 미치는 영향에 관한 종단
　　연구: 노인과 비노인의 비교를 중심으로」(2017) 외 다수

성준모(Sung Junmo)

숭실대학교 대학원 사회복지학 전공(사회복지학박사)

현 나사렛대학교 사회복지학부 교수

〈주요 저서〉

『정신건강론』(공저, 양서원, 2021)

『정신건강사회복지론』(공저, 공동체, 2022) 외 다수

손인봉(Son Inbong)

연세대학교 사회복지대학원 사회복지학 전공(사회복지학박사)

현 나사렛대학교 사회복지학부 조교수

〈주요 저서 및 논문〉

『사회복지조사방법론』(공저, 학지사, 2021)

「지지적 수퍼비전과 소진의 관계에서 회복탄력성의 매개효과: 사회복지사를 중심으로」(2023) 외
　　다수

사회복지학개론 ④판
Introduction to Social Welfare (4th ed.)

2008년 3월 7일 1판 1쇄 발행
2011년 3월 20일 1판 6쇄 발행
2011년 9월 21일 2판 1쇄 발행
2017년 2월 15일 2판 8쇄 발행
2018년 3월 20일 3판 1쇄 발행
2023년 1월 20일 3판 5쇄 발행
2024년 2월 20일 4판 1쇄 발행

지은이 • 김혜경 · 김미숙 · 김수진 · 박승곤 · 박완경
　　　　박창남 · 석말숙 · 성준모 · 손인봉
펴낸이 • 김진환
펴낸곳 • ㈜ 학지사

　　　　04031 서울특별시 마포구 양화로 15길 20 마인드월드빌딩
대표전화 • 02-330-5114　　팩스 • 02-324-2345
등록번호 • 제313-2006-000265호

홈페이지 • http://www.hakjisa.co.kr
인스타그램 • https://www.instagram.com/hakjisabook

ISBN 978-89-997-3053-5　93330

정가 25,000원

저자와의 협약으로 인지는 생략합니다.
파본은 구입처에서 교환해 드립니다.

이 책을 무단으로 전재하거나 복제할 경우 저작권법에 따라 처벌을 받게 됩니다.

출판미디어기업 학지사

간호보건의학출판 **학지사메디컬** www.hakjisamd.co.kr
심리검사연구소 **인싸이트** www.inpsyt.co.kr
학술논문서비스 **뉴논문** www.newnonmun.com
교육연수원 **카운피아** www.counpia.com